국제기구와
인권·난민·이주:

UN인권(헌장·협약·지역)기구·UNHCR·IOM

유네스코 아태교육원 국제기구 총서 3

국제기구와
인권·난민·이주:

UN인권(헌장·협약·지역)기구·UNHCR·IOM

초판 1쇄 발행: 2015년 3월 3일
초판 2쇄 발행: 2016년 7월 10일

기 획: 유네스코 아시아태평양 국제이해교육원
공저자: 박흥순·서창록·박재영·이신화

발행인: 부성옥
발행처: 도서출판 오름(oruem9123@naver.com)
등록번호: 제2-1548호(1993. 5. 11)
주 소: 서울특별시 중구 퇴계로 180-8 서일빌딩 4층
전 화: (02) 585-9122, 9123 / 팩 스: (02) 584-7952
ISBN 978-89-7778-434-5 93340

이 저서는 2012년 정부(교육과학기술부)의 재원으로 한국연구재단의 지원을 받아
수행된 연구임(NRF-2012S1A5B4A01035996)

유네스코 아태교육원 국제기구 총서 3

국제기구와
인권·난민·이주:

UN인권(헌장·협약·지역)기구·UNHCR·IOM

박흥순·서창록·박재영·이신화 공저

International Organizations in Human Rights, Refugees and Migration Issues:

UN Human Rights Organizations · UNHCR · IOM

PARK HeungSoon · SOH Changrok
PARK Jae-Young · LEE Shin-wha

APCEIU · ORUEM Publishing House
Seoul, Korea
2015

머리말

 이 책의 목적은 오늘날 국제사회에서 가장 중요한 의제의 하나인 인권에 관하여 대학생과 일반시민들에게 기본적인 지식을 제공하는 데 있다. 인권 문제는 오늘날 많은 주목을 받으면서도 동시에 논란이 많은 국제 의제의 하나이다. 인권은 인간이 인간이기 때문에 마땅히 소유하고 누려야 할 가장 기본적인 권리이며, 이러한 기본적 권리는 사회에서, 국가에 의해서 그리고 국제사회에 의해서 보호받아야 한다는 것이 일반적인 인식이다. 인권보호, 인간안보, 인권사회개발, 인간개발 등의 용어가 국제사회의 화두로서 그리고 국제관계의 주요한 세부 의제로서 등장한 것도 인권의 측면에서 새로운 인식과 발전을 반영하는 것이다.

 마침 2014년도 노벨평화상은 2명의 인권운동가에 주어졌다. 탈레반의 이슬람 원리주의자들에 대항하여 여성의 교육 권리를 주장하다 총격을 받았으나 구사일생으로 살아나 인권운동을 벌이는 17세의 파키스탄 소녀 '말라라 유사프자이Malala Yousafzai'와, 인도에서 강제노동 등 아동의 열악한 노동 문제에 대한 인권운동을 벌이는 '카일라슈 사티야티Kailash Satyarthi'가 공동 수상하였다. 인권운동가들의 노벨상 수상은 인권 문제의 중요성과 더불어 전 세계에 걸쳐 아직도 산적한 인권과제가 많다는 것을 보여준다.

 실제로 인권 문제는 국제의제로서 유엔UN을 비롯한 국제기구의 주요한 논의와 활동 대상이 되거나, 주요 언론을 비롯하여 국제뉴스로서 다루어짐으로써 이제 국제사회의 일상적인 관심을 불러일으키고 있다. 가령 근래에 리비아의 지도자 카다피 및 시리아 아싸드 정권하의 인권 유린사태, IS('이슬람국가') 과격 이슬람 단체의 테러와 인질참수, '종군위안부(정신대)' 포함 분쟁지역 및 전시 강간·성폭력 문제, 북한인권실태에 관한 유엔 조사위원회 활동 및 유엔총회 결의문 채택 등이 언론이나 국제사회의 주목을 받은 바 있다.

국내적으로도 사형제 폐지, 외국인 차별, 탈북자, 납북자 및 국군포로, 여성차별, 장애인 차별 문제, 군대 내의 인권유린 등이 수시로 거론되는 대표적인 인권 문제이다. 민주화와 산업화의 성과로서 우리나라 사회 전반의 발전과 더불어 정치적·경제적 권리 및 자유가 신장되는 한편, 사회경제적 불평등과 차별 등 새로운 인권 문제가 제기되고 있다. 또한 남북 분단과 북한 체제의 특수한 상황에서 야기되는 인권 문제가 상존하고 있는 것이 현실이다.

오늘날 인권 문제가 국제의제로 등장한 배경에는 세계화에 따라 점차 '지구촌'의 공동규범과 공동체 인식과 제도가 강화되는 것과 관련이 있다. 탈냉전 시대에 민주화와 더불어 시민들의 인권의식이 발전하고, 유엔과 같은 국제기구의 역할을 통하여 인권의 중요성 및 보호에 관한 규범과 제도가 확산되고 있다. 특히 정보통신ICT의 급격한 발달에 따라 SNS나 TV 현장뉴스 등의 확산, 그리고 관련 정보 공유나 학습효과 등으로 전 세계에 걸쳐 인권의식이 향상되고 그 해결을 위한 요구도 커지고 있다.

'글로벌 거버넌스'의 인권 문제의 제기와 실행, 그리고 보호 및 개선활동에는 다양한 행위자와 제도 및 수단이 역할을 하고 있다. 가령 주요 인권 선진국 정부는 물론, 유엔과 같은 국제기구들, 그리고 크고 작은 국·내외의 인권 NGO들이 다양한 방법으로서 시민사회와 정부, 국제사회에 기여하고

국제기구와 인권·난민·이주

있다. 또한 인권 개선을 위해서 국내와 국제사회에서 인권백서, 인권보고서, 인권실태 조사나 각종 인권규약 등 국제인권법, 그리고 인권 결의문이나 인권외교 등의 다양한 접근방법이 활용되고 있다.

즉, 세계화 시대에 있어서 인권 문제는 점차 국내문제이면서 동시에 국제문제라는 이중성을 갖게 되었고, 이에 따라 시민사회, 정부 및 국제사회가 함께 협력하고 노력하는 과제로서 다루어지고 있다. 이러한 변화는 전통적으로 인권은 국가의 주권영역에 해당하는 문제로서 주로 국가의 헌법이나 국내적 입법에 의하여 보호된다는 관점으로부터 점차 국제인권규약 등 국제규범도 반영 혹은 고려해야 한다는 새로운 추세로의 이행을 반영하는 것이다.

이러한 추세에서 가장 중심적 역할을 하는 것이 1945년 창설된 유엔과 관련 국제기구들이다. 이른바 '유엔체제'는 유엔헌장에서 제시한 바, 인권의 보호 및 신장을 유엔의 목적의 하나로 규정하고, 유엔총회, 경제사회이사회, 안전보장이사회를 비롯하여 주요 기관들이 실제 필요한 권한을 행사하고 있다. 특히 인권은 평화안보, 개발과 더불어 유엔 의제의 3대 축의 하나로서, 유엔의 정책 및 활동의 기본적인 핵심내용으로서 자리 잡고 있다. 유엔은 창설이래 '유엔인권선언'을 비롯하여 국제인권규범을 지속적으로 제정 혹은 발전시켰고, 유엔인권위원회 및 관련기구 및 제도를 꾸준히 확대 혹은 강화하여 왔다. 이러한 노력의 결과는 유엔의 인권관련 국제사회의 규범과 제도, 그리고 실행을 통하여 국제사회 전반에 걸쳐 국제협력을 촉진하고 개인과 사회의 인권발전에 크게 기여하였다.

이 책은 바로 인권 문제의 등장과 보호 및 신장에 중요한 역할을 하는 유엔 중심의 국제인권체제 혹은 '국제인권레짐'을 체계적으로 이해하는 데 중점을 두고 있다. 인권분야의 글로벌 의제를 포괄적으로 다루는 데 있어서 단일한 국제기구나 국제정부가 존재하지 않는다. 인권은 하나의 단일체제나 기구가 아니라, 폭 넓게 글로벌 혹은 지역적 차원의 인권레짐으로서 존재하고 작동한다. 그러므로 이러한 인권레짐의 구성을 기본 요소로 하여 세부적인 분야별 분석과 연구를 통하여 포괄적인 연구와 이에 기초한 단행본 발간을 구성하였다. 즉, 인권체제에 대한 전반적 이해를 위해서 기본개념과 역사적 발전, 그리고 국제인권레짐의 구성, 유엔체제 및 관련기구, 그리고 주요 영역별 레짐과 기구의 작동에 관하여 설명하게 된다. 글로벌차원 및 지역적 차원 등에서 인권체제의 구성 및 구조, 주요 활동 및 내용, 제도와 수단, 장치, 그리고 주요 쟁점 등을 주로 분석, 설명한다.

우선 제1장(박흥순)은 전체의 개론적 서술로서 포괄적으로 인권의제의 발달과 장치 및 쟁점을 체계적으로 서술하고 있다. 즉, 인권의 개념과 역사적 발전, 국제정치 이론적 이해, 탈냉전 이후의 인권의제의 발전을 살펴보고, 현 국제인권레짐의 기본적 구조와 내용, 특징, 주요행위자, 각종 제도 및 수단, 그리고 주요 쟁점을 설명하고 있다. 즉, 국제인권체제의 발단과 현황, 그리고 그 가능성과 제약에 대하여 논의하고 있다.

제2장(서창록)은 유엔인권체제 중 헌장에 기초한 인권체제에 중점을 두고, 유엔헌장을 비롯한 총회 및 안전보장이사회, 특히 핵심기관으로서 인권이사회의 조직 및 체계, 그리고 보편적 정례검토^{UPR}, 특별절차 및 진정 절차, 그리고 인권최고대표에 대하여 설명하고 있다. 또한 구체적인 주요 쟁점 및 현안사례로서, 한국의 UPR 검토 사례, 북한인권 상황 및 관련 조사위원회^{COI} 활동 및 보고서에 대하여 설명하고 있다.

제3장(박재영)은 유엔인권체제 중, 조약에 기초한 인권체제 그리고 지역인권체제를 중심으로 다룬다. 즉, 각국 정부가 체결한 주요 주제별 국제규약으로서 유엔의 시민적·정치적 규약 및 경제적·사회적·문화적 규약, 그리고 고문, 인종차별, 여성차별, 아동권리 등 9개의 규약을 중심으로 특징, 장

치, 그리고 규약위원회의 역할을 설명한다. 또한 지역적 인권체제로서 대표적인 유럽인권체제를 비롯하여 미주 그리고 아프리카의 인권체제 등의 구성 및 구조, 특징 등을 설명한다.

제4장(이신화)은 인권과 병행의제로서 쌍벽을 이루는 '인도적' 문제로서, 국제이주와 난민의 문제를 다룬다. 즉, 국제이주문제의 경우, 역사적 발전경과와 주요현황, 그리고 국제이주문제의 전담 국제기구로서 국제이주기구 IOM의 역할과 활동 그리고 그 제약을 다룬다. 이와 더불어 국제난민문제에 대하여 그 유형, 원인과 현황을 분석, 설명하고 탈북자문제를 사례로서 설명하고, 국제전담기구로서 유엔난민최고대표소UNHCR의 발전과 활동, 그리고 한계와 쟁점을 다룬다.

이 책은 한국연구재단의 지원을 받아 수행하고 있는 토대연구 지원사업의 보고서와 이에 기초한 국제기구 총서시리즈의 하나로서 제2차년도의 연구 성과물을 바탕으로 발간하게 되었다. 즉, 인권에 중점을 두고 유엔을 중심으로 한 국제기구 및 관련 인권체제와 그 활동에 관하여 체계적으로 연구하여 정리한 것이다. 그리고 연구자들은 한국의 인권관련 연구와 교육에서 계속 후속적으로 도움이 될 수 있는 토대연구로서의 기본적 성격을 유지하였다.

이 책의 저자들은 오랜 기간 동안 대학에서 인권관련 교육과 연구에 종사해온 학자들로 구성되었다. 저자들은 인권의 기초연구의 필요성에 대하여 공감하고, 기초 연구계획서 발제회 및 중간발표회를 통하여 연구 역할 분담 및 세부 주제, 그리고 형식, 집필 요령 등에 관하여 긴밀히 협의를 하였다. 그리고 초안 이후 전체적인 틀과 내용의 중복을 피하면서 상호 보완적인 연구가 되도록 노력하였다. 특히 연구자들은 국제관계 및 인권 전공자로서, 개별적 혹은 공식적 차원에서 정부 및 비정부기구NGO 등의 각종 국·내외

인권관련 회의나 연구 및 정책자문 활동, 그리고 학교 강의 및 각종단체에서의 인권교육 프로그램이나 특강 등에 종사하고 있는 경험과 관련 자료를 적극 활용하였다. 본인은 연구수행 중, 다른 총서 공동연구자들과 함께 유엔 아시아태평양경제사회위원회 UNESCAP를 방문, 현지 국제공무원 및 한국 정부 혹은 기관에서 파견된 공무원 등과의 인터뷰를 실시하기도 하였다. 이러한 접근방법을 통해 자칫 이론적이고 피상적인 서술에 머물지 않고 현장의 목소리와 인권 실행의 진면목을 관찰, 분석하여 반영할 수 있다.

바라기로는 이 책의 발간이 학계와 교육계에서 인권에 관한 연구와 교육을 촉진하는 계기가 되고, 보다 많은 다양한 학습과 교육의 기회가 확대되는 데 조금이나마 기여할 수 있기를 기대한다. 우리나라의 경우, 인권에 대한 많은 관심이 늘어남에도 불구하고 실제로 인권 문제에 집중하는 연구자나 학자층은 전체적으로 매우 부족한 것이 현실이다. 또한 정규교육과정에서 인권강좌를 개설하거나 수강하는 기회는 아직 많지 않은 것도 사실이다. 가령 인권과목은 국제관계학, 정치외교학, 사회학, 법학, NGO학, 개발학, 여성학 등의 한 분야를 구성하지만, 독립된 과목으로서 개설되는 경우는 드물다. 그러므로 앞으로 인권공부가 강화되면, 대학생이나 일반인들이 인권에 대한 기초적인 지식을 갖춤으로써 국제관계와 국제사회에 대한 이해의 폭을 넓히는 데 도움이 될 수 있을 것이다. 나아가서, 향후 인권 문제 관심을 가진 청년들이 대학이나 대학원 혹은 인권아카데미 등 정규 혹은 비정규과정을 통하여 인권을 전공하거나 전문가로서 진로를 준비할 수 있을 것이다.

우리나라에서 인권연구와 교육이 강화되고 인권의식의 향상과 더불어 꾸준히 인권분야 인력과 전문가들이 양성되는 것은 국가 사회의 발전과 한국의 국제적 역할을 위해서도 커다란 의미를 가지고 있다. 한국이 21세기에 산업화와 민주화를 거쳐 세계중견국가로 성장한 경이적인 기록을 가지고 있지만, 이제는 경제선진국을 넘어 인권선진국으로서 더 큰 역할을 지향해야 하는 과제를 갖고 있다. 인권이 선진국 여부를 결정하는 척도가 됨에 비추어, 진정한 선진국이 되기 위해서는 스스로 높은 수준의 인권의식과 제도를 갖추면서, 나아가 유엔무대 등 국제사회에서 모범적인 인권국가로 발전해야 한다. 단순히 인권의제의 보호자나 실행자를 넘어 국제인권의 발전을 주도하는 국가로서 국제적 정당성과 신뢰를 갖출 때에 비로소 '소프트파워soft power'를 제대로 갖춘 진정한 선진국으로서 인정받게 될 것이다. 그러므로 인권의 발전과 인권전문가의 양성은 한국이 이러한 국가위상과 영향력을 갖추는 데 긴요한 초석이 될 수 있을 것이다.

이 책이 발간되는 데는 많은 분들로부터 커다란 도움이 있었다. 우선 한국연구재단은 토대연구과제로서 국제기구 총서 연구와 발간을 위한 지속적인 지원을 제공하였다. 연구재단은 2012부터 3년간에 걸친 국제기구 총서 연구 계획 중 지난해 1차년도 사업에 이어 2차년도의 사업 수행결과에 긍정적인 평가를 내려주었고, 이에 따라 본 단행본을 비롯하여 금년도에 계획된 연구총서 전체의 발간이 가능하도록 적극 지원하였다. 더구나, 제3차년도 연구사업을 위한 계획서도 대부분 그대로 승인하여 국제기구 총서 시리즈가 원래 계획대로 총 10권의 국제기구관련 단행본을 발간하는 것이 가능하게 되었다. 이 점에 대하여 국제기구 총서연구진(연구책임자 정우탁, 공동연구자 박흥순·조동준·조한승·최동주)은 한국연구재단과 심사위원들에게 깊은 감사를 드린다.

본 인권 연구의 수행은 '유네스코 아시아태평양 국제이해교육원APCEIU(원장 정우탁)'의 주도와 적극적인 역할에 의하여 이루어졌다. APCEIU는 유네스코 카테고리 II 기관으로서 아시아·태평양 지역에서 세계시민교육과 평화이해교육을 위한 모범적인 교육기관으로서 널리 인정받고 있다. APCEIU

는 인권 문제와 인권교육이 국제평화를 이룩하는 데 매우 중요한 과제임을
인식하고, 오랜 기간 동안 이 분야 교육에 매진해온 점에 비추어, 본 연구사
업의 주도자이며 후원자로서 최적의 자격을 갖고 있다고 할 수 있다. 실제
로 동 연구원은 토대연구 사업의 구상 및 계획서 작성, 그리고 실제 연구수
행에 필요한 대부분의 인적·물적 지원과 회의시설 등을 제공함으로써 본
연구사업의 산실 역할을 하였다. 특히 정우탁 원장은 바쁜 공식 업무에도
불구하고 본 연구 사업의 수행에 필요한 지침과 일정을 확인하고 독려하는
등 리더십을 발휘하여 성공적인 성과물을 내도록 지원하였다. 또한 교육원
의 사업팀을 비롯하여 행정직원들의 물심양면의 지원, 특히 연구수행의 간
사로서 역할을 한 김도희 박사와 이미지 조교가 직접 본 연구의 수행을 위
한 모든 준비와 행정지원을 도맡아 수고하였다. 더욱이 본 연구물이 단행본
으로서 발간될 수 있도록 편집, 교정, 주석 및 참고문헌 정리 등을 완결함으
로써 하나의 완성된 작품이 되도록 전적으로 수고하여 주었다. 그러므로 본
단행본의 저자들은 정우탁 원장을 비롯한 김도희 박사와 이미지 조교, 그리
고 교육원의 관계자 여러분들께 거듭 깊은 감사를 드린다.

그리고 본 인권연구의 책임연구자로서 본인은 연구 사업에 흔쾌히 참여
하여 연구 발표부터 점검, 그리고 단행본 집필에 이르는 여러 업무를 충실하
게 수행해준 다른 동료 저자들 서창록·박재영·이신화 교수에게도 경의와
감사를 드리는 바이다. 끝으로, 본 연구 사업이 우리나라에서의 인권연구와
교육 발전의 작은 밑거름이 되고, 나아가서 한국에서 우수한 인권 문제 전문
가들이 배출됨으로써, 향후 통일한국 그리고 유엔을 비롯한 국제사회를 위
하여 한국과 한국인이 크게 기여하기를 기대해 본다.

공동저자 대표 박흥순

차례

부록

제 1 장

인권보호와 국제기구의 역할:
인권의제의 등장, 발전 및 영향

박흥순

I. 서론

코피아난^{Kofi A. Annan} 전 유엔사무총장이 제54차 유엔총회의 개막연설을 통하여 인권이 주권보다 우선할 수 있다는 견해를 피력한 바와 같이, 인권은 '21세기의 핵심 주제'가 되었다는 것은 부인할 수 없는 추세이다. 인권은 오늘날 인간이 가지는 천부적 권리로서 인간다운 삶을 향유할 수 있는 가장 기본적인 개념이며 제도로서 여겨진다. 어느 국가와 사회를 막론하고 인권을 강조하고 인권을 존중한다는 점을 인정하지 않는 경우가 드물다. 특히 민주주의를 표방하는 국가에서 인권은 가장 중요한 헌법적·정치적 가치이며 인권의 보호 및 신장은 중요한 국가 및 사회정책의 하나가 되었다.

인권이 인간의 권리로서 인식되고 부상한 것은 역사적으로 고대에서 자연법사상의 철학적 기반과 르네상스를 거쳐 근대국가의 형성에 따라 보호되기 시작하고, 근대 민주주의의 등장에 의해 확립된 것이다. 이에 따라 인권 보호는 전통적으로 국가의 주권영역에 속하는 문제로 여겨진다. 그럼에도 불구하고 상당수 국가에서 인권 문제는 흔히 국가에 의해서 보호받지 못하거나 오히려 국가에 의해서 침해되는 경우가 생겨서 논란이 야기되거나 예민한 국내문제로서 대두되기도 하였다. 국제사회에서도 인권은 가장 중요한 국제의제의 하나로서 다루어지고 있으며, 이를 둘러싼 협력과 갈등의 문제도 많이 생겨났다.

특히 20세기에 이르러, 인권은 국가뿐만 아니라 국제사회에서 보호되고 신장돼야 한다는 인식하에 국제법을 포함하여 국제기구의 활동이나 국제회의의 주요 의제로서 다루어지게 되었다. 국제사회의 이러한 인권개념의 변화와 인권에 대한 인식 변화에 있어서 중요한 역할을 한 것이 유엔인권체제이다. 1945년 2차례의 세계대전의 참혹한 인명살상과 문명파괴에 대한 반성을 바탕으로 창설된 유엔은, 인권에 관한 가장 대표적이고 포괄적인 국제사회의 인권관련 장치이며 도구이다. 유엔은 그 헌장에서 국제평화 및 안전의 유지와 함께 인권향상을 중요한 목표로 명시하고 있고, 세계인권선언 등의 국제규범과 유엔 및 산하기관들의 장치 및 절차들을 통하여 이를 구체적으로 실행할 수 있게 되었다. 따라서 인권은 21세기 후반에 이르러 국제사회에서 중요한 국제의제이며 규범의 하나로서 자리 잡게 되었다.

특히, 1990년대 초부터 전개된 탈냉전 시대에 있어서 인권 문제는 새로운 차원에서 국제사회의 주요의제로 더욱 부각되었다. 냉전의 종식으로 국제체제와 국제사회의 성격이 변화한 가운데, 인종, 종교, 민족적 갈등에 기인한 국내 및 지역분쟁이 증가하고 이에 따른 인권위반 및 남용이 증가하면서, 특히 국제사회의 주목을 받았다. 르완다, 수단 등 지역분쟁에서 나타난 집단학살 등과 난민의 대량발생, 그리고 카다피 정권의 자국민에 대한 혹독한 유린과 카다피의 처형 등의 사태는 새로운 차원에서 인권보호 및 신장의 노력을 위한 계기를 제공하게 되었다. 동시에 정보통신의 혁명적 발달로 인하여 세계 각국에서의 인권침해 상황에 대한 감시 및 보도가 보다 용이해짐에 따라서 인권 문제에 대한 시민의식이 전반적으로 높아졌다. 전반적으로 국제사회에서 인권의 보편성에 대한 인식이 제고되고, 제도적으로 인권규약의 강화, 각종 인권기구 및 기관의 강화가 이루어졌다. 특히 유엔 인권이사회의 출범과 제도 강화, 안보리의 PKO 활동이나 군사적 개입의 증가가 이루어짐으로써 결과적으로 인권규범과 유엔 관련활동이 더욱 활성화되었다.

그러므로 국제사회의 중요과제인 인권의 개념과 발전, 그리고 탈냉전 시대의 주요 특징과 추세를 체계적으로 분석·정리하는 것은, 국제관계에 대한 이해를 도모하는 데 매우 필요한 학문적·교육적 과제이다. 유엔은 포괄적인 국제기구로서 국제사회를 위한 다양한 원칙, 선언, 규약 등 국제법을 포함한 국제규범을 창설하고 그 이행을 촉구 혹은 감시하는 기능을 수행하는 국제행위자이다. 그러므로 유엔을 중심으로 발달한 국제인권레짐의 제도와 현황을 파악하고 그 실제 작동을 분석함으로써 국제적인 인권보호 및 신장의 현실을 규명하는 것은 국제사회와 인류의 평화와 발전문제를 이해하는 데 중요한 기반이 된다.

그러므로 이 글은 인권보호 및 신장을 촉진하는 데 있어서 유엔인권보호체제를 중심으로, 인권의제의 변화와 규범적·제도적 내용, 그리고 관련된 주요 쟁점을 개괄적으로 파악, 정리하는 데 중점을 둔다. 이를 위하여 첫째, 인권의제의 등장, 역사적 발전 및 다양한 개념을 살펴본다. 둘째, 탈냉전시대 국제안보개념의 확장과 각종 분쟁 등으로 초래된 인권에 대한 새로운 인식의 변화, 요인 및 양상을 조명한다. 셋째, 유엔을 중심으로 한 국제인권레짐을 주요 인권규범과 행위자를 중심으로 분석한다. 넷째, 인권보호의 실제적 실행을 위해서 사용되는 유엔기구 및 기관들의 다양한 수단 및 제도를 파악한다. 다섯째, 인권 문제를 둘러싼 몇 가지 주요 쟁점에 대한 국제사회의 논의 내용을 정리한다. 그리고 전체적으로 결론과 더불어 인권보호에서의 유엔 역할의 가능성과 제약을 평가한다.

II. 국제인권의 역사적 발전 및 개념

1. 인권의제의 역사적 발전

연도별 인권관련 주요 국제규범 및 제도의 발전

1215 마그나 카르타(권리대장전) (영국)
1628 권리청원(영국)
1689 권리장전(영국)
1864 반노예 협회 결성
1907 헤이그협약
1919 국제연맹 / ILO 창설
1926 국제(반)노예협약 체결
1929 제네바협약
1945 유엔(UN) 창설
1946 유엔인권위원회 설치
1948 세계인권선언
1948 집단학살(genocide)국제규약 체결
1965 인종차별철폐협약 체결
1966 시민적·정치적 규약 채택
     경제적·사회적·문화적 규약 채택
1968 세계인권회의(테헤란)
1993 세계인권회의(비엔나)
1993 유엔인권최고대표사무소(UNOHCHR) 설치
1993 ICTY(유고전범재판소), ICTR(르완다전범재판소) 설치
1995 유엔세계여성회의(북경)
2000 유엔새천년개발목표(MDG) 발표
2002 국제형사재판소(ICC) 출범
2006 유엔인권이사회 설치(승격)
2011 보호책임 적용(리비아 사태)

1) 인권의 기원과 국제적 관심 대두

오늘날 인권은 인간이 향유하는 천부적인 권리로서 가장 보편적인 법률적·학술적 용어이며 동시에 일상용어의 하나로 여겨진다. 인권개념의 기원에 관하여는 다양한 견해가 존재한다. 인권개념의 역사적 기원은 그리스 및 로마 시대, 즉 스토아 학파Stoicism로 거슬러 올라갈 수 있는 바, 이는 이른바 자연법 사상에 기초하고 있다. 이 시대에서 법체계는 3개의 구조, 즉, 자연법natural law, 만국법jus gentium, law of nations, 시민법으로 구성되었으며, 이 중 자연법은 국가가 아닌 자연이 인간모두에게 부여하는 권리를 의미하게 되었다.[1] 자연법사상은 중세의 사상과 더불어 13세기부터 르네상스Renaissance를 거쳐 근세에서 시민혁명을 거치면서 자연권natural rights 개념으로 구체화되었다.[2] 가령 17세기의 지성적 성과와 18세기의 계몽주의 시대 사상John Locke, Montesquieu 등에 대표되는 사상은 이러한 변화의 촉진제로서 기여하였다.

이와 같은 자유주의적 사상은 18세기 말에 이르러 미국혁명(1776)의 독립선언, 프랑스혁명(1789)의 인간권리선언 등에서 인간의 자유와 평등을 포함하여 모든 인간이 향유할 수 있는 천부적 권리로서 천명되었다. 즉, 미국과 프랑스는 이러한 선언을 기반으로 정치체제와 헌법 등을 통하여 국가적 단위로서 각 시민의 인권적 가치와 그 보호를 위한 제도를 마련하였다.

인권 문제가 본격적으로 국제사회의 관심으로 논의되기 시작한 것은 19세기의 시작과 더불어서였다. 이때부터 2차 대전 이전까지 소위 국제 인권법International Human Rights Law에 해당되는 일련의 조치들이 취해졌다. 우선, 소수민 인권minority rights을 보호하기 위한 조치가 이루어졌다. 이 당시에 오토만 제국 및 시리아, 발칸반도, 루마니아, 러시아 등에서 탄압받는 소수민

---

1 Bunrs H. Weston, "Human Rights: Concept and Content," in Richard P. Claude & Burns H. Weston, eds., *Human Rights in the World Community: Issues and Action* (PA: Univ. of Pennsylvania, 2006), pp.21-22.

2 영국에서의 대장전(Magna Carta, 1215), 권리청원(1628), 그리고 권리장전(1689) 등은 인권이 하나의 영속적이고 불가양의 권리라는 시민들의 인식의 변화추세를 반영한 것이다.

족을 보호하기 위한 "인도적 개입Humanitarian Intervention"이 행해졌다. 비엔나 협약(1814~15) 이후 중부 및 동부유럽, 그리고 중동 지방에서 인종적·종교적·언어적 소수민족을 보호하기 위한 일련의 조약 및 국제적 선언들이 채택되었다. 동시에 1815년 노예제도slavery와 노예의 무역을 도덕성과 인간성에 반하는 행위로 규탄하고, 이를 규제하기 위한 조약들이 영국을 중심으로 스페인, 네덜란드, 러시아, 프러시아 등 주요 경제강국들 사이에 체결되었다. 이는 국제연맹의 노예위원회의 설치(1924)와 국제노예협약(1926)의 체결에서 그 절정에 이르렀다.

또한 19세기 말부터, 오늘날의 국제적십자위원회International Committee of Red Cross를 태동시킨 인사들을 중심으로 전쟁의 수행을 규제하고 전쟁의 희생자들을 보호하는 등의 소위 국제인도법International Humanitarian Law을 구축시킨 일련의 다자적 선언과 조약들이 체결되었다. 이는 국가 간의 전쟁 시에 전투원과 민간인을 포함하여 그 개인들의 권리를 보호해 주어야 하는 문제가 대두되었기 때문이다. 즉, 국제인도법은 전쟁법the law of war으로서 가령 1907년의 헤이그협약Hague Convention 및 1929년의 제네바협약Geneva Convention 등에서 구체화된 것이다.3 국제인도법은 주로 전시 중의 인권보호에 관한 것인 반면, 국제인권법은 주로 평시에 있어서의 인권보호규정으로서 발전되어 왔다.

1919년에 창설된 국제연맹은 "인간의 권리"에 관한 명시적 규정은 갖고 있지 않았으나, 인권향상을 위한 목표들을 지향하였다. 즉, 공정하고 인간적인 근로조건, 부녀자와 아동의 거래에 관한 협정의 이행, 질병의 예방과 통제, 그리고 피식민지 국민들의 정당한 대우가 그것이다. 특히, 비록 직접적으로 당시의 주요의제였던 '소수민족' 권리에 관하여 국제연맹규정이 규정하지는 않았으나, 소수민족 권리보호를 국제연맹의 회원국 가입 전제조건으

---

3 제네바협약은 1949년 4개의 협약으로 확대되고, 1977년 2개의 의정서에 의하여 보완되어 국제인도법의 핵심을 이루고 있다. Rohna K.M. Smith, *International Human Rights*, 3rd ed. (Oxford: Oxford University Press, 2007), pp.11-13.

로 하였다. 그리고 '베르사유' 평화조약에 따라 소수민족 인권을 보장하기 위한 강제이행제도를 마련하였다. 이러한 국제연맹의 노력은 연맹 자체의 '실패'로 인하여 비록 활성화되지는 못했으나, 그 후 유엔의 보편적 인권보호 조항의 발전에 전조가 되었다. 1906년에는 2개의 다자적 노동협약이 체결되었고, 1919년 국제연맹의 보조기관으로서 창설된 국제노동기구ILO의 주도로 인권향상을 위한 국제사회의 개혁적 조치가 행해졌다. 이들은 단순한 노동법이나 노동관계뿐만 아니라 강제노동, 고용 및 직업의 차별, 집단협상을 위한 결사의 자유 등을 포함하였다.

2) 2차 대전 이후 인권의 국제규범화

20세기 초까지의 노력과 발전은 괄목할만한 것이기는 하였지만, 국제사회에서 인권 문제에 대한 진정한 관심이 제고된 것은 2차 대전의 발발과 전쟁기간 동안 이루어진 대규모의 인권침해 사태 때문이다. 특히 유럽에서의 독일 나치 정권의 전쟁도발과 '홀로코스트Holocaust'의 잔악한 인권유린 행위에 대한 전 세계적인 반응의 결과라고 할 수 있다. 가령, 1945~1946년의 뉴렘버그Nuremberg 전범재판은 2차 대전 발발에 책임있는 독일의 군사지도자들을 "평화에 대한 범죄", "전쟁범죄" 및 "반인도적 범죄"라는 새로운 죄목으로서 처벌하였다. 뿐만 아니라, 두 차례의 세계대전에 따른 국제사회의 혼란 속에서 대규모의 개인의 인권침해 사태는 물론, 국내실향민이나 난민의 문제, 기아 및 빈곤 등의 문제가 인권 문제에 대한 인식과 국제적 보장에 관한 조치를 강화하는 계기를 제공하였다. 특히 미국, 영국 등 연합국들은 그들의 민주주의적 가치와 시장경제에 기초한 새로운 세계질서를 구축함에 있어서, 인권을 중요한 가치 및 목표로서 설정하게 되었고, 이러한 노력은 새로운 포괄적 국제기구인 유엔의 헌장에 명시함으로써 보편적 인권의 보급에 크게 기여하게 되었다.

1945년 제정된 유엔헌장은 인권보호 및 신장을 위한 주요한 목표와 원칙을 제공하였다. 우선, 그 전문에서 "기본적 인권 및 인간의 존엄과 가치, 대소 국가의 남녀 사이의 평등한 권리에 대한 신념"을 확인하고 있다. 또한 헌장 제1조는 그 목적으로서 "인민들의 동등한 권리와 자결권의 존중에 기초한 국가들 사이의 선린관계를 발전시키고 인종, 성, 언어, 혹은 종교에 관계없이 모두를 위한 인권과 기본적 자유에 대한 존중을 도모하고 장려함에 있어서 국제적 협력을 성취하는 것"을 명시하고 있다. 모든 회원국들은 이러한 목적을 위하여 "유엔과 협력하에 공동의 혹은 별개의 조치를 취하도록 공약"하고 있다. 다만, 유엔헌장의 인권에 관한 조항에 관하여는 그것이 회원국들로 하여금 법적 구속력을 갖게 하는지 혹은 단순한 권고적 도덕적 조항인지에 관하여 의견이 갈린다. 하지만 이러한 차이에도 불구하고, 유엔은 전반적으로 국제사회의 발전과 인권의 발전에 관하여 주요한 선도적 역할을 하게 되었다.

유엔은 헌장상의 인권신장 노력뿐만 아니라 스스로 혹은 다양한 국제사회 행위자들과 협력하여 국제인권에 관한 다양한 원칙과 규정을 제정함으로써 인권신장과 보호에 기여하였다. 특히 유엔인권위원회Commission on Human Right를 중심으로 2년여 동안의 노력 끝에 1948년 12월 10일 유엔총회의 결의에 의해 만장일치로 채택된 세계인권선언Universal Declaration of Human Rights 은 유엔이 주도한 가장 강력한 인권신장을 위한 노력이며 성과라고 할 수 있다. 세계인권선언은 아무런 차별 없이 "세계의 모든 국민과 국가가 성취를 목표로 하는 공통의 인권 기준"을 선언한 것이다. 이 선언은 전문과 30개의 조항으로 구성되어 있으며, 선언의 철학(제1조), 형평과 무차별의 원칙(제2조), 생명, 자유 및 안전의 자유 등 시민적 및 정치적 권리들(제3조-21조), 경제적·사회적·문화적 권리들(제22조-27조), 선언에 규정된 권리를 보호받기 위한 개인의 특권과 공동체에 대한 의무(제28조-30조)를 규정하고 있다. 다만, 세계인권선언은 유엔총회의 결의에 의하여 채택된 선언이며 강제적·법적 의무를 수반하는 국제조약이 아니다. 세계인권선언은 인권의 보호 및 향상을 위한 국가적·국제적 노력에 중요한 원동력이 되며 인권분야에서의 활동에 관한 방향을 제시하고 법적 강제력을 가진 수많은 인권보장 장치의 기본철학을 제공하는 유엔의 가장 중요한 선언문이다.

세계인권선언 선포 직후부터 이 국제기준을 법적 구속력을 가진 국제규

국제기구와 인권·난민·이주

약으로 강화하는 노력이 이루어졌고 1953년까지 그 작업은 대부분 완료되었다. 그러나 냉전의 동서 진영 갈등 속에서 약 10년 이상 유엔의 논의가 정체된 끝에 1966년에 완성되었다. 1960년대 탈식민운동^{Decolonization}의 결과 아시아, 아프리카에서 많은 신생국가가 탄생하고 유엔회원국이 배 이상 증가하면서 인권 문제에 대한 관심도 증대된 것이 촉진제가 되었다. 다만, 초기에 의도되었던 단일의 규약이 아닌 2개의 규약으로 쪼개져서 성사되었다. 즉, '시민적 및 정치적 권리에 관한 국제규약^{ICCPR}' 및 선택의정서^{Protocol}, 그리고 경제적·사회적·문화적 권리에 관한 국제규약^{ICESCR}이 그것이다. 그리하여 3개의 주요선언 및 협약, 즉 세계인권선언 및 두 개의 규약은 이른바 "국제권리장전^{International Bill of Rights}"으로 통칭되는 가장 중요한 국제규범으로 여겨진다. 국제권리장전은 국제사회가 현재의 세계에서 존엄성 있는 삶을 사는 데 필요한 최소한의 사회적·정치적 보장을 요약한 문서라고 할 수 있다.

1960년대 말부터는 인권규범의 제정을 넘어 각국의 인권규범 실행을 위한 제도적 장치와 감시제도가 만들어지기 시작하였다. 1965년 「모든 형태의 인종차별철폐」에 관한 국제협약이 체결되었다. 또한 가령, 유엔 경제사회이사회의 1967년 결의문 제1235호, 1970년 결의문 제1503호 등에 따른 인권위원회의 인권침해 문제 회부 혹은 직권조사, 그리고 유엔안보리의 로디지아에 대한 경제제재 부과 등이 그 예이다. 특히 1976년의 시민적·정치적 규약의 발효로 인권(규약)위원회가 설치되어 규약의 감시업무를 담당하게 되었다. 1970년대는 특히 인권 문제가 개별국가의 외교정책의 의제로서도 다루어지기 시작하였다. 가령 미국의 지미 카터 행정부는 원조와 수원국가의 인권상황을 연계하여 시행하였다. 이와 같은 추세는 국제적으로 인권 문제에 대한 새로운 인식을 제고하는 데 기여하였다. 또한 이 시기에 각종 인권 NGO의 대폭적인 수적 그리고 활동의 증가도 두드러졌다. NGO는 정부의 간섭 없이 독립적으로 인권침해 사례를 공표하거나 정부 및 국제기구의 인권정책을 변화시키기 위한 로비나 정책옹호 등 다양한 활동을 전개하게 되었다. 특히 유엔의 인권 활동에 대한 참여, 혹은 협력을 통하여 인권신장에 기여하는 추세가 증가하였다.

1980년대에도 계속 인권규범의 제정과 실행 강화를 위한 추세가 지속되었는 바, 1979년 「여성에 대한 모든 형태의 차별 철폐에 관한 협약」, 1984년 「고문 및 그 밖의 잔혹한, 비인도적인 또는 굴욕적인 대우나 처벌의 방지에 관한 협약」, 1989년 「아동권리에 관한 협약」 채택 등이 그것이다. 또한 1986년에는 경제적·사회적·문화적 권리규약위원회가 설치, 운영되기 시작하였다. 전 세계적으로 특히 남미, 아시아 등의 국가에서 군부통치의 종식이나 독재체제의 붕괴 등이 확산되었으며, 가장 극적으로는 동구유럽의 몰락에 따라 정권교체는 물론 오랫동안 지속되어온 압제적인 인권탄압체제가 제거되고, 민주화의 급진전이 이루어진 점이다. 이러한 변화는 국제인권의 의제에서 커다란 영향을 미치게 되었다. 그리하여 탈냉전의 새로운 질서 속에서 1993년 세계인권회의 개최 같은 인권의제의 지속적인 확대 및 논의 심화, 새로운 국제규약의 제정,4 그리고 유엔인권최고대표소 신설 등 유엔인권체제의 강화 등이 이루어졌다. 특히 구 유고연방 및 르완다에서의 대량학살 사태 등 분쟁상황, 소말리아 내전에서의 인도적 위기, 사담 후세인 정권의 쿠웨이트 침공 및 소수민에 대한 탄압 등과 이에 대한 국제사회의 대응, 가령 정치·외교적, 군사적, 경제적 대응문제는 새로운 차원의 인권 문제 양상과 의제를 촉발시켰다고 할 수 있다. 그리하여 인권 문제는 변화하는 시대 속에서 국내적 및 국제적으로 주요한 국제의제로서 자리 잡았고, 그 결과 인권의제는 질적인 변화를 겪게 되었다.

그러므로 제2차 세계대전의 종식과 더불어 새로운 국제질서 속에서 유엔의 창설과 세계인권선언으로 시작된 인권 문제의 관심은 기본적 인권에 대한 국제적 합의를 필두로 지난 70여 년간 인권 문제가 국제사회의 공통된 주요 의제로서 제기된 것을 보여준다. 그 대상은 기본적 선언으로부터 자유·경제·사회권의 영역으로 확대되고 특히 국제협약을 통하여 국제법적 성격과

---

4 1990년 「모든 이주노동자와 그 가족의 권리보호를 위한 국제협약」, 2006년 「장애인차별금지협약」, 2006년 「강제실종으로부터 모든 사람을 보호하기 위한 국제협약」 등이 그것이다.

형식을 갖추는 방향으로 발전하였다. 특히 이러한 노력에서 유엔 자체의 역할 및 국제사회의 다양한 노력이 인권규범의 확산과 이행을 통하여 인권이 국제사회의 중요한 보편적 가치와 목표로서 발전하는 데 기여하게 되었다.

2. 인권개념의 다양성

인권의 개념은 역사적으로 자연법으로부터 연유하여 자연권의 사상으로 진화하고, 20세기에 이르러 보편적인 개인의 권리로서 규정되고 다양한 규약을 통하여 국제법적 형식을 갖추게 되었다.

이와 같은 인권개념의 내용과 발전을 이해하는 데 있어서, 프랑스 법학자인 카렐 바사크Karel Vasak 는 이른바 "인권의 3세대"라는 유용한 분석틀을 제시하였다.[5] 이 개념은 인권개념의 복잡성, 또한 다양성을 이해하는 데 상당한 도움을 준다. 바사크는 프랑스혁명의 3대 주제, 즉 자유Liberty , 평등 Equality , 박애Fraternity 의 이념을 기초로 하여, 인권의 제1세대는 시민적·정치적 권리(자유), 제2세대는 경제적·사회적·문화적 권리(평등), 제3세대는 단결권(박애)으로 각각 지칭하였다. 여기에서 제1세대 권리는 세계인권선언 제2-21조에서 언급된 인종차별, 고문금지 등의 권리로서 주로 "무엇으로부터의 자유"라는 소극적 의미로 이해하는 것이다. 이 권리는 17~18세기의 자유주의적 개혁사상에서 유래하여, 인간의 존엄을 위해서, 정부의 간섭보다는 부재를 필요로 하며, 정치권력의 남용과 침해로부터 개인을 방어해주는 자유가 그 핵심가치이다.

제2세대는 20세기 초 사회주의의 급진사상에 기초하여, 인권의 보다 적극적인 의미, 즉, "무엇을 할 권리"를 지칭하며 인간의 가치향상과 균형된 발전을 위해서 국가가 개입할 것이 요구된다. 이는 인권선언 제22-27조에서

---

5 Bunrs H. Weston, "Human Rights: Concept and Content," in Richard P. Claude & Burns H. Weston (eds.), *ibid.*, pp.21-22.

'인권'은 모든 사람이 인간으로서 가지는 천부적인 권리를 의미한다. 인간이 인간이기 때문에 마땅히 가지는 자유와 권리를 총칭하는 개념이다. 따라서 인권은 모든 인간에 의해서, 그 개인이 시민, 가족, 근로자, 혹은 공적·사적 조직의 구성원으로서 갖는 권리나 의무에 관계없이, 가지는 권리이다. 인권은 단순히 생존이 아니라 인간답게, 즉 인간으로서의 존엄과 가치를 가지고 살아가는 권리를 의미한다.6 그러나 이러한 추상적인 개념이 구체적으로 무엇을 의미하는지는 정확하게 정의되지 않으며, 다양한 견해가 존재한다.

근대적 인권개념의 효시가 된 1776년의 미국 독립선언문이나 1789년의 프랑스혁명 선언문 등은 '사람의 권리(rights of man)' 혹은 시민의 권리(rights of citizen)로서 명명하였다. 그러나 이는 단순히 사람의 권리가 아니라 '남자(man)'의 권리를 의미한 것이고, 여성의 권리는 배제한 것이라는 비판이 제기되기도 하였다.

역사적으로 인권(human rights)이라는 용어가 사용된 것은 프랑스 인권선언 40여 년 후 노예폐지론자인 윌리엄 게리슨(William Llyod Garrison)이 1881년부터 발간한 「해방자(*The Liberator*)」에서 등장한 것이다. 그는 '인권의 위대한 동기(the great cause of human rights)'라는 용어를 사용하여, 남녀를 불문한 인간(homo)의 권리라는 개념을 의미하였다. 또한 1849년도 미국의 철학자 헨리 소로우(Henry David Thoreau)도 "시민 불복종의무론(On the Duty of Civil Disobedience)"이라는 논문에서 인권이라는 용어를 사용하였다. 그리고 1887년 미국 연방대법관 데이비드 다비스(David Davis)가 민간인에 대한 군사법원의 관할권문제를 다룬 밀리간 사건(Ex Parte Milligan)에서 "인권은 법의 보호로 안전하게 지켜진다(By the protection of the law, human rights are secured)"라고 명기하여 인권은 법률용어가 되었다.7

언급된 사회보장, 교육의 권리 등을 포함하며 무엇보다도 사회적 형평에 대한 요구가 그 중심이다. 한편 제3세대 인권은 2차 대전 후 20세기 후반에서

---

6 Jack Donnelly, *Universal Human Rights in Theory & Practice* (Ithaca: Cornell

의 일종의 집단적 권리를 표방하는 것이며, 그 달성을 위해서 사회전체 혹은 인류전체의 노력을 필요로 하는 권리이다. 인권선언 제28조는 "모든 사람은 이 선언에 규정된 권리가 충분히 실현될 수 있는 사회적 및 국제적 질서에 관한 권리가 있다"고 선언한 것은 이를 시사한 것이다. 이러한 권리에는 보통 6가지의 권리가 포함되는데 즉, 자결권, 발전권, "인류공동유산에 관한 권리," 평화권, 환경권, 그리고 인도적 재난구호권이 그들이다.

이와 같이 근대에 있어서 인권에 대한 의식은 역사적·정치적·사회적 변동에 따라 변화되어온 것이지만, 이러한 논의는 인권의 전체적 통합적 성격을 해하거나, 한 가지가 다른 것보다 더 중요하다고 하거나, 혹은 이러한 인권이 서로 연관되고 상호의존적이라는 것을 부인하는 것은 아니다. 오히려 그 내용에 있어서는 이들 3세대의 권리들이 한 세대에서 다음 세대로 대체되는 것이 아니라, 팽창적·누진적 그리고 보완적인 것으로 폭넓게 정의되었다. 그것은 서로 다른 시기에 인간들에게 필요로 했던 가치에 대한 인식이 인권의 내용으로 반영된 것을 나타낸다. 1948년에 제정된 세계인권선언은 이와 같은 인권의 다양한 측면을 모두 반영하여 인권개념의 발전을 명시하는 것이다.

그럼에도 불구하고, 현실에 있어서 이와 같은 3세대의 권리에 대한 인식과 입장은 각 개인이나 사회에서 다르게 나타나는 경우가 많다. 즉 각각의 권리가 모두에게 똑같이 여겨지는 것은 아니며, 각 권리의 정당성과 우선순위에 대하여 차이를 가질 수 있다. 가령, 일반적으로 제1세대 인권옹호자들은 흔히 제2세대와 제3세대의 인권을 인권개념에서 제외하는 입장이다. 그 이유는 제2세대 및 제3세대 인권들은 애매하고 희망적인 주장이지 권리가 아니며, 실제로 권리를 실현하는 것이 어렵다는 것이다. 무엇보다도 큰 이유는 이념적·정치적인 것인 바, 인권은 사회와 관계없는 개인적인 것이며 평등을 위한 주장은 결국 자유에 대한 제한을 가하게 된다는 것이다. 이와

University press, 1989), p.18.

7 한희원, 『국제인권법』(삼영사, 2012), p.119.

(세계인권선언(UDHR), 경제적·사회적·문화적 규약(A규약) 및 시민적·
정치적 규약(B규약)에 명시된 각 인권문서 및 조항번호)
(세 - 세계인권선언, 경 - A규약, 시 - B규약)

1. 차별없는 평등한 권리(세1, 세2, 경2, 경3, 시2, 시3)
2. 생명권(세3, 시6)
3. 자유와 안전의 권리(세3, 시9)
4. 노예로부터의 보호권리(세4, 시8)
5. 고문 및 잔인하고 비인도적인 처벌로부터 보호받을 권리(세5, 시7)
6. 법 앞에서 인간으로서 인정받을 권리(세6, 시16)
7. 법으로부터 공평한 보호를 받을 권리(세7, 시14, 시26)
8. 권리침해에 대하여 법적구제를 받을 권리(세8, 시2)
9. 자의적 체포나 구금으로부터 보호받을 권리(세9, 시9)
10. 독립적이고 공정한 사법부의 재판을 받을 권리(세10, 시14)
11. 확정판결 전까지 무죄 추정으로 보호받을 권리(세11, 시14)
12. 법의 소급적용으로부터 보호받을 권리(세11, 시15)
13. 사생활, 가족 및 가정의 보호받을 권리(세12, 시17)
14. 이주와 거주의 자유(세13, 시12)
15. 정치적 박해로부터 망명할 권리(세14)
16. 국적을 가질 권리(세15)
17. 혼인과 가정을 이룰 권리(세16, 경10, 시23)
18. 재산을 소유할 권리(세17)
19. 사상, 양심, 종교의 자유(세18, 시18)
20. 의견, 표현 및 언론의 자유(세19, 시19)
21. 집회와 결사의 자유(세20, 시21, 시22)
22. 참정권(세21, 시25)
23. 사회보장을 받을 권리(세22, 경9)
24. 좋은 근무조건에서 일할 권리(세23, 경6, 경7)
25. 자유로운 노동조합활동의 보장(세23, 경8, 시22)
26. 휴식 및 여가를 즐길 권리(세24, 경7)
27. 의, 식, 주에 관한 권리(세25, 경11)

28. 보건과 사회보장에 관한 권리(세25, 경12)
29. 아동에 대한 특별한 보호(세25, 경10, 시24)
30. 교육을 받을 권리(세26, 경13, 경14)
31. 문화생활에 참여할 권리(세27, 경15)
32. 권리를 실현하는 데 필요한 사회적·국제적 질서에 대한 권리(세28)
33. 자결권(경1, 시1)
34. 구금 및 투옥시 인도적 처우를 받을 권리(시10)
35. 채권자의 감옥에 투옥되지 않을 권리(시11)
36. 외국인의 자의적 추방으로부터 보호받을 권리(시13)
37. 인종적 또는 종교적 증오로부터 보호받을 권리(시20)
38. 소수민 문화의 보호(시27)

반대로, 제2세대 및 제3세대 인권론자들은 제1세대 인권이 인간의 물질적 필요를 등한시하고, 나아가서는 불공정한 국내적·국제적 질서의 정당화의 수단이 된다고 여긴다. 그리하여 이들은 제1세대 권리들을 인권개념에서 제외시키지는 않지만 낮은 순위로 여기며, 그들을 근본적인 경제적·사회적 변혁에 따라 미래에 점진적으로 이룩되어질 장기적인 목표로 여긴다. 인권에 관한 이러한 입장 차이는 국제사회에서 인권의 구체적 실현과 관련하여 논란의 대상이 되고 있다. 특히 이와 같은 논쟁은 냉전시대를 통하여 동구권과 서방권 사이의 정치·경제·사회적 체제 경쟁과 더불어 차이를 보여주었다. 탈냉전 시대에 이러한 논쟁은 인권의 보편성 혹은 상대성의 논의로 변화되고 주로 서구권과 비서구권의 '신동서 New East-West' 문제로서 성격을 갖게 되었다.

---

8 Jack Donnelly, *International Human Rights*, 2nd ed. (New York: Westview Press, 1998), p.6.

III. 탈냉전 시대의 인권의제의 변화와 특징

1. 탈냉전의 변화와 영향

1945년 유엔창설과 1948년 유엔인권선언의 채택 이래 꾸준히 발전되어 온 인권규범의 강화를 비롯한 인권신장과 보호 노력은, 특히 1990년을 전후한 탈냉전의 새로운 환경에서 새로운 전기를 맞이하였다. 탈냉전 시대의 개막과 함께 국제사회에서 인권 문제는 새로운 차원에서 논의가 이루어지게 되었다. 그것은 주로 인권에 대한 관심이 증대하고 인권의제의 범주와 수준이 확장된 것을 특징으로 한다. 그 배경과 요인은 냉전체제의 붕괴와 세계화 현상의 가속화에 따른 민주주의 이념의 확산, 인간안보 개념 및 비전통안보 이슈에 대한 관심 증대, 그리고 정보통신의 확산 등이다.

이러한 배경과 요인을 구체적으로 살펴보면, 첫째, 국제체제의 변화에 의하여 새롭게 조성된 국제환경이다. 구소련의 해체 및 동구공산국가의 붕괴는 전체주의 혹은 독재체제에 대한 서방국가들의 도덕적 우월성, 그리고 인권을 보다 잘 보호할 수 있는 제도로서의 자유민주주의에 대한 정당성을 부여하였다. 개인의 자유 및 인권보호라는 측면에서 자유민주주의의 근간은 구공산권의 민주화 등 전 세계에 걸쳐 인권에 대한 인식과 개선이 이루어지는 것을 도모하였다. 그러므로 국제사회에서 인권보호에 대한 적극적 주장은 더욱 강력한 도덕적 힘을 갖게 되었다. 인권은 오늘날 각국의 국가적 행태를 평가하는 기준을 제공하고, 보다 나은 세계의 정책을 위한 의제로서 기여하며, 나아가서 국제관계에 영향을 미치는 전 세계적인 운동movement 으로서 의미를 갖고 있다.[9]

둘째, 동서냉전의 종식으로 국제사회는 국가 중심적 개념에서 인간 개개인의 안녕을 위한 '인간안보human security' 혹은 '포괄적 안보comprehensive

---

9 Bunrs H. Weston, "Human Rights: Concept and Content," *ibid.*, pp.10-13.

security'로 안보개념을 확대하였다. 세계화의 추세 속에서 '글로벌 거버넌스 Global Governance' 시대가 등장함으로써, 국제안보의 논의와 해결의 주체도 국가를 비롯하여 유엔과 국제기구, NGO 등으로 확대되었다. 인간안보의 중심문제로서 비군사적인 여러 문제 특히, 경제개발, 통상 등 경제적 이슈뿐만 아니라, 소위 전지구적 난제, 즉 인권, 환경, 여성, 난민, 빈곤, 테러 등 보다 인간 생존에 관한 새로운 관심이 폭넓은 안보의 개념이 되었다. 이데올로기의 대립으로 그동안 후면에 가려졌던 이슈들이 전면에 등장하게 되고, 또한 국제사회가 그것들을 다룰 수 있는 여지가 커진 것이다. 뿐만 아니라 사담 후세인의 쿠웨이트 침공 및 민간인에 대한 잔인한 억압을 비롯하여, 소말리아의 내전, 보스니아 및 코소보 등 구유고연방의 혹심한 내전, 르완다 및 수단의 대규모 학살사태, 그리고 리비아의 카다피 정권, 시리아의 아사드 정권을 둘러싼 내전사태 및 인권유린 등은 국제사회의 새로운 도전과제로서 인권 문제를 부각시키게 되었다.

셋째, 전지구적 이슈로서 인권 및 관련 주요의제에 대한 범지구적 회의와 논의의 확산이 이루어진 점이다. 유엔은 테헤란 인권회의 이후 25년 만에 1993년 세계인권회의(비엔나)를 개최하였다. 비엔나 인권회의는 1990년 12월 유엔 총회결의에 의해 개최가 결정된 이래, 4차에 걸친 준비회의 그리고 3개의 지역별 회의의 결과를 바탕으로 마련되었다. 이 인권회의에는 38개의 각종 국제기구 및 유엔 산하의 전문기구 및 인권기구를 비롯하여, 171개국으로부터 2,100여 명의 정부 대표와 841개 NGO의 약 3,700여 명의 대표자가 참석한 초국가적 국제회의였다.[10] 그 밖에도 1992년 리우환경회의, 1994년 인구개발회의, 1995년 세계여성회의, 1995년 사회개발정상회의,

---

10 제2차 세계인권회의는 국제사회가 세계인권선언의 정신과 취지하에서 그동안의 인권 상황에 관한 검토와 함께, 인권의 향상과 보호를 위해 인권보호 장치와 감시기능을 보다 강화하기로 다짐하는 "비엔나 선언"과 "인권을 위한 행동강령"을 주요 문서로 채택하였다. 유엔회의는 전 세계에서 그동안 인권 문제에 관한 의식이 확산되었음을 반영하는 동시에, 또한 인권에 관한 전지구적 합의를 통해 "다음 세기에 걸쳐 인권에 관한 전지구적 행동의 새로운 비전"을 형성한 것으로 평가되었다. UN Chronicle(Fall 1993), p.54.

1996년 인간정주회의, 2002년 지속가능한 개발회의 등 국제회의는 인권 자체나 관련 이슈, 즉 환경, 여성, 개발 등에 관한 대규모의 전지구적 국제회의를 통하여 인권에 대한 국제적 인식과 정책개발에 자극을 주거나 기여하는 계기가 되었다. 정부 대표자뿐만 아니라 다양한 NGO 및 시민사회 대표자들은 '시민포럼People's Forum' 등을 통하여 국제적 의제를 설정하고 이행하는 데 있어서 상호협력하고 갈등하는 파트너십을 형성하게 되었다. 이는 인권의제에 대한 인식과 범주를 확산하는 데 기여하였다.

넷째, 세계화의 확대에 힘입어 인권은 국내적 영역을 넘어 글로벌 이슈의 중요한 과제로서 전파되었다. 21세기 경제적 상호의존의 심화와 정보통신기술ICT의 혁신적 보급은 세계화globalization를 가속시키고 있다. 이러한 변화는 정치적 혹은 사회적 상호의존뿐만 아니라, 나아가서 '도덕적' 상호의존도 증대시킨다고 할 수 있다. 즉, 한 국가 내의 인권 문제는 보다 즉각적이고 가시적인 매스컴의 영향으로 전 세계적으로 부각된다. 또한 한 국가 내의 혹독한 인권유린 혹은 지역분쟁의 인권유린, 난민 문제 등이 내전이나 지역의 평화와 안전, 그리고 인간안보에 영향을 미치는 점에서 국제사회는 이를 지역적 혹은 전지구적인 의제로서 다루게 된다. 이는 불가피하게 해당국가의 국내 혹은 외교정책에 대한 관여나 개입을 야기할 수 있게 하는 필요와 정당성을 제고시키고 있다. 유엔기구들, 특히 인권이사회 혹은 안전보장이사회(안보리)의 논의는 이러한 의제에 대한 국제적 논의를 촉진하고, 국제사회의 인권논의의 도덕성 혹은 정당성을 강화하는 데 기여하게 되었다.

2. 인권의제의 새로운 특징

이와 같은 배경에서 1990년 이후 지난 25년여간의 국제인권을 둘러싼 변화의 특징을 정리해보면 다음과 같다. 즉 인권규범 전반의 강화, 각종 제도 및 장치의 강화, 다양한 행위자와의 협력강화, 강제력 적용의 확대, 그리고 인권의제의 범주 확대 등이다

첫째, 국제인권보호 및 신장에 대한 국제사회의 관심과 조처가 확대됨에 따라서 전반적으로 국제사회에서 국제인권보호 의제 및 규범이 강화되었다. 인권은 유엔의 소위 '3대 지주Three Pillars'의 하나로서 평화·안보, 개발과 더불어 유엔의 핵심의제로서 다루어져왔다. 이미 언급한 바와 같이 주요 국제규범이나 규약의 강화는 물론, 인권 위반사태에 대한 유엔의 관심과 실제 개입이 증대하고 다양한 조치가 이루어짐으로써 국제인권은 적절하고 정당성 있는 국제의제로서 자리 잡았다. 특히 전통적인 접근으로서 인권위반에 대한 단순한 비난과 시정권고뿐만 아니라, 안보리가 강제력을 가지고 인권보호를 주창하고 조처를 취하는 경우가 증가함으로써 인권의제의 '강제성' 혹은 법적 구속성이 강화되었다. 유엔의 활동에 힘입어 인권이 전지구적 과제로서 다루어지고, 점점 더 인권보호 및 신장을 강화해야 한다는 전반적 인식이 증대되었다.

둘째, 인권의제의 변화에 맞추어 유엔관련 기구, 제도 및 장치 등이 대폭 강화되었다. 1993년 유엔인권최고대표사무소UNOHCHR 의 창설 및 역할부여를 비롯하여, 유엔인권위원회의 인권이사회HRC 로의 위상제고 및 UPR 국가별보편적정례검토 제도의 도입에 따른 국가별 인권심의 강화, 국제임시전범재판소가령, ICTY 구유고전범재판소 및 ICTR 르완다전범재판소 및 국제형사재판소ICC 의 신설 및 운영, 유엔사무국의 인권관련 부서의 확대 및 강화 등이 그 주요 예이다. 또한 새로운 인권관련 국제규약들이 계속 체결 혹은 발효되어 국제법적 기반이 확대되고, 각종 규약위원회의 제도와 활동이 증가하고 있다. 나아가서 인권이사회 등에서 보다 많은 국가별 혹은 주제별 '특별절차'가 진행되고, 그러한 활동의 결과가 보고서 혹은 결의문으로서 채택되고 있다. 또한 인권관련 기구 및 기관들의 활동이 증대하고 제도 및 운영의 강화도 이루어짐으로써 유엔 전반의 역할 강화에 기여하고 있다.

셋째, 유엔과 NGO(비정부기구) 등과의 협력 등 다양한 협력체제가 강화됨에 따라서 인권의제의 논의와 대응이 전지구적 차원에서 보다 적극적인 지지를 받고 있다. 특히 유엔의 관련 기구나 기관은 물론 전문가그룹이나 NGO, 다른 국제기구 및 기관 등 다른 행위자actors 와 협력이 증대하고 있다.

인권이사회가 특히 유엔의 "협의적 지위^{Consultative Status}"를 가진 다양한 인권 NGO로부터 의견을 수렴하는 것은 오랜 전통이다. 또한 조사위원회^{COI}, 특별보고관^{special rapporteur} 등의 활동은 상당 부분 이러한 NGO와의 협력에 기초하는 것이 관례이다. 또한 유엔안보리도 인권현안에 관하여 관련 국가 대표의 브리핑, 유엔사무총장의 보고서, 유엔 인권이사회 및 관련기구로부터의 브리핑 및 보고서 제출 요구 등을 통하여 다양한 의견을 수렴하곤 한다. 또한 안보리는 스스로 혹은 유엔사무총장의 역할을 활용하거나 다른 유엔기관과 협력하여 사실조사단^{fact-finding mission} 혹은 조사위원회(예: 엘살바도르, 부룬디, 동티모르, 르완다 조사위원회)를 구성·운영하기도 한다.[11] 조사위원회는 인권 문제의 조사뿐만 아니라 이를 위하여 현지국가 혹은 지역의 지도자나 인권전문가들의 의견을 수렴한다. 이는 안보리의 오랜 폐쇄적 경향에 비추어 상당한 변화를 의미한다.

넷째, 인권 문제에 대한 안보리의 관여가 보다 빈번해지고 강화되었다. 유엔이 심각한 인권위반 사태 등을 '평화에 대한 위협' 등 국제평화 및 안전 유지의 관점에서 인식하고 유엔헌장 제6장 혹은 제7장 규정에 따라서 직접 개입하는 빈도가 높아졌다. 탈냉전 시대의 내전이나 지역분쟁은 인권유린이나 인도적 위기를 야기하는 경우가 대부분이고, 이러한 인권유린 사태는 안보개념의 확대, 인권규범의 인식확산 등에 따라 단순히 인권 문제의 차원을 넘어 국제평화의 문제로서 다루어지는 추세이다. 유엔의 개입이 평화유지활동^{PKO} 및 평화구축활동, 그리고 평화강제 등으로 다양화되고, 나아가서 '인도적 개입'이나 '보호책임^{R2P}' 등 국제규범의 논의와 적용을 다루는 것은 인권 문제에 대한 안보리의 관심과 대응을 보여주는 것이다. 특히 내전이나 '실패한 국가^{failed states}'로 야기되는 '복합적 인도적 위기^{complex humanitarian}

---

11 유엔지원의 국제적 위원회는 중립성, 재정지원이나 인적 자원 확보, 그리고 국제적 신뢰도나 권위 등에서 이점을 가질 수 있다. 조사위원회는 해당국 정부나 유엔 등 국제기구, NGO 등에 의해서 설치될 수 있다. Steven R. Tatner & Jasons S. Abrams, *Accountability for Human Rights Atrocities in International Law*, 2nd ed. (New York: Oxford University Press, 2001), pp.228-240 참조.

emer- gencies'상황에서 보다 종합적이고 다차원적인multidimensional 유엔의 대응이 필요하게 되었다. 그리하여 분쟁상황에서의 치안유지, 휴전감시 등의 활동은 물론, 분쟁종식을 위한 협상, 중재 등의 평화조성peace-making, 민간인 보호를 위한 보다 강력한 무력의 사용, 인도적 재난에 대한 긴급구호활동, 그리고 국가재건 등 평화구축 활동이 다면적으로 실행되는 경향이 늘어났다.

끝으로, 비전통적 이슈로서 전통적인 인권은 물론 에이즈AIDS, 여성, 아동, 기후변화 등의 문제도 인권의 차원에서 국제안보의 한 대상으로 다루게 되었다. 가령 소년병child soldier 문제가 아동인권 문제로서 제기되고, 이에 따라 국제규약의 강화와 안보리의 결의문 채택이 이루진 것이 그 사례이다. NGO들은 1989년의 아동권리협약Convention on the Rights of Children에서 규정된 바 소년병의 최소 연령 기준 15세를 18세로 상향하는 노력을 기울여왔다. NGO들의 지속적인 압력과 설득으로 1994년 유엔인권위원회가 추가적인 선택의정서optional protocol 초안 작성을 비롯하여, 1998년에는 유엔사무총장이 관련 특별대표를 임명하기도 하였다. 이러한 NGO와 유엔기관의 움직임에 의해 유엔총회와 안보리가 소년병 문제를 토의하게 되었다. 2000년 5월 유엔총회는 소년병 연령기준을 18세로 규정한 '무력분쟁에서의 아동관련 선택의정서'를 공식 채택하고, 2002년 2월부터 효력이 발생되었다. 이와 병행하여 안보리도 1999년 이래 일련의 결의문에서 유엔, 회원국 및 국제사회가 분쟁상황에서의 소년병 문제에 관한 국제규범을 준수, 혹은 강화하도록 촉구하였다(결의문 1261호, 결의문 1344호 등). 또한 유엔사무총장의 보고서에 지적된 바 아프가니스탄, 부룬디, 라이베리아 등 분쟁 국가들이 소년병 모집을 중지하도록 요구하기도 하였다(결의문 1480호, 결의문 1539호 등).

또한 안보리의 새로운 태도에 따라 분쟁지역이나 PKO활동에서의 성폭력이나 성착취의 문제에 대한 인식과 정책도 다루어졌다. 가령 안보리 결의문 1325호(2000년)는 여성과 소녀 등에 대한 성폭력범죄를 반인도 범죄 및 전쟁범죄 등의 범주로서 다루어야 한다는 점을 강조하였다.[12] 나아가서 2000

---

12 Edward C. Luck, ed., *UN Security Council: Practices and Promises* (New York:

년대 초기 안보리의 결의문, 의장성명서 등은 분쟁지역에서의 주민보호와 관련 문제를 지속적으로 다루면서, '여성 및 성차별의 문제'에 관심을 표명하도록 촉구하였다.[13]

IV. 인권보호와 국제인권레짐

1. 국제인권레짐의 이해

1) 국제인권레짐의 개념

오늘날 국제인권보호를 위한 각종 국제규범과 원칙, 유엔을 비롯한 국제기구, NGO 및 주요 국가 등 다양한 관련 국제행위자, 그리고 의사결정의 구조 및 절차와 장치는 포괄적으로 '국제인권레짐 human rights regime '을 형성하고 있다. 국제인권레짐은 "국가, 비국가 그룹, 그리고 인권 문제에 관심을 가진 개인이 그들 상호간의 상호교류의 기초를 형성하는 것으로서 받아들이는 인권 이슈 영역에서의 일련의 원칙, 규범, 규칙, 의사결정 및 절차"라고 정의될 수 있다.[14] 국제인권레짐은 간단히 인권분야에서 국가들에 의해서

Routledge, 2006), pp.88-89.

13 유엔평화유지군 등 유엔활동의 일환으로 배치된 병사들에 의해서 난민이나 분쟁 현지 주민들에게 자행되는 인권침해 사태에 관하여도 그 책임을 묻는 문제가 대두되었다. 유엔이 주요한 인권규약 등의 조약당사자가 아니고, 유엔은 외교적 특권과 면책특권을 갖고 있기 때문이다. 그러나 국제법적 해석과 그리고 국제관례에 의해 유엔이나 유엔 지휘하의 병력도 법적 책임을 지게 된다는 해석이 가능하다. 구체적인 논의에 관하여는 Julie A. Mertus, *The United Nations and Human Rights*, 2nd ed. (New York: Routledge, 2009), pp.112-115 참조.

14 W. Andy Knight, "The Changing Human Rights Regime, State Responsibility, and Article 2(7) in the Post-Cold War Era," in *ACUNS REPORTS*: Article 2(7) Revisited (RI: ACUNS, 1994).

구속력 있는 것으로 받아들여지는 규범과 의사결정체계를 일컫는다. 국제인권레짐은 "중심적" 혹은 "핵심적" 인권레짐과 그 밖의 인권레짐 등으로 분류할 수 있는 바,[15] 유엔인권레짐은 전지구적인 국제인권레짐의 일부분으로서 바로 이러한 중앙적 레짐의 성격을 갖는다고 볼 수 있다.[16] 특히 유엔은 주도적 역할과 꾸준한 활동으로서 국제사회에서 인권 문제가 핵심적인 전지구적 의제로서 자리 잡는 데 기여하였다. 유엔인권레짐은 유엔기관 중 특히 총회 및 경제사회이사회 등의 기관을 중심으로 그 권한이 부여되어 운영되고 있다. 그리고 유엔활동의 결과로서 여성, 아동, 장애인 등 보다 세부적이고 구체적인 분야 및 주제별로 인권보호를 위한 규범과 장치가 발전되어 왔다. 또한 유엔인권레짐 이외에 유럽, 미주, 아프리카 등 지역별로 지역기구 혹은 주요국가가 주도하는 인권레짐이 형성, 운영됨으로써 전지구적 차원에서 국제인권레짐이 작동하는 데 기여하고 있다.

따라서 국제인권레짐의 실체를 파악하기 위해서는 국제인권보호에서 핵심역할을 하고 있는 유엔을 비롯하여 국제규범 및 원칙, 관련기관을 중심으로 한 레짐의 주요 행위자들과 제도, 그리고 여러 활동을 살펴보는 것이 필요하다.

2) 국제인권의 국제정치이론적 이해

국제인권의 포괄적 성격 및 다양한 개념에 비추어, 인권의제에 대하여는 국제정치이론의 측면에서 관점에 따라 그 성격, 범주, 강조점이 달라지게 된다. 그 패러다임은 현실주의Realism, 자유주의Liberalism, 그리고 세계주의

---

15 David P. Forsythe, "The US, UN, and Human Rights," in Margaret P. Karns & Karen A. Mingst, eds., *The United States and Multilateral Institutions* (MA: Unwin Hyman, Inc, 1990), pp.262-263.

16 도넬리(Jack Donnelly)는 인권 활동을 4가지 레짐, 선언적 레짐, 촉진적 레짐, 실행레짐 및 강제레짐으로 분류한다. Jack Donnelly, *Universal Human Rights in Theory & Practice* (Ithaca: Cornell University Press, 1989), p.206; "지역적 인권레짐"에 관하여는 Burns Weston et al., "Regional Human Rights Regime," Richard Claude & Burns Weston, eds., *ibid*, pp.208-220.

Globalism으로 나누어 볼 수 있다.17 우선 현실주의 혹은 국가주의는 국가가 국제관계의 유일한 혹은 주요한 행위자이며, 국가는 주권 sovereignty 보호에 최우선을 두기 때문에 안보같은 의제가 가장 핵심적인 국가적 과제로서 다루어져야 한다고 여긴다. 그러므로 인권 문제는 어디까지나 국가의 주권 및 관할에 속하는 문제이며, 인권의 보편성을 인정하지 않는 입장이다. 인권은 국제관계에서 오직 주변적 혹은 부수적인 의제에 불과한 것으로 여기며, 또한 인권의제에 관하여 권한을 행사하는 독립적인 국제기구 같은 존재를 인정하지 않는다. 이러한 관점은 오랫동안 전통적인 국가관과 국제관계에서 인식되어온 견해이다.

이에 비해서 세계주의 혹은 범지구시민주의 cosmopolitanism 는 국제관계의 구성요소 혹은 행위자로서 국가가 아닌 개인(세계시민)을 기본단위로 간주한다. 국가 행위자는 주권의 절대성을 주창할 수 없으며, 개인이나 NGO, 그리고 국제공동체의 발달에 의해 제약을 받는다고 여겨진다. 따라서 인권의제에서도 인권은 모든 개인에게 적용되어야 하는 보편적인 것이며, 국가주권이나 국내관할권에 대한 간섭이 허용된다. 또한 국제기구 등은 중대하고 조직적인 인권위반에 대해서 국가주권을 초월하여 인권의제를 다룰 수 있다고 보는 것이다. 말하자면, '인간주권 human sovereignty'이 국가주권에 우선한다는 입장을 반영하는 것이다.

이러한 대칭되는 두 관점이 갖는 인식과 분석을 기초로, 보다 중간적인 입장에서 국제사회의 현황을 파악하는 것이 (자유주의적) 국제주의적 입장이다. 즉, 이 관점은 국제사회는 여전히 주권국가들이 중심적 행위자로서 존재하며, 따라서 아직 세계주의적 시민사회로 진화하지 않았다고 보는 것이다. 그러나 국제사회는 국가들이 무한경쟁을 벌이는 단순한 무정부상태 anrachy 가 아니며, '무정부적 사회 anarchical society'를 구성한다는 것이다. 즉 이러한 국가들의 사회 society of states 는 국제공동체의 존재를 의미하며, 그것은 관례적으로 국제법, 국제기구, 외교, 세력균형, 세력권 등의 공동규범과 제

---

17 Jack Donnelly, "International Human Rights," *ibid.*, pp-28-30.

도에 의해서 운영되는 사회이다. 그러므로 인권의제는 주권국가들의 이러한 공동체가 인정하거나 허용한 범위 내에서 다루어지게 된다. 인권의제는 기본적으로 국가의 주권영역이 아니라 국제공동체에 의해서 규정 혹은 제시된 바 공동체의 규범에 의해서 규율되어지는 영역으로 여겨진다.

인권의제는 점차 국제사회의 변화에 따라 이해가 달라지고 있다. 즉, 인권에 대한 전통적인 국가주의적 인식은 이제 더 이상 적실성을 갖기가 어려운 실정이다. 인권은 단지 국가주권의 절대영역에 속하는 것이 아니며 국제사회의 변화에 따라 국제규범에 의해서 제약을 받는 것이 현실이다. 국제사회가 여전히 국가중심주의적 구조를 기본단위로 하더라도, 개인과 NGO를 포함, 보다 포괄적으로 다양한 행위자가 역할을 하는 자유주의적 국제주의 구조로 변화하는 과정에 있다. 비록 개인을 단위로 하는 세계시민적 관점은 아직 구현하기 힘든 현실이지만, 점차 그러한 방향으로 새로운 인식과 조치가 확대되는 추세에 있다고 할 수 있다.

2. 주요 국제인권규범

유엔헌장과 세계인권선언을 비롯하여 국제사회에서 존중되는 인권선언 및 규약 등 관련 국제규범은 약 80여 개에 이르고 있다.[18] 유엔헌장은 그 기본정신 및 헌장에서 인권보호 및 신장을 위한 노력을 중요한 목적의 하나로 제시함으로써, 국제사회에서 국제인권 가치의 기반이 되는 것은 물론이다. 헌장 제1조는 "인종, 성별, 언어 혹은 종교의 구별 없이 모두를 위한 인권과 기본적 자유의 존중의 신장 및 보호를 추구함으로써" 국제협력을 달성하는 것을 주요한 목적의 하나로서 표방하고 있다. 또한 헌장 제55조는 3가지 목표를 제시하고 있는 바, 첫째, 보다 높은 생활수준, 완전 고용, 경제

---

18 United Nations, *Human Rights: A Compilation of International Instruments* (New York: United Nations, 1988).

사회적 진보와 발전의 조건 촉진, 둘째, 국제경제적·사회적 보건 및 관련 문제의 해결과 국제적 문화 및 교육의 협력, 그리고 셋째, 인권과 기본적 자유의 보편적 존중과 준수가 그것이다.

다른 중요한 규범은 이른바 "국제권리장전International Bill of Rights"으로 통칭되는 3개의 주요선언 및 규약, 즉 세계인권선언Universal Declaration of Human Rights, 시민적 및 정치적 권리에 관한 국제규약(1966년, B규약) 및 의정서(C규약), 그리고 경제적·사회적·문화적 권리에 관한 국제규약(1966년, A규약)이라고 할 수 있다. 첫째, 1948년 선포된 세계인권선언은 유엔이 주도한 가장 강력한 인권신장을 위한 노력이며 성과인 점은 이미 언급하였다. 둘째, 시민 및 정치적 권리에 관한 국제규약(B 규약) 및 부속의정서(C 규약)는 A 규약과 함께 1966년 12월 유엔총회에서 채택되었으며, 1976년 3월 26일 효력을 발생하였다. B 규약은 인권선언에 표명된 권리들을 거의 다 포함하고 있으나, 다만 재산소유권 및 망명권은 규정하고 있지 않다. 반면에 B 규약은 인권선언이 포함하지 않은 권리, 가령 자결권과 인종적·종교적·언어적 소수민족의 권리 등을 규정하고 있다. 셋째, 경제적·사회적·문화적 권리에 관한 국제규약(A 규약)은 유엔총회에서 1966년 12월 채택되어 1976년 1월 3일에 효력을 발생하였으며, 인권선언에 명시된 거의 모든 경제적·사회적·문화적 권리를 포함하고 있다. 그러나 시민적 및 정치적 권리규약과는 달리 즉각적인 시행을 목표로 하지 않으며, 규약당사국은 단지 "규약에 규정된 권리를 점진적으로 전면적인 실현을 성취"하기 위해서 "최대한 가능한 자원의 범위 내에서" "조치를 취하는 데" 동의하고 있다.[19]

이외에도 여러 주요 인권관련 협약이 존재하고 있다. 주요한 것으로는 인종집단학살(1948년 체결, 1951년 발효), 인종차별(1965년 체결, 1969년 발효), 아파르타이드Apartheid(1973년 체결, 1976년 발효), 여성차별(1979년

---

[19] 따라서 A 규약은 기본적으로 권장적 규약이며, 즉각적이기보다는 점진적이고 지속적인 이행을 요구하고 있는 것이다. 이 규약하에서 당사국은 이러한 권리들의 준수 정도에 관하여 경제사회이사회에 보고하고, 경제사회이사회는 이 보고서를 인권위원회에 제출한다(제19조).

체결, 1981년 발효), 고문 및 잔혹행위(1984년 체결), 아동권리(1989년 체결, 1990년 발효), 이주노동자(1990년 체결, 2003년 발효), 장애인권리(2006년 체결, 2007년 발효), 강제실종(2006년 체결, 2010년 발효) 등이 관련된다.

전체적으로 이와 같은 국제인권관련 규정은 크게 네 가지로 분류할 수 있다. 즉 (1) 일반적 국제규약: 전지구적 혹은 지역적 차원에서의 인권 문제에 관한 것, (2) 특별한 주제에 국한된 규약: 특정한 인권유린 사안에 관한 것, 가령 집단학살, 전쟁범죄, 반인도범죄, 노예, 인신매매, 강제노역, 고문 등, (3) 그룹의 보호에 관한 규약: 특정그룹의 특별한 보호에 부합하는 것, 가령 아동, 원주민, 이주민, 난민, 무국적자, 여성, 아동, 무력분쟁 시의 전투원, 포로 및 민간인 등, (4) 차별금지에 관한 규약: 인종, 성별에 따른 차별 및 교육, 고용 및 직업에 의한 차별 등이 그것이다.[20]

3. 국제인권의 주요 행위자

1) 유엔의 주요 기관 및 기구

유엔 '인권보호체제' 혹은 메커니즘의 인권관련 주도기관 및 협력기구는 크게 3가지로 나누어 볼 수 있다. 첫째, 유엔총회, 안전보장이사회(안보리), 그리고 경제사회이사회 등의 '헌장 기반Charter-based' 기구 (기관) 및 총회 산하 유엔 인권이사회HRC, 둘째, 각국 간의 다자적 협약에 의해 체결된 '조약 기반treaty-based' 기구, 그리고 셋째, 인권최고대표사무소OHCHR, 그리고 유엔 사무국 및 유엔 사무총장실 등 행정지원기구이다.

첫째 우선, '헌장기반기구'로서 인권에 관한 주요 책임은 총회General Assembly와 경제사회이사회ECOSOC에 있다. 총회는 "모두를 위한 인권과 기본적 자유를 구현"하는 것을 돕는다는 목표에 입각하여 유엔의 모든 회원국들

---

20 Bunrs H. Weston, "Human Rights: Concept and Content," *ibid.*, p.11.

이 관여하여 인권과 관련된 전반적인 토론과 권고를 한다. 그동안 많은 인권에 관한 선언 및 결의문을 채택하였는 바, 1948년의 세계인권선언을 비롯하여 인종학살, 인종차별, 아파르타이드, 난민, 무국적자, 여성의 권리, 아동, 청소년, 외국인, 망명, 고문, 노예 등에 관한 것이 그것이다. 이들은 엄격한 의미에서 기술적으로 조약과 같은 법적 의무는 발생치 않으나 국제사회에서 주요한 규범의 준거가 되고 있다. 나아가서 이러한 선언이나 결의문은 그 후 점차 구체적인 법적 성격을 갖는 국제협약으로서 발전된 것은 이미 지적된 바 있다.

54개 회원국으로 구성되는 경제사회이사회는 유엔 경제적·사회적·문화적 권리에 관한 규약에 근거하여 관련 인권위반에 관하여 그 산하기관 및 각국으로부터 보고를 받는다. 안전보장이사회Security Council 의 역할은 명시적이기보다는 묵시적으로 규정되어 있다. 헌장 제7장이 규정한 바에 근거하여 유엔안보리는 "국제평화 및 안전의 유지"에 관한 제1차적인 권한을 갖고 있는 바, 이에 해당된다고 판단되는 인권 문제에 관하여 강제조치 등의 각종 조치를 취할 수 있다. 그러므로 내전, 혹은 국가 간 분쟁과 관련하여 현저한 인권유린이나 억압이 있는 경우 성명서, 결의문의 채택, 중재mediation 등 외교적 활동, PKO, 평화구축 등 평화활동peace operations, 그리고 나아가서는 경제적 혹은 군사적 제재sanctions 등의 강제조치를 사용한다.

유엔 인권이사회HRC는 종전의 유엔인권위원회CHR를 대체, 보완하여 새롭게 2006년부터 활동을 시작한 유엔인권 활동의 핵심기구이다. HRC는 종전의 인권위원회와는 달리, 총회의 산하에 있으며, 3년 임기의 총 47개국으로 구성된 정부간 위원회이다. 주요 임무는 국제사회의 인권과 기본적 자유를 증진하고 보호하기 위해, 국제사회의 인권사안을 논의하고 개선방안을 모색하며, 중대하고 조직적인 인권침해에 즉각적으로 대처한다. 또한 인권이사회는 유엔체제 내의 인권의 '주류화'와 효율적 조정 역할을 담당한다.

유엔 인권이사회는 연 3회(10주 이상)의 정례 모임과, 이사국 3분의 1의 요청에 의한 긴급 회합(특별 회기)을 열어 국제사회의 인권사안들을 논의하고 필요한 경우 관련 결의를 채택한다. 매년 개최되는 인권이사회는 정례 혹은 수시 토의를 비롯하여 각국 혹은 주제별 주요한 인권상황에 대한 검토를 수행한다. 유엔 인권이사회는 권한에 따라 특정 인권사안을 다루는 '국가'별, 혹은 '주제'별 특별보고관special rapporteur, 실무그룹working group을 임명하여 특정 인권사안에서 이행을 도모하는 역할을 할 수 있다.[21] 또한 유엔 인권이사회의 출범과 함께 도입된 핵심 제도 중 하나로서 국가별 '보편적 정례검토Universal Periodic Review: UPR'가 있는 바, 이는 한 회원국의 인권상황을 다른 회원국들이 4년 주기로 정기적으로 검토하는 것이다. 따라서 1년에 48개국씩, 4년간 모든 회원국들이 예외 없이 자국 내 인권상황에 대한 보고서를 제출하고 인권이사회에서 검토를 받아야 한다.

둘째, '조약기반'기구는 위에서 언급한 바, 각종 인권규약 및 인권규범의 구체적 실행을 감시·감독하기 위한 주제별 인권규약감시기구Treaty-monitoring bodies를 의미한다.[22] 현재 시민적·정치적 권리에 관한 규약을 감시하는「인권규약위원회」를 비롯하여 9개의 규약위원회가 설치되어 있다. 그것은「인종차별철폐위원회」Committee on the Elimination of Racial Discrimination: CERD,「경제적·사회적·문화적 권리 위원회」Committee on Economic, Social, and Cultural Rights: CESCR 또는 ESC,「여성차별철폐위원회」Committee on the Elimination of Discrimination Against Women: CEDAW,「고문방지위원회」Committee Against Torture: CAT,「아동권리위원회」Committee on the Rights of the Child: CRC,「이주노동자위원회」Committee on Migrant Workers: CMW,「장애인 권리위원회」Committee on the Rights of Persons with

---

21 다만, 제소내용 및 절차상의 여러 엄격한 조건들, 즉 중대하고 조직적인 위반, 특정한 사례에 대한 조사금지, 그리고 조사종료 시가지 모든 절차의 비공개 및 비밀유지 등이 요구된다. 특정국가 혹은 문제에 관한 조사가 완료되었다 하더라도, 그 시정을 위한 직접적인 조치를 요구하거나 강제할 수는 없다. 이러한 조건들은 개별적인 인권구제가 아니라 국가권력에 의한 인권침해를 막기 위한 조치들로서 사실상 인권이사회의 권한과 역할을 상당히 제한하고 있다. 그러므로 인권이사회의 중요한 수단은 회의 공개토론, 이른바 '흑색명부(Black List)' 혹은 '요주의국가'의 작성, 의제상정 및 결의문 채택 등으로 인권에 관한 일반적 인식을 제고하고 국제사회의 여론 혹은 도덕적 힘의 압력 등을 사용하는 것이라고 할 수 있다.

22 Phillip Alston & James Crawford, eds., *The Future of Human Rights Treaty Monitoring* (Cambridge: Cambridge University Press, 2000).

Disabilities: CRPD 그리고 「강제실종위원회」 Committee on Enforced Disappearances: CED 등이다. 각 위원회는 10명 내지 23명의 전문가로서 구성되며 임기는 대부분 4년이다. 각 위원들은 세계 각 지역 및 문화권을 고려하여 지역적 균형을 이루도록 선출하는 것이 원칙이다. 각 위원회는 규약회원국으로부터 최초보고서와 3~5년 주기의 정기보고서를 제출받아 그 내용을 심의하는 역할을 주로 담당한다. 다만 HRC의 결의문이나 논의는 주로 유엔회원국이나 관련 당사자들에게 비판, 시정, 권고 등 자발적 협력을 요구하는 것이 보통이다.

셋째, 인권관련 행정업무를 다루는 총괄행정기구로서는 "유엔인권최고대표사무소OHCHR"가 있다. 1993년 세계인권회의의 권고에 따라 1993년 제48차 유엔총회에서 신설된 인권최고대표사무소와 그 책임자인 인권최고대표UNHCHR는 유엔사무총장의 권한하에 "모든 사람이 시민적·문화적·경제적·정치적 및 사회적 권리를 효과적으로 향유하는 것을 신장하고 보호하기 위한" 인권 활동에 관한 유엔의 최고 책임자이다.23 4년 임기의 유엔인권최고대표의 주요 임무는 기존의 인권장치들의 강화, 인권신장을 위한 회원국들과의 접촉, 유엔 산하의 인권신장 및 보호에 관한 활동들의 조정, 그리고 유엔인권센터의 감독 등이다. 그는 인권이사회에, 그리고 경제사회이사회를 거쳐 총회에 연례보고서를 제출하도록 되어 있다.

그 밖에 유엔의 사무지원기구로서 유엔사무국UN Secretariat 및 유엔사무총장실The Office of the UNSG은 유엔의 일반적인 행정기구로서, 정무국, PKO국, 법률국, 인도지원조정실 등 각 부서별로 직접·간접으로 인권 및 인도적 업무수행을 집행한다. 1998년 초 코피 아난 사무총장의 취임과 함께 유엔사무국의 구조조정 및 개편계획에 따라 인도지원국은 인도문제조정실Office for Coordinator of Humanitarian Affairs: OCHA로 재편되었다.24 최고책임자는 유엔사무

---

23 UN. GA/Res/48/141.
24 이 부서는 부트로스 갈리(Boutros Boutros Ghali) 유엔사무총장의 취임 직후 신설된 인도지원국(DHA)에서 개편된 것이다. DHA는 종래의 유엔 재난구조조정관실(UNODRC)을 비롯하여 그동안 여러 부서에서 다루어왔던 재난구조 및 인도적 지원에 관한 업무를 통괄하였다. OCHA는 NGO, 국제적십자사, 국제이주기구(IOM) 등과 긴

차장급의 긴급구호조정관이며 그는 인도적 문제 집행위원회^{Executive Committee}의 주재관 역할을 담당한다. 인도문제조정관실은 긴급구호 이외에 조기경보, 예방조치 등의 활동을 강화하게 되어 있다.

넷째, 유엔전문기구, 그리고 산하 위원회 및 보조기구 등도 인권보호 및 신장에 기여하는 역할을 하고 있다. 가령, 국제노동기구^{ILO}, 국제교육과학문화기구^{UNESCO}, 국제식량농업기구^{FAO}, 세계보건기구^{WHO}, 유엔개발프로그램^{UNDP}, 국제법률위원회^{ILC}, 국제사법재판소^{ICJ} 등이 관련된다. 이 기구들은 관련분야의 다양한 전문분야에 대한 독자적인 업무를 수행하지만, 유엔의 인권증진 노력에 부합하는 활동도 수행하는 것이 보통이다. 또한 유엔난민최고대표사무소^{UNHCR}는 난민의 보호 및 지원에 관하여 전적인 임무를 수행한다.[25]

2) 비정부간국제기구(NGOs)

(1) NGO의 등장

국제인권레짐의 주요한 행위 주체의 하나는 이른바 인권관련 국제비정부간기구^{INGO}이다.[26] NGO는 국제적으로 인정된 인권 문제의 보호, 촉진 및 실행에 관심을 가진 개인들의 사적 단체이다.[27] NGO가 인권보호 및 신장

밀히 협력하여 유엔이 보다 적극적으로 인도적 지원을 하도록 역할을 수행한다.

[25] UNHCR은 1949년 설치된 이래 난민보호 및 지원의 문제를 다루는 유엔의 핵심기구이다. 이 기구는 1951년의 난민협약 및 1967년 의정서를 기반으로 다른 국제행위자들과 함께 유엔난민레짐으로 일컬어지는 바의 관련 활동을 수행한다. 이러한 난민관련 활동은 광의적으로는 유엔인권활동으로 간주된다. 이 책의 제4장, 이신화, "국제기구와 인도적 의제: 이주 및 난민 문제" 참조. 또한 유엔난민레짐에 대한 논의는 송영훈, "북한인권과 UNHCR의 역할과 과제," 북한인권사회연구센터 편, 『유엔 인권메커니즘과 북한인권』(통일연구원, 2013), pp.169-218.

[26] Thomas G. Weiss et al., *The United Nations and Changing World Politics*, 6th ed. (New York: Westview, 2010), pp.235-239.

[27] NGO는 정부간기구와 대칭되는 의미에서 사용되고, 유엔헌장상 언급된 용어이다. 정부가 참여하거나 관여하지 않는 사적 단체로서, 가령 비정치성, 중립성, 비영리성 등

을 위해서 노력하고 기여하는 실상은 매우 광범위하고 다양하다. NGO의 등장과 발전은 18세기 말, 19세기 초부터 몇몇 국가의 국내기반 조직에서 시작되었다. 특히 인권관련 NGO의 활동은 영국, 미국, 프랑스 등의 반노예운동 anti-slavery movements 에서 연유하였다.[28] 국제연맹의 창설 이후 NGO의 국제적 연대 international associations 가 조직되어 교통, 지적재산권, 마약통제, 공중보건, 농업 및 자연보호 등 국제연맹의 활동과 관련하여 다양한 활동을 하였다. 1900년까지 전 세계적으로 425개의 각종 '평화협회 peace societies'가 조직되었고, 1901년에는 132개의 국제연대가 존재하게 되었다. 그리하여 NGO는 각국 정부가 국제사회의 주요 의제에 관심을 갖도록 하는 역할을 수행하기 시작하였다.

NGO들은 국제연맹에 이어 포괄적인 국제기구로서 유엔의 창설을 위한 다양한 노력을 전개하였고, 일부 NGO는 유엔헌장의 초안작성에서 '인권' 용어를 명시하도록 기여하였다. 유엔헌장 제71조에 의하여 NGO가 유엔의 절차와 활동에 기여할 수 있는 근거가 마련되었고, 그 결과 유엔 내에서 인권 문제를 비롯하여 다양한 국제 문제에 대한 논의에 참여할 수 있게 되었다.[29] 1946년 유엔인권위원회가 설치, 그리고 1948년 세계인권선언의 채택을 비롯하여 이미 살펴본 바 각종 인권규범의 발전에는 NGO가 핵심적인 역할을 수행하였다. NGO는 1970년대 이후 국제사회의 진보와 더불어 비약적인 발전을 이루었는 바, 가령 1972년 스톡홀름환경회의 UNCHE, 그리고 20

을 특징으로 한다. 이 개념과 함께 NPO, CSO, PVO 등의 다양한 용어가 사용된다.

28 이러한 NGO 운동의 결과 1807년 영국에서 노예무역이 금지되고, 1815년의 비엔나협약에서는 노예제도가 인도주의와 보편적 도덕성에 위배되는 것으로 선언되었다. 1860년대에는 전시 부상자, 전쟁포로, 의료치료 등의 인도적 활동을 위한 국제적십자위원회(ICRC)가 창설되었다. 그러나 다양한 NGO의 등장과 노력에도 불구하고, 국제연맹은 인권에 관하여 거의 언급을 하지 않았다.

29 헌장 제71조: The ECOSOC may make suitable arrangements for consultations with non-governmental organizations which are concerned with matters within its competence. Such arrangements may be made with international organizations and, where appropriate, with national organizations after consultations with the Members of the United Nations concerned.

여 년 후 1992년의 리우환경개발회의^{UNCED}, 1993년의 비엔나 인권회의 등 1990년대 이래 각종 전지구적 국제회의^{global conferences}에 적극 참여하고 역할을 본격화하였다. 오늘날 인권보호 및 신장을 위한 국제인권 NGO들, 가령 국제사면위원회^{Amnesty International}, 인권감시기구^{Human Rights Watch}, 국제법률가위원회^{International Commission of Jurists}, 국제인권연맹^{International League for Human Rights} 등의 활동은 국제적으로 잘 알려져 있다. 또한 프리덤 하우스^{Freedom House} 등은 연례보고서 발간 등 연구 중심의 인권단체로서 활동하고 있다.

(2) NGO의 기능과 역할

오늘날 인권의제의 논의와 실행에서 NGO를 제외하고 생각할 수 없는 것이 현실이다. 국제인권레짐의 주요 당사자로서 NGO가 그 활동을 함에 있어서 다양한 독자적인 역할을 수행한다. 일반적으로, NGO들의 기능은 1) 정보수집 및 평가·전파, 2) 정책 옹호, 3) 인권규범의 제정과 로비, 4) 법적·의료적 원조 혹은 인도적 구호 등 직접 서비스, 5) 단결배양, 그리고 6) 도덕적 비판 및 고무 등이다.[30] 특히 인권 NGO들은 인권위반을 감시하고, 이에 관한 정보를 수집하여 보고서를 발간하며, 인권규범의 제정, 중요한 인권위반 제소절차의 채택 등에 중요한 역할을 하고 있다. 가령 고문방지협약, 아동협약 등 주요한 국제인권협약의 제정에는 NGO들이 우호적인 국가들과 협의하여 초안 준비를 돕고, 법률적 및 기술적 조언, 여론의 조성, 그리고 유엔에서의 로비 등을 통하여 지원하였다. 유엔인권위원회나 인권이사회의 경우, NGO의 인권감시 보고서에 기초하여 각종 분쟁의 인권유린 사태, 가령, 고문, 강제실종, 잡단학살, 강간 등에 관하여 특별절차^{special procedure}를 취하는 결의를 하기도 한다. 어떤 NGO 보고서들은 유엔기구의 각종 위원회에서 보고서에 언급되며, 흔히 국내 인권상황에 대한 당사국들의 보고서의 정확성에 대한 검증을 위해서 활용되기도 한다.[31] 또한 각종

---

30 Richard P. Claude & Burns H. Weston, eds., *ibid.*, pp.288-298.
31 이러한 인권 NGO 활동은 자연적으로 인권보호에 권한과 책임을 가지고 있는 국가(정

지역 분쟁현장에서 유엔인도지원 기구들과 함께 활동을 하며, 이에 따라 인도적 지원, 난민보호, 시민단체와의 협력 및 평화구축활동 등에서 다양한 활동을 한다.

특히 인권 NGO들은 유엔 등 국제기구와 협력하여 유엔의 제도와 활동에 참여하거나 활용하는 것이 상당히 활성화되어 있다. 즉, 이미 언급한 바 유엔헌장 제71조에 근거하여 일반적으로 국제적 혹은 국내적 인권 NGO는 유엔 경제사회이사회와 산하기관의 이른바 "협의적 지위^{Consultative Status}"를 가질 수 있다.[32] 이러한 위치를 확보하기 위해서는 NGO들은 ECOSOC의 영역에 속하는 활동에 주된 관심을 가져야 되고, 유엔헌장의 목적, 정신 및 원칙에 합치하고, 또 유엔활동을 지원하여야 한다. 또한 NGO는 대표성을 가지고, 국제적 성격과 국제적 인정을 받아야 한다. 1996년 경사리는 새로운 결의안을 통하여 유엔기관에서 NGO의 참여기회를 확대하도록 하였다.[33] 즉 단일 국가 내에서 활동하는 NGO도 특별지위나 명부지위를 획득할 수 있도록 하고, 총회를 비롯하여 유엔의 다른 모든 기관에서도 NGO의 참여를 확대하도록 권고하였다. 2014년 현재 전 세계적으로 약 40,000개 이상의 NGO가 존재하지만, 이 중 약 5,000개 정도가 회원제도를 갖고 있으며, 약 2,700개가량이 유엔의 협의지위를 보유하고 있다. 물론 이러한 NGO의 지위는 유엔의 정책결정에 영향을 미치는 점에서 상당히 유용하기는 하

부)와의 관계 속에서 갈등과 마찰 문제를 낳기도 한다.

[32] 협의적 지위의 구체적인 내용에 관하여는, 경제사회이사회 결의에 의거 3가지로 구분된다. 첫째, 일반적 협의지위(General Consultative Status), 즉 ECOSOC의 다면적 주제에 관심을 갖고 전 세계에 걸쳐 기여할 수 있는 NGO로서, 경사리 및 산하 관련회의에 참석하여 의제의 제안, 서면진술서 제출(2천 자 이내) 및 구두발언권을 가지고 있다. 둘째, 특별 협의지위(Special Consultative Status)는 인권, 환경, 여성 등 특정주제에 대한 관심과 기여가 가능한 NGO로서, 회의에서 서면진술서 제출(500자 이내) 및 구두 발언권을 가지고 있다. 셋째, 명부지위(Roster)로서 "명단"에 등재되고, 때때로 관련분야에서 기여할 수 있는 NGO로서, 이사회나 유엔사무총장의 초청이 있는 경우, 그 분야에 관한 문서제출(500자 이내)을 할 수 있다. ECOSOC Res. 1296 (XLIV)(1968) 참조.

[33] ECOSOC Res. 297(1996/31) 참조.

지만, 다만 '협의'라는 여전히 낮은 수준의 참여와 기회만을 보장하는 점에서 커다란 한계를 가지고 있는 것이 사실이다.

이러한 제약에도 불구하고, 1990년대 이래 NGO들은 국제사회에서 더욱 그 역할을 강화하였다. 특히 인권이사회 등 유엔의 인권관련 활동에서 보여주는 NGO의 역할은 매우 두드러진다. NGO는 전문가, 중립자, 혹은 시민사회 대표자의 입장에서 직접 혹은 간접으로 인권의제의 형성이나 정책결정과정, 그리고 그 이행에 참여하고 있다.[34] 첫째, NGO의 활동영역이 유엔의 기관이나 기구의 영역과 중복되는 경우, 그들 간의 상호협력은 자연적으로 NGO의 참여기회를 제공한다. 둘째, NGO들은 유엔의 공식회의나 유엔 후원의 전지구적회의global conferences나 NGO 포럼에 참여한다. NGO 대표들은 회의 준비회의Prepcom에 참여하거나 정보를 제공하고, 혹은 회의 주최측이나 정부의 요청에 의하여 보고서 작성에 참여하기도 한다. 셋째, NGO는 그들만의 비공식적 회의로서 'NGO 포럼'을 개최하기도 한다. 유엔의 공식회의와 별도로 혹은 병행하여 개최되는 NGO 포럼(일종의 병행회의)은 유용한 유엔-NGO 간의 교류와 상호협력기회가 된다. 이와 같은 상호교류는 결국 IGO, NGO, 주요국 정부, 다른 관심있는 단체 등 다양한 행위자 간의 전지구적 네트워크를 형성하게 된다. 이러한 전문가그룹의 "풀"은 일종의 '지식공동체epistemic community' 그룹을 형성하여 전지구적 차원에서 인권보호 및 신장에 기여한다.

이러한 NGO의 활동은 유엔의 경우, 주로 경사리의 활동과 관련하여 이루어지지만, 직접적으로 국제안보 문제에 관하여 안보리의 활동에도 영향을 미치는 방향으로 발전하였다. 가령, 1995년에는 주요 NGO 대표들이 뉴욕에서 '안보리에 관한 NGO 실무그룹working group'을 조직하고, 안보리 이사국들과의 직접 소통을 추진하였다. 오늘날 이 실무그룹은 옥스팜Oxfam, 국경없는 의사회Medicines sans Frontiers, 국제사면위원회AI 등 30개의 주요한 국

---

34 Shamima Ahmed & David M. Potter, *NGOs in International Politics* (CT: Kumarian Press, 2006), pp.86-87.

제NGO 대표들로 구성되어, 안보리 이사국과의 정기적인 비공식 브리핑, 그리고 다른 NGO, 대표단, 전문가 등과의 비공식 접촉을 주도하고 있다.35 나아가서 이 그룹은 안보리관련 문서나 정보를 다른 NGO와 일반인들에게 전파하는 것을 지원하고 있다. NGO 실무그룹은 비록 비공식모임이며 안보리에서 전혀 공식적인 지위를 갖고 있지 않지만, 특히 인권 및 인도적 문제에서 안보리 논의에 상당한 영향을 미치고 있다. 또한 안보리는 보스니아 사태에서 연유된 '아리아 방식Arria Formula'을 통하여, 분쟁 현지의 종교지도자, 인권전문가나 NGO들과의 비공식간담회를 통하여 의견을 수렴하는 방식을 관행화하고 있다.36 아리아 방식의 브리핑은 매월 혹은 필요시 안보리 의장에 의해서 공지되고, 이사국 대표들이 참석하는 것이 관례화되었다.37

3) 주요 국가 및 국가의 연대

인권의 보호와 실행에는 결국 인권에 관한 법적 보호책임과 장치를 가진 주권국가들의 역할이 중요하다. 국가는 헌법 등 국내적 인권규범의 제정 및 준수를 기본으로 하여 주요 인권협약을 비롯한 인권규범의 당사자로서 독립적 역할뿐만 아니라, 유엔인권체제 내에서 가령 총회 및 인권이사회 등에서 인권규범의 제정 그리고 그 실행 등을 위한 수단과 방편으로서 역할을 하기도 한다. 특히 유엔 인권이사회를 비롯하여 유엔체제 내에서 논의와 결의문 채택 등 의사결정을 함에 있어서 관련 회원국의 의사 및 투표권 행사가 필

---

35 Julie A. Mertus, *ibid.*, pp.118-120.

36 '아리아 방식'은 1992년 3월 아리아(Diego Arria) 유엔주재 베네수엘라 대사가 안보리 이사국 재임 시 구 유고연방 사태와 관련하여 보스니아의 사제를 만나 비공식브리핑을 가짐으로써 연유된 안보리의 의견수렴 관행이다. Peter Willets, *Non-Governmental Organizations in World Politics: The Construction of Global Governance* (New York: Routledge, 2011), pp.60-61.

37 오늘날 아리아 방식에 따라, 안보리 이사국은 안보리회의실 이외의 장소에서 다른 이사국을 초청하여 비공식모임을 주관하곤 한다. 이 경우, 관련 안보리의 현안에 대하여 민간인 전문가나 NGO 대표 등으로부터 브리핑을 받거나 의견을 교환하는 간담회의 형식을 취하게 된다. Julie A. Mertus, *ibid.*, pp.116-117; David P. Forsythe, *ibid.*, pp.60-61.

수적이다. 그리고 이러한 과정에서 주요 국가들의 입장과 정책, 그리고 '유사의지국가^{like-minded nations}' 등 각종 국가 간 연대^{coalitions}나 지역기구 등도 주요한 요소로서 작용한다. 인권에 대한 인식과 더불어 이를 헌법 등 기본법에 법제화하고 실행해온 서방 선진국들이 이와 같은 인권의제의 지역적 혹은 국제적인 확산과 실행에도 주도적 역할을 하는 것이 사실이다.

유엔의 초창기 인권의제의 등장 및 세계인권선언을 비롯하여 각종 인권규범의 발전에는 미국 등 서방 선진국의 역할이 매우 컸던 것이 사실이다. 특히 미국은 이러한 점에서 선도적인 역할을 수행하여 왔다. 유엔의 각종 인권의제와 제도의 발전에 미국 등의 서방국가의 인식과 입장이 주로 반영되었다. 인권의제를 국제적으로 주창하고 외교정책의 하나로서 추구하는 데 있어서 주요 국가는 다양한 수단과 방법을 사용한다. 즉, 유엔 등 다자주의적 접근 이외에 각국은 일방주의적 혹은 양자주의적 접근을 하는 경우가 많다. 미국의 경우, 1970년대 이후 인권정책을 주요한 대외정책의 한 부분으로 삼아 국제사회에서 인권의 보호와 개선을 위한 노력을 해왔다. 미국은 인권 개선을 경제원조, 군사원조 등과 연계하여 시행함은 물론, 매년 세계인권보고서, 종교자유보고서 등을 발표하여 각국의 인권상황에 대한 평가를 하고 있다.

상당수 국가들은 이제 인권보호를 주요한 국가이익의 하나로서 인식하고 다루어 나가고 있다. 특히 서방국가들은 민주주의적 가치의 핵심으로서 인권존중을 강조하고, 국내적인 정책은 물론 국제사회의 이익의 관점에서 인권 및 인도적 문제를 다루고 있다. 캐나다, 노르웨이, 네덜란드 등 인권선진국이나 유럽 지역기구인 유럽연합^{EU}은 외교정책에서 인권적 요소를 상당히 강조하고 있다.³⁸ EU는 정치·경제적 통합을 촉진할 뿐만 아니라, 인권을 비롯한 주요한 국제의제에서 공동정책을 개발하고 실행함으로써 국제사회

---

38 유럽의 주요국가가 인권외교정책에 관심을 갖고 미국 등 보다 더 적극적인 이유는 국가의 크기, 국력이나 국제체제의 문제라기보다는 이들 국가들이 국제인권의제에 대하여 우선순위를 두는 문화적 전통과 정책적 선택이라고 여겨진다(Jack Donnelly, pp.107-114).

에 기여하는 가장 대표적인 사례이다.³⁹ 이와 별도로 오랫동안 지역기구로서 독보적 역할을 수행하여 인권보호 및 발전에 기여한 것은 유럽이사회 Council of Europe가 주도한 유럽인권체제이다.⁴⁰ 1949년 창설된 유럽이사회 회원국들은 1950년 일찍이 "인권 및 기본적 자유의 보호에 관한 규약(유럽규약)"을 체결하였다. 1953년 발효된 이 규약을 통하여 세계인권선언에서 선포된 시민적 및 정치적 권리를 실현하는 것을 추구하였다. 이 규약은 법적 강제력을 규정하였고, 유럽이사회는 개인을 소송당사자로 할 수 있는 국제사회 최초의 국제재판소 유럽인권재판소, European Court of Human Rights, 스트라스부르그 소재를 창설함으로써, 유럽이사회는 국제사회에서 가장 오래되고 발전된 인권보호체계를 갖고 있다. 다른 지역 인권체제도 발전하여 왔는 바, 미주 및 아프리카의 경우에도 지역기구인 OAS(미주기구) 및 AU(아프리카연합)을 중심으로 각각 인권헌장, 인권위원회 및 인권재판소 등을 설치하여 운영하고 있다.⁴¹

하지만 인권 문제의 예민성 때문에 유엔을 비롯한 국제사회의 인권논의

---

39 EU는 창설 당시 "인권 및 기본적 자유의 보호에 관한 규약(유럽규약)"에 대한 준수를 명시한 것을 비롯하여 2000년 채택된 유럽기본권헌장(Charter of Fundamental Rights)을 통하여 기본적 인권보호를 강조하였다. 이러한 기본적 인권에 대한 보장 공약은 현재 유럽헌법 초안에 반영되어 있다. EU는 국가 간 분쟁해결을 목적으로 유럽사법재판소(European Court of Justice)를 가지고 있다.

40 2005년의 유럽인권재판소의 경우, 41,510건의 제소(complaints)가 접수되었으며, 그중 1,105건의 판결과 더불어 28,581건의 사법적 결정이 내려졌다. 그 밖에 유럽인권체제의 관련기관들은 인권위원회(Commission on Human Rights) 및 대표(Commissioner) 등이 있다. 현재 모든 EU 회원국들은 유럽이사회 회원국이며 동시에 유럽규약에 의해서 구속을 받는다. Rhone K.M. Smith, *ibid,*, pp.88-99, 102-105.

41 가령 미주의 경우, 미주인권선언(American Declaration on the Rights and Duties of Man), 미주인권규약(American Convention on Human Rights, 1959년 체결, 1978년 발효), 인권위원회(Commission), 및 미주인권재판소(Inter-American Court of Human Rights)이 있다. 가장 역사가 짧은 아프리카의 경우, 2002년 이전의 OAU(아프리카 단결기구)가 AU로 재편되었지만 기본적으로 OAU의 인권보호조항을 그대로 승계하고 있다. 즉, 아프리카인권헌장(African Charter on Human Peoples' Rights, 1981년 체결, 1986년 발효), 인권위원회(Commission) 및 인권법원(African Court of Human Rights and Peoples' Right)이 있다.

와 실행은 항상 국가들 간에 논란을 야기하는 경우가 많다. 1950년 중반 이후 많은 신생국의 유엔가입과 총회의 분포 변화로 말미암아 개도국들이 인권 문제를 서방에 대하여 그들의 정치·경제적 요구를 주창하는 방편으로 활용하기도 하였다. 1970년대 개발권 등 집단적 권리collective rights를 발판으로 유엔 내에서 국제정치경제체제의 변화 및 양보를 요구하는 '신경제질서NIEO' 주창의 전지구적 협상 의제가 그 사례라고 할 수 있다.

동시에 구소련 등 공산권은 동서냉전의 환경에 편승하여 개도국의 입장을 지지하거나 정치적·시민적 권리에 우선하는 경제적·사회적·문화적 권리에 대한 입장을 강조하였다. 그러나 1980년대 이후 점차 동구 공산권을 비롯하여 개도국에서 독재정권이나 권위주의 정부에 대한 도전이 증가하고 민주적 정부가 확산되기 시작하였다. 1990년대 탈냉전 시대에 이르러 자유민주주의의 확산에 힘입어 인권의제가 전지구적 이슈로 부각됨에 따라서, 상당수 개도국들이 점차 '보편적'인 가치로서 인권 문제에 대한 입장을 취하는 경향이 늘어나게 되었다.

또한 전 세계적으로 인권의제를 주도하는 대표적인 국가로서 미국의 인권정책에 대하여도 여러 가지 비판이 있다. 가령 미국의 예외주의American Exceptionalism의 전통에 따라, 자유민주주의에 기초한 미국의 제도와 인권 등에서 도덕적으로 우월하다는 인식을 갖고 있다. 또한 특히 냉전시대에는 동서 양진영의 대립구도 속에 미국에 우호적인 독재국가나 반공국가anti-communist states 등의 인권상황에 대하여 미온적 입장을 취한다는 것이다. 또한 미국에서의 경찰의 과도한 법집행, 인종차별, 의료보험 문제, '홈리스homeless people' 등이 그것이다.

각국이 사용하는 수단은 '조용한 외교,' 공개성명, '블랙리스트Black list' 등의 외교적 제재, 혹은 원조의 중지나 공여 등 경제제재나 보상 등을 사용하는 경우이다. 다만, 이러한 인권외교정책이 과연 미국외교정책에서 차지하는 비중과 우선순위, 그리고 그 실질적 영향력에 대하여는 의문이 제기된다. 그럼에도 불구하고 초강대국 미국의 인권정책이 상당수 개도국에서 실제로 정치적 혹은 인권적 변화를 가져오는 데 기여하는 것은 사실이다.

물론 여전히 대다수 개도국들은 물론 서방 선진국들도 인권 문제에서 수사rhetorics와 실제 이행 사이에서 일종의 '이중기준double standard'을 갖고 있는 것이 현실이다. 특히 때로는 인권 문제의 제기자로서 혹은 방해자spoiler로서 인권과 국가주권과의 갈등에서 상반되거나 모호한 태도를 취하기도 한다. 특히 중국 및 러시아 등 유엔안보리 상임이사국의 경우에도 종종 국가주권 혹은 인권의 '상대성relativism'을 주창하여, 인권이사회나 안보리 논의에서 서방의 주창에 대항하기도 한다.

또한 북한이 2003년도 이래 인권이사회에서 채택된 북한인권 결의문을 무시함은 물론 인권이사회 결의에 의해 설치된 북한인권 조사위원회COI의 보고서를 '날조'라고 규정하고 북한의 주권에 대한 침해라고 강변하는 것은 이러한 행태의 전형을 보여주는 것이다.[42] 국가는 인권보호의 실행자로서 매우 중요하기는 하지만, 특히 개도국의 경우 국가이익에 따라서 국제적으로 인정된 인권기준의 적용이나 위반을 제대로 다루지 않는 경향을 보이는 경우가 많다.

그럼에도 불구하고, 국가행위자들은 점차 인권의 보호 및 신장의 측면에서 국가이익을 새롭게 조명하고, 국내적 혹은 국제적으로 인권 활동의 확대에 참여하고 있다. 국가들은 유엔을 비롯한 국제인권규범의 제정과 실행에 기여하고 있고, 그러한 '구속력 있는' 규범의 결과로서 유엔에 의한 인권보호를 위한 노력이 강화될수록 주권국가로서의 재량은 줄어들고 있다.

이러한 인권의제 팽창의 '아이러니'는 유엔의 인권체제와 국가주권 간의 갈등과 협력의 문제를 반영하는 것이지만, 동시에 국제인권체제의 주요행위자로서 유엔기구와 국가 간의 상호연관성 및 파트너십의 중요성을 보여주기도 하는 것이다.[43]

---

[42] 북한인권에 대한 광범위하고 체계적인 조사를 통하여 북한 정권의 책임문제를 규명한 조사위원회보고서 및 권고에 대한 논의에 관하여는 조정현, "유엔을 통한 국제형사처벌 가능성: 유엔북한인권조사위원회(COI) 보고서 권고와 관련하여," 국립외교원/통일연구원 공동 학술회의 자료집, 「북한인권 문제에 대한 국제법과 정책」(2014.6.17), pp.31-55 참조.

V. 유엔 및 국제기구의 작동: 역할과 주요 수단 및 제도

1. 역할 및 기능

유엔은 보편적 국제기구로서 이론상 다양한 역할과 기능을 통하여 국제 사회에 기여한다. 우선 역할의 측면에서, 유엔이 국제기구로서 역할을 하는 것은 이론적으로 크게 3가지로 나누어 볼 수 있다. 첫째는, 유엔은 국제사회 의 상설적 회합장소 혹은 토론장forum 이라는 점이다. 국제사회는 인권의제 와 관련하여 다양한 각도에서 논의를 전개하고 있다. 인권개념의 보편성과 상대성을 비롯하여 개별국가나 특정주제별 인권 문제가 전지구적 차원에서 논의됨에 있어서 유엔은 전지구적 토론장의 역할을 수행한다. 총회나 인권 이사회 등의 제도나 장치 그리고 회의시설은 바로 국제사회의 논의의 장소 로서 제공되고 있다. 유엔기구의 지속적인 논의와 상설적인 제도는 국제사 회의 소통과 대화를 통한 이해관계의 조화를 촉진하여 결국 평화적인 방법 으로 인권의 보편적 가치와 제도를 신장하는 데 기여할 수 있다.

둘째, 유엔은 국제사회의 의견을 집약하고 피력하는 중요한 수단tool으로 서 작용한다. 유엔은 개별국가의 이해관계를 넘어 유엔회원국 전체는 물론

---

43 지역적 인권체제는 같은 지역의 문화, 언어, 전통 등의 유사성 혹은 동질성을 바탕으로 하여 보다 적은 수의 국가들이 인권체제의 규범 체결, 조직구성, 장치, 운영 및 실행에 관하여 쉽게 합의를 이룰 수 있고, 지역적·지리적, 그리고 절차적으로 접근이 보다 용이하다는 점에서 장점이 있다. 유럽, 미주, 아프리카 이외에 소지역기구로서 아랍연 맹(The Arab League) 및 독립국가연합(CIS)의 경우에도 인권체제를 추구하고 있는 바, 전자의 경우 인권헌장(1994년 제정, 2004년 개정)의 채택, 후자의 경우 인권규약 (1995년 채택) 및 인권위원회(1993년 설치) 등이 그 예이다. 다만, 이러한 지역인권체 제 형성 노력의 예외가 아시아·태평양 지역이다. 1977년 지역 NGO를 중심으로 아시 아인권헌장을 체결하고 지역국가들의 인권위원회 구성 등을 주창한 바 있으나, 큰 진 전은 없는 상태이다. 아태지역에서 인권보호체제가 미미한 이유는, 첫째, 광범위한 지 리적 간격, 둘째, 국가 간 정치적·경제적·사회적인 격차, 셋째, 특히 한국, 중국, 일본 등의 정치·외교적, 이념적, 역사적 갈등 등이 그 배경이라고 할 수 있다.

NGO 등 시민사회의 다양한 입장을 반영하는 좋은 매개체로서 작용할 수 있다. 특히 유엔은 특정 국가나 일부 국가의 이해관계보다는 전체 회원국의 결집된 의사를 반영하고 이를 집행하는 수단이 되는 점에서, 국제적 정당성 legitimacy을 갖는 다자적 국제기구이다. 유엔이 제정하거나 주도하는 각종 국제규범과 제도, 그리고 강제조치 등 실행은 전지구적인 차원에서 이루어짐으로써 지구공동체의 형성과 운영에 기여하게 되는 것이다.

셋째, 유엔은 그 자체가 독립적인 행위자actor이다. 유엔은 국가들의 연합체로서 주요국가들의 입장과 정책에 의해서 영향을 받기는 하지만, 일정한 범위 내에서 유엔의 독자적인 역할을 수행할 수 있다. 가령, 유엔사무총장의 정치적 권한, 그리고 사무국 요원들의 전문성이나 '노하우'는 전지구적 핵심적 이슈로서 인권의제의 등장과 발전, 그리고 실행에 필수적인 역할을 한다. 나아가서 유엔의 보편적 성격과 구조, 유엔직원들의 국제 관료로서의 특권과 책임의식, 그리고 유엔의 광범위한 네트워크와 축적된 전문성은 유엔이 독자적으로 인권의제에서 독자적이고 주도적인 역할을 할 수 있는 여지를 많이 가지고 있다.

또한 인권관련 유엔기구의 기능적 측면은 크게 4가지로 나누어 살펴볼 수 있다. 첫째, 규범설정standard-setting이다. 유엔이 초창기부터 세계인권선언, 집단학살 방지협약Genocide Convention 등을 체결하는 데 주도적 역할을 한 것을 비롯하여 이미 살펴본 바, 각종 선언, 결의문, 국제협약 및 의정서 등을 통하여 인권의 국제적 기준을 마련하는 데 기여하였다. 인권이사회나 총회의 이러한 국제적 기준과 가치의 선언은 '연성soft' 혹은 '경성hard' 국제법으로서 국제사회가 지켜야 할 도덕적 혹은 법적 기반으로서 작동한다. 특히 각종 국제협약은 가입국이 이를 존중해야 하는 구속력 있는 법적 강제력을 가진 점에서 국제질서의 확립에 중요하다.

둘째 기능은, 감시monitoring 및 옹호advocacy이다. 인권규범의 실행이 제대로 이루어지도록 하는 방법이다. 가령 인권위반에 대한 개인이나 국가의 진정이나 제소, 혹은 각국의 인권실행에 대한 보고 등이 제대로 이루어지도록 감시하는 것이다. 인권이사회나 규약위원회가 각종 보고서에 대한 검토, 인권보고관 등 각종 특별절차에 의한 조사나 보고, 그리고 비난성명이나 결의문 채택 등을 사용하는 것이 그 방법이다. 이러한 접근은 각국의 자발적 협조에 주로 의존하지만, 여전히 이른바 '창피주기public shaming'를 통하여 일종의 도덕적 제재를 가하는 것이다.

셋째, 인권보호의 실행implementation 기능이다. 인권규범의 제정이나 수식어를 넘어 실제로 이행이 되도록 지원 혹은 촉구하는 것이다. 가령, 각국의 인권규범제정은 물론 선거지원 및 인권, 민주주의 제도에 대한 교육, 훈련 등 법적·제도적·기술적 지원을 하는 것이 대표적이다. 특히 1990년대 이후 개도국의 발전development 문제와 관련하여, 인간개발, 민주주의, '선정good governance,' 양성평등 '주류화gender mainstreaming' 등 경제적·사회적·문화적 권리에 대한 관심과 지원이 증대한 것이 특징이다. 이는 2000년 새천년개발목표MDG에 의하여 전지구적 개발과제로서 표명된 것이 그 대표적인 예이다.

넷째, 유엔의 또 다른 기능은 강제enforcement 이다. 인권침해나 위반사항이 심각한 경우, 유엔은 안보리를 중심으로 그 위반을 시정하거나 응징하기 위하여 다양한 조치를 취할 수 있다. 특히 1990년대 이후 각종 국제분쟁에서 야기되는 심각한 인권위반 사태의 경우, 안보리를 중심으로 각종 제재로부터 인도적 개입수준에 이르는 군사적 관여까지 조치를 위하여 왔다. 유엔헌장 제7장하에서 전개되어온 유엔 PKO나 다국적군활동, 가령 이라크전쟁, 소말리아, 보스니아, 르완다, 씨에라 리온, 동티모르 등의 유엔활동은 심각한 인권위반, 인도적 위기, 혹은 반인도범죄 등에 대한 조치로서 이루어진 것이다.

2. 수단 및 제도

인권보호체제의 운영에서는 언급한 바 유엔의 관련기관 및 기구들의 다양한 제도와 수단이 사용되고 있다. 인권보호의 구체적 실행과 실질적 이행을 위해서 작동되는데 필요한 내용과 방법이 무엇인지를 살펴보면 다음과 같다.

1) 유엔기구 및 기관의 결의문

유엔의 경우, 기본적으로 인권이사회 등에서의 의제 상정, 논의 및 각종 결의가 사용된다. 가령 인권이사회는 정기 및 특별회기를 통하여 다양한 인권의제에 관하여 논의함으로써 상시적으로 인권을 국제적 이슈로서 다루게 된다. 총회의 인권관련 이슈의 연례적 논의 및 선언문 혹은 결의문 채택, 그리고 안보리의 의제 상정 및 논의, 성명서, 혹은 결의문 채택 등이 통상적인 유엔의 활동이다. 따라서 유엔회원국들은 유엔헌장에 명시된 바와 인권기구들의 임무에 의해서 각각 요구되는 인권의 보호와 신장에 관하여 국가적 의무를 수행해야 하는 책임이 있다. 유엔이 제시하는 국제적·보편적 기준과 규범에 따라서 정책수립과 이행을 하고, 인권관련 기구의 활동에 참여하고, 또한 각종 인권위반 제소에 대하여 심의·판단하는 등의 역할을 수행해야 한다. 특히 법적 구속력이 있는 결의문 도출이 가능한 안보리의 논의와 권고는 인권의제에 관한 국제사회의 인식과 입장을 제고하게 마련이다.

국제사회의 인권관련 주요 수단 및 기재

▸ 유엔기구 및 기관의 결의문
▸ 인권기관 제소(청원): 1503 절차 및 1235 절차 등
▸ 국가별 혹은 주제(thematic)별 조사 심의
▸ 각 규약위원회 및 각국 보고서 심의
▸ 연성개입(인권 개선의 권고, 협상, 조정 중재 등)
▸ 외교제재, 경제제재, 도덕적 제재 등 비군사적 조치
▸ 강제조치(무력사용, 보호책임 적용 등)
▸ 사법적 조치(국제형사재판 등)
▸ 기술협력(자문, 조언, 역량 강화 등)

이러한 유엔기구의 활동과 회원국의 상시적 참여는 인권의제가 유엔의 핵심 활동으로서 전개될 뿐만 아니라 인권이 각국의 대외정책, 유엔정책 등에서 중요한 과제로서 다루어지도록 촉진하는 데 기여하고 있다.

2) 인권기관제소(청원): 1503 절차 및 1235 절차 등

유엔 인권이사회 등에 의한 각종 실행 제도, 가령 소위 '1503 절차' 및 '1235 절차'에 의하여 특정 국가의 인권 문제에 관하여 다룰 수 있다.[44] 즉, 유엔경제사회이사회 결의문 제1503호(1970)를 통하여, 인권위원회(현 인권이사회)로 하여금 각국의 "지속적인 중대하고 신빙성 있는 인권위반" 사항에 관한 제소communications 혹은 진정에 대하여 조사할 수 있는 권한을 부여하였다. 이른바 "1503 절차"로 불리는 이 수단에 의하여, 피해 개인과 그 대표자뿐만 아니라, NGO 및 관련단체는 제소할 수 있는 권한을 갖는다.[45] 인권위원회 및 소위원회는 제소된 피해 내용을 심의하여 계속적인 조사 및 논의여부, 공개여부, 그리고 합의 중재여부 등을 결정한다. 만약 중대하고 조직적인 인권침해행위가 인정되는 경우 인권위원회는 정기회의에서 이 문제를 심의한다.

"1235 절차"는 1503 절차와는 달리 인권피해자가 통보나 제소를 하지 않더라도 인권위원회가 스스로 인지한 정보와 자료에 기초하여 각국별 인권침

---

[44] 2006년 출범한 인권이사회는 UPR을 제외하고, 대부분 이전 인권위원회의 실행절차 (특별절차, 자문위원회, 제소절차)를 승계하고 있다. 인권이사회의 주요제도와 활동에 관하여는 박진아, "유엔인권이사회의 주요제도와 북한," 북한인권사회연구회 편, 『유엔 인권메커니즘과 북한인권』(통일연구원, 2013), pp.7-53.

[45] 시민적 및 정치적 권리에 관한 「선택의정서」(C 규약)는 "국가상호간"의 인권위반의 제소에 관한 선택규정을 두고 있다(규약 41조-42조). 그러나 이러한 규정들은 적극 활용되지 않고 있는 바, 그 이유는 이러한 제소는 각국이 다른 국가의 인권위반사항에 대하여 국제사회에 공개적으로 조사를 제기하는 것으로서, 정치적·외교적으로 위험을 감수하여야 하기 때문이다. 이에 비하여 각 "개인들"이 인권위반에 관한 제소를 제기할 수 있도록 하고 있는데(규약 1조), 인권이사회는 당사국으로 하여금 "그러한 현안에 관해서 그리고 만약 당사국이 취한 시정조치가 있다면 그에 관해서 문서나 성명서"를 제출하도록 요구할 권한이 있다.

해 상황에 관한 조사 및 심의를 할 수 있는 제도이다. 경제사회이사회 결의문 제1235호에 의거, 인권위원회 및 인권소위원회가 남아프리카 및 로디지아의 인종차별정책을 연구하여 보고하도록 권고한 것으로부터 연유한 것이다. 1235 절차에는 필요한 경우 실무그룹Working Group , 특별보고관Special Rapporteur , 독립전문가Independent Expert 및 특별대표Special Representative , 혹은 조사위원회Commission of Inquiry 등을 설치 또는 임명하여 활용할 수 있다. 2014년 현재 이 절차에 의해 아프가니스탄, 부룬디 등 12개국에 국가country별 특별보고관 및 특별대표가 활동 중이다.

3) 국가별 혹은 주제별(thematic) 조사 심의

유엔 인권이사회는 개별국가의 인권침해 상황뿐만 아니라 특정 '주제별thematic'에 대한 인권침해 상황에 대해서도 조사심의를 시행한다. 1980년 강제실종에 관한 실무위원회를 설치하고 특정주제에 관한 인권 문제를 다루기 시작한 이후 인종차별, 아동매춘 등의 문제에 특별보고관을 임명하여 조사 활동을 벌이고 있다. 현재 36개의 주제별 특별보고관, 특별대표, 실무위원회가 활동 중이다. 실무위원회는 인권의 "중대한 위반"에 대한 조치들을 고려하고 이에 대한 조치를 권장한다. 특별보고관은 관계 인사들을 면담하고 혹은 관련 국가들의 협력하에 현지조사를 실시하여 보고서를 작성 제출한다.

4) 각 규약위원회 및 각국 보고서 심의

유엔의 각 규약(협약)별로 각 당사국은 각 규약위원회에 초기보고서 및 정례보고를 제출하도록 하고 있다. 원칙적으로 인권보호의 실행은 각 국가가 국제적 인권규범에 기초하여 국내입법이나 기타 조치를 통하여 하게 되어 있다. 유엔은 이러한 실행과정에서 감독자적인 역할을 한다. 주요한 방법은 규약이나 조약의 당사국으로부터 정부보고서를 정기적으로 제출받는 것이다. 가령 시민적·정치적 규약의 경우, 규약가입 후 1년 이내에 최초보고서를 제출하고, 그 후 매 5년마다 정기보고서를 제출하게 되어 있다. 다른 국제규약의 경우도 비슷한 제도를 갖고 있다. 해당 규약위원회는 당사국이 제출한 정보에 관한 질문이나 논평을 통하여 이를 지적하고 답변을 요구할 수 있지만, 그 보고내용에 대하여 시정을 요구하거나 강제할 수는 없다. 정기보고서는 각 국가가 임의로 제출하는 것이며, 인권보호를 위한 조치는 각 당사국의 자발적인 협력에 달려 있다.

5) 연성개입(인권 개선의 권고 및 비군사적 제재조치)

유엔은 심각한 인권위반 사태에 대하여 경제제재를 포함하는 소위 "연성개입 soft intervention"의 수단도 사용한다.[46] 이러한 조치는 사실조사나 확인을 넘어, 보다 적극적으로 인권사태의 시정이나 해소를 위한 적극적 관여, 가령, 특별대표나 유엔사무총장 및 특사 등에 의한 분쟁의 평화적 해결차원에서 이루어진다. 인권이사회, 안보리, 유엔사무총장 등이 헌장 제6장에서 명시한 바, 협상 negotiation, 중재 mediation나 조정 conciliation 등의 다양한 외교적·정치적 수단을 사용하게 된다.

만약 이와 같은 조치가 부족하다고 여겨지는 경우, 결의문 채택 등을 통하여 보다 강력한 조치를 강구할 수 있다. 인권이사회의 경우, 해당국이나 사안에 대한 비난성명서나 결의문 채택(이른바 '도덕적 제재' 혹은 shaming by naming), 그리고 유엔총회 및 안보리 등의 조치를 촉구할 수 있다. 혹은 외교적 조치로서 해당국의 자격이나 참여를 제한할 수도 있다(인권이사회의 리비아관련 결의 사례). 안보리의 경우도 이를 위하여 안보리 자체 혹은 사무총장(또는 특별대표, 개인특사 등)의 활용을 통하여 예방외교 preventive diplomacy, 그리고 경고(성명서 등), 권고적 결의문 등을 채택한다. 나아가서 도덕적 제재 등의 외교적 압박 혹은 국제형사재판소 회부 등 사법적 해결도 결정할 수 있다.

나아가서, 만약 안보리가 인권현안을 중요 의제로서 다루게 되는 경우,

---

46 Ramesh Thakur, "Humanitarian Intervention," in Thomas G. Weiss & Sam Daws, eds., *The Oxford Handbook on the United Nations* (Oxford: Oxford Univ. Press, 2007), p.399.

보다 광범위한 권한(특히 헌장 제39조 및 제41조)에 근거하여, 비군사적 조치를 취할 수 있게 된다. 안보리는 해당 인권사태가 헌장 제39조의 "평화에 대한 위협, 평화의 파기, 혹은 침략행위"에 관련하여 위반되는지 여부를 해석·적용하는 독점적인 권한을 가지고 있다. 이 경우, 취할 수 있는 비군사적 조치는 경제제재sanctions, 가령 자산동결 등 금융제재, 무기금수, 무역 금지 등과 공중·해상 등의 봉쇄, 비행금지구역 설정, 개인의 여행제한, 외교관계 중지 등 외교적 제재에 이르기까지 다양한 형태의 제재가 가능하다. 실제로 주요 지역분쟁에 대하여 유엔 혹은 주요 국가들은 분쟁지역 혹은 관련 해당국가에 대하여 다양한 형태와 방식의 제재를 가하고 있다.

6) 강제조치(무력사용, 보호책임 적용 등)

유엔의 보다 강력한 개입으로서 안보리에 의한 무력사용 등 강제조치의 수단이 가능하다.**47** 앞에서 언급한 바와 같이 유엔의 가장 핵심적 기관으로서 안보리는 헌장 제7장에 의거한 비군사적 조치(제41조)가 부족하다고 판단되는 경우, 다양한 형태의 군사적 조치(제42조)를 취할 수 있다.**48** 특히 내전이나 지역분쟁 등의 사태로 인한 경우, PKO 활동의 전개 및 난민 등의 보호 및 구호활동 등을 위한 인도적 지원업무의 지원 등에 대한 군사활동이 이루어진다. 가령, 평화강제활동peace-enforcing, 소위 헌장 제6과 3/4장의 활동은 보다 통상적인 PKO보다 강력한 군사력을 활용하여, 분쟁의 해소와 난민보호 등

---

47 안보리의 인권의제관련 역할의 강화에 관하여는 박흥순, "유엔안보리의 역할과 인권: 북한에 대한 시사점," 북한인권사회연구회 편, 『유엔 인권메커니즘과 북한인권』(통일연구원, 2013), pp.55-115 참조.

48 안보리의 군사력사용의 합법성은 유엔헌장(제25조)에 의거 안보리는 모든 회원국을 대신하여 헌장상의 국제평화 및 안전의 유지를 위한 필요한 강제조치를 취할 수 있는 권한을 행사하는 데 근거한다. 국제사회에서 국제법의 원칙이나 유엔헌장의 정신, 전문 및 제2조 4항 및 7항에 의거, 개별회원국의 무력사용이나 위험은 금지하게 되어 있다. 유엔헌장상 합법적인 무력이 허용되는 경우는 두 가지 경우에 한한다. 하나는 유엔헌장 제51조에 의거 개별적 혹은 집단적 자위권(self-defense)을 사용하는 경우이다. 자위수단으로서 무력을 사용하는 것은 국제법적으로 인정된 전통적인 권리이다. 또 다른 하나는 바로 안보리의 자체 결의에 의해 무력사용이 결정되는 경우이다.

을 지원하는 개입활동이다(가령 소말리아, 동티모르 등의 사례).⁴⁹

특히 긴급한 인도적 위기가 발생하는 경우, 인권 자체에 대한 탄압이나 잔혹행위는 물론, 내전 혹은 인권유린으로 인하여 야기되는 인도적 재난을 야기하는 경우가 많다. 따라서 탈냉전 시대의 위기상황이 이와 같은 "복합적 긴급활동complex emergency operations"을 필요로 하는 경우, 군사적 개입은 분쟁의 야기자 혹은 가해자를 억지하는 것과 동시에 식량, 의약품 등 인도적 지원의 배달, 난민구호 및 관리, 치안유지, 평화재건 등의 활동, 그리고 이를 뒷받침하는 군사지원활동을 사용하기도 한다. 나아가서, 보다 심각한 사태에 대한 강력한 응징으로서 본격적인 군사작전(이라크, 코소보 등의 사례)을 통하여, 정권이나 군사지도부에 대한 공격을 함으로써 분쟁을 종결하는 것을 지원하는 활동도 가능하다. 특히, 2011년 리비아의 카다피 정권에 대한 전면적 군사공격과 그 결과로 인한 정권의 축출은 이른바 "보호책임" 문제와 관련하여 인권보호에 대한 새로운 이정표가 되었다. 즉, 전통적인 국가주권의 원칙을 넘어 인간주권의 보호를 위한 국제적 책임을 이행하는 데 있어서 국제사회의 새로운 입장을 보여준 것이다. 다만, 이러한 보호책임의 기준과 정당성에 관하여는 여전히 논란의 여지가 큰 것이 사실이다.

7) 사법적 조치(국제형사재판 등)

또 다른 연성개입은 사법적 수단으로서 국제사법재판소, 국제형사재판소 등에 의한 국제사법적 절차의 활용이 이루어지는 것이다. 국제사법재판소ICJ는 유엔회원국 간 인권관련 분쟁의 경우, 당사국 간의 합의에 의해 관할권을 수락하는 경우 가능해진다. 즉 관련당사국들이 ICJ의 관할권 인정과 그 결정을 따르도록 하여, 인권 문제의 평화적·국제법적 해결을 모색하는

---

49 현행 유엔체제상 독립적인 유엔군이나 국제군이 존재하지 않는 가운데, 무력사용은 특정국가 혹은 지역기구 주도의 군사력에 위임하거나 의존할 수밖에 없다. 실제로는 미국 등 강대국이 주도하거나 주로 지원하는 군사력에 의존하게 되어 있다. 가령 다국적군 활동은 주로 강대국 중심으로 그리고 평화유지군(PKF)활동은 개도국 중심으로 편성되는 것이 현실이다.

것이다. 또 다른 국제법적 수단은 잔악한 인권유린행위에 대하여 그 책임이 있는 민간 혹은 군사지도자들에 대하여 국제전범으로서 다루는 사례이다. 그리하여 '임시적' 특별재판소를 설치하거나 '상설' 국제형사재판소^{ICC}를 활용하여 분쟁에 책임 있는 군사 및 국가지도자, 혹은 주요범죄자를 처벌하는 것이다. 가령 전자의 경우, 구 유고연방전범재판소^{ICTY}, 르완다전범재판소^{ICTR}, 그리고 캄보디아, 시에라리온 특별재판소의 설치, 운영 등이 있고, 후자의 경우 알 바시르^{Omar al-Bashir} 전 수단 대통령과 카다피^{Quadafi} 전 리비아 국가수반의 ICC에 대한 직권 회부가 그 사례이다.[50] 탈냉전 후 혹심한 인권유린이 자행된 지역의 책임자들이 임시적 국제법정 그리고 최근에는 국제형사재판소^{ICC}에서 기소 혹은 언도를 받고 처벌되는 사례가 늘고 있다. 이와 같은 사법적 해결은 주로 각 분쟁의 예방이나 피해확산 방지보다는 분쟁 후 사후처벌에 의존해야 하는 점에서 그 인권유린의 억지 혹은 예방이라는 측면에서 일정한 한계를 갖고 있다.

8) 기술협력(자문, 조언, 역량 강화 등)

앞에서 설명한 제도나 장치와는 달리 인권보호 및 신장을 위한 응징보다는 적극적 보상책 및 유인책을 사용할 수 있다. 유엔은 이를 위하여 인권취약국가나 위반국가에 대하여 사전 혹은 사후적으로 다양한 방법을 사용할 수 있다. 가령, 해당국의 인권관련 역량강화^{capacity building} 활동으로서, 정부나 관료, 전문가, 학자 등에 대한 전문성 전수 혹은 기술협력지원을 시행할 수 있다. 즉, 유엔기구들은 자문, 교육훈련, 각종 재정지원 등을 통하여 인권에 대한 정책개발 및 제도 구축, 전문지식이나 정보제공, 그리고 교육이나 세미나 등을 통하여 전반적인 인권의식과 제도의 강화를 지원할 수 있다. 특히 분쟁 시 혹은 분쟁의 결과 야기되는 인권침해 문제를 해소하기 위해서,

---

[50] ICC나 특별재판소 등은 주요 개인 범죄자에 대한 처벌로서 주로 '반인도 범죄(crime against humanity),' 전쟁범죄, 인종범죄(Genocide) 등에 대한 범죄를 다룬다. 박흥순, "국제정의와 국제재판소: 반인도 범죄에 대한 국제재판소의 대응,"『국제기구저널』 제2집 1호(2007), pp.5-31.

국가재건 혹은 평화구축활동post-conflict peacebuilding으로서 인권정책과 제도를 정착하기 위한 체계적인 지원활동을 전개할 수 있다. 이는 분쟁의 재발을 방지하고 분쟁의 원인을 근본적으로 해결하는 데 있어서, 경제재건, 교육제도, 민주주의 제도를 지원하고, 이러한 과정에서 인권 문제를 해결하는 노력이 이루어지는 것을 의미한다.

VI. 국제인권과 국제사회의 주요 쟁점

살펴본 바, 국제사회에서 국제인권보호 및 신장의 진보가 촉진되고, 이에 따라 인권개념의 확대, 인권의식의 확산 및 정책적·제도적 변화 등 괄목할 만한 발전이 이루어지고 있다. 특히 탈냉전 시대 이후, 인권의제의 강화와 더불어 제기된 새로운 인식과 입장, 그리고 이론과 설명은 국제인권의 논의에서 주요한 과제로서 부각되었다. 특히 강대국과 개도국, 서방국가와 비서방국가 간에 이해와 정당성 여부에 관하여 논란이 존재한다. 이에 따라 이와 같은 국제인권의 주요 쟁점의 내용과 성격 그리고 그 의미를 파악하는 것이 필요하다. 그중에서 몇 가지를 살펴보면, 인권개념의 보편성과 특수성, 국가주권과 인도적 개입(보호책임), 여성 인권의 특수성, 그리고 사법적 정의 등의 과제이다.

1. 인권개념의 보편성과 특수성

인권개념이 과연 보편적인 것인가 특수한 것인가의 논쟁은 오랜 갈등의 대상이 되었다. 기본적으로 미국을 비롯한 서방선진국들은 국가, 인종, 지역을 초월하여 적용되는 인류의 보편적 가치라고 여기는 입장이다. 그리고 특히 정치적·시민적 권리를 비롯한 자유권을 강조하고, 이러한 권리가 다른 권리를 보장하는 가장 중요한 권리로서 인식한다. 나아가서 세계인권선언을 비롯하여 대다수 국제인권규범은 따라서 유엔회원국을 비롯한 전 세계 국가들이 준수해야 할 보편적 목표이며 가치인 것을 주창한다. 이에 비하여 중국을 비롯한 상당수 아시아국가, 그리고 많은 개도국들은 인권을 특수한 문화적·역사적 상황에 따라 다르게 이해, 판단, 적용되어야 한다는 입장이다. 따라서 자유권의 보장보다는 경제적, 사회·문화적 권리를 우선해야 한다는 입장이다.

1993년 6월의 비엔나 제2차 세계인권회의에서도 이 문제가 뜨거운 쟁점이 된 바 있다. 인권회의의 선언문 Vienna Declaration 은 모든 인권의 보편성, 불가분성, 상호연관성을 선언하고, 인권의 향상과 보호는 "정부의 제1차적 책임"임을 확인하였다.[51] 그러나 선언문은 동시에 "국가적·지역적 특수성과 다양한 역사적·문화적·종교적 배경"을 고려해야 한다고 표명하였다. 비엔나 선언문은 인권에 대한 상반된 견해의 타협으로 이루어졌으며, 이런 점에서 인권개념에 대한 국제사회의 인식의 차이를 시사하고 있다. 이 내용은 사실상 세계인권회의를 앞두고, 1993년 3월 아시아 국가들이 방콕지역회의에서 논의, 채택한 방콕 선언 Bangkok Declaration 의 입장을 상당히 반영한 것이다.

이러한 선언문의 기조는 대부분의 아시아 국가들이 가지고 있는 인권에 대한 인식과 입장에 바탕한 것이다. 대부분의 아시아 국가들은 인권의 우선순위에 있어서 개인의 권리 및 자유보다는 경제성장과 공동체발전에 우선을 두어야 한다는 입장이다. 이러한 관점은 아시아 국가들이 그들 스스로의 사회적·정치적 체제하에서 괄목할만한 경제적 발전을 이룩함으로써 개인의 시민적·정치적 자유를 강조하는 서구적 인권에 관한 입장을 거부함을 의미한다. 대부분 아시아 국가들은 "상황적 특수성"을 이유로 인권 문제에 관한 독자적인 입장을 가질 수 있다는 주장을 하고 있다. 이러한 입장은 소위

---

51 UN Doc. A/CONF. 157/23.

"동아시아 가치론 Asian Value"으로서 정당화되었다.[52] 그리하여 일부에서는 서구 편향적인 인권개념의 강요는 말레이시아의 마하티르 Mohammed Mahatir 전 수상이 주장한 바와 같이 인권정책을 "종속의 도구"로 사용하는 것으로 해석하기도 한다.[53]

미국 등 서방 국가는 일반적으로 아시아 국가들의 인권의 특수성에 관한 견해에 비판적 입장을 취하고 있다. 즉 아시아 국가들의 입장은 결국 다양한 내용의 예외를 인정하게 됨으로써 인권의 보편성을 희석시키고, 인권상황에 대한 제기를 내정간섭이라고 주장하고 열악한 인권상황에 대한 국제적 비난을 면하기 위한 구실로 여긴다. 미국은 일부국가들이 경제적·사회적·문화적 특수성이나, 이들 권리의 우선성을 내세워, 개인의 인권보호에 소홀하거나, 인권남용을 정당화시키는 태도를 반대하고 있다. 특히 기본적으로 "인권, 민주주의 및 경제개발 사이의 연계"를 강조하여 즉 경제적·사회적·문화적 권리의 보장도 시민적·정치적 권리와 함께 보편적 인권개념이고 이들은 상호양립이 아닌 보완관계에 있음을 강조한다.[54] 일부 개발도상국들이 비교적 낮은 경제 상태에도 불구하고 인권보호에 상당한 성과를 거두는 점에 비추어, 경제적 상태의 빈곤이 인권보호의 빈약을 초래해야만 하는 것은 아니라는 것이다. 뿐만 아니라, 인권상태의 개선을 위해서 개도국이 자원 및 기술이전, 국제적 부채탕감, 혹은 원조지원국이나 국제금융기관들이 요구하는 경제구조조정 프로그램 등의 철폐 등에 연계하려는 시도를 배척하고 있다.

"신 동서 New East-West" 문제로 일컬어지는 이러한 시각의 차이는 탈냉전

---

[52] 동아시아 가치론은 1990년대 말 태국 및 한국을 비롯한 동아시아 국가들의 경제위기와 IMF(국제통화기금)의 개입과 관련하여 그 논의가 재연되었다. 이 논의는 특히, 서구자본주의 혹은 자유시장경제체제에 대비되는 이른바 유교자본주의 혹은 동아시아 발전모델의 유효성 문제로서 논쟁이 된 바 있다.

[53] *Far Eastern Economic Review* (June 17, 1993), p.20.

[54] "Redefining Human Rights: An Interview with Timothy E. Wirth," *Harvard International Review* (16:2), pp.40-42.

시대에 있어서, 바사크가 논의했던 인권 3세대의 다양하고 광범한 내용들이 새롭게 인식되고 주장되는 국제사회의 역동적 현실을 나타내는 것이며, 동시에 인권에 대한 국제사회의 이념적 딜레마를 반영하는 것이다.

2. 국가 주권과 보호책임(인도적 개입)

국제법의 가장 주요한 원칙의 하나는 '국가주권'의 원칙이다. 이는 유엔헌장에서 명백히 수용되었으며(제2조), 이에서 파생된 것이 '국내문제 불간섭'의 원칙이다. 그리하여 헌장 제2조 7항은 "본질적으로 국가의 국내관할에 속하는 사항"에 대한 간섭을 배제한다고 규정하고 있다. 그러나 과연 무엇이 국내관할에 속하는지에 관하여는 국제사회의 합의가 없으며, 그것은 실제로 상대적 개념이라고 볼 수밖에 없다. 즉 무엇이 국내문제인가 혹은 국제 문제인가 하는 것은 국제관계의 변화 및 국제사회의 발달에 따라 변하기 때문이다. 이와 관련하여 제기되는 문제의 하나가 자국민 혹은 해당 국민에 대한 현저한 인권유린이 자행되는 경우 그 해당국가의 동의 없이 개별국가 혹은 유엔 등 다자기구에 의한 개입, 특히 강제적 개입이 합법화될 수 있는가의 문제이다. 인권위반과 이에 대한 이른바 인도적 개입 혹은 보호책임 R2P 의 정당성 문제가 제기된다.

1945년 이래 오랜 기간 동안 유엔이나 국제사회는 인도적 개입에 관하여 미온적 혹은 부정적 입장을 취하였다. 과거의 실례를 보면, 개별국가가 자국민을 보호하기 위해서 개입하는 경우, 대부분 자기방위(유엔헌장 제51조)를 원용하였다(가령, 인도의 동파키스탄 개입, 미국의 이란에서의 미국인 인질 구출, 그레나다 개입, 파나마 침공 등).[55] 자국민이 아닌 해당국민의 보호를 위한 개입의 경우에도, 인도적 개입에 관한 일반적 국제적 규범이나 원칙은

---

55 Kelly Pease and David Forsythe, "Human Rights, Humanitarian Intervention, and World Politics," *Human Rights Quarterly* 15(1993), pp.298-302.

국제기구와 인권·난민·이주

수립되지 아니하였다. 개별국가의 개입이나 개입 주장은 유엔이나 국제사회의 승인을 받지 못했음은 물론 오히려 비난이나 비난결의문의 대상이 되었다. 인권 문제를 이유로 한 개입은 주로 경제제재를 통한 비군사적 조치에 그쳤다. 즉, 유엔은 로디지아의 소수백인정부에 대하여 1966년과 1968년 포괄적 경제제재, 그리고 1977년 남아프리카연방공화국의 인종차별정책 Apartheid 에 대하여 무기금수 등의 경제제재를 취한 바 있다.[56]

그러나, 탈냉전 시대에 있어서 인권 문제의 국제화가 보다 가속화됨으로써 심각한 인권유린 사태를 국제적 차원에서 다루는 사례가 점차 증가하였다. 가령, 이라크, 소말리, 구유고 연방 및 동티모르 등에서의 유엔의 강제적 조치는 인권적 혹은 인도적 이유로 해당분쟁과 야기된 인권 사태가 인권국제평화 및 안전에 대한 위협으로서 다루어진 경우이다.[57] 코소보 사태(1999년)에서 나타난 바 북대서양조약 NATO 이 주도한 국제사회의 전면적 군사적 개입은 이른바 「신국제주의」 New Internationalism 혹은 「신개입주의」 New Inter-ventionism 의 추세를 보여주는 것이다.[58] NATO의 개입은 유럽의 다자적 군사동맹을 지역분쟁해결에 최초로 동원했다는 점에서 국제적 조치의 획기적 변화를 의미한다. 나아가서 2000년대에 이르러서는 유엔이 르완다, 수단 등 주요한 지역분쟁에서 야기된 대규모 인권유린이나 학살 등에 효과적으로 대응하지 못한 데 대한 반성과 비판이 제기되었다.[59]

그 결과, 2001년 캐나다의 '개입과 국가주권에 관한 국제위원회 ICISS '를 비

---

56 Margaret P. Doxey, *International Sanctions in Contemporary Perspective* (New York: St. Martins's Press, 1987).

57 Kelly K. Pease and David P. Forsythe, *ibid.*, p.293.

58 캘리포니아대학의 마이클 글레논(Michael Glennon)은 NATO의 개입이 유엔헌장에 위반되는 것이지만 "자국민이라는 이유로 국제사회의 간섭을 거부하며 무자비한 탄압을 자행하는 것을 목도하면서 유엔헌장에 묶여 개입하지 않는 것을 국제적 정의라고 할 수는 없다"고 주장하고 신개입주의에서는 "개입하지 않았을 때 치러야 할 인류의 희생보다 개입의 이익이 클 경우에는 개입을 주저해서는 안 된다"는 요지의 논리를 펴고 있다. 『동아일보』, 1994년 4월 21일.

59 박흥순, "인도적 위기와 보호책임," 『국제기구저널』 제5집 1호(2010), pp.5-34.

롯하여 2005년 유엔 '고위급패널'은 "보호책임"의 논리를 옹호하고, 인도적 개입의 정당성을 위한 근거를 제시하였다. 보호책임은 국가의 권리보다는 책임을 강조하는 새로운 인식에서 인권보호 문제를 다루면서, "주권국가는 인권보호의 책임이 있으며 만약 국가가 그 책임을 제대로 수행하지 못하는 경우 국제사회가 그 책임을 지게 된다"는 개념이다.[60] 이러한 새로운 개념은 전통적인 '인도적 개입'의 연장선상에서 국가주권과 국내문제 불간섭의 원칙을 뛰어넘는 새로운 규범의 주창으로 대두되었다.[61] 만약 "조직적이고 광범위한" 인권위반이 자행되는 경우, 국제사회는 권리가 아닌 책임의 입장에서 그 위반행위를 응징하거나 시정하는 목적에서 국가에 대한 군사적 개입을 허용하는 것이며, 이는 국제규범의 커다란 진전이 아닐 수 없다.[62] 가령, 반인도범죄, 전쟁범죄, 집단학살 등에 해당하는 정도의 심각한 인권유린 사태에 대한 국제사회의 적극적 대응을 옹호하는 것이다.

이 원칙은 유엔안보리를 비롯한 국제사회가 심각한 인권유린 사태에 개입할 수 있는 정당성을 뒷받침하는 논리로서 주목을 받게 되었다. 2011년 리비아에 대한 유엔의 강력한 군사개입과 결과는 보호책임의 원칙이 실제로 적용된 전형적인 선례가 되었다. 미국, 중국을 포함한 상임이사국들이 이해관계를 넘어 극적으로 유엔의 개입에 만장일치로 합의한 점에서 커다란 전

---

60 ICISS는 "국가주권은 책임을 의미하며, 국민의 보호를 위한 1차적 책임은 국가 자체에 있다. 주민이 내전, 전복활동, 탄압 혹은 국가실패의 결과로서 심각한 피해를 겪고 있고, 해당 국가가 그 피해를 중지시키거나 회피할 의지가 없거나 불가능한 경우, 불간섭의 원칙은 국제적 보호책임에 양보된다"고 설명하고 있다. ICISS, *Intervention and State Sovereignty: The Responsibility to Protect* (Ottawa: International Development Research Center, 2001), xi.

61 보호책임에 관한 이론적 배경은 프란시스 덩(Francis Deng)을 비롯한 학자들이 1990년대 초부터 제기한 주장에 연유하고 있다. 가령, Francis Deng et al., *Sovereignty as Responsibility: Conflict Management in Africa* (Washington, DC: Brookings Institution Press, 1996)이 대표적이다.

62 무력개입의 경우, 일정한 기준이 제시되었는 바, 올바른 의도(right intention), 올바른 기관(right authority), 최후의 방안(last resort), 합리적인 전망(reasonable prospects), 상응하는 수단(proportional means) 등이 그것이다.

기를 마련하였다. 이를 계기로 상당수 유엔회원국들도 국가주권이나 내정 불간섭원칙이 참혹한 인권유린이나 '국가의 실패'에 대한 변명이나 방호벽 이 될 수 없음을 점점 더 인식하는 추세이다. 국제사회는 내전이나 국제분쟁자체에 대한 유엔의 개입이 증가되고 있는 것을 지원할 뿐만 아니라, 점점 더 인권남용 및 인도적 지원보장 등의 이유로 평화유지활동을 넘어 평화강제활동 peace-enforcing에 관용적인 입장을 취하고 있다고 볼 수 있으며, "국제 평화 및 안보"의 개념을 확대해 나가고 있는 것이다.[63]

그러나 "합법적이고 정당한" 유엔의 역할이 근본적으로 국가주권의 개념 이나 국내문제 불간섭의 원칙을 바꾸는 것은 아니다. 리비아 사태에 버금가 는 인권유린 사태로 알려진 '시리아' 내전 사태에 대한 안보리의 소극적 입 장에서 나타난 바와 같이, 인도적 개입이나 보호책임이 국제사회의 보편적 규범이나 원칙으로 발전되었다고 보는 것은 시기상조이다. 대부분의 제3세 계 국가들은 "긴급사태"의 경우 인도적 원조 등을 위하여 협력을 강화하는 것 이외에는, 그들의 국가주권이 침해되는 가능성과 추세에 대하여 여전히 극도의 경계를 하고 있기 때문이다. 대부분의 유엔회원국은 주권침해의 문 제에 대하여 대단히 부정적이며, 강대국들이 인도적 위기 사태를 그들의 정 치적·전략적, 혹은 경제적 이익을 위해서 '부당한' 개입을 하기 위한 구실이 나 기회로 간주한다는 의구심을 갖고 있다.

보호책임의 논란은 중국과 미국 같은 강대국 간 그리고 선진국과 개도국 간의 갈등문제로서, 그리고 인권의 보편성과 상대성의 논쟁으로서 지속될 수밖에 없다. 따라서 유엔안보리나 국제사회는 인도적 위기에 대응하여 '사 안에 따라' 보호책임의 적용문제를 다루어 나갈 수밖에 없을 것이다. 그럼에 도 불구하고, 보호책임의 원칙은 비록 초기 단계이기는 하지만 국제사회에 서 인권의 가치가 존중되는 추세에 비추어 그 진전 가능성을 보여주는 것이 며, 그만큼 인권위반을 사유로 하는 안보리의 강제력의 발동가능성 여지를

---

63 Thomas G. Weiss, "Intervention: Whither the United Nations?" *The Washington Quarterly* (17:1), p.109.

보여주는 것이다.

3. 여성인권의 특수성

여성의 인권 문제는 유엔 창설 초기부터 여성지위위원회^{CSW} 설치, 그리고 1975년 국제여성의 날 선포 등으로 꾸준히 의제로서 다루어져왔다.[64] 여성인권의 특수성은 일반적인 인권의 보호문제와 더불어 여성의 특수성을 고려해야 한다는 관점에서 등장한 인권 문제의 영역이다. 특히 탈냉전 시대에 있어서 국제의제로서 여성의 인권향상과 제도화에 대한 관심이 대폭적으로 증대하였다. 가령 1993년 6월의 비엔나 세계인권회의는 여성인권을 주요한 의제의 하나로 삼았다. 세계인권회의 공동선언문 및 실천계획은 국제적 인권보호의 한 부분으로서 성차별 및 여성에 대한 폭력의 제거를 강조하고, 여성의 인권$^{women's \ rights}$을 유엔의 모든 주류적인^{mainstream} 인권 활동에 포함시켜야 됨을 강조하였다.[65] 이 회의를 계기로 그동안 인권위원회를 중심으로 논의되어왔던 여성의 권리에 대하여 유엔의 다른 인권관련 기관들도 보다 적극적이고 구체적인 행동을 하도록 자극하게 되었다.[66]

그리하여 여성의 인권 문제에 대한 접근은 크게 세 가지 방향에서 다루어

---

[64] 가령, 1975년 멕시코시티에서 개최된 제1차 유엔 세계여성회의에는 대규모의 여성대표들이 공식·비공식으로 참석하였다. 회의는 1985년까지의 세계행동강령을 채택하였고, 여성회의의 권고에 따라 유엔은 1976~85를 유엔여성10년(Decade for Women)으로 선포하였다. 그 후 1980년 코펜하겐 여성회의, 1985년 나이로비 여성회의를 통하여 여성 문제에 대한 의제화와 실천전략이 추진되었다.

[65] 비엔나회의가 결정된 1989년 이래 여성단체들을 중심으로 여성폭력문제의 의제화 등 여성권리에 대한 특별한 고려를 요구하는 전 세계적인 청원운동이 전개되었다. 비엔나 회의에서 여성단체들은 여성폭력에 대한 국제법정(The Global Tribunal on Violations of Women's Rights)을 운영하여 국제사회에 상당한 영향을 끼치기도 하였다. Shamima Ahmed & David M.Potter, *ibid.*, pp.194-205.

[66] Donna J. Sullivan, "Womens' Human Rights and the World Conference on Women," *AJIL* (88:4), pp.152-167.

졌다고 할 수 있다. 첫째, 여성에 대한 폭력 문제 ^{gender-based violence}를 포괄적으로 다루게 되었다.⁶⁷ 제48차 유엔총회는 여성지위위원회 ^{CSW}가 준비, 채택하고 세계인권회의가 추인한 "여성에 대한 폭력의 제거에 관한 선언"을 1993년 12월에 채택하였다. 또한 제50차 인권위원회는 여성에 대한 폭력문제를 전담할 특별보고관직을 신설하여, 포괄적으로 여성에 대한 폭력문제를 다루게 하였다. 1995년 2월 제출된 쿠마라스와미 ^{Radhika Coomaraswamy} 특별보고관의 보고서는 가정폭력, 여성할례 등 전통적인 관습에 대해 폭넓게 다루고 있는데, 특히 전시강간 문제를 다루어 전쟁의 가장 큰 피해자는 여성인 점을 지적하고, 당시 유고전범재판소 측에 대해 강간행위를 국제전쟁범죄로 규정해 줄 것을 촉구하였다. 또한 1998년 5월 유엔인권소위원회는 게이 맥두걸 ^{Gay J. McDodougall} 특별보고관의 '전시 조직적 강간-성노예-노예적 취급에 관한 보고서'를 제출받았다.⁶⁸ 이 보고서는 일본군의 '위안부(소위 정신대 문제)' 동원이 국제적 범죄로서 일본 정부가 법적 책임을 져야 한다고 지적하였다. 이 보고서에 의거해서 1999년 8월, 유엔인권위원회는 「전시의 조직적 강간 및 성적 노예에 관한 결의안」을 채택하였다.

2000년대에도 이러한 노력이 지속되었는 바, 가령 안보리 결의문 1325호 (2000년 10월)는 여성의 권리 측면에서 평화활동에서의 여성의 역할 확대를 촉구하였다. '여성, 평화, 안보' 결의문은 분쟁방지, 협상, 분쟁 후 복구활동 등과 특히 군축 등에서의 여성의 참여를 보장하도록 하였다. 또한 2013년 2월에는 전시 민간인 보호의 차원에서 여성 문제가 한국의 주도로, 동년 5월에도 전시 성폭력 문제 등이 호주의 주도로 안보리에서 논의되기도 하였다. 2014년 3월 제57차 유엔여성지위위원회 주제도 "Stop Violence Against Women(여성에 대한 폭력 근절)"를 다루었다.

---

⁶⁷ 일반적으로 여성폭력의 유형은 사적 및 공적생활에서 나타나는 육체적, 성적, 심리적 폭력행사이며, 가령 강간, 구타, 성착취 및 성희롱, 고문, 인신매매, 강제매춘, 납치, 여성할례, 그리고 국가 및 공권력에 의한 제도화된 폭력 등이 그 예이다.

⁶⁸ Contemporary Forms of Slavery, UN Economic and Social Council E/CN.4/ Sub.2/1998/13(June 22, 1998).

둘째, 여성의 권리에 대한 관심은 대규모 글로벌 회의와 유엔 프로그램을 통하여 전 세계적인 의제로서 자리를 잡게되고, 나아가서 그 실현을 위한 구체적 방안도 제시되었다. 가령 1995년 9월 제4차 북경 세계여성회의는 198개국의 정부대표단 회의와 더불어 유엔 역사상 가장 많은 민간대표들이 참석하여 'NGO 포럼'을 개최하였다. 세계여성회의는 '여성인권은 인권'이라는 명제 아래 북경선언문과 6장 362개 조항으로 이루어진 행동강령을 채택하였다. 그중 핵심요지는 여성의 빈곤, 교육훈련, 의료, 폭력, 분쟁사태, 경제적 불평등 등 12가지 과제에 대한 목표설정 및 실천방법이 담겨 있다.[69] 북경선언문 및 행동강령이 너무 포괄적이고 추상적이며 또한 구속력이 없다는 점에서 그 실효성에 대하여 비판이 있다. 하지만 여성들이 남성과 더불어 동반자로 대우받아야 한다는 '주류화'와 각 분야에서의 여성에게 권한과 역할을 부여해야 한다는 '여성의 세력화empowerment of women'를 포괄적으로 강조한 점에서 여성 문제에 관한 국제사회의 인식과 시각을 크게 바꾸어 놓는 계기가 되었다.

또한 2000년 유엔새천년정상회의UN Millennium Summit를 계기로 시작된 '새천년개발목표Millenium Development Goals: MDG'는 2015년까지 국제사회가 전 세계적인 개발의 문제를 해결하는 데 필요한 8개의 주요 목표를 설정하였고, 그중 특히 여성의 지위와 권리향상을 위한 주요 지표를 제시하였다. 가령 양성평등 및 여성의 역량제고, 유아사망률 감소, 모성보건 증진 등이 포함됨으로써, 여성의 인권에 대한 저해요인을 획기적으로 감소하기 위한 방안이 되었다. 이러한 방안은 국제사회의 개발과 번영에서 여성의 역할 및 인권의 중요성을 인식하고, 여성의 사회·경제적 인권신장을 위한 전지구적 협력과 노력의 필요성을 반영하는 것이다.

셋째, 인권규약 등에서 여성의 인권보호를 위한 제도적 장치의 강화가 이루어졌다. 가령 유엔은 1999년 6월, 1979년에 체결된 "여성차별철폐협약CEDAW"을 근거로 여성의 권한이 침해되거나 성차별을 받는 경우 국제사회

---

69 Shamima Ahmed & David M.Potter, *ibid.*, pp.198-200.

가 개입할 수 있는 구체적 방안을 마련하였다. 즉 유엔여성지위위원회는 여성차별철폐협약 '선택의정서' 채택을 통해, 인권 피해여성 개인이나 대리단체가 위원회에 제소하고, 위원회가 심사를 거쳐 침해국가에게 답변을 요구할 수 있도록 하였다. 이러한 의정서 내용이 내정간섭이나 국가주권원칙에 위반되느냐의 여부를 둘러싸고 대립이 있어온 점에 비추어 선택의정서의 채택은 여성인권분야에 있어서 획기적인 성과로 여겨진다. 여성인권 문제의 제도화 측면에서 특기할 것은 반기문 사무총장의 리더십하에서 여성 문제에 관한 유엔기구의 통합이 이루어진 점이다. '유엔여성기구^{UN Women}'는 종전의 여성지위위원회^{CSW}, 여성차별철폐위원회^{CEDAW}, 여성개발기금^{UNIFEM}, 여성향상연구훈련원^{INSTRAW} 등 4개 기구를 통합하여 2010년 새로이 발족한 것이다.[70]

이와 같이 일반적인 여성의 성차별 극복이나 지위향상 문제, 전쟁 상황에서의 여성의 인권유린, 그리고 나아가서 여성의 역할 강화 등이 국제사회의 주요 의제로서 그리고 유엔인권위원회(이사회)와 총회, 그리고 안보리에서 지속적인 과제로서 논의되었다. 유엔기구들의 다양한 활동 증가나 유엔의 여성문제전담기구가 통합, 창설된 것은 여성인권의 취약성 혹은 특수성에 대한 배려라고 할 수 있다.[71]

4. '반인도 범죄'에 대한 처벌

탈냉전 시대에 이르러 국제사회에서 주요한 인권유린 사태에 대하여 인

---

70 유엔여성기구에 관하여는, http://www.unwomen.org/en/about-us/about-un-women #sthash.GN3xfqUA.dpuf 참조.
71 여성인권의 신장측면에서 유엔이 고용 및 승진 등 정책 등에서 모범을 보여야 한다는 기대가 크지만, 실제 유엔 자체는 이러한 기대에 못 미친다는 비판이 있다. 가령 유엔 직원(국제기구공무원)의 여성비율은 전체 37%에 이르고, 직급별로는 하위직에서는 50% 이상에 이르지만, 상위직에서는 20% 미만을 차지한다.

권유린을 자행하는 데 책임있는 정치 및 군사지도자 등에 대한 "반인도적 범죄Crimes against Humanity(혹은 반인륜범죄)"로서 형사적 처벌을 하는 경우가 증가하였다. 반인도 범죄의 처벌은 특히 다양한 형태의 내전이나 지역분쟁에서 정부나 분쟁당사자(집단)의 주요한 최고책임자들이 '광범위하거나 조직적'으로 대규모적으로 인권을 유린하는 행위에 대한 국제적 대응으로서 유엔을 중심으로 제기되었다. 이러한 접근은 해당국가나 정권에 대하여 경제적 제재나 군사적 제재 등의 조치를 취하는 것과 별개로, 주된 책임이 있는 범법자에 대하여 개인적 책임을 추궁하는 것이다.

반인도 범죄에 대한 처벌은 주로 3가지 형태의 국제법정의 구성과 운영으로 이루어졌다.[72] 첫째, 임시국제재판소의 설치이다. 가령 1993년 구 유고연방 지역의 내전에서 제네바협약 등 국제인도법의 중대한 위반사태에 대하여

"반인도 범죄"에 관한 정의(국제형사재판소 ICC 규정 제7조의 경우)

'반인도 범죄'라 함은 민간인 주민에 대한 광범위하거나 조직적인 공격의 일부로서 그 공격에 대한 인식을 가지고 범하여진 다음의 행위, 즉 ▲살해 ▲절멸 ▲노예화 ▲주민의 추방 또는 강제이주 국제법의 근본원칙을 위반한 구금 또는 신체적 자유의 다른 심각한 박탈 ▲고문 강간, 성적노예화, 강제매춘, 강제임신, 강제불임, 또는 이에 상당하는 기타 중대한 성폭력 ▲이 조항에 규정된 어떠한 행위나 재판소 관할 범죄와 관련하여, 정치적·인종적·국민적·민족적·문화적 및 종교적 사유, 제3항에 정의된 성별 또는 국제법상 허용되지 않는 것으로 보편적으로 인정되는 다른 사유에 근거하여 어떠한 동일시될 수 있는 집단이나 집합체에 대한 박해 ▲강제실종 ▲인종차별범죄 ▲신체 또는 정신적·육체적 건강에 대하여 중대한 고통이나 심각한 피해를 고의적으로 야기하는 유사한 성격의 다른 비인간적 행위"이다.

---

72 박흥순, "국제정의와 국제재판소: 반인도 범죄에 대한 국제재판소의 대응," 『국제기구 저널』(제2집 1호)(2007), pp.5-31.

1993년 5월 「유고임시전범재판소」 ICTY 를 헤이그에 설치하였다. 유고전범재판소는 2차 대전 후 뉴렘버그 및 동경전범재판소 설치 이후 최초의 국제전범재판소이다. 1994년 12월 보스니아지역의 세르비아 포로수용소장을 기소한 것을 필두로, 밀로세비치 유고연방 대통령 및 카라지치 보스니아 대통령을 비롯하여 주요 전범 범죄자들을 "반인도적 범죄" 혐의로 기소하였다. 밀로세비치는 잔악한 인권남용 및 인도적 범죄를 저지른 데 대한 책임을 지는 것으로서, 현지 국가 원수가 전범으로 기소되었다는 점에서 매우 중대한 사례로 여겨졌다. 또한, 유엔안보리는 1994년 11월 르완다 내전에서의 대량학살책임자를 처벌하기 위한 「르완다 임시전범재판소」 ICTR 를 설치하였다.

둘째, 상설적 국제재판소의 설치이다. 1994년 유엔 국제법사위원회 ILC 는 오랜 기간 동안 국제사회에서 주창되어온 상설 국제형사재판소 International Criminal Court 에 관한 초안을 마련, 유엔총회 특별위원회에서 협상을 하게 되었다. 그 결과 1998년 7월 로마에서 개최된 외교회의에서 ICC는 120개국의 찬성, 서명으로 창설되었고, 각국의 비준을 거쳐 2002년 7월부터 발효되었다. 국제상설재판소로서 ICC가 다루는 범죄는 집단학살 genocide , 반인도범죄, 전쟁범죄 war crimes , 침략행위 aggression 등에 관련된 개인이나 집단적 범죄이다. 국제형사재판소는 그 관할권 행사 요건으로서 규정당사국, 유엔안보리, 그리고 검사에 의한 회부 등 3가지 방법이 가능하다. 이와 관련하여, 우간다, 콩고민주공화국, 중앙아프리카 공화국 등 분쟁당사국들이 자국의 가해자들을 중대범죄를 이유로 ICC에 회부하였다. 특히 주목할 것은 안보리가 자체결정에 의하여 ICC에 분쟁당사국의 정치 혹은 군사 지도자들을 회부한 경우이다. 2005년 수단의 다르푸 사태에 따른 바시르 Bashir 대통령 그리고 2011년 리비아의 카다피 국가원수를 "반인도 범죄로 회부" 및 기소한 것이 그 예이다. ICC검사에 의한 회부는 2006년 콩고반군지도자를 전쟁범죄로 기소한 경우가 있다. 상설국제재판소의 설치는 국제적인 중대범죄에 대한 단호한 사법적 정의를 가능케 하는 장치인 점에서 국제인권보호 및 국제정의에서 매우 획기적인 발전이라고 할 수 있다.73

셋째, 임시적 특별재판소의 한 형태로서 국제재판관과 국내재판관으로 구성, 운영되는 '혼합식 hybrid' 재판소의 설치이다. 가령 2002년의 씨에라 리온 Sierra Leone 특별법원, 2003년 캄보디아 Cambodia 특별재판소, 1999년 동티모르 East Timor 특별재판소가 그 사례이다. 이들 재판소는 주로 해당 지역에서의 오랜 내전과 그 과정에서 자행된 반인도 범죄를 다루는 데 목적을 가지고 있다. 해당 국가의 정치적, 역사적 상황, 과거 청산에 대한 입장, 그리고 국제정의의 확립이라는 다양한 목적을 고려하여 일종의 절충식 재판소를 설치, 운영하는 것이라고 할 수 있다.[74]

이러한 임시전범재판소 혹은 특별재판소 및 상설형사재판소 설치는 중대한 인권범죄자, 특히 정치 및 군사지도자들의 책임을 국제사회가 추궁하는 제도적 장치인 점에서 인권의 신장과 국제정의를 위한 기반의 확대에 크게 기여하였다. 또한 ICC의 규정은 국가뿐만 아니라, 비국가행위자 즉 개인에 대해서 책임을 묻는 점에서 중요한 국제법의 발전이라고 할 수 있다.[75] 각국의 정치적 이해관계나 국내적 사정에 관계없이 중대한 범죄자들을 처벌하는 측면에서 국제적 응징과 예방적 효과를 가지고 있다고 할 수 있다.

그러나 이와 같은 국제법정의 운영은 실제로는 여러 가지 제약을 갖고 있는 것도 현실이다. 우선, 미국, 중국 등은 여러 가지 이유로 ICC의 당사국이 되는 것을 거부하고 있다. 또한 임시 혹은 특별재판소의 경우, 실제로 해당국가의 비협조 혹은 무능력 등으로 적실한 구성이나 운영이 어려운 경우가 많다. 특히, ICC의 경우, 안보리에 의한 회부는 결국 5개 상임이사국의 단합된 의지가 없는 한 제대로 활용되지 못할 경우가 많다. 다른 말로 하면, 상임이사국 1개 혹은 2개 국가의 반대가 있는 경우, 안보리에 의한 국제형

---

73 UN Secretary-General Kofi Annan's Action Plan to Prevent Genocide, Press Releases, SG/SM/9197 AFR/893, HR/CN/1077, 07/02/2004.

74 이러한 문제는 분쟁 종료 후 국가재건 등 평화구축의 과정에서 이른바 "과도적 정의 (transitional justice)"의 문제로서 다루어지고 있다.

75 국제형사재판소의 창설과 의미에 관하여는 Jackson N. Maogoto, *War Crimes and Real Politik: International Justice from World War I to the 21st Century* (New York: Lynne Rienner Pub., 2004), pp.203-223.

사적 책임 추궁은 난관에 부딪히게 마련이다. 인권 문제의 예민성, 정치적 갈등, 그리고 국가주권의 원칙에 대한 완고한 입장 등은 국제사회에서 국제 법정의 활용에 커다란 장애로서 작용한다. 그럼에도 불구하고, 국제사회가 ICC를 비롯하여 국제형사재판을 통하여 정치 및 군사 책임자 개인을 처벌 하는 원칙을 확립하고, 또한 실제로 많은 처벌을 하고 있는 것은 국제정의의 구현을 통한 인권보호란 점에서 커다란 진전이 아닐 수 없다.

5. 다국적기업과 인권보호

세계화의 일반적 현상으로서 그리고 경제적 세계화의 주요한 행위 주체 자 agents로서 기업이 국제사회에서 차지하는 비중과 역할이 점차 더 커지고 있다. 시장경제의 확산과 자유무역을 통하여 '다국적(혹은 초국적)기업TNCs'이 국제경제와 세계시민의 삶과 복지에 기여하는 바는 매우 긍정적인 현상이 다. 특히 다국적기업의 생산, 고용, 판매 등이 전 세계 경제와 시민에 미치 는 영향력은 엄청난 것이 현실이다. 그러므로 기업 혹은 시장이 글로벌 거 버넌스의 주요행위자로서 국제인권규범의 준수에서 미치는 영향이 점차 커 지고 있다.[76] 이에 따라 특히 다국적기업이 인권존중의 이념하에 국제적 인 권규범을 존중 혹은 신장하는 방향으로 기업의 정책과 실제 행태를 추구해 야 한다는 요구가 커지고 있다. 이러한 문제제기는 한편으로는 21세기 세계 경제의 중요한 축으로서 기업의 자유로운 활동을 보장하면서, 다른 한편으 로는 국제인권규범의 존중을 위해서 기업 활동을 어떻게 그리고 어느 정도 규제해야 하느냐의 딜레마를 야기하고 있다. 그것은 오랫동안 경제적 세계

---

[76] 일반적으로 다국적기업은 상당 부분 국제경제와 더불어 활동국가, 그리고 국제사회에 긍정적 영향을 미치는 것이 사실이다. 상당수 기업들은 소비재생산, 제조기업 혹은 정보통신 기업 등이 단순히 싼 노동력과 임금에만 관심이 있는 것이 아니라, 설비투자, 고급인력의 고용, 임금배분을 통한 소득 증대에 기여하고 있다. 나아가서 국제적 기준 에 의한 복지혜택, 노동권 보장 등을 통하여 경제적·사회적 권리는 물론 정치적·시민 적 권리를 포함하여 국제인권의 가치와 인권규범의 준수를 신장하고 있기도 하다.

화와 국제인권규범의 세계화가 별개로 진행되어 왔기 때문이다.

다국적기업은 그 특성상 국가의 통제나 영역을 넘어 초국가적으로 활동하기 때문에, 각국이나 국제기구 등의 국제사회가 그 활동을 효과적으로 규율하기가 어렵다는 점이 있다. 더구나 다국적기업은 그 속성상 이윤의 극대화를 추구하기 때문에 자칫 인권유린이나 국제규범위반이 생길 수 있다. 실제로 1970년대 이래 세계적인 다국적기업들이 개도국에서 값싼 노동력을 착취하거나 공정한 무역을 훼손하는 행태를 취하여 국제적 비난이 되곤 하였다. 가령, 다국적기업과 경제적 세계화는 부분적으로 열악한 일터^{sweat-shops}, 아동노동^{child labor}, 위험노동, 저임금, 강제 및 노예노동, 반 노조활동 등과 연관되는 것으로 인식되곤 하였다. 또한 저개발국가로부터의 자원 확보를 위한 인권기준 경시, 인권유린 독재국가와의 협력 등의 사례도 자주 제기되는 문제이다.⁷⁷ 1977년 미국은 기업의 '반부패법'을 제정하여 다국적기업이 계약을 위해 해외국가 관리에게 뇌물을 제공하는 것을 불법화하였고, 그 후 OECD 국가들도 이러한 노력에 동참하기도 하였다.⁷⁸

국제인권의 측면에서 유엔을 중심으로 다국적기업의 정책과 행태를 국제인권규범에 부합하도록 강제하거나 권장하는 여러 가지 노력이 진행되었다. 그러나 현재의 다국적기업은 국가와는 달리 현행 주요 국제협약의 적용대상이 아니다. 그러한 노력은 해당기업의 소속국가에 의해서만 적용될 수 있을 것이다. 일찍이 유엔 내에서 다국적기업에 대한 구속력 있는^{binding} 행동규범을 제정하려는 협상이 진행된 바 있다. 1970년대 NIEO의 일환으로 남반부 국가들의 주창으로 유엔통상개발기구^{UNCTAD}에서 행동규범 제정을 위한 협상을 벌였으나, 다국적기업의 활동 위축을 우려한 서방선진국들에 의해서

---

77 90년대 이래 다국적기업의 사업관행에 대한 비판의 결과, 주요 다국적기업들은 행동규범(code of conduct)을 제정하고 근로조건에 대한 감시기구를 설치하는 등 정책을 개선하였다(가령, Starbucks Coffee, The Gap Clothiers, Nike, Reebok, Toys R Us, Avon 등이 그 예이다). 또 다른 예는 미얀마의 억압적인 군사정권에 대한 국제적 비판이 일어나자, 주요 다국적기업이 그곳에서 철수한 경우이다(Levi Strauss, Macy's, Liz Claiborne, Eddie Bauer, Heineken, etc. 등).

78 David P. Forsythe, *ibid.*, pp.223-224.

무산되었다.

탈냉전 시대, 특히 1990년대 말부터 유엔인권위원회 소위원회 등에서 다국적기업에 대한 비판이 다시 제기되기 시작하였다. 가령, 1998년 한 소위원회 특별보고관은 국제적으로 경제적·사회적 권리를 침해한 기업의 경우, 소속 국가의 국내법에 의하여 처벌하도록 권고하였다. 또한 2003년 인권위 소위원회는 "인권관련 다국적기업 및 기타 사기업의 책임에 관한 규범"을 채택하고, 모든 기업이 국내법과 국제법에서 인정된 인권을 보호할 "의무"가 있다고 명시하였다. 이 문서는 나아가서, 평등, 비차별, 개인안전, 노동권 등의 기본원칙을 구체적으로 제시하였다.[79] 2005년에는 인권위원회가 기업과 인권관계에 대하여 연구하도록 개인을 임명하기도 하였다. 국제형사재판소의 한 검사는 집단학살, 반인도범죄 혹은 주요한 전쟁범죄에 공모한 기업가에 대하여 처벌할 수도 있다는 언급을 하였다. 가령 자원전쟁 혹은 '피의 다이아몬드Bloody Diamond'의 경우, 기업대표를 살인, 강간, 박해, 강제이주 등의 조직적인 인권위반을 이유로 국제형사법적으로 처벌할 수 있는 가능성도 제기되었다.

이에 비해 유엔기구 중 노동권 문제에 관하여 포괄적 역할을 할 수 있는 국제노동기구ILO의 역할은 다국적기업과 관련해서는 충분히 발휘되지 못했다고 평가된다. 1946년 유엔의 최초의 전문기구로서 인정된 ILO는 국제연맹시기의 초기부터 '권리기반rights-based'의 접근을 통하여, 근로자의 권리보호에 노력하였다.[80] 그러나 최근 세계화에 따른 영향과 '노동과 무역'의 연계에 대한 논란이 증대함으로써, ILO의 역할이 다시 주목을 받기 시작했다. 특히 세계무역기구WTO 출범 이후, 노동기준과 무역을 조화시키는 과제를

---

79 David P. Forsythe, *ibid*, p.232.

80 ILO는 소위 '3자 대표제(Tripartite System)'를 채택하여 정부, 고용자, 노동자의 3당사자의 공식 참여를 보장하는 독특한 방법을 갖고 있다. ILO는 177개의 모든 회원국으로 구성된 총회(General Conference), 56명의 대표로 구성되는 집행위원회(The Governing Body), 그리고 사무국 역할을 하는 사무소(International Labor Office) 등으로 구성된다. 제네바에 본부를 두고 있으며, 주요 지역별로 5개의 지역사무소, 그리고 40개 이상의 국가에 연락 및 현지사무소를 두고 있다.

수행하면서, ILO는 보편적인 최소 노동기준minimum labor standards을 제정하고, 노동자의 보호를 위한 구체적인 강제이행 규정을 포함하였다. 하지만 그 이행의 준수는 기업들의 자발적인 기준설정과 NGO에 의한 모니터링에 주로 의존하고 있는 것이 현실이다. 이에 따라 제대로 활용이 되지 못하는 ILO의 제도적 준수 규정을 보다 강력하게 실행해야 한다는 요구가 커지고 있다.

이와 같은 일련의 움직임의 결과, 2005년 코피 아난 유엔사무총장은 '글로벌 컴팩트Global Compact'의 제정을 주도하였다. 이것은 9가지 원칙에 입각하여 다국적기업이 자발적으로 인권 및 환경준수에 대하여 지켜야 할 행동규범 내용을 제시한 것이다. 이러한 기업의 활동기준은 이른바 '기업의 사회적 책임Corporate Social Responsibility: CSR' 문제로서 대두되었다. 글로벌 컴팩트는 비록 비구속적인 행동규범이기는 하지만, 전 세계적인 캠페인을 통하여 인권, 환경, 반부패 및 노동권 등의 문제에서 다국적기업들이 세계화의 사회적 측면에 대한 학습과 대화를 촉진하자는 목적에서 출범하였다.(가령, 원칙 제1: 기업은 국제적으로 선포된 인권의 보호를 준수하고 존중한다. 원칙 제2: 기업은 그들이 인권남용의 공범자가 되지 않도록 주의한다.) 글로벌 컴팩트는 그 활동에 관하여 각국별로 지부local chapter를 두고 있으며, 국별 보고서를 발간하는 등의 활동을 하고 있다. 그 결과 각국별 혹은 지역별로 네트워크를 형성하고 정보의 공유 및 모범사례 분석을 통하여 전체적으로 글로벌 컴팩트의 준수를 유도 혹은 장려하고 있다.

NGO 등 민간그룹도 다국적기업의 인권에 대하여 관심을 표명하고 있다. 국제상공회의소ICC 는 1972년에 행동규범을 채택한 바 있고, 다국적기업대표들의 모임은 인간의 존엄과 정치적 및 경제적 자유에 대한 공약 등 기업의 사회적 책임을 신장하는 모임을 조직하기도 하였다. 뿐만 아니라, 국제사면위원회AI , 휴먼 라이츠 워치Human Rights Watch 같은 인권NGO들도 다국적기업에 대하여 주의를 기울이고 있다. 성공사례도 늘어나고 있다. 가령 미국 플로리다Florida 주에서 이주노동자에 대한 부당한 대우에 관하여 사업을 보이코트한 사태에 대응하여, '타코 벨' 회사는 2005년 임금인상과 더불어 행동규범을 제정하였다. 1998년 가을에는 의류 및 신발산업의 회사들이 공식협정하에 해외 사업현장을 독립적인 인권단체의 감시활동에 공개하기로 하였다. NGO들이 다국적기업과 산하 해외 현지기업을 상대로 국내법정에 소송을 제기한 경우도 있다. 이 경우, 비록 법적 소송의 결과와 관계없이 소송제기의 가능성은 기업에게 커다란 압박이 될 수 있다. 2000년대에는 인권 문제에 대한 관심은 이른바 '공정무역fair trade' 운동으로 확대되기도 하였다. 따라서 다국적기업의 활동은 비록 직접적으로 국제사회의 법적 규제에서 비교적 자유롭기는 하지만, 점차 국제인권을 존중하는 방향으로 변화를 요구받고 있는 것이 현실이다.

VII. 결론

위에서 살펴본 바와 같이 탈냉전 시대에 있어서 인권 문제는 국제사회의 중요한 글로벌 이슈로서 대두하였다. 2차 대전 후 인권 문제는 국제사회의 변화와 유엔을 중심으로 한 국제인권레짐의 성숙과 더불어 꾸준한 개선을 이룩하였다. 특히 유엔이 세계인권선언을 비롯하여 인권과 관련된 각종 규약 및 조약을 통한 국제규범의 형성과 이를 준수하기 위한 기구 및 제도적 장치를 스스로 마련하거나 국제사회가 활용하는 기회를 제공함으로써 인권레짐의 발전에 크게 기여하였다. 특히 인권레짐의 효과적인 이행을 위해서 유엔기구중에서도 인권이사회가 핵심적 역할을 담당하고 있다. 유엔인권레짐 및 관련국제기구들은 국제기구의 일반적 역할 즉, 외교정책의 수단, 국제문제 토의장, 그리고 독립된 행위주체자로서 인권과 관련된 문제의 해소나 개선에 기여하고 있다. 동시에 이러한 기구들은 인권관련 규범의 창설, 전문지식의 확산, 투명성의 확보, 그리고 정당성의 확보 등의 기능을 수행함으로써 인권 문제가 전지구적 과제로서 국제사회의 관심과 참여를 확보할 수 있는 기회를 제공하고 있다.

국제인권레짐이 선언적 성격뿐만 아니라 촉진, 이행활동의 영역으로 진보되어 나가는 것은 이른바 국제사회의 "도덕적 상호의존^{moral interdependence}"에 대한 인식 때문이다. 인권에 관한 교육과 홍보, 유엔 자체의 역할, 국제 및 국내 NGO의 활동, 그리고 매스미디어 등 정보통신의 혁명으로 인권에 대한 관심은 전지구적으로 확산되고 있다. 그리고 기존의 유엔의 각종 규약과 규범들은 강력한 인권 촉진활동을 자극하는 '연쇄반응'의 효과를 낳고 있다. 또한 이들은 국제사회의 인정과 나아가서는 '도덕적 지도력^{Moral Leadership}'을 담당하는 국가의 정통성에 대한 중요한 기준을 제시하는 것으로 인식 되어가고 있다. 나아가서 도덕적 정당성 혹은 리더십이 중요한 것은 현재의 국제사회에서 국력^{national power}의 개념 그리고 주권개념의 변화 때문이다. 이른바 경성국력보다는 연성국력이 강조되어서, 외교력, 문화력, 도덕적 지도력 등이 국제사회의 영향력으로 점점 더 중요해지고 있다. 또한 세계화의 영향으로 다양한 초국적^{transnational} 혹은 글로벌 이슈를 다루는 데 있어서 개별국가의 주권이나 역량을 넘어, 전지구적인 협력이나 정부간 국제기구나 NGO 등과의 협력이 필요하다. 특히 유엔의 인권체제나 국제적 인권레짐은 바로 이러한 전지구적인 협력과 연대를 통하여 인권의 보호와 신장이라는 범세계적인 공통의 목표와 가치를 추구하는 점에서 그 적실성과 타당성을 인정받는 것이다.

그러나 동시에 인권보호의 측면에서 유엔인권체제 및 그 실행이 갖고 있는 제약 요인이 있다. 살펴본 바와 같이, 현재 국제사회에서 쟁점이 되는 주요과제들, 즉 인권개념의 보편성과 특수성, 국가주권과 인도적 개입(보호책임), 여성 인권의 특수성, 그리고 사법적 정의 등의 문제는 국제사회의 변화 가운데 지속적으로 논쟁이 제기될 수 있는 문제들이다. 이를 둘러싸고 유엔회원국을 비롯하여 NGO나 다국적기업, 그리고 유엔 내부에서 다양한 논의가 이루어질 것으로 여겨진다.

뿐만 아니라, 현재의 유엔구조 및 구성, 인권의제의 다양성 그리고 유엔 인권레짐의 특성상 야기되는 몇 가지 추가적인 제약요소도 존재한다. 그것은 첫째, 유엔의 발전에도 불구하고 여전히 그 제한된 역할은 국가주권중심의 국제체제에서 주권국가들이 의도적으로 선택한 유엔 장치의 근본적인 구조적인 제약 때문이다. 현재의 국제사회가 국가주의로부터 자유주의적 국제주의로 이행하는 추이기는 하지만, 여전히 인권 문제는 국가주권에 속하는 국내문제로 여겨지고 또한 그 정책의 수립이나 실행도 결국 개별국가의 의지에 달려 있다. 각국은 강력한 인권레짐의 등장이 그들의 주권에 대한 제약이나 침해를 가져오게 되는 것을 우려한다. 대부분의 주권국가들은 인권 문제 등 "도덕적" 국가이익에 "물질적" 이익보다는 비중을 적게 두는 것이 현실이다. 국내 인권상황에 대한 국제사회의 논의는 해당 국가나 정권의 명성이나 존립을 위협할 수도 있는 예민한 문제로 여겨진다. 더구나 냉전시대에서는 인권 문제가 상당히 정치화politicized됨으로써 인권 문제에 대한 실질적인 논의를 왜곡하였던 면이 많았다. 특히 미국을 비롯한 서구제국들은 공산권이나 제3세계 국가들에 대하여 비판이나 압력의 외교적 수단으로서 인권 문제를 제기한 측면도 있었다. 현재에 있어서도 인권 문제는 해당국가의 이해와 관련하여 '정치화'의 논란이 여전히 제기되는 것이 현실이다.

둘째, 유엔의 인권보호의 실제 이행을 위한 역할은 상당히 제한되어 있으며, 또한 피해자에 대한 직접적인 구제를 할 수 있지는 않다. 원칙적으로 인권보호의 실행은 각 국가가 국제적 인권규범에 바탕하여 국내입법이나 기타 조치를 통하여 하게 되어 있다. 만약 인권레짐이 진정으로 포괄적이고 보편적이며 효과적이기 위해서는 규범설정, 선언, 교육, 정보전파 등 "촉진적 활동"을 하는 것만으로는 부족하다. 무엇보다도 효과적 실행전략, 즉, 보고, 관찰, 감시, 공개적 비난, 구속력 있는 결의문, 그리고 나아가서는 군사적, 비군사적 강제조치 등의 활동이 강화돼야 한다. 그러나 유엔 인권레짐은 국제적인 보편적 인권규범의 제정 및 기준의 설정, 인권에 관한 교육 및 보급 확산, 그리고 정보교환에 치중한 레짐이다. 대부분의 각종 국제규약의 의무조항은 규약 당사국이나 선택규정 수락국에 한정되고 있다.[81] 인권규약

---

81 유엔인권기관들은 개인이나 인권단체로부터 상당한 정도의 제소를 받고 있다. 한 보고

의 당사국으로부터 정부보고서를 정기적으로 제출받도록 되어 있지만, 보고
의무는 상당히 형식적인 경우가 많으며, 제출된 보고서 내용에 관하여는 유
엔은 질문을 하지는 않거나 형식적인 심의를 하는 경우가 많다. 이와 같은
자발적·권고적 성격 때문에 일반적으로 이러한 의무를 가진 국가들의 의무
불이행률이 높은 편이며, 전반적으로 유엔의 실행력은 미약한 수준이다.

셋째, 조직적이고 광범위한 인권유린이 행해지는 경우, 보호책임 등의 원
칙이 적용되기는 하지만, 이 경우에도 안보리의 전적인 권한문제에 속하게
된다. 인도적 개입 혹은 보호책임의 경우, 유엔이나 국제사회의 합의가 있는
가, 그리고 그 경우 개입이 과연 정당성과 합법성을 갖고 있느냐의 문제가
야기된다. 따라서 15개 안보리 이사국 중 특히 5개 상임이사국(P-5) 간의
이견이 있는 경우, 현행 규정상 거부권^{veto}의 대상이 될 수도 있기 때문에
일부국가의 반대로 합의를 이루는 것이 쉽지 않다는 현실적인 제도의 제약
이 있다. 이와 같은 위기상황에 제때에 적절히 개입하지 못하거나 지연되어
개입함으로써 인권유린 등을 방지하거나 피해를 경감하는 데 실패하는 경
우, 유엔의 권위와 역할에 대하여 커다란 비판을 받게 마련이다. 또한 유엔
의 승인없이, 유엔체제 밖에서 지역기구나 특정 국가 중심으로 이루어진 군
사적 개입_{가령 동지국가연합, The Coalition of the Willing}에 대하여는, 특히 그 정당성
과 합법성이 논란이 될 수 있는 것이다.

이와 같은 제약에도 불구하고, 유엔을 중심으로 한 국제인권레짐은 지난
70여 년간 꾸준한 진화를 하여왔으며, 그 결과 세계화의 흐름 속에서 인권
의제는 국제사회의 발전의 상징이면서 동시에 기반이 되었다. 따라서 인권
의 중요성이 커지고 국제사회의 도덕적 상호의존이 커지는 점에서, 향후에
도 인권은 신장과 촉진을 통하여 보다 보편적이고 광범위한 수준으로 확대
되어 나아갈 전망이다. 유엔은 특히 총회, 인권이사회, 안보리 및 인권고등

에 의하면, 1951년과 1971년 사이에 약 12만 건의 제소를 받았으며, 1989년에는 기록
적인 30만 건 그리고 보통 연평균 5만 내지 8만 건의 제소를 받고 있다. United
Nations, *Notes for Speakers* (New York: UN, 1990), p.40.

국제기구와 인권·난민·이주

최고대표실 등의 인권기구의 역할을 통하여 국제인권의 보호 및 신장에 매우 중요한 제도로서 계속 작동하게 될 것이다.

동시에 국제사회는 유엔의 권한과 잠재적 역량을 제고하여 보다 획기적으로 그리고 효과적으로 분쟁의 해결에 기여할 수 있도록 노력을 기울여야 한다. 이러한 발전 노력은 결국 두 가지 방향에서 이루어질 수 있을 것이다. 첫째, 유엔회원국을 포함한 국제사회 구성원 혹은 행위자 등의 지속적이고 유기적인 협력과 노력이 필요하다. 글로벌 거버넌스 시대는 인권을 비롯한 국제의제가 모든 행위자의 관심이 되는 전지구적 의제로서 다루어져야 한다. 이미 유엔을 비롯한 국제기구, NGO들, 학계 및 연구자들, 그리고 다국적기업들(유엔 글로벌 컴팩트의 참여 등)이 인권보호와 신장, 복지의 향상을 위하여 함께 노력하고 있다. 특히 국가지도자를 비롯한 정부 인사들이 인권에 대한 올바른 인식과 태도를 갖고 인권보호에 힘쓰도록 촉구, 격려 혹은 압박할 필요가 있다. 둘째, 유엔의 인권보호의 강화 노력은 유엔의 전반적인 개혁을 통하여 성취될 수 있을 것이다. 가령 유엔안보리의 개혁을 통한 거부권 문제 등 의사결정 구조 및 구성의 개선, 국제안보 역량의 강화, 그리고 인권위반국가에 대한 실효성 있는 제재의 강화 등이 그 예이다. 살펴본 바, 유엔인권체제는 그동안의 발전과 성과를 바탕으로 이러한 개선의 방향으로 지속적인 노력을 기울여야 할 것이다.

유엔기구와 인권(I)

서창록

I. 서론

제2차 세계대전에서의 심각한 인권유린은 인권 보장에 대한 의무를 새롭게 환기시켜 주었고, 국제사회는 이를 위한 구체적인 논의와 개입을 시작했다. 인류 역사상 유래 없는 인권 탄압을 목격한 이들은 세계 각지에서 발생하는 인권 문제가 각 국가와 국제기구의 핵심 의제라는 점에 합의할 수밖에 없었다. 특히 유엔은 인권과 관련된 원칙을 수립함과 동시에 국제사회의 인권보호를 위한 핵심적인 역할을 감당해 왔고, 이론적이고 실천적인 차원에서 세계 시민들의 인권신장에 큰 기여를 하였다.

따라서 이 장에서는 전 세계 인권보호의 핵심 기제라 할 수 있을 만큼 중요한 유엔의 인권보호체제를 유엔헌장에 기반한 기구들을 중심으로 살핀 후, 이와 관련된 최근의 주요 쟁점과 현안을 논하고자 한다. 보다 구체적으로, 유엔헌장 기반 인권체제를 다루는 제1절에서는 인권의 주요 원칙과 목표를 제공하는 유엔헌장, 유엔의 모든 회원국이 참여하여 토론과 권고를 주고 받는 총회, 유엔헌장 제7장에 의거해 각종 조치를 취할 수 있는 안전보장이사회, 유엔헌장 기반 인권체제의 대표적 기구인 유엔 인권이사회, 이러한 활동을 증진시키기 위한 인권이사회 자문위원회와 인권최고대표의 역할을 다룰 것이다. 쟁점과 현안에 관한 제2절에서는 우리에게 친숙한 한국의 보편적 정례검토 사례를 살핌으로써 최근 인권이사회의 개혁 이후 새롭게 도입된 유엔의 인권보호 메커니즘에 대한 실제적 이해를 높이고자 한다. 또한 국제사회의 주목을 받고 있는 북한인권 이슈에 관해 유엔헌장 기반 인권체제가 어떠한 절차들을 통해 해결책을 모색하고 있는지를 보편적 정례검토와 특별보고관, 조사위원회의 활동을 중심으로 논의할 것이다.

II. 유엔헌장 기반 인권체제

창설 이래 끊임없이 발전하여 온 유엔의 인권보호체제는 일반적으로 유엔헌장에 기반한 기구Charter-based bodies 와 인권협약에 기반한 기구Treaty-based bodies 로 구분된다. 헌장에 기반한 기구들은 유엔헌장의 인권관련 규정에 근거를 두고 국제사회의 인권 문제를 포괄적으로 다루는 정치적 기제라고 할 수 있는 데 반해, 협약에 기반한 기구는 조약 가입국에 한정하여 국제인권협약 이행 여부를 감시하고 심의하여 조약에 명시된 인권규정을 준수하도록 하는 건설적인 대화와 타협의 방법으로 인권을 보호한다. 보다 구체적으로,

〈표 1〉 여성관련 유엔기구

유엔 헌장기구(Charter-based bodies)	유엔 인권협약기구(Treaty-based bodies)
• 유엔총회 및 안전보장이사회 　- 제7위원회 • 인권이사회 　- 인권이사회 자문위원회 • 인권최고대표	• 경제·사회·문화적 권리위원회: A규약 • 시민·정치적 권리위원회: B규약 • 고문방지위원회 • 인종차별철폐위원회 • 여성차별철폐위원회 • 아동권리위원회 • 장애인권리위원회

국제기구와 인권·난민·이주

유엔을 중심으로 한 국제인권기구는 〈표 1〉과 같이 헌장기구와 협약기구로 나뉜다.

1. 유엔헌장(Charter of the United Nations)

유엔헌장 기반 인권체제의 권한과 관련 영역의 활동을 구체적으로 논하기에 앞서 인권과 관련한 원칙과 규정을 제공하는 유엔헌장을 살펴보자. 유엔헌장은 국제 연합(이하 유엔)의 근본이 되는 조약으로, 미국 샌프란시스코에서 1945년 6월 26일 창립 회원국 51개국 가운데 50개국이 서명하여(나머지 1개국인 폴란드도 2개월 후에 서명) 같은 해 10월 24일에 발효되었다. 유엔헌장의 목적은 전문에 잘 명시되어 있는데, 평화유지, 국제안보 및 인권 존중에 대한 전반적 요청과 함께 모든 유엔회원국의 정부가 이를 증진시키고 실질적으로 실행할 수 있도록 이 헌장에 동의했음을 시사하고 있다.

유엔헌장은 유엔의 이상과 구조 중 일부를 이어 받아 평화와 사회적·경제적 발전이라는 기본 목표를 추구하며 인권에 대한 강한 의지를 표명하고 있다. 헌장의 인권조항은 유엔총회나 경제사회이사회가 통과시키는 인권 결의안이 실질적인 법적 구속력이나 강한 의무를 부과하고 있지 않은 것과 마찬가지로 강력한 법적인 효력을 가지지는 않는다. 그럼에도 불구하고 유엔헌장은 인권을 국제화하였고 유엔에게 인권을 정의하고 성문화할 법적 권한을 부여하였으며 회원국이 가지는 인권을 신장할 의무가 무엇인지 구체적으로 밝혀왔다는 점에서 국제인권규범의 기반이 된다. 헌장의 조항들은 유엔에 가입하고 헌장에 승인한 193개국에게는 강한 권고로 헌장 기반 인권체제의 역할과 활동을 확대해 나갈 수 있는 여지를 제공해 온 것이다.

유엔헌장을 보다 구체적으로 살펴보면, 헌장을 구성하고 있는 전문과 19장 111조 중에서 '인권'이라는 단어는 전체를 통틀어 7회나 거론되고 있다는 점을 발견할 수 있다. 이는 유엔이 그 설립 시기부터 국제 평화안보와 함께 인권을 매우 중요하게 생각해왔다는 것을 짐작케한다. 특히 제1조에서는 인권보호가 유엔의 네 가지 설립목적 중의 하나로 제시되어 있는데, 인권존중을 위한 국제협력을 중시하고 있으며, 제68조는 인권보호와 증진을 위한 인권위원회의 설치를 규정하고 있다.[1] 유엔헌장에서 '인권'이 거론된 부분은 다음과 같다.

유엔헌장의 인권조항

전문

우리 연합국 국민들은 우리 일생 중에 두 번이나 말할 수 없는 슬픔을 인류에 가져온 전쟁의 불행에서 다음 세대를 구하고, 기본적 **인권**, 인간의 존엄 및 가치, 남녀 및 대소 각국의 평등권에 대한 신념을 재확인하며,(…)

제1장 제1조 3절

경제적·사회적·문화적 또는 인도적 성격의 국제 문제를 해결하고 또한 인종·성별·언어 또는 종교에 따른 차별 없이 모든 사람의 인권 및 기본적 자유에 대한 존중을 촉진하고 장려함에 있어 국제적 협력을 달성한다.

제4장 제13조 1절

1. 총회는 다음의 목적을 위하여 연구를 발의하고 권고한다.
   나. 경제, 사회, 문화, 교육 및 보건분야에 있어서 국제협력을 촉진하며 그리고 인종, 성별, 언어 또는 종교에 관한 차별 없이 모든 사람을 위하여 **인권** 및 기본적 자유를 실현하는 데 있어 원조하는 것.

제9장 제55조

사람의 평등권 및 자결원칙의 존중에 기초한 국가간의 평화롭고 우호적인 관계에 필요한 안정과 복지의 조건을 창조하기 위하여, 국제연합은 다음을 촉진한다.(…)

---

1 Harold K. Jacobson, *Networks of Interdependence: International Organizations and the Global Political System* (New York: Alfred A. Knopf, 1979), pp.326-327.

국제기구와 인권·난민·이주

다. 인종, 성별, 언어 또는 종교에 관한 차별이 없는 모든 사람을 위한 **인권** 및 기본적 자유의 보편적 존중과 준수.

제10장 제62조 2절

이사회는 모든 사람을 위한 **인권** 및 기본적 자유의 존중과 준수를 촉진하기 위하여 권고할 수 있다.

제10장 제68조

경제사회이사회는 경제적 및 사회적 분야의 위원회, **인권**의 신장을 위한 위원회 및 이사회의 임무수행에 필요한 다른 위원회를 설치한다.

제12장 제76조

신탁통치제도의 기본적 목적은 헌장 제1조에 규정된 국제연합의 목적에 따라 다음과 같다.

다. 인종, 성별, 언어 또는 종교에 관한 차별 없이 모든 사람을 위한 **인권**과 기본적 자유에 대한 존중을 장려하고, 전 세계 사람들의 상호의존의 인식을 장려하는 것.

인권의 국제적 보호는 1948년 12월 10일 총회에서 당시 가입국 58개 국가 중 50개 국가의 찬성으로 채택된 '세계인권선언Universal Declaration of Human Rights'에서 더욱 잘 드러난다. 세계인권선언문은 다양한 언어로 가장 많이 번역된 유엔총회 문건이다. 비록 직접적인 법적 구속력은 없으나 그것이 갖는 도덕성 및 법적·정치적 중요성 때문에 대부분의 국제법률가들은 선언의 규범적 효력을 인정하고 있다. 세계인권선언은 모든 인간이 태어날 때부터 자유롭고 평등하며 인간으로서의 존엄과 가치를 지니고 있으며 어느 누구의 간섭이나 침해를 받지 않고 행복을 추구할 자유와 권리가 있음을 명시하고 있다. 이를 통해 인권은 다시 한번 전지구적 차원의 문제로서 인식되기 시작하였으며, 유엔은 인권에 대해 지속적으로 관심을 표명하고 인권 증진을 보편화하기 위해 다양한 방면에서 많은 노력을 기울이고 있다.

2. 총회(General Assembly)와 안전보장이사회(Security Council)

총회는 일반적 권한에 입각하여 분쟁을 평화적으로 조정하며, 특히 인종·성별·언어 또는 종교에 의한 차별 없이 모든 사람의 인권과 기본적 자유의 실현을 위한 조치를 권고할 수 있다. 구체적으로는 유엔인권체제에 대한 지도력 발휘 및 감독기능, 유엔 인권기구에 대한 예산배정 책임 그리고 인권표준의 수립 및 개별 회원국에 대한 감독 등 다양한 기능을 수행한다.[2] 무엇보다 총회에서 국제사회의 인권 문제를 다룸으로써 주의를 환기하고, 인권침해 국가를 비판하거나 특정 조치를 권고하는 결의안을 채택하기도 한다. 결의안 이외에도 인권과 관련된 각종 선언과 조약이 채택되는 곳이 바로 총회이다.[3] 총회는 특정한 인권 문제를 다루기 위해 한시적인 특별위원회를 별도로 운영하기도 하고, 특정 인권 문제에 대한 특별보고관을 임명하여 인권침해사안을 보고하도록 하거나 인권최고대표에 위임하여 그 결과에 따라 해당국에 인권상황을 개선하도록 권고하기도 한다. 무엇보다도 총회는 실제적 수단으로 경제적·외교적 제재조치를 취할 수 있기에 그 영향력이 다른 기구나 안전보장이사회에 견주어 미약하지 않다.[4]

유엔총회는 특별위원회를 포함하여 7개의 위원회로 구성되어 있는데 주요한 위원회들이 다루는 각각의 분야는 다음과 같다. 제1위원회는 군축 및 국제안보 문제, 제2위원회는 경제·개발 및 금융 문제, 제3위원회는 사회적·인도적·문화적 문제, 제4위원회는 특별장치, 탈식민관련 문제, 제5위원회는 행정과 예산 문제, 제6위원회는 법률 문제, 그리고 특별위원회는 제1위원회가 다루지 않는 기타 정치적 문제를 특별하게 다룬다. 이 중에서 제3위원회, 즉 '사회, 인도주의 및 문화 위원회'를 통하여 인권과 관련된 총회의 역할이 실제적으로 수행된다고 볼 수 있다. 제3위원회는 인권규범의 실행,

---

2 Gerd Oberleitner, *Global Human Rights Institutions* (Cambridge: Polity Press, 2007), p.83.

3 박재영, 『국제기구정치론』(법문사, 2004), pp.465-466.

4 김병로, 『북한 인권 문제와 국제협력』(통일연구원, 1997), pp.19-20.

인권상황, 그리고 특별보고관들과 사무총장 대표들의 보고, 유엔 인권최고대표의 보고 등과 같은 사안들에 대하여 논의하는데, 가장 중요한 역할은 인권관련 결의안을 통과시킨 후 이를 총회의 전체회의로 이송하는 것이다. 제3위원회는 이 위원회의 명칭이 시사하는 것처럼 인권 외에도 다양한 분야의 사안들을 다루지만 실제적으로는 인권이 가장 중요한 의제이다. 예를 들어, 2011년 유엔총회 제65차 회기에서 이 제3위원회에서 처리된 56개의 결의안 중 반 수 이상이 인권과 관련된 것이다.[5]

한편, 안전보장이사회는 헌장 제39조에 따라 국제 평화 및 안전유지에 관해 일차적 책임을 지며, 유엔회원국에 대해 구속력 있는 결정을 할 수 있는 기관으로 군사적 또는 비군사적 강제조치를 취할 수 있다. 안전보장이사회는 어떤 회원국의 평화에 대한 위협, 평화의 파괴 또는 침략행위의 위협이 인권침해 행위로 판단되는 경우 국제 평화와 안전의 유지 및 회복을 위하여 권고 또는 강제조치를 집행한다. 그러나 평화에 대한 위협이 정확하게 규정되어 있지 않아 실질적인 역할이 여전히 모호한 상황이다.

3. 인권이사회(Human Rights Council)

유엔 인권이사회는 인권을 안보 및 개발과 함께 중요한 이슈로 다루는 유엔 개혁의 일환으로 설립되었다. 유엔총회 보조기관의 하나로, 가입국의 인권 상황을 정기적이고 체계적으로 검토하여 조직적인 인권침해 문제를 철저히 해결하고 국제사회의 인권상황을 보다 효과적으로 개선하기 위해 만들어진 상설위원회이다. 2006년 3월 총회에서 찬성 170, 반대 4(미국, 마셜제도, 팔라우, 이스라엘), 기권 3(벨라루스, 이란, 베네수엘라)의 압도적 지지로 인권이사회 설립 결의안(RES. 60/251)이 통과되었고, 5월 총회에서는 총 191개 회원국의 무기명 투표로 인권이사회의 47개 이사국이 선출되었

---

5 유엔, "유엔총회 제3위원회," http://www.un.org/en/third/index.shtml

다. 기존의 인권위원회는 경제사회이사회 산하의 독립 기능 위원회였지만, 2006년 6월에 이르러 총회의 직접적인 하부기구로 승격되어 같은 해 6월 19일, 스위스 제네바 유엔 유럽본부에서 첫 회의가 열렸다.

그렇다면 인권이사회가 기존의 인권위원회와 구별되는 특징은 무엇일까. 인권이사회는 인권위원회의 한계와 모순을 극복하는 대안으로 제안되었기에 유엔체제 내에서 기본적 자유와 인권의 보호 및 증진을 위한 중추적인 역할을 한다는 근본적인 목적에 있어서는 두 기구 간의 큰 차이가 발견되지 않는다. 그러나 구성이나 절차 면에서 볼 수 있는 인권이사회의 변화는 주목할 만하다. 기본적으로 인권이사회는 총회의 2/3 단순 다수결 과반수에 의해 선출된 47개의 이사국으로 구성된 총회 산하의 준 상설기구로, 경제사회이사회 산하에 있었던 인권위원회보다 격상된 지위를 지닌다. 이사국은 지역적 안배를 고려하여 총회의 비밀투표를 통하여 선출된다. 인권침해국이 이사국이 되는 것을 막기 위하여 당사국은 지금까지 인권에 기여한 점과 앞으로의 인권보호와 관련된 자발적인 공약을 제시해야만 이사국으로 선출될 수 있는 자격이 주어진다. 인권위원회가 매년 1회 6주간 스위스 제네바에서 열리는 임시기관이었던 데 반해, 인권이사회는 연 3회(10주간 이상)의 정례 모임 외에도 이사국 1/3의 요청에 의한 긴급 모임(특별 회기)이 열리는 상설 이사회로 활동 중이다. 이는 중대한 인권침해에 대한 사전 예방 및 즉각적인 대응능력 강화를 위한 변화라고 볼 수 있다.[6] 〈표 2〉를 통해 인권위원회와 인권이사회 간의 차이를 살펴보자.

이제 인권이사회의 구체적인 역할과 목적, 그리고 이행 감시제도에 대해 살펴보자.

---

6 외교통상부, 유엔 인권이사회, http://www.mofa.go.kr/trade/humanrights/latest/material/index.jsp?menu=m_30_70_60&tabmenu=t_1&sp=/webmodule/htsboard/template/read/korboardread.jsp%3Fboardid=98%26typeID=6%26tableName=TYPE_DATABOARD%26seqno=320849

	인권위원회 (Commission on Human Rights)	인권이사회 (Human Rights Council)
지위	ECOSOC 산하기관	총회 산하기관으로 격상
규모	53개국 * 아주 그룹(12개국)	47개국으로 축소 * 아주 그룹(13개국)
선출 방법	ECOSOC(54개국)에서 지역그룹별 배정에 따라 다득표순으로 선출	총회 회원국(193개국)의 절대 과반수
자격	자격제한 없음	인권 공약국 총회 2/3로 자격정지 가능
개최 빈도	연 1회/6주 * 특별 회기도 가능	준 상설화(연중 최소 3회/10주 이상, 이사국 1/3 요구로 특별 회기)
임무/ 기능	① 특정국가(Country-specific)의 　인권침해 상황 혹은 특정분야 　(thematic) 인권상황에 대한 조사, 　감시 및 공개(특별 절차) ② 규범 제정 및 이행(standard-setting 　and implementation) ③ 정부에 대한 자문 및 기술협력	① UN 시스템 내 효과적 조정 및 　인권의 주류화 　- 인권침해 상황에 대한 즉각적인 　　대처 　- 주제별 이슈에 대한 대화의 장 　- 인권교육 및 능력배양 등 증진 ② 국가별 보편적 정례검토 　(Universal Periodic Review) 제도 　신설 및 인권위 특별 절차 승계

1) 회원국 구성 및 조직체계

초창기 인권위원회는 지리적 배분 외에 다른 선출 기준이 특별히 정해져 있지 않아 다르푸르 분쟁 와중에 열악한 인권상황에 처해 있는 수단이 의장국이 되는 등의 문제가 있었다. 근래에도 2003년 무아마르 카다피가 통치하던 리비아가 인권위원회의 의장국 역할을 맡음으로써 회원국들과 인권 단체

---

7 외교통상부, 인권위원회와 인권이사회 간 비교, http://www.mofa.go.kr/trade/human rights/latest/material/index.jsp?mofat=001&menu=m_30_70_60

들의 조소와 우려를 야기했다.[8] 초창기 회원국 구성의 한계를 감안하여 인권이사회에서는 앞서 언급한 바와 같이 후보 국가의 인권 증진 및 보호에 대한 공헌과 자발적 공약 및 의지를 고려한다. 또한 이사국으로 선출된 회원국은 인권을 증진하고 보호하는 데 있어 최고의 기준을 지향하고, 인권이사회와 협력을 다해야 하며, 임기 중에 국가별 인권상황 정기검토를 받아야 한다는 점이 명시되어 있다. 총회에서 투표국의 2/3 이상의 찬성이 이루어지면 중대하고 조직적인 인권침해를 통한 이사국의 권리를 정지시킬 수도 있다. 이에 따라 2011년 중동에서 일어난 '아랍의 봄' 운동과 더불어 리비아의 수장 카다피에게 반인도범죄가 적용됨에 따라, 2011년 3월 총회 결의(A/RES/65/265)에 의해 인권이사국 자격이 중지된 사례가 생겨났다.

과거의 인권위원회가 53개국의 '위원'으로 구성되었던 반면, 현재의 인권이사회는 47개의 '이사국'으로 구성된다. 인권이사회의 이사국은 지역마다 배분되어 아프리카에 13개국, 아시아에 13개국, 동유럽에 6개국, 남미·카리브해에 8개국, 서유럽과 그 외의 그룹에 7개국이 포함되어 있어 총 47개국으로 구성된다.[9] 이사국은 총회의 비밀 투표로 전 가맹국의 절대 과반수(96표 이상)의 득표를 얻어야 하고, 의석 수에 따라 상위의 득표를 얻은 나라가 선출된다. 임기는 3년으로 3선 연임은 불가능하다.

---

8 오영달, "인권, 환경, 개발과 유엔의 역할," 『유엔과 세계평화』(유네스코 아시아태평양 국제이해교육원, 도서출판 오름, 2013), p.178.

9 외교통상부, 이사국 규모 및 선출방법, http://www.mofa.go.kr/trade/humanrights/latest/material/index.jsp?mofat=001&menu=m_30_70_60 참고하여 수정함(2013년 1월 기준). 이사국으로 선출된 국가는 다음과 같다.
   • 아프리카 그룹: 앙골라, 베냉, 보츠와나, 부르키나파소, 콩고, 코트디부아르, 에티오피아, 가봉, 케냐, 시에라리온, 우간다
   • 아시아 그룹: 인도, 인도네시아, 일본, 카자흐스탄, 쿠웨이트, 말레이시아, 몰디브, 파키스탄, 필리핀, 카타르, 한국, 태국, 아랍에미리트
   • 동유럽 그룹: 체코, 에스토니아, 몬테네그로, 폴란드, 몰도바, 루마니아
   • 남미·카리브해 그룹: 아르헨티나, 브라질, 칠레, 코스타리카, 에콰도르, 과테말라, 페루, 베네수엘라
   • 서유럽 기타 그룹: 오스트리아, 독일, 아일랜드, 이탈리아, 스페인, 스위스, 미국

2) 인권이사회 자문위원회(Advisory Committee)

2006년 6월 인권이사회가 새로 출범된 이후 '인권소위원회'는 2008년에 이르러 인권이사회 자문위원회로 대체되었다. 자문위원회는 인권보호 및 증진과 관련된 연구를 하며 인권이사회에 조언과 자문 제공 등의 기능을 담당한다. 과거 인권소위원회와 비교할 때, 독자적인 결의를 채택할 수 없으며 오직 인권이사회의 결의나 지침에 따라서만 활동하도록 기능과 활동이 대폭 축소되었다. 인권이사회에 결의 제안은 할 수 있으나 자체적으로 결의를 채택하지는 못하게 된 것이다. 자문위원회는 총 18명의 전문가(아프리카 및 아시아 각 5명, 동구 2명, 중남미 및 서구 각 3명)로 구성되며, 임기는 3년(1회에 한해 재임 가능)이다.[10] 초대 위원의 임기는 추첨에 의해 1~3년으로 배정되었다. 매년 두 차례 회의를 최대 10일간 개최하는 자문위원회의 주요 임무는 인권이사회가 요청하는 인권관련 연구를 적극적으로 수행하고 조사하는 것이다.

3) 관련 영역의 역할과 권한

인권이사회는 국제인권의 보편적 향상과 보호를 위해 인권교육 등과 관련한 국가 역량을 강화하고 인권의 모든 이슈에 대한 대화의 장을 여는 역할을 한다. 또한 이와 관련한 유엔의 역할을 확대하고 증진시킬 수 있도록 인권분야에 법적 구속력이 있는 더 나은 국제법의 발전을 위해 노력한다. 이는 총회의 권고나 회원국의 후속조치의 이행을 촉구하는 것으로 구체화된다. 특히, 인권이사회의 새로운 제도적 장치, 즉 유엔의 모든 개별 회원국들이 국내 인권상황에 대하여 정기적인 보고를 하고 상호검토를 시행하는 보편적 정례검토의 도입은 주목할 만한 변화이다.

---

10 외교통상부, 인권이사회 자문위원회, http://www.mofa.go.kr/trade/humanrights/international/index.jsp?mofat=001&menu=m_30_70_20

(1) 국가별 보편적 정례검토(Universal Periodic Review: UPR)

보편적 정례검토는 선별성, 이중기준, 정치화 등의 논란을 불식시키고 인권협약기구의 국가별 정기보고서 심의 절차를 보완하고자 마련된 제도로, 모든 국가의 인권상황을 정기적으로 검토한다. 2006년 3월 15일 총회 결의 60/251호에 의해 인권이사회 출범과 함께 시작된 보편적 정례검토는 상호협조적인 장치로서 관계국의 적극적인 참여를 통한 상호대화에 기초하고 조약기구의 활동을 보충하되 그와 중복되지는 않게끔 고안되었다.[11] 193개의 모든 유엔 회원 국가들을 대상으로 4년 6개월마다 정기적으로 각 나라의 인권상황을 검토한다. 필요한 경우에는 주로 유엔 인권최고대표사무소를 통한 인권자문이나 기술적 지원 등을 권고하는 방식으로 각 나라의 인권상황을 심사한다. 인권이사회는 2011년 11월까지 193개 모든 회원국들의 인권상황에 대한 1차적 검토를 마쳤다.

보편적 정례검토의 궁극적 목적은 모든 회원국들 내의 인권상황을 향상시키고 인권침해가 발생할 때 언제든지 그 문제를 다루는 것이다. 일반적으로 검토대상국이 작성한 국가보고서, 인권최고대표사무소에서 유엔에 산재해 있는 검토대상국에 관한 정보를 모아놓은 보고서와 이해관계자들이 제출한 문서들을 요약한 보고서를 기초로 검토대상국의 인권상황 전반을 검토한다. 현재까지 실행된 보편적 정례검토는 각 국가의 전반적인 인권상황을 객관적으로 검토하고 개선을 권고하는 유용한 틀을 제공한 것으로 평가되며, 향후에도 인권의 실질적 개선에 큰 역할을 할 것으로 기대된다.

① 원칙과 목적

보편적 정례검토는 유엔헌장 기반 인권체제의 중요한 절차 중 하나로 모든 국가들에 대한 보편적이고 동등한 대우를 보장하는 한편, 당사국들로부터 객관적이고 신빙성 있는 정보와 상호협조적인 태도를 요구한다. 검토대

---

11 박병도, 『유엔 인권이사회의 보편적 정례검토제도: 한국의 실행과 평가를 중심으로』 법조협회 제58권 제8호 통권 제635호(2009), p.214.

상국의 완전하고 적극적인 참여가 보장되어야 하며, 검토 절차는 객관적·비적대적 그리고 비정치화된 방식으로 이루어져야 한다. 모든 회원국의 정기적인 참여가 의무화되어 있으나, 그 과정에서 긴급한 인권상황들에 관한 유엔 인권이사회의 대응능력에는 피해가 없어야 한다. 무엇보다 법적으로 정해진 국가의 인권보호 의무를 무시하지 않으면서 검토대상국들이 권고사항을 이행할 수 있도록 조치를 취해야 한다.

보편적 정례검토는 이상과 같은 원칙하에 다음의 목적을 지향한다. 첫째, 실제 현장의 인권 향상을 꾀한다. 둘째, 검토당사국의 인권임무와 인권준수 의지, 검토당사국이 취한 긍정적인 발전상황의 점검 및 인권보호를 위해 극복해야 하는 과제를 파악한다. 셋째, 검토대상국의 인권보호능력 향상과 함께 당사국의 동의와 협력에 근거해 인권과 관련된 기술적 지원을 향상시킨다. 넷째, 국가들 간 그리고 다른 이해관련자 간의 좋은 사례를 공유한다. 다섯째, 인권의 보호 및 증진을 위한 협력을 증진시킨다. 마지막으로 인권이사회, 여타의 인권기구 및 유엔인권최고대표사무소와의 완전한 협력과 참여를 장려한다.[12]

② 운영 절차

보편적 정례검토는 크게 자료준비 절차와 실무그룹의 상호대화를 통해 이루어진다. 47개 인권이사국으로 구성된 실무그룹에서 진행되는 검토절차에는 인권이사국이 아닌 옵서버 국가도 참여 및 발언할 수 있다. 단, 정부대표 외 참석자의 참관은 가능하나 발언은 불가하다. 각국의 보편적 정례검토 시에는 인권이사국 중 3개국을 추첨으로 선출해 트로이카를 구성하여 각 회의 보고서 준비, 심의 전 사전 질의서 접수 등의 실무를 담당시킨다. 국가별 인권상황 정기검토회의는 매 4년 반을 주기로 총 3시간(1시간은 수검국, 2시간은 각국 발언)에 걸쳐 진행된다.[13] 구체적인 운영절차는 〈그림 1〉과 같다.

---

12 우종길,『유엔인권이사회의 새로운 국제인권보호제도인 보편적 정기검토에 관한 소고』 (서울국제법연구원, 2009), p.351.

〈그림 1〉 국가별 보편적 정례검토의 주기(UPR Cycle)[14]

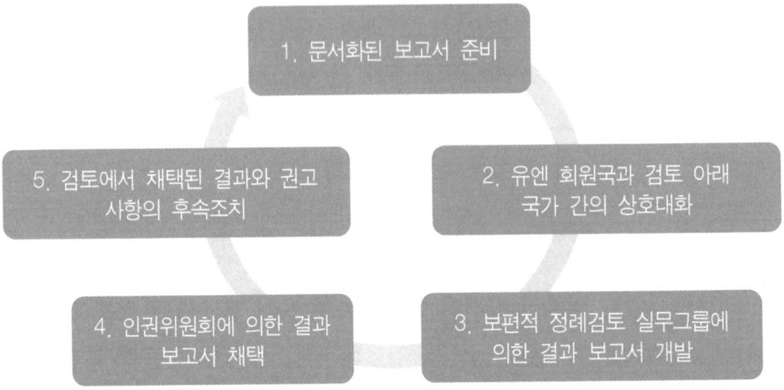

1. 문서화된 보고서 준비
2. 유엔 회원국과 검토 아래 국가 간의 상호대화
3. 보편적 정례검토 실무그룹에 의한 결과 보고서 개발
4. 인권위원회에 의한 결과 보고서 채택
5. 검토에서 채택된 결과와 권고 사항의 후속조치

가) 문서화된 보고서 준비

국가별 인권상황에 대한 정기검토에서는 국가보고서, 관련 유엔문서 요약보고서와 이해관계자 요약보고서를 기본적으로 검토한다. 보고서를 준비하는 과정은 보편적 정례검토의 준비 절차로 검토대상국의 인권현황을 파악하는 데 있어 매우 중요하며, 서면보고를 기초로 하는 국가별 인권상황 정기검토의 성패에 큰 영향을 미친다. 보편적 정례검토가 공식적으로 고려하는 세 가지 문서에 대한 자세한 설명은 다음과 같다.

■ 국가보고서: 정부가 국내의 다양한 협의 과정을 거쳐 최대 20페이지로 준비한다. 인권이사회 결의안(5/1)에 의하면 정부는 보편적 정례검토 보고서 준비를 위한 일반 지침에 따라 자국 내의 모든 이해관계자들과의 폭넓은 협의를 통해서 자국의 인권상황을 설명할 수 있는 보고서를

---

13 박진아, "유엔인권이사회의 주요 제도와 북한," 『유엔 인권메커니즘과 북한인권』(통일연구원, 2013), pp.19-20.

14 Human Rights Project at the Urban Justice Center, "A Practical Guide to the United Nation's Universal Periodic Review"(2010), p.6.

작성해야 한다고 명시하고 있다. 보고서에는 자국의 헌법, 법률, 정책, 국가인권기구, 국제의무의 범위 등의 제도적 장치, 인권의 보호와 증진을 위한 국제인권의무의 이행 여부, 국내 인권기구의 활동, 인권에 관한 의식, 인권관련 규범의 준수의지, 국제인권기구들과의 협력 여부 등이 포함되어야 한다. 또한 성과, 우수사례, 도전, 제약에 관해 설명하고, 인권보호와 증진을 위한 국가 능력증진에 대한 기대와 함께 국제사회의 기술적 지원을 요청할 수 있다.[15]

■ 유엔 보고서: 인권최고대표사무소는 검토대상국에 관한 인권조약기구들과 특별절차와 관련된 정보를 취합하여 최대 10페이지로 요약하여 보고서를 작성한다.[16] 이는 검토대상국이 어떠한 조약에 가입하였는지, 어떤 조항을 유보하고 있는지, 조약기구의 이행감시제도에 참여하고 있는지 등을 담고 있어서 국가의 전반적 인권상황을 종합적으로 검토하기에 용이하다. 특히 일반 시민들도 자국을 비롯한 다른 국가의 인권상황을 쉽게 살펴볼 수 있다는 장점이 있다.

■ 다른 이해관계자 보고서: 시민사회, NGO 등에서 얻은 정보를 최대 10페이지로 작성한다. 다른 이해관계자는 국가와 국제기구를 제외한 국가인권기구와 국내외의 NGO, 인권활동가, 연구소, 지역기구, 시민사회 대표 등을 말하는데, 이들이 일반 지침에 따라 검토대상국의 인권상황을 보여주는 보고서를 작성하여 제출하면 인권최고대표사무소에서는 이를 취합하여 객관적이고 신빙성 있는 정보들을 요약한다.[17] 검토대상국의 인권보호 정책과 이행상황을 비롯하여 국제의무의 국내적 적

---

15 Human Rights Council, "Follow-up to Human Rights Council resolution 5/1," UN Doc. Decision 6/102., paras I D-F.

16 Human Rights Council, 위의 글, paras I G.

17 Human Rights Council, "Institution-building of the United Nations Human Rights Council," UN Doc. A/HRC/RES/5/1., para 15(c), 1.

용 의지, 국내 인권기구와 인권활동가들과의 협력 정도, 실제 현장의 인권상황에 관하여 보고서를 작성한다. 제출에 있어 국가보고서와 달리 정보의 객관성과 신뢰성 확보가 보다 중요하다는 점이 특징이다.

나) 상호대화 및 결과 보고서 개발[18]

이사국으로 구성된 실무분과에서 검토대상국의 인권상황 전반에 대한 1차 검토를 수행한 후 그 결과물로 실무분과 결과 보고서가 작성된다. 이를 기초로 이사회의 전체회의에서 2차 검토가 이루어지고, 최종 결과 보고서가 채택되는 것이다. 주목할 만한 점은 1차 검토는 상호대화라 부르는 건설적인 대화를 통해 진행된다는 사실이다. 이 과정에서 제기되는 문제와 해결을 위한 권고사항 등이 실무분과 결과 보고서에 포함된다.

상호대화는 보편적 정례검토의 가장 중요한 단계로, 이사국이 검토대상국에게 질문과 권고를 하고, 검토대상국이 그 답변을 하는 과정이다. 검토당국의 정부와 인권이사회가 참여하고, 세 시간의 공청회를 통해 진행된다. 앞서 설명한 세 가지 문서(국가보고서, 유엔 보고서, 다른 이해관계자 보고서)와 해당 정부의 발표에 기초하여 상호대화가 이루어진다. 효율적인 상호대화를 위해서는 발언시간 엄수, 검토대상국 이외의 다른 국가들(이사국과 비이사국)의 활발한 참여, 검토대상국의 진솔한 답변과 인권 증진을 위한 의지 등이 있어야 한다. 발언할 권리는 국가 대표단과 특별 참관인에게만 주어지며, NGO는 상호대화에 참가할 수 없다. 시민사회 관계자들은 주로 로비활동을 통해 타국의 대표단이 문제점과 권고사항을 지적하도록 유도하는 전략을 사용한다.

---

18 〈그림 1〉의 국가별 보편적 정례검토 주기의 2단계(유엔 회원국과 검토 아래 국가 간의 상호대화)와 3단계(보편적 정례검토 실무그룹에 의한 결과 보고서 개발)를 취합하여 ② '상호대화 및 결과 보고서 개발'로 수정·명명함.

다) 인권이사회에 의한 결과 보고서 채택

최종 결과 보고서를 채택하는 트로이카는 인권이사회 회원 중에서 임의로 선출된 3인의 보고자들로 이루어진다. 이들은 검토대상국에 의해 추천된 전문가이거나, 대표단에 속해 있는 사람이며, 각 검토대상국의 트로이카 구성은 다 다르다. 결과 보고서에는 기본적으로 피검토국의 인권상황, 공유 사례에 관한 논의, 인권 증진 및 보호를 위한 협력 강화에 관한 강조, 관련 국들의 동의를 전제로 하는 기술적 지원의 제공 및 역량 구축과 같은 상호 대화 내용의 요약, 권고와 결론, 검토대상국의 자발적인 공약이 포함된다.19 해당 정부는 이 단계나 다음 보고서의 고려 단계에서 권고를 받아들이거나 거부할 수 있다. 그러나 권고사항과 결론은 검토대상국의 수락 여부와 관계없이 결과 보고서에 포함된다.

라) 검토에서 채택된 결과와 권고사항의 후속조치

인권이사회 본회의에서 채택된 보고서는 차기 정기 인권이사회 총회에 제출된다. 이때 이루어지는 구두 의견에서는 앞 단계에서 이미 진행된 상호 대화를 다시 시작하는 것이 아니라 결과 보고서 최종안을 확실하게 검토하고 분석하는 것이 주요 목적이다. 인권이사회는 본회의에서 실무분과의 결과보고서의 내용을 검토한 후 특별한 후속조치가 필요한지 여부를 결정하며, 국가가 이를 우선적으로 이행하도록 촉구한다. 후속조치의 이행은 기본적으로 국가가 행하는 것이지만, 다른 이해관계자들도 보편적 정례검토에 관한 국내적 인식을 제고하고 그 결과를 국민들에게 홍보하여 인권보호 의식의 향상을 꾀하여야 한다. 무엇보다 보편적 정례검토 절차를 통해 제기된 인권 문제들을 널리 알려서 권고사항들이 국내 단계에서 이행되도록 노력하여야 할 것이다.

---

19 박병도(2009), pp.222-223.

③ 제도의 효율성 평가 및 대안

보편적 정례검토는 이상에서 설명된 것과 같은 절차를 모든 유엔회원국에게 보편적으로 적용함으로써 상호 간에 인권 문제를 제기할 수 있는 평등한 기회를 부여할 뿐만 아니라 국제 인권조약에 비준하지 않은 국가들의 인권상황도 정기적인 심사의 대상으로 삼는다는 큰 장점을 지니고 있다. 즉, 국제인권조약 전반에 걸친 우려 및 권고사항을 전 세계적으로 재확인하는 유일무이한 기회이다. 또한, 국가보고서 준비를 위한 국내적 협의과정이 야기할 인권 증진 효과도 기대할 수 있다. 권고사항에 대한 정기적 재검토는 물론, 새로운 권고사항들이 점차 추가됨에 따라 핵심 인권 문제들에 대한 단계적 수준 향상도 도모할 수 있을 것으로 보인다. 이러한 가능성을 염두에 두고 2009년 제10차 유엔 인권이사회 정기회의 의장은 개회 시에 "차별 없이 모든 인권 문제에 대하여 토의가 가능하도록 노력을 공고히 하고, 제도 구축 문서에 규정된 메커니즘의 운영이 가능하도록 보장하는 것은 인권이사회의 핵심적인 임무 중에 하나"라고 발언하며 보편적 정례검토의 긍정적이고 발전적인 진보를 강조하였다.[20]

한편, 보편적 정례검토는 2006년 이래로 현재까지 발전을 거듭하며 제도화되어가는 과정에 있음에도 불구하고, 처음부터 완벽하게 구체적인 절차를 규정하지 않고 기본적인 골격만을 갖춘 채 채택되었기 때문에 실행 이전부터 많은 문제점들이 지적되었다. 이 같은 문제들은 우려했던 바와 같이 현실화되기도 하였다. 첫 번째 문제는 후속조치의 부재이다. 보편적 정례검토는 최종 결과 보고서에서 검토대상국에게 인권상황 개선을 위한 권고를 제안한다. 다음 주기의 검토에서는 이전 주기에서 제안된 권고를 확인하고 불이행한 부분에 대해 다시 제안한다. 이 같은 권고 이행의 책임은 국가에게 국한되어 있는데, 인권이사회에서는 피검국이 기술적 요청을 할 때 지원하는 것 이외에 별다른 후속조치를 마련해 두지 않았다.

이는 검토대상국이 권고를 수락하지 않았을 경우에 어떤 조치를 취할 것

---

20 박병도(2009), p.234.

인지, 보편적 정례검토의 권고가 이행되는지를 어떻게 감시할 것인지, 다음 주기 검토 이전에 권고의 이행을 감시할 후속조치 보고서를 검토할 기회를 가질 수 있는지 등 이행감시제도가 가져야 할 기본적인 규정들이 확립될 필요가 있음을 시사한다. 기존의 인권조약감시기구의 국가보고서 제도와의 중복 가능성, 막대한 시간과 자원의 소요 등에 대한 우려도 지속적으로 제기되고 있다. 따라서 향후의 보편적 정례검토는 유엔 조약기구들과 특별절차 사이의 관계를 강화하고 유지하는 데 주목해야 할 것이며, 그들의 결론과 권고를 체계적으로 참고할 필요가 있다. 이 같은 과정을 통해 보편적 정례검토가 세계 각국의 인권상황을 더 효과적으로 개선할 수 있는 제도로 발전해 나가기를 기대한다.

(2) 특별절차(Special Procedures)

유엔 인권이사회의 특별절차는 국가별 혹은 특정 주제별로 특별보고관, 사무총장 대표, 독립전문가 등을 포함하여 통상 5인으로 구성하는 실무그룹을 통해 관련 사례나 주제를 조사하고 이를 토대로 권고의견을 내는 절차를 말한다. 1979년 인권위원회에 의해 설립되어 시행되다가 2006년 인권이사회가 설립될 당시 이 절차의 유지가 결정됨에 따라 현재 인권이사회의 인권보장제도 중 하나로 포함되어 있다. 주요 역할은 중대한 인권침해에 효과적으로 대처하기 위해 특정 국가 또는 주제에 집중하여 연구와 조사를 하고, 인권상황 개선을 위한 방안을 권고하며, 이를 보고서로 작성하여 인권이사회에 제출한다. 이들이 작성한 보고서는 인권이사회 논의의 기본 자료가 된다. 특별절차는 시민적·정치적·경제적·사회적·문화적 권리 등 모든 인권 이슈를 다루며, 유엔 인권보호 체계의 중심적 역할을 수행하고 있다. 구체적인 활동으로 관련국 정부와 의견을 교환하고, 필요시 현장방문도 수행한다. 최종적으로 관련국 정부와 의견을 교환한 후에도 여전히 현장방문이 필요할 경우에는 재차 현장을 방문하며, 의무가 부여된 특정 국가 및 주제에 대해서 평결 및 권고사항을 담은 보고서를 발간함으로써 절차가 마무리된다. 한편, 특별절차의 구체적 임무는 인권이사회의 결의에 의해 결정된다.[21]

① 국가 방문

특별보고관은 검토 대상 국가의 국내 인권상황을 조사하기 위해 현장방문을 수행한다. 이를 위해 해당 국가에 방문을 요청하는 공식 문서를 발송하며, 당사국이 허용하는 경우, 자국에 언제나 방문할 수 있는 "상시 초청장 standing invitation"을 발부받는다. 방문기간 동안 수임자는 부여받은 임무와 관련된 사항은 물론, 해당국의 인권과 관련된 특별한 제도, 행정, 사법, 정치 구조 등 일반적인 사항들과 제반 여건을 평가한다. 수임자는 중앙 및 지방 정부 관계자와 회의를 갖고, 필요한 경우 비국가단체, 시민사회, 인권침해의 피해자와도 접촉한다. 특별보고관은 국가방문 이후에 조사 및 권고사항을 담은 보고서를 제출한다.22

② 통보

대부분의 특별절차는 수임 범위 안의 인권침해에 대한 특정 주장을 포함한 정보를 보내 해당 국가에 증명을 요청하는 긴급호소 urgent appeals와 사안에 대한 진술을 담은 서신 letters of allegation을 통해 대상국의 인권상황에 직접 개입한다. 인권침해 상황이란 인권침해가 이미 발생했거나, 진행 중이거나 또는 발생할 가능성이 매우 높은 모든 경우가 포함된다. 일반적으로 정부, 국제기구, 비정부간 기구, 인권침해 피해를 주장하는 개인 또는 목격자 등으로부터 정보를 접수하여 절차를 진행한다. 피해를 입은 개인 또는 집단의 경우 국내의 구제 절차와 무관하게 해당 정부의 인권침해 행위가 특별절차 수임자의 임무 범위 내에 해당하는 모든 경우에 통보를 할 수 있다.

③ 보고서 작성

특별절차 수임자는 자신의 활동에 관한 보고서를 인권이사회와 총회에 제출한다. 경우에 따라 다른 기관에 보고서를 발표하기도 하는데, 일례로

---

21 HRC, "Factsheet: Work and Structure of the Human Rights Council"(July 2007).
22 박진아(2013), p.35.

여성폭력 특별보고관은 매년 유엔여성지위위원회에서 구두로 보고를 하고 있다.

(3) 진정 절차(Complaint Procedure)

유엔 인권이사회의 진정 절차는 인권위원회 시절의 1503 절차에 뿌리를 둔 비공개 고발제도이다. 심각하고 신뢰할 만한 지속적인 인권침해a consistent pattern of gross and reliable attested violations of human rights가 발생한 경우 피해자 개인 또는 집단이 해당 국가를 인권이사회에 비공개적으로 통보하는 것이다. 인권 위반행위의 피해자이거나 관련 위반에 대한 직접적이고 신뢰할 만한 지식을 가진 어떠한 개인이나 단체도 이 절차를 활용할 수 있으며, 전 세계 모든 지역이나 환경하에서 일어난 그 어떠한 인권 및 기본적 자유에 대한 중대하고 지속적인 위반행위라도 인권이사회에 고발할 수 있도록 설치된 절차이다.[23]

이 같은 진정 절차를 위해 인권이사회 결의 5/1, 제94항에 따라 두 개의 실무그룹이 설립되어 있는데, 자문위원회 위원 5인으로 구성된 통보실무그룹에서는 수리 가능성 문제를 주로 검토하고, 인권이사국 대표인으로 구성된 상황실무그룹에서는 관련인권 위반사항과 함께 이사회에서 취할 조치의 권고를 포함한 의견을 인권이사회에 제출하는 임무를 수행한다.[24] 통보실무그룹의 업무는 해당국 정부와의 협력하에 이뤄지며, 인권위원회 1503 절차와 마찬가지로 비공개적 심리를 원칙으로 한다. 인권이사회는 상황실무그룹의 권고를 보고받아 차기 회기에 우선적으로 심사를 진행하여 최종결정을 내린다. 해당 국가는 각 심사단계별로 고지를 받으며, 심사결과로 1) 심사종료, 2) 검토 계속 및 추가정보 요청, 3) 독립전문가 임명, 4) 검토 종료, 5) 유엔 인권최고대표사무소에 대한 기술협력 및 능력배양 제공 권고 등 다섯 가지

---

23 UN HRC Resolution 5/1, "Institution-building of the United Nations Human Rights Council"(18 June 2007), UN Doc. A/HRC/21(7 August 2007), Ch. I, A, Annex, par.
24 UN HRC Res. 5/1, Annex, paras. 89-99.

조치가 가능하다.[25]

인권의 중요성에 대한 인식이 널리 확산되고 지속 가능한 발전 및 평화와 안보의 군건한 토대로 인권이 고려되기 시작한 점은 매우 고무적이다. 국제사회가 달성한 기준 설정 및 인권규범의 제도화라는 측면의 성과도 무척 크다. 그러나 세계 도처의 심각한 인권침해는 여전히 만연한 상황이며, 이러한 인권침해 상황에 국제사회가 적절히 대처하지 못한 사례들도 다수 존재한다. 무력분쟁, 독재, 빈곤 등 만성적 인권장애 요인들은 지속적으로 인권침해를 양산하고, 세계금융위기, 자연재해, 기후변화, 식량위기 등의 새로운 외부적 충격들 또한 가장 취약한 계층에 큰 타격을 미치고 있다. 이러한 상황에서 유엔의 인권이사회 설립은 인권 문제에 보다 효율적으로 대처할 수 있는 제도적 기반을 확충하였다는 의미를 지닌다. 특히 보편적 정례검토는 검토범위의 보편성, 즉 특정 주제에 한정되지 않고 인권의 전반적 영역을 검토함으로써 기존에는 간과되었던 영역의 문제점들 또한 다룰 수 있게 했다. 몇몇의 전문가에 의한 검토가 아닌 국제사회 전체가 함께 하는 검토제도로 인권에 대한 국제 여론의 지대한 관심이 촉진되었고, 이로 인해 인권침해국들은 인권상황 개선과 권고이행에 대해 과거에 비해 더 큰 부담을 느끼게 되었다.

그러나 상기에 기술한 성과에도 불구하고, 인권이사회는 정부간기구이기 때문에 각국의 정치적 이해관계에 따라 작동하고 있는 것은 아닌가라는 비판도 제기된다. 인권이사회가 인권위원회 시절부터 지니고 있던 신뢰성과 효율성 문제, 특히나 정치화와 이중기준 논란이 여전히 상존하고 있는 것이다. 더욱이 일부 국가들의 특별절차에 대한 지속적인 비타협적 태도는 인권이사회의 대응능력을 손상시키고 있다. 이러한 맥락에서 인권이사회의 실무그룹은 개선이 필요한 분야를 확인하고 인권이사회의 임무를 보다 잘 수행

---

25 박진아(2013), p.44.

하기 위한 방안을 마련하도록 노력하여야 할 것이다.

4. 인권최고대표(High Commissioner for Human Rights)

유엔 인권최고대표는 유엔 내 인권관련 업무 및 활동을 총괄하는 최고직
책으로, 1993년 제48차와 제49차 총회에서 결의한 바와 같이 인권기구를
강화할 필요성에 의해 신설되었다. 같은 해 비엔나 세계인권회의의 결과로
설치된 유엔 인권최고대표사무소는 인권이사회에 대한 행정업무를 지원한
다. 유엔총회에서 채택된 결의 48/141호는 유엔 인권최고대표가 인권보호
를 위한 기본적 역할, 인권의 증진과 관련된 발의 지원, 자문, 유엔인권체제
내의 지도력 발휘, 유엔 사무국의 한 부분으로서의 역할, 인권사안과 관련한
중재기능 등을 수행하도록 서술하고 있다.26 인권최고대표는 인권보호와
관련된 다양한 유엔 기관들과 조약기구들이 그 기능을 효과적으로 수행할
수 있도록 협력하고 조정하여 유엔 인권이사회와 총회에 보고서를 제출하
고, 세계인권선언 및 국제인권규범을 근거로 국제사회의 주요 인권 이슈에
대해 평가하고 권고한다.27

인권최고대표의 임기는 4년이며, 1회 연임 가능하다. 사무총장은 단일 후
보를 선정, 총회에 추천하고, 총회는 이를 승인 또는 거부의 양자택일만 할
수 있다. 인권최고대표 선임은 유엔사무총장의 고유권한이지만 안보리 상임
이사국 등 주요국들과 후보자에 대해 사전 교감을 갖는 것으로 알려져 있다.
한편, 이와 관련하여 지역그룹 안배에 관한 명문 규정이나 확립된 관행은
없다. 지금까지 인권최고대표는 초대 에콰도르의 호세 알라스-라소Jose Ayala-
Lasso가 맡기 시작하여, 아일랜드의 메리 로빈슨Mary Robinson, 브라질의 세르

---

26 Gerd Oberleitner, *Global Human Rights Institutions* (Cambridge: Polity Press, 2007), p.89.
27 오영달(2013), p.181.

지오 비에이라 드 멜로^{Sergio Vieira de Mello}, 캐나다의 루이스 아버^{Louise Arbour}를 거쳐 2014년 현재에는 남아프리카공화국의 나바네템 필레이^{Navanethem Pillay}가 역임하고 있다. 유엔 인권최고대표 나비 필레이는 최근 북한인권 상황에 대한 유엔 인권이사회의 결의가 채택되어 북한인권 조사위원회의 구성이 결정되는 과정에서 확고한 지지 입장을 표함으로써 중요한 역할을 하였다는 평가를 받고 있기도 하다.[28]

이처럼 인권최고대표는 세 가지 측면에서 유엔의 인권 활동을 효율적으로 제고하는 데 중요한 역할을 한다. 첫째, 특정국가 혹은 특정지역의 인권문제가 심각하여 우려할 만한 상황에 이르렀다고 판단될 경우, 조기 경보를 발동하고 유엔 인권이사회에 특별 회기 개최를 요청하는 등 신속히 대처하는 역할을 한다. 둘째, 각국의 인권보호 및 개선을 위한 법 체제 정비, 민주적 제도 마련, 경찰 훈련, 인권보호를 위한 원만한 국가계획 등이 이루어질 수 있도록 기술적·재정적 자문을 제공한다. 마지막으로, 유엔기구의 여러 활동 가운데 인권관련 사안들을 조정하는 역할을 담당한다. 가장 중요한 임무는 유엔체제 내의 다양한 인권보호제도와 유엔 산하 인권관련 기구들의 인권 활동이 통합적으로 수행될 수 있도록 하여 효율성을 극대화시키는 것이다.[29]

한편 인권최고대표사무소는 유엔 인권이사회의 사무국 역할도 수행한다. 유엔 인권이사회의 운영과 관련된 자료를 관리하며 회의진행에 필요한 정보를 제공하는 것이다. 인권최고대표사무소는 과거 인권위원회 시절이던 1993년에 설립된 이래로 그 역할과 기능이 꾸준히 증대되어 왔으며, 2009년 12월을 기준으로 직원 수가 약 1,000명에 달하며, 전 세계에 8개 지역사무소와 10개 국가 사무소가 운영되고 있다.[30] 운영자금의 30%는 유엔 예산에서

---

28 백범석·김유리, "유엔 북한인권 조사위원회 설립의 이해와 전망," 『아산정책연구원 ISSUE Brief』 50호(2013), p.2.

29 김병로(1997), pp.18-19.

30 외교통상부, 인권최고대표, http://www.mofa.go.kr/trade/humanrights/latest/material/index.jsp?menu=m_30_70_60&tabmenu=t_1&sp=/webmodule/htsboard/

배정받고, 나머지는 회원국과 민간의 자발적인 기부금으로 운영된다. 스위스 제네바에 본부를, 뉴욕에 지부를 두고 인권 활동을 증진시키고 조정하며, 심각한 인권침해에 대처하고 인권보호를 위한 예방 조치를 실시하고 있다. 인권교육, 자문, 기술협력, 인권관련기구의 활동도 활발히 지원한다. 무엇보다도 유엔 인권최고대표사무소는 인권최고대표가 유엔체제 전체의 인권 활동을 효율적으로 조정하고 협력적 리더십을 발휘할 수 있도록 하는 중요한 역할을 수행하고 있다.[31]

III. 주요 쟁점 및 현안

유엔 인권이사회의 설립 이래 새롭게 도입된 보편적 정례검토는 유엔헌장 기반 인권체제와 관련된 주요한 쟁점이자 현안으로 부상했다. 보편적 정례검토가 기존의 문제점과 한계를 극복하는 합리적 제도로 여겨질 뿐만 아니라 발전 가능성에 있어서도 높은 평가를 받고 있기 때문이다. 앞서 언급한 바와 같이 이 장은 보편적 정례검토 절차에 대한 실질적인 이해를 높이기 위한 한국의 사례 분석과 함께 유엔헌장 기반 인권체제의 활동을 살펴볼 수 있는 북한인권 문제, 즉 보편적 정례검토 절차와 특별보고관 및 북한인권 조사위원회의 활동에 대한 검토로 구성될 것이다.

---

template/read/korboardread.jsp%3Fboardid=98%26typeID=6%26tableName=TYPE_DATABOARD%26seqno=327791

31 오영달(2013), pp.184-185.

1. 한국의 보편적 정례검토

한국의 보편적 정례검토는 2008년에서 2011년 첫 주기를 마쳤고, 2012년부터 2016년까지 두 번째 주기를 시행하고 있다. 현재 두 번째 주기 시행 단계에 들어선 보편적 정례검토는 앞서 논의된 실행 절차, 특히 국가보고서 작성의 일반 지침을 따르고 있는 중이다. 본 장에서는 이전에 실시된 한국 정부의 첫 보편적 정례검토를 중심으로 논의를 전개하고자 한다.

1) 보편적 정례검토 보고서

한국은 제6차 유엔 인권이사회 회의에서 결정한 검토순서에 따라, 2008년 5월 보편적 정례검토 실무반 제2회기에서 검토를 받도록 예정되어 있었다. 정부는 인권이사회의 2007년 6월 18일자 제도구축 관련 결의 5/1 및 보편적 정례검토 일반 지침에 의거하여 국가보고서를 작성하였다.[32] 보고서 작성과정에서 외교통상부가 전체 협의를 총괄하는 역할을 하였으며, 헌법, 정책, 국가인권기구 등 제도적 장치와 더불어 다양한 협의를 수렴하고자 국가인권위원회와 NGO협회의 의견을 적극 수용하여 보고서를 작성하였다.

(1) 국가보고서의 내용

한국의 보편적 정례검토 보고서는 사형제, 집회와 시위의 자유, 국가보안법, 차별금지, 장애인 차별, 이주노동자, 결혼이주여성, 양심에 따른 병역거부, 여성 폭력 및 가정 폭력, 아동 체벌, 비정규직 노동자 등 핵심적 인권상황들을 모두 다루고 있다. 정부가 제출한 국가보고서의 구성은 서론, 인권의 보호 및 증진을 위한 규범적·제도적 틀에 관한 내용, 인권보호 및 증진에 관한 구체적인 이행 내용, 성과 및 도전, 인권분야에서의 우선활동계획, 국가별 인권상황 정기검토에 대한 한국의 기여 등 크게 6개 부분으로 되어 있다.

---

32 General Guidelines for the Preparation of information under the Universal Periodic Review, UN Doc. A/HRC/6/L.24.

국제기구와 인권·난민·이주

서론에서는 '보편적 정례검토에 임하는 한국 정부의 기본입장' 및 '보고서 준비과정'을 서술하고, 제2장에서는 '인권보호 및 증진에 관한 규범적·제도적 틀'에 관하여 기술하고 있다. 한국의 인권보호 및 증진제도의 기본목표, 인권 보장과 관련한 법적·제도적 현황, 국내 인권기관의 활동, 인권분야에서의 국제적 의무의 범위 등에 관한 내용이 있다. 제3장은 '인권의무 이행을 위한 국내외 조치'를 설명하고 구체적인 인권 의무의 이행내용을 이슈별로 나누어 작성했고, 제4장에는 '한국이 인권분야에서 이루어낸 성과와 당면한 도전'이 서술되어 있다. 제5장은 '정부의 우선적인 정책'을 담고 있다. 마지막 내용은 '보편적 정례검토에 대한 한국의 기여의지'로, 유엔 인권이사회의 보편적 정례검토에 한국 정부가 적극 참여할 것과 검토 결과에 대한 후속이행 과정에도 긴밀히 협조할 것을 다짐한다. 또한 보편적 정례검토가 인권이사회의 성패를 가늠할 핵심 제도로 그 잠재력을 최대한 발휘할 수 있도록 한국 정부가 전 세계 인권상황에 대한 순차적 심의에도 최대한 기여하겠다는 약속을 하고 있다.[33]

(2) 한국에 대한 보편적 정례검토의 시행

한국에 대한 보편적 정례검토는 2008년 5월 5일부터 19일까지 개최된 제2차 회기 중에 시행되었다. 같은 기간 동안 총 16개 국가가 검토를 받았는데, 아시아 국가 중에서는 한국, 파키스탄, 일본, 스리랑카가 포함되었다. 한국은 5월 6일, 아시아 국가 중 첫 번째로 보편적 정례검토의 대상이 되었다. 한국의 트로이카 그룹은 페루, 이집트, 요르단이었다.

먼저 한국 정부는 2006년 법무부 산하 인권국 설립, 국가인권정책기본계획, 차별방지법 제정 등을 예로 들며 인권 개선을 위해 정부가 끊임없이 노력해 왔다는 내용의 국가보고서를 발표했다. 이어 실무반에서는 사형제, 이

---

33 Human Rights Council, "National Report Submitted in accordance with Paragraph 15(A) of the Annext to Human Rights Council Resolution 5/1: Republic of Korea," UN Doc. A/HRC/WG.6/2/KOR/1.

주노동자, 국가보안법, 집회 및 시위의 자유, 차별금지, 결혼이주여성, 양심에 따른 병역거부, 여성 폭력 및 가정 폭력, 아동 체벌, 비정규직 노동자 등에 관한 한국의 인권 문제를 제기하였다. 이를 두고 국내의 NGO는 실무반에서 질의를 통해 한국의 주요 인권 이슈들을 잘 지적한 것처럼 국내에서의 실질적인 인권 개선은 한국 정부가 국가보고서에서 발표한 것과는 달리 잘 이루어지지 않고 있다고 평가했다.[34]

(3) 주요 권고사항 및 한국 정부의 답변

2008년 5월 29일, 보편적 정례검토 실무반에서 검토과정을 요약한 내용 및 33개의 권고사항을 담은 결과 보고서가 채택되었고, 이 보고서는 유엔 인권이사회에 넘겨졌다. 그리고 제8차 유엔 인권이사회 회의 중이던 6월 12일, 최종 보고서가 채택되었다. 여기에는 실무반의 권고사항에 대한 한국 정부의 수락 여부가 포함되어 있다. 최종 보고서에 나열되어 있는 권고사항과 한국 정부의 답변 내용을 추려내면 다음의 〈표 3〉과 같다.

〈표 3〉 한국에 대한 권고사항과 정부의 답변[35]

번호	권고 내용	제기 국가	한국 정부의 답변
1	조약기구 관찰결과의 이행 및 보급을 위해 노력할 것	브라질	수락(Acceptable)
2	장애인권리협약을 유보 없이 비준할 것	브라질	장애인권리협약 제5조 (e)에 대해서만 유보를 고려하고 있다.
3	외국인노동자 권리의 실효적 보호를 보장하기 위하여 외국인노동자고용에 관한 법(Act of the	인도네시아	수락(Acceptable)

---

34 박병도(2009), p.229.

35 Human Rights Council, "Outcome of the universal periodic review: Republic of Korea," A/HRC/DEC/8/123.

	Foreign Workers Employment)을 지지하는 노력을 강화할 것		
4	국가보안법 폐지를 위한 구체적인 조치를 취할 것	북한	한국은 국가보안법이 남용되거나 해석되지 않도록 할 것을 재확인하였다.
7	이주노동자 및 그 가족의 권리에 관한 국제협약에 가입할 것(알제리, 필리핀, 이집트, 멕시코, 페루), 이주노동자 및 그 가족의 보호를 제한할 수 있는 다른 조약들에 대한 유보를 철회할 것(멕시코), 팔레르모의정서(Palermo Protocols)를 비준할 것(페루)	알제리, 필리핀, 이집트, 멕시코, 페루	한국은 이주노동자 및 그 가족을 보호하기 위한 권고의 의도와 정신을 존중한다. 그러나 국내법과의 충돌 때문에 동협약에 가입하라는 권고를 현 단계에서는 수락할 수 없다. 한국은 국내의 관련법을 통하여 이주노동자의 건강, 안전 및 고용권을 포함한 인권을 보호하기 위하여 최선을 다할 것이다. 한국은 팔레르모의정서를 비준하는 것을 긍정적으로 고려하고 있다.
9	결사 및 집회의 자유를 법률에 의해 보장할 것	알제리	수락(Acceptable)
17	병역거부를 형사 처벌하지 말고 양심적 거부의 권리를 법률로 인정할 것, 정부 또는 공공조직에의 고용을 금지하고 있는 현 제도를 인권위원회(Human Rights Committee)의 권고에 따라 폐지할 것	슬로베니아	현재 양심적 병역 거부자에 대한 대체복무 프로그램이 연구되어 있다.
20	현재의 사실상의 사형제 유예를 계속 유지할 것(벨기에, 이탈리아), 사형제 폐지를 향하여 더 나아갈 것(벨기에, 이탈리아, 멕시코), 2008년 6월 2일에 개회되는 새로운 국회에서 사형제 폐지를 위한 특별법을 통과시킬 것(네덜란드, 영국, 룩셈부르크)	벨기에, 이탈리아, 멕시코, 네덜란드, 영국, 룩셈부르크	이 문제는 국가적 차원의 광범위한 합의가 필요하다. 형사법, 사회적 여건 및 여론과 같은 포괄적인 방법으로 다양한 측면을 고려해야 한다.
26	고문방지협약 선택의정서를 비준할 것	영국	고문방지협약 선택의정서 가입에 관해 정부 부처 간 협의가 진행 중에 있다.

2) 한국 정부에 대한 전반적인 평가

한국은 인권이사회의 지침에 따라 국가보고서를 작성하여 제출하였다고
는 하지만, NGO 및 시민단체들은 외교통상부가 초안 작성기간 중 기타 이
해관계자들과 활발한 의견수렴 절차를 진행하지 않아 보고서의 신뢰성과 객
관성을 인정하기 어렵다는 한계와 문제점을 지적한다.36 더욱이 한국 정부
는 권고사항들을 수락한 후에도 구체적으로 어떤 일정과 계획하에 이행하고
있는지 여부를 공개하고 있지 않다. 이러한 문제점을 극복하기 위하여 정부
의 구체적인 정책 수립과 이행을 위한 진정성 있는 노력이 필요하다. 따라
서 현재 진행 중인 두 번째 주기에서 이루어지는 후속조치검토는 한국 정부
의 권고사항 이행 여부에 초점을 맞춰야 할 것이다. 특히, 지속적으로 지적
되고 있으나 실질적인 개선 노력이 이루어지고 있지 않은 사형제 문제, 양심
적 병역 거부자에 대한 대체복무 허용 문제, 그리고 이주노동자 문제 등에
대한 인권 개선 노력에 성실히 임하여야 하겠다. 오늘날 국제사회는 보편적
정례검토와 같이 개별국가들이 자국의 인권상황을 보고하는 국제인권메커
니즘을 옹호하고 있다. 한국 역시 인권현안에 대한 전문적이고 체계적인 국
가인권보고서를 제출해야 할 필요성이 커지고 있으므로 국가인권위원회를
통해 포괄적인 인권정책을 개발할 수 있도록 역량을 확대하고 발전시켜야
한다.37

2. 북한인권 상황의 보고

유엔은 대규모 인권유린 행위에 대해 체계적으로 조사활동을 전개하고

---

36 황필규, "국제인권기준에 비추어 본 한국의 인권현실," 국내인권현안과 국제인권법,
국제 엠네스티 한국지부 법률가위원회, 2008년 인권세미나 발표문(2008년 3월 22일)
참조.
37 백범석, "새 정부가 풀어야 할 인권 문제에 관한 소고," 『아산정책연구원 ISSUE Brief』
48호(2013), p.8.

국제기구와 인권·난민·이주

책임성 문제를 다루는 시스템을 도입하여 구체화하는 단계에 있다. 대표적인 사례로 유엔헌장기구의 북한인권정책을 들 수 있다. 북한 내에 존재하는 심각한 인권유린은 널리 알려진 바 있다. 반대당이나 독립된 노동조합, 자유로운 언론, 시민활동 등이 허용되고 있지 않으며, 종교의 자유도 결여되어 있다. 자의적 체포 및 구금, 적법절차의 결여, 고문, 기타 학대 행위는 물론 공개처형마저 주기적으로 이루어지고 있다. 이에 대해 유엔 인권이사회는 북한인권에 관한 결의 채택, 보편적 정례검토의 실시, 북한인권 특별보고관 임명 등 다양한 방식을 통해 북한인권 개선을 위해 문제를 적극적으로 다뤄왔다. 특히 2013년 인권이사회 결의를 통해 북한인권에 관한 사실조사위원회의 설립이 결정됨에 따라 북한인권 문제를 해결하고 개선하기 위한 국제적 제도로서의 인권이사회에 대한 국내외적 관심이 높아졌다.

1) 보편적 정례검토

유엔헌장기구의 대북인권정책은 북한인권의 실태를 보고함으로써 국제사회의 북한인권의 심각성을 일깨우며 개선을 위한 대북인권정책을 촉구하였다. 첫 번째로 살펴볼 것은 북한에 대한 보편적 정례검토이다. 2012년 채택된 북한인권 상황에 대한 보편적 정례검토의 최종 보고서에는 각국이 제기한 169개의 권고사항 중 북한이 거부한 50개를 제외하고 총 117개 항목만이 기재되어 있다. 물론 북한이 심각한 인권상황을 개선할 적극적인 의지가 없다는 것과 유엔회원국 모두가 의무적으로 실시하는 절차에 대한 부정적인 태도를 가지고 있음이 재확인되었다고 볼 수도 있겠지만, 그럼에도 불구하고 북한에 대한 보편적 정례검토는 향후 북한인권 문제를 다룰 방향성을 제시해 준다는 의의를 지닌다고 하겠다.

(1) 보편적 정례검토 보고서 진행과정

북한에 대한 첫 번째 보편적 정례검토는 2008년 제6차 실무그룹 회기에 이루어졌다. 회기에 앞서 인권이사회는 북한의 보편적 정례검토를 위해 멕시코, 노르웨이, 남아프리카공화국을 트로이카로 선정하였다. 북한의 상호대화는 2009년 제11차 회의에서 이루어졌으며, 52개국이 참가하였다. 그 후 제16차 회의에서 실무그룹은 북한에 대한 "보편적 정례검토 실무그룹 보고서 초안"을 채택하였다. 인권이사회가 심의하고 권고한 내용에 대해 북한은 제13차 인권이사회의 정기회기 중에 자국의 입장을 발언하였고, 실무그룹 보고서에 북한 측 발언요지가 부록으로 첨부된 최종 보고서가 채택되었다. [38]

(2) 검토 보고서의 내용

북한 정부는 보편적 정례검토에 관한 목적과 원칙들에 경의를 표하는 것으로 보고서를 시작하고 있다. 보고서의 준비에 있어 북한 정부는 보고서 작성을 위해 특별전문위원회를 조직하여 관련 기관별로 제출한 정보를 바탕으로 초안을 만들고 이 보고서를 완성하였으며, 특별전문위원회가 인권 부분의 시민사회(비정부기구, 법조계 및 학계를 포함)와 협의를 하고 이를 보고서에 반영하였음을 밝히고 있다. 북한은 특히 인권분야에 있어 국제적 협력을 위해 노력했음에도 불구하고 2003년 인권위원회(현 인권이사회)가 제59차 회기를 시작으로 인권이사회, 유엔총회, 유럽연합 등에서 북한인권상황을 규탄하는 결의를 채택한 것이 북한의 인권대화 협력의 장애가 되었다고 주장하였다. 결론적으로 북한은 국가보고서에서 인권의 보호와 증진을 위해 노력해왔으며, 앞으로도 북한식 사회주의 인권 이론과 정책을 통해 북한 주민들이 더 높은 수준의 인권을 향유할 수 있도록 최선을 다할 것이라고 밝혔다. [39]

북한과 관련하여 관계당사국의 견해와 논평을 포함하여 유엔인권조약기구들과 특별절차의 보고서 및 그 밖에 관련된 유엔의 공식문서들에 담긴

---

[38] Human Rights Council, "Draft report of the Working Group on the Universal Periodic Review-Democratic People's Republic of Korea," UN Doc. A/HRC/WG.6/6/L.12.

[39] Human Rights Council, "National Report Submitted in accordance with Paragraph 15(A) of the Annext to Human Rights Coucil Resolution 5/1: Democratic People's Republic of Korea," UN Doc. A/HRC/WG.6/6/PRK/1.

정보를 인권최고대표사무소에서 취합한 보고서는 북한이 비준 또는 가입한 인권조약과 그 밖의 주요 관련 조약에 근거한 북한의 의무 사항을 확인하고 인권기구와의 협력 및 규범의 이행에 관한 현황을 분석하고 있다. 마지막으로 인권최고대표사무소에서 준비한 이해관계자 제출 문서 요약문의 주요 내용으로 이해관계자들은 북한이 가입한 국제 조약상의 인권보호 의무를 확인하고, 국내법의 인권보호 입법체제에 대한 지적과 현장에서의 인권증진과 보호를 위해 인권기구들과 협력할 것을 촉구하고 있다. 특히 평등과 비차별, 생명권, 자유권, 인신의 안전권, 공정한 재판을 포함한 법치, 이동의 자유, 사회보장권, 노동권 등 거의 모든 자유권적, 사회권적 권리에 대한 문제점을 지적하고 있다.[40]

(3) 주요 권고사항과 북한의 대응

2009년 12월 3시간 동안 진행된 상호대화에는 한국과 일본, 미국, 유럽 등, 아프리카와 아랍, 남미의 52개국이 참가하였다. 북한이 아동권리위원회와의 대화에 참여하겠다는 결정을 내리고 보편적 정례검토 과정에 적극적으로 참여하기 결정한 점은 환영받았으나, 대다수의 질문과 권고는 북한의 인권침해에 집중되었다.[41] 인권이사회는 검토 당시 총 167개 권고사항을 제기하였으며, 이에 대해 북한대표부는 북한인권 특별보고관 방북을 비롯해 공개처형 중단, 고문과 비인도적 처벌 근절, 강제노역 중단, 북한 주민의 여행의 자유 보장 등을 포함한 50개 권고사항에 대한 거부의사를 표하였다. 북한대표부는 또한 117개 권고사항에 대해서도 수락 여부에 대한 분명한 입장을 보이지 않고 추후에 검토하겠다는 입장을 표명하였다. 북한대표부는 북

---

40 Human Rights Council, "National Report Submitted in accordance with Paragraph 15(A) of the Annex to Human Rights Coucil Resolution 5/1: Democratic People's Republic of Korea," UN Doc. A/HRC/WG.6/6/PRK/1.

41 Human Rights Council, "Report of the Working Group on the Universal Periodic Review, Democratic People's Republic of Korea," UN Doc. A/HRC/13/13; UN Doc. A/HRC/WG.6/6/L.12.

한인권 상황에 대한 보편적 정례검토 최종 보고서가 채택되던 2010년 "북한 정부는 50개의 권고들을 거부하며 (…) 아쉽게도, 이 권고들이 진정한 인권 문제와 관련 없이 체제변동과 이미지 훼손에 초점이 있고, 오직 북한에 대한 깊은 거부감과 적대감을 표출하고 있다"고 발언하면서, 북한식 인권 제도를 더욱 공고히 유지해 나가겠다는 입장을 밝혔다.[42] 북한은 보편적 정례검토 제도 자체에 대해서는 긍정적인 입장을 표명하면서도, 막상 자국에 대한 평가와 권고는 일체 수용하지 않는 태도를 보이고 있다.

(4) 평가와 과제

유엔헌장기구를 통해 이루어진 북한인권의 실태보고는 국제사회의 북한 인권 개선을 위한 경각심을 불러일으키기에 충분하였다. 북한의 입장에서도 검토 제도 자체를 거부하지 않고 자발적으로 검토에 임하고 대응하였다는 사실은 북한인권 개선을 위한 큰 발전이라 볼 수 있다. 북한이 보편적 정례 검토에 지속적으로 참여한다면 인권침해의 문제점 인식과 개선방안들을 지켜보는 것만으로도 북한 당국의 인권 인식의 변화와 개선에 긍정적 영향을 줄 수 있을 것이다. 한편, 유엔총회와 인권이사회 및 유엔회원국들은 북한의 인권상황과 권고사항에 대해 지속적인 관심을 갖고 북한이 이를 수용하고 이행할 수 있도록 격려와 압박을 할 필요가 있다.

2) 북한인권 특별보고관

'북한인권 상황에 관한 특별보고관Special Rapporteur on the situation of human rights in the Democratic People's Republic of Korea, 이하 북한인권 특별보고관' 제도는 2004 년 결의안 2004/13에 근거하여 처음 실시되었다.[43] 이는 특별절차의 하나 로, 북한인권 상황을 조사하고 그 결과를 유엔에 보고하여 결의안을 제시하

---

42 현병철, 『유엔 국가별 정례인권검토(UPR)에 대한 북한의 국가인권보고서 및 우리정부, NGO, INGO 관련 자료집』, 국가인권위원회 인권정책과(2011), pp.329-337.
43 UN Doc. E/CN.4/RES/2004/13.

는 것을 목적으로 한다. 북한의 경우, 2006년 6월 1일부터 2013년 2월 28일까지 총 여섯 개의 통보가 북한 정부에 전달되었으며, 이 중 단 한 건에 대해서만 북한이 답변을 보내왔다.[44] 가장 최근에 나온 보고서는, 그동안 유엔이 지적한 북한인권 문제를 '식량권의 침해', '고문 및 비인도적 처우', '자의적 구금', '정치범 수용소', '차별', '표현의 자유 침해(특히 공개 처형을 통한)', '생명권의 침해', '이동의 자유의 침해', '외국인 납치를 포함한 강제 실종' 등 아홉 개 분야로 나눠 문제점들을 지적하고 조사를 통해 구체적 분석이 이뤄져야 한다고 권고한다. 또한 "북한에서의 심각하고 제도적이며 광범위한 인권위반들을 조사 및 기록하여 인권이사회와 총회에 보고하고, 이 같은 위반은 물론 비인도적인 범죄들에 대한 책임 문제를 검토하기 위해 충분한 자원이 주어진 조사 기구 Inquiry Mechanism 의 설립"을 촉구하고 있다.[45]

보고서 제출 이외에도 특별보고관의 중요한 역할 중 하나는 인권침해가 발생했거나 의심되는 현장을 방문하여 조사하는 것이다. 유엔사무총장은 북한 당국에 특별보고관이 인권상황을 직접 관찰할 수 있도록 북한방문을 허용해 줄 것을 2004년부터 지속적으로 요청하였으나 현재까지 단 한 차례도 허용되지 않았다. 2013년에는 유엔 인권이사회 결의를 통해 마르주키 다루스만 Marzuki Darusman 유엔 북한인권 특별보고관이 임명되었고, 그는 유엔 인권이사회 및 유엔총회에 제출할 보고서의 자료를 수집하기 위해 방한하여 한국의 외교부, 통일부, 법무부, 국회, 국가인권위원회와 함께 북한인권관련 국내 민간단체 등을 면담하였다. 다루스만 특별보고관은 유엔 북한인권 조사위원회 위원을 겸하고 있었으며 북한의 정치범 수용소, 탈북자, 식량 등의 인도적 문제, 이산가족, 형법 등에 꾸준히 관심을 표해왔기에 조사 결과 보고서가 북한의 인권 개선에 미칠 영향에 대한 기대가 매우 크다고 하겠다.

---

44 Human Rights Council, "Communications report of Special Procedures," UN Doc. A/HRC/23/51, p.8.
45 UN Doc. A/HRC/22/57.

3. 유엔 북한인권 조사위원회

2013년 3월, 유엔 인권이사회 결의를 통해 북한인권에 관한 사실조사위원회Commission of Inquiry, 이하 조사위원회 의 설립이 결정되었다.[46] 조사위원회는 북한인권 특별보고관이 최근 제출한 보고서에 명시한 아홉 가지의 북한인권 침해 사안을 조사하는 임무를 부여받았다. 조사위원회는 북한인권 특별보고관을 도와서 그동안 북한의 인권침해 실태를 자세히 조사하기에 부족했던 자원을 제공하고, 북한인권 실태에 대한 구체적이고 상세한 조사를 할 것이다. 더불어 조사 결과가 인권침해 사례로 기록된다는 점도 중요하다.[47]

1) 조사위원회 설립의 이해

유엔 북한인권 특별보고관이 2005년 이래 매년 제출하고 있는 보고서는 북한의 인권상황이 얼마나 심각한지를 여실히 보여주었고, 2013년 3월 21일 제22차 유엔 인권이사회에서는 47개국 이사국들이 표결을 거치지 않고 합의하여 북한인권 결의안을 채택하기에 이르렀다. 조사위원회의 신설에 관한 내용은 이 결의안에 포함되어 있다. 이에 따라 마르주키 다루스만 북한인권 특별보고관을 포함한 3인의 조사위원들은 북한 내 인권침해 상황을 조사하고, 특히 반인도범죄에 해당하는 사항이 있는지 등을 검토한 보고서를 1년 후 인권이사회에 제출해야 한다.[48] 이를 통해 북한 주민의 인권을 보호하고 보장할 책임이 기본적으로 북한 정부에 있음을 확인함과 동시에 각국이 북한인권 상황을 개선하기 위해 유엔 인권이사회의 각종 절차들을 활용해 보다 적극적이고 건설적으로 개입하도록 촉구한다.[49]

다시 말해, 북한인권 조사위원회의 설립과 활동의 타당성은 북한인권 특별보고관이 제출한 보고서에 의해 뒷받침된다. 그 내용은 1) 피해자의 증언

---

46 UN Doc. A/HRC/22/L.19.
47 박진아(2013), p.41.
48 백범석 · 김유리(2013), p.1.
49 김수암 외, 『유엔 조사위원회(COI) 운영 사례 연구』(통일연구원, 2013), p.111.

및 생존자, 증인, 가해자에 대한 정보 수집 및 기록, 2) 고문 및 임의 구금, 정치범 수용소에서 벌어지는 모든 종류의 인권침해, 외국인 납치 등 북한 내에서 행해지는 잔혹한 인권침해에 대한 구체적 기록, 3) 식량권, 이동의 자유, 표현의 자유, 임의적 체포, 고문 등을 포함한 인권침해에 대한 차별 문제 검토, 4) 북한 내에서 반인도범죄가 자행되고 있는지 여부 및 납치 등 외국인에 대한 인권침해의 구체적 조사 및 법적 분석, 5) 북한에서 인권침해에 대한 처벌이 제대로 이루어지지 않고 있다는 점과 지난 10년간 북한 정부가 유엔 인권메커니즘에 협조하지 않고 있다는 사실을 고려하여 북한 내 인권침해의 책임자 규명 및 처벌 문제에 대한 자세한 검토를 수행해야 한다는 점이다.[50] 이를 바탕으로 조사위원회는 전문적인 조사위원과 지원인력들로 구성되어 주어진 기간에 북한인권 침해 사실관계를 체계적으로 조사한다.

북한인권 조사위원회의 설립은 평시의 대규모 인권침해를 대상으로 조사위원회가 설립된 최초의 사례이다. 리비아나 시리아의 경유와 유사한 무력충돌 사태가 진행되고 있지 않음에도 불구하고 반인도범죄 등의 국제범죄 성립 여부와 가해자 규명과 같은 책임성 차원에서 접근하도록 임무를 부여받고 있다는 점을 주목해야 한다. 또한 조사 대상이 되는 인권침해의 기한이 설정되어 있지 않을 뿐 아니라 대규모 인권침해를 조사 대상으로 하고 있다는 점에서, 시리아나 리비아의 선례에 비추어 조사위원회의 임기가 보고서 제출 이후에도 연장될 가능성이 크다.

2) 유엔 인권 조사위원회의 역할과 활동

유엔 인권 조사위원회는 독립적 기구로 인권침해 사례에 대한 심층조사와 구체적인 보고를 통해 책임 소재를 밝혀냄으로써 피해자의 인권보호를 증진하는 것이 주목적이다. 지금까지 유엔은 르완다, 수단, 리비아, 시리아 등 내전 중에 발생하는 대량학살과 반인도범죄 혹은 조직적이고 광범위한 인권침해에 대하여 조사위원회를 구성하였다. 조사위원회는 구체적인 인권

---

50 백범석·김유리(2013), p.7.

침해 현황과 관련 정보를 수집하고, 관련자 처벌 등에 관한 권고사항을 보고함으로써 해당국가의 인권상황을 개선하기 위해 노력했다. 이번 북한인권 결의안 채택은, 북한에서도 유엔 차원의 조사위원회를 설립해야 할 정도로 중대한 인권침해가 자행되고 있다는 점에 대한 국제사회의 공감대가 형성된 것으로 이해할 수 있다.[51] 이어서 리비아와 시리아에서의 인권침해를 조사하기 위해 설치되었던 조사위원회의 구성 및 활동을 간략하게 살펴본 후, 북한 조사위원회 설립의 타당성과 기대되는 역할에 대하여 논하고자 한다.

(1) 리비아 조사위원회

유엔 인권이사회의 리비아 조사위원회 설치 결의안은 보호책임Responsibility to Protect 이론을 원용하고 있다는 점에서 주목할 필요가 있다. 유엔 인권이사회는 결의안 S-15/15[52]에서 리비아 사태에 대한 깊은 우려를 표명한 후 리비아 정부 당국에게 거주민을 보호해야 할 책임을 충족시키도록 환기시켰다. 보호책임은 2011년 3월 17일 자 유엔안보리 결의안에서도 원용되었다. 즉, 유엔 인권이사회와 안보리는 1차적인 책임이 리비아에게 있음을 주지시킨 것이다. 그럼에도 불구하고 리비아 정부가 보호책임에 실패하자, 2차 주체인 국제공동체는 보호책임의 두 번째 단계인 대응책 이행의 일환으로 조사위원회를 결의했다.[53]

조사위원회는 리비아 내에서 자행된 국제인권법 침해 사례를 조사하고, 가해 행위의 책임자를 규명하여 관련자들에 대한 처벌 조치를 제안할 권한을 위임받았다. 리비아 조사위원회의 활동을 정리하면 다음과 같다. 첫째, 범죄 피해자, 목격자 등 400명과 개별 인터뷰를 하였다. 둘째, 유엔을 포함한 국제기구의 보고서, 국내외 비정부기구 및 민간단체들의 보고서, 방송매체들의 보고서, 학술논문들을 검토하였다. 셋째, 2011년 10월과 12월, 그

---

51 백범석·김유리(2013), p.3.

52 UN Doc. A/HRC/RES/S-15/1.

53 김수암 외(2013), pp.57-58, 관련내용은 이규창 외, 『보호책임(R2P) 이행에 관한 연구』, p.88.

리고 2012년 1월에 사건이 발생한 리비아 현장을 방문하였고, 내전으로 인해 발생한 피해를 파악하기 위해 현지조사를 하였다. 넷째, 유엔이 운영하는 위성운용프로그램이 제공하는 위성사진 등에 대한 비디오 및 사진 분석을 실시하였다. 다섯째, 범죄 피해자가 입은 손상에 관한 의학 보고서를 검토하였다. 여섯째, 현장에서 발견된 무기에 대한 과학적 분석기법이 동원되었다. 일곱째, 외교업무 종사자, 정부관리, 비정부기구 종사자, 전문가 집단, 군사전문가, 의사, 법률전문가, 과학자 그리고 유엔 관리들과 회의를 진행하였다. 여덟째, 조사위원회가 필요로 하는 정보를 얻기 위해 유엔회원국과 유엔의 관련 기관을 초대하였다.[54]

리비아 조사위원회는 2차 보고서에서 카다피 군대가 국제범죄, 특히 반인도범죄와 전쟁범죄를 위반했다고 결론지었다. 2차 보고서는 반인도범죄 및 전쟁범죄 위반을 1) 과도한 무력의 사용, 2) 불법적인 살인, 3) 자의적 구금 및 강제실종, 4) 고문 및 기타 형태의 부당한 대우, 5) 특정 부족 공격행위, 6) 성폭력, 7) 민간인, 민간물자, 피보호자 및 피보호 물자에 대한 공격, 8) 북대서양조약기구, 9) 금지무기, 10) 용병, 11) 소년병, 12) 약탈로 구분하여 상세하게 기술하고 있다. 비록 리비아 조사위원회가 제출한 2차 보고서에는 유엔안보리에 리비아 사태를 국제형사재판소에 회부하도록 권고하는 내용은 명시되어 있지 않지만, 앞에서 언급하였듯이 유엔안보리는 인권이사회가 리비아 조사위원회의 설치를 결의한 다음날인 2011년 2월 26일에 리비아 사태를 국제형사재판소 소추관에게 회부하기로 결의하였다. 즉, 유엔안보리 결의안 1970호는 조사위원회 설치 결정을 환영한다고 밝히고 있는데, 이는 리비아 조사위원회 설치와 국제형사재판소 회부가 일련의 관련이 있음을 보여준다.[55]

리비아 조사위원회는 2011년 리비아 내에서 자행된 국제인권법 침해 사

---

54 김수암, "유엔 조사위원회 운영 사례와 북한인권," 『2013년 제3회 통일연구원 샤이오 인권포럼: 유엔 인권메커니즘과 북한인권 증진방안』, KNU 학술회의총서 13-01 통일연구원(2013), p.140.
55 김수암(2013), p.144.

례를 조사하고 가해 책임자를 규명하며 관련자들에 대한 처벌 조치를 제안할 권한을 국제형사재판소 초대 재판소장이었던 필립 키르슈 등 3인의 국제인권 전문가로 구성된 위원회에 위임하였다. 그러나 카다피 사살 후에도 지속된 리비아 내의 불안정으로 인해 조사위원회의 접근이 어려웠고, 결국 두 번에 걸친 조사를 통해 최종 보고서를 제출하였다. 조사위원회의 보고서는 리비아에서 국제인권법에 위반되는 심각한 인권침해 행위들이 자행되었던 사실을 확인시켜 주었고, 리비아 당국에 공평한 법 집행을 통해 범법행위의 여부에 따라 국제법에 따른 조치를 시행할 것을 권고하였다. 또한 조사위원회는 국제법 위반행위를 저지른 인권침해 가해자들의 명단을 유엔 인권최고대표에게 전달하였다. 향후 가해자들이 실제로 국제형사재판소에 회부될지 여부는 아직 미정이나, 국제사회는 국가폭력으로 인한 인권침해 행위를 막기 위해 국제형사재판소에 책임자를 기소할 필요가 있음을 강하게 역설하고 있다.

(2) 시리아 조사위원회

유엔 인권이사회는 2011년 8월 22일 시리아에서 "2011년 3월 이후 발생한 국제인권법 위반사항들을 조사하고, 반인도범죄에 해당하는 침해 및 범죄에 해당하는 사실과 정황"을 입증하여 책임자를 밝혀내기 위한 독립 조사위원회를 구성하는 내용이 포함된 결의안 S-17/1[56]을 채택하였다. 시리아 아랍공화국 내 인권상황이 열악해지고, 반인도범죄에 해당하는 인권침해 유형이 존재한다는 점을 사실조사단이 지적함에 따라 인권이사회는 독립적인 국제사실 조사위원회의 구성을 결정하게 된 것이다.[57] 곧 2011년 3월 이후 시리아 지역 내에서 발생한 국제인권법 위반행위를 조사하기 위한 위원회가 구성되었다. 위원회는 주로 인근 국가들로 피신한 시리아인들을 만나 인권침해 실태를 조사하고, 추가적으로 시리아 내에 있는 피해자, 목격자, 취재

---

56 UN Doc. A/HRC/RES/S-17/1.
57 김수암 외(2013), p.47.

기자 등과 전화를 통해 접촉하였는데, 이는 시리아 정부가 조사위원회의 입국을 허용하지 않았기 때문이다.

2013년 2월 유엔 인권이사회에 제출된 보고서는 시리아 정부군과 반정부 무장부대 모두가 민간인 대량살상 등의 반인도범죄와 심각한 인권침해 행위를 저질렀음을 밝히고 있다. 위원회는 보고서를 통해 안보리가 가해자들을 국제형사재판소에 기소할 것을 권고하고 있고, 시리아 최고위층 인사들이 포함된 가해자 명단은 조사위원회의 임기 종료 시에 유엔 인권최고대표에게 비공개로 전달될 예정이다.[58] 조사위원회는 3차 보고서부터 국제인권법과 함께 국제인도법 차원에서 실태를 평가하기 시작했다. 이에 따르면, 정부군과 친위 민병대 샤비아Shabbiha는 불법 살해, 고문, 자의적 체포 및 구금, 성폭력, 비차별적 공격, 재산의 약탈 및 파괴 등 반인도범죄를 자행한 것으로 밝혀졌다. 조사위원회는 반인도범죄의 책임자로 규명된 개인 및 집단에 대한 비밀목록을 유엔 인권최고대표사무소에 제출하였으며, 시리아 정부, 야당, 반정부 활동가들이 폭력을 종식하고 인권 존중과 시리아 국민들의 정당한 요구 수용 등을 실현하기 위해 통합적이고 포괄적인 정치 대화를 하도록 제안했다. 다양한 입장을 가지고 있는 집단들이 대화를 해나가기 위한 절차를 설립할 필요가 있다는 것이다. 또한 조사위원회는 화해와 책임성 규명은 여성 및 소수 집단을 포함한 주민, 피해자 등과의 객관적인 협의를 통해서 가능하다는 점을 강조하였다.[59]

(3) 조사위원회 활동을 통한 북한인권 증진 활동 전망

북한인권 문제에 있어 조사위원회는 체계적이고 중대하며 광범위한 인권침해를 조사하는 것, 특히 반인도범죄에 대한 인권침해의 책임을 규명하고 처벌하는 데에 그 목적이 있다. 그러나 조사위원회는 구체적인 활동에 대한 도전과 과제는 여전히 논쟁의 대상이다. 특히 북한의 비협조적인 태도가 가

---

58 백범석·김유리(2013), p.5.
59 김수암(2013), pp.143-144.

장 큰 문제라고 하겠다.

① 조사위원회의 활동과 과제

조사위원회의 활동이 성공적으로 수행되기 위해서는 북한인권 상황에 대한 접근이 필수적이며, 이를 위한 북한의 협조는 무척이나 중요하다. 그러나 북한은 지금껏 유엔 인권메커니즘을 부정해 왔기에 현장 중심성과 관련해 조사위원회는 늘 어려움을 겪는다. 게다가 조사위원회는 북한 출처의 검증된 정보도 갖고 있지 않은데, 그 이유는 어떤 민간사회 조직도 북한에 접근하지 못하고 있기 때문이다. 북한 내에 독립된 언론 기관이 없다는 점이 북한으로부터의 정보 수집을 더욱 힘들게 만드는 것이다.[60] 그러나 접근성 및 협력의 부족이 조사위원회의 활동을 막는 요인은 아니다. 앞선 시리아 조사위원회의 경우에서도 살펴보았듯이, 조사대상국 정부의 비협조로 인해 입국 자체가 거부되는 등 직접조사의 장애가 발생한 경우에도 조사위원회들은 다양한 조사방법을 동원하여 사실조사를 효과적으로 수행해 왔다. 마찬가지로 유엔 북한인권 조사위원회는 주로 탈북자 인터뷰, 변경 지역방문, 언론 등 간접적인 조사방법을 통해서 다양한 정보를 수집하였다. 특히 조사위원회와 특별보고관을 역임하고 있는 마르주키 다루스만은 2013년에 한국을 두 차례 방문하여 정부기관은 물론 북한인권 관련 단체들과 만나 협조를 요청한 바 있다.

② 조사위원회의 효과와 전망

유엔 차원의 북한인권 개선메커니즘이 북한인권 특별보고관과 조사위원회를 통해 강화되고 있음은 부정할 수 없는 사실이다. 모니터링 및 감시뿐만 아니라 조사역할이 추가됨으로써 보다 포괄적으로 북한인권 개선활동이 전개될 수 있는 기제가 구축된 것이다. 무엇보다 조사위원회의 조사결과에

---

60 라자브 나리얀, "유엔 인권메커니즘, 조사위원회, 그리고 북한의 인권침해 실태,"
『2013년 제3회 통일연구원 샤이오 인권포럼: 유엔 인권메커니즘과 북한인권 증진방안』, KNU 학술회의총서 13-01 통일연구원(2013), p.61.

따라 인권유린 책임자에 대한 처벌 문제가 대두될 가능성까지도 제기된다. 실제로 북한인권 결의안에 명시된 단어인 '광범위한'과 '체계적인'은 반인도범죄와 직접적으로 관련된 표현이고, '중대한'이란 표현은 또 다른 국제범죄인 전쟁범죄와 관련된다. 즉, 조사위원회는 북한의 인권침해 사례들이 반인도범죄에 해당되는지, 책임자 규명과 관련자 처벌을 권고할 수 있는지에 대해 전문적으로 조사하게 될 것이다.[61]

북한의 인권침해가 반인도범죄에 해당한다는 결론이 내려진다면, 대량학살과 반인도범죄, 전쟁범죄에서의 개인적 책임 소재를 규명하는 국제형사재판소가 북한인권 침해 책임을 다룰 수 있게 된다. 즉, 조사위원회의 필요 여부에 대한 판단에 따라 안보리를 통해 북한 정권을 국제형사재판소에 기소할 수 있는 길을 열어두었다는 것이다. 이는 북한 체제에 근본적인 변화가 있을 경우 현재 북한 내에서 발생하는 인권침해 행위에 대해 처벌을 받을 가능성이 있을 것이라는 압박으로 북한 정권에 작용할 수 있다.[62] 북한 주민들의 입장에서는 위원회의 설립으로 대표되는 유엔의 북한인권 조사 메커니즘의 양적·질적 변화가 인권 개선의 돌파구로 여겨질 수 있다. 요컨대 조사위원회의 가동은 그동안 특별보고관 2인이 하던 관련업무가 사상 처음으로 유엔의 상설기구 차원에서 포괄적으로 다루어지는 것을 의미하며, 구체적인 인권침해 사례들의 체계적 수집과 국제법적 검토는 북한 정권 내 가해자를 밝힘으로써 개별적인 책임을 묻게 될 것이다.[63]

3) 2014년 북한인권 조사위원회 결과 보고서

북한인권 조사위원회는 2013년 9월 16일의 제24차 인권이사회와 10월 29일의 제68차 유엔총회에서 구두보고 형식의 중간보고를 했다. 이어서 2014년 2월 17일에는 서면보고를 일반에 공개하였고, 그 내용은 3월 17일

---

61 김수암(2013), p.149.
62 백범석·김유리(2013), p.7.
63 백범석·김유리(2013), p.6.

제25차 인권이사회에서 공식 보고되었다.[64] 3명의 조사위원 중 마이클 커비 위원장과 마르주키 다루스만 북한인권 특별보고관 등 2명이 참석해 보고서의 내용과 북한인권 사례를 실은 광범위한 증거자료를 제시하고 소개하였는데, 그 과정에서 80여 명의 인권유린 피해자들을 포함해 수많은 전문가와 관련자들이 한국, 일본, 미국 등지에서 증언을 하였다.

보고서의 결론부터 이야기하면, 지금껏 북한에서는 매우 조직적이고 광범위하며 심각한 인권침해가 저질러져 왔으며, 이러한 인권침해는 대부분 국가 정책에 따라 자행된 반인도범죄에 해당한다는 것이다. 따라서 국제사회는 북한 정부가 자국민을 보호하지 못하는 부분에 대한 보호책임을 져야하며, 인권침해 책임자 처벌과 같은 책임보장 조치 등을 통해 북한인권의 다각적인 개선방안을 강구해야 한다. 무엇보다도 북한 정권 내 책임자를 규

〈표 4〉 북한인권 조사위원회 결과 보고서[65]

1) 북한인권 침해 사실 확인

▶ "체계적이고 광범위하며 중대한" 인권침해가 북한 내에서 일어났으며 현재에도 일어나고 있음이 지적됨.

▶ 조사대상으로 제시받은 아홉 가지의 북한인권 침해 사안을 크게 여섯 가지 범주로 재정리하여 그 침해 사실을 적시함.

① 사상, 양심 및 종교의 자유는 물론 의견, 표현, 정보 및 결사의 자유 부재.
② 국가에서 분류한 성분에 근거한 차별이 사회 전 분야에 만연.
③ 해외 출국은 물론 국내에서의 이동의 자유 및 거주의 자유 부재.
④ 차별에 기반한 정부배급정책 등에 의해 식량권 문제가 생명권 침해로 연결됨.
⑤ 자의적 구금, 고문, 처형 등의 인권침해가 특히 정치범수용소 및 기타 다양한 구금시설에서 광범위하게 발생.
⑥ 한국전쟁 당시의 전시 납북자는 물론, 전후 한국과 일본 등으로부터 납북된 사람들 존재.

---

64 조정현, "유엔 북한인권 조사위원회(COI) 보고서 분석 및 평가,"『국립외교원 외교안보연구소』No. 2014-7(2014), p.5.
65 조정현(2014), pp.5-8.

▸ 북한에서 국가 최고위층이 수립한 정책에 근거한 반인도범죄가 자행되고 있음.

① 정치범수용소 및 기타 구금시설 수용자, 탈북자, 종교인 등에 대해 가해지는 체계적이고 광범위한 공격: ICC 로마규정 제7조 상의 구금, 강제실종, 절멸, 살해, 노예화, 고문 및 기타 비인도적 행위, 강간 및 기타 성폭력, 박해, 강제이주 등 다양한 범죄구성요건에 해당.

② 체제유지를 위해 일반 주민들의 기아상태를 적극적으로 개선하지 않고 오히려 비정상적으로 국가 예산을 분배하고 차별적으로 배급함. 국제원조 제한 등으로 많은 희생자를 낸 상황: 일반 주민에 대한 체계적이고 광범위한 공격으로 인정됨. 절멸 및 살해에 해당.

③ 외국인의 납치 및 강제실종이 체계적이고 광범위하게 발생.

▸ 구체적인 처벌 대상을 별도로 나열하지는 않았지만, 조선 노동당 및 국방위원회, 그리고 이들의 통제를 받는 국가보위부, 인민보안부, 인민무력부, 검찰 및 사법부 등의 관료들이 주요 가해자임을 명시함으로써 처벌의 가능성을 시사.

▸ 권력의 정점에 있는 최고지도자, 즉 김일성, 김정일, 김정은의 개인책임도 시사. 특히, 현 최고지도자인 김정은에 대해서는 북한에 보낸 2014년 1월 20일 서신을 통해 '직접 국제범죄에 관련되지 않았다 하더라도 사전예방 및 적절한 사후조치를 취하지 않았다면 북한 국내 정치 구조를 고려할 때 국제형사법상 명령 지휘책임 원칙이 적용되어 형사처벌을 받을 수 있음'을 경고.

▸ 국제형사재판소의 경우, 관련국이 ICC 로마규정의 당사국이 아닐 때 유엔 안전보장이사회의 결의 채택을 통해 국제형사재판소에 관련 사건을 회부하여야 관할권이 성립함. 따라서 당사국이 아닌 북한 상황에 대해서는 유엔안보리의 역할이 절대적으로 필요.

▸ 구 유고슬라비아 및 르완다 사례와 같은 임시 국제재판소의 설립 검토.

명하여 국제형사재판소에 회부하는 것이 권고된다. 〈표 4〉에서는 조사위원회의 결과 보고서를 1) 북한인권 침해 사실 확인, 2) 반인도범죄 성립, 3) 국제형사재판소 회부 권고의 세 가지 내용에 주력하여 3단계로 보기 쉽게 정리하였다.

최종 보고서 발표 후, 국제사회는 북한 정부의 책임자가 과연 국제형사재판소에 회부될 수 있을지를 주목하고 있다. 대부분은 리비아나 시리아의 경우와 같이 심각한 사안임에도 불구하고 유엔이 북한의 직접적인 책임을 묻기가 어려울 것이라는 관측이다. 안건이 제안되기도 전인 보고서 발표일 다음 날, 북한의 우방국이자 안전보장이사회 상임이사국 중 하나인 중국이 조사위원회의 최종 보고서에 대한 안전보장이사회에서 거부권을 행사하겠다고 시사하였기 때문이다. 중국 외교부 대변인은 정례 브리핑에서 "인권 문제의 정치화에 반대하고 인권 문제를 핑계로 다른 국가의 내정에 간섭하는 것에도 반대한다. 평등 및 상호 존중의 기초하에 건설적인 대화로 인권 영역에 대한 이견을 처리해야 한다"[66]고 강조한 것이다.

이번 북한인권 조사위원회의 결과 보고서는 기존의 인권 개선 운동 차원을 넘어 북한인권 침해 사실을 확인시켜줄 뿐 아니라, 형사처벌의 근거를 마련하여 인권유린에 책임이 있는 가해자를 규명하고 이에 대한 국제형사재판소 회부를 권고한다는 데 그 의의가 있다. 사실 조사위원회의 조사결과와 국제형사재판소를 통한 가해자 형사처벌의 직접적인 연관성은 높지 않다. 그럼에도 불구하고, 기존의 조사위원회가 무력충돌이 수반된 대규모 인권침해 사태만을 대상으로 하여 설립된 데 반해, 조사위원회의 경우 특별히 무력충돌이 발생하지 않은 평시의 대규모 인권침해를 대상으로 하였다는 특징에 주목해야 한다. 이를 통해 북한인권 침해의 심각성을 국제사회가 주시하고 있음은 물론이며, 이제는 보다 적극적이고 포괄적으로 북한인권 개선활동을 전개될 수 있는 기제 구축에 나섰음이 밝혀졌다. 조사위원회는 최종 보고서 발표 이후에도 구속력 없는 결론과 권고에만 머무르지 않도록 적극적으로 권고사항들의 이행을 감시하고 촉구하는 유엔 차원의 적극적인 노력과 지원을 아끼지 말아야 할 것이다.

---

66 연합뉴스, "중국, 북한 인권 문제 국제형사재판소 제소에 반대," http://www.yonhapnews.co.kr/international/2014/02/18/0619000000AKR20140218181500083.HTML (검색일: 2014.2.18).

제 3 장

유엔기구와 인권(II):
조약기반 인권체제와 지역인권체제

박재영

Ⅰ. 서론

국제적인 인권보호체제를 통상적으로 유엔헌장에 기반을 둔 인권체제, 조약에 기반을 둔 인권체제, 지역인권체제라는 3가지로 분류한다. 이들 가운데 유엔헌장에 기반을 둔 인권체제 역시 유엔헌장이라는 국제조약에 의거한 체제이기 때문에 조약에 기반을 둔 인권체제의 하나임에 틀림없다. 그러나 이들을 구분하는 이유는 유엔헌장의 경우 인권조약과는 달리 인권만을 전문적으로 규정하고 있는 조약이 아니기 때문이다.

여기에서는 이들 3가지 국제적인 인권보호체제 가운데 조약에 기반을 둔 인권체제와 지역에 기반을 둔 인권체제를 살펴보고자 한다. 지역인권체제란 유사한 정치적·경제적·문화적 배경을 가진 국가들로 구성된 지역을 단위로 하는 인권보호체제를 의미함으로써 인권의 보편성에 기초하고 있는 조약에 기반을 둔 인권체제와 구분이 된다. 그러나 지역인권체제가 인권의 특수성에만 매몰되어 있는 것이 아니라 세계인권선언 등 보편적인 인권을 인정하고 있어 보편적인 인권의 보호를 위한 과도적 단계라는 관점에서 구분하여 살펴보고자 한다.

조약에 기반을 둔 인권체제의 경우 인권을 규정하고 있는 조약이 다수 존재하나 시민적·정치적 권리에 관한 국제규약을 위시한 대표적인 9개의 인권조약에 국한하여 살펴보고자 한다. 지역인권체제의 경우는 유럽 지역, 아프리카 지역, 중남미 지역으로 구분하여 살펴보고자 한다. 이들 조약에 기반을 둔 인권체제와 지역인권체제를 살펴봄에 있어서 본 글은 이들 인권 보호체제의 이행을 확보하기 위한 기제implementation mechanism에 중점을 두고 자 한다. 이러한 기제는 2단계로 구성되는데 구체적으로 조약의 규정을 잘 지키도록 유도하는 기제와 조약의 규정을 위반하였을 때 이를 시정하기 위 한 기제를 의미한다.

II. 조약기반 인권체제

1. 국제인권조약의 구분

인권을 전적으로 규정하고 있는 조약에는 도덕적 구속력만을 가진 세계 인권선언을 바탕으로 체결되어 법적 구속력을 가진 기본적이고 보편적인 국제 인권조약으로서 시민적·정치적 권리에 관한 국제규약과 경제적·사회적· 문화적 권리에 관한 국제규약이 존재한다. 이들 두 개의 규약은 이들의 모태가 된 세계인권선언과 더불어 '국제인권장전International Bill of Rights'으로 불린다.

이들 시민적·정치적 권리에 관한 국제규약과 경제적·사회적·문화적 권 리에 관한 국제규약의 경우 인권을 포괄적으로 담고 있는 조약이다. 이와는 달리 인종차별철폐협약, 여성차별철폐협약, 고문방지협약, 아동권리협약은 특정한 주제나 집단에 중점을 둔 조약으로서 이들 모두 전통적으로 핵심적 인 인권조약으로 간주된다. 기존의 이러한 핵심적인 인권조약 이외에 이주 노동자, 강제실종자, 장애인과 같은 사회적 취약계층의 권리 보호를 위한 인권조약으로서 이주노동자권리협약, 장애인권리협약, 강제실종방지협약이 존재한다.

이들 조약을 보완하는 차원에서 조약의 이행을 강화하기 위한 절차적 성격을 규정하고 있는 선택의정서(예컨대 개인의 진정절차를 규정하고 있는 여성차별철폐협약의 선택의정서)와 실질적인 내용을 구체적으로 다루고 있는 선택의정서(예컨대 사형제 폐지 내용을 담고 있는 시민적·정치적 권리에 관한 국제규약의 제2선택의정서와 아동의 무력충돌 참여, 아동매매·성매매·음란물과 관련한 내용을 담고 있는 아동권리협약의 2개 선택의정서)가 존재한다.

여기에서는 9개의 대표적인 인권조약인 시민적·정치적 권리에 관한 국제규약, 경제적·사회적·문화적 권리에 관한 국제규약, 인종차별협약, 여성차별철폐협약, 고문방지협약, 아동권리협약, 이주노동자협약, 장애인권리협약, 강제실종방지협약을 중점적으로 살펴보고자 한다.

2. 국제인권조약의 이행감시기구

국제인권조약들은 조약 내용의 이행을 감시하고 인권침해의 사실을 조사·보고·권고하기 위한 이행감시기구^{monitoring body}로서 준사법적인 기관인 위원회^{committee}를 두고 있다.[1] 이러한 위원회의 지위와 이들 사이의 협력을 살펴보면 다음과 같다.

1) 이행감시기구의 지위

경제적·사회적·문화적 권리에 관한 국제규약^{International Covenant on Economic, Social and Cultural Rights}의 경우 별도의 이행감시기구의 설립을 규정하지 않고 인권 문제를 중요 문제의 하나로 다루는 유엔의 경제사회이사회^{ECOSOC}에게 동 조약의 이행을 감시하도록 했다. 이에 따라 경제사회이사회는 산하의 자문기구^{advisory body}로서 경제적·사회적·문화적 권리위원회를 설립했다.

---

[1] 이행감시기구(monitoring body)는 종종 '조약기구(treaty body)'라고도 불린다.

이를 제외한 다른 위원회들은 유엔의 기관과 독립되어 설립되었다.

이러한 위원회들은 소속국가로부터 독립된 개인의 자격으로 참여하는 위원으로서 구성된다. 경제적·사회적·문화적 권리위원회의 경우 유엔의 기관이기 때문에 위원들이 유엔의 경제사회이사회^{ECOSOC}를 통해 선출된다. 이를 제외한 위원회는 개개 조약의 당사국들에 의해 선출되는 위원으로 구성된다.

경제적·사회적·문화적 권리위원회를 제외한 나머지 위원회들은 유엔의 기관과 독립되어 있지만 유엔과 밀접한 관계를 가진다. 우선 위원회의 활동은 인권 문제를 중요 문제의 하나로 다루는 유엔의 경제사회이사회^{ECOSOC}를 통해 유엔총회에 보고되고 유엔에 의해 조정된다. 경제적·사회적·문화적 권리위원회의 경우는 다른 위원회들과는 달리 활동에 대해서 총회가 아닌 경제사회이사회에 보고한다. 다른 위원회와 달리 유엔으로부터 독립적인 기구는 아니지만 다른 위원회처럼 조약기구로 간주된다.

위원회의 위원들은 개인적인 자격으로 선발된 전문가이지만 이들의 선임에서부터 보고서의 준비와 위원회의 개최 등의 사무 처리와 관련하여 유엔과 깊은 관계를 맺고 있다. 이들 위원회는 주로 스위스의 제네바에서 회합을 가지며 이곳에 소재해 있는 유엔인권최고대표사무소^{OHCHR}로부터 서비스를 제공받는다. 여성차별철폐위원회의 경우 2008년 이전에는 뉴욕에서 회합을 가지고 유엔의 여성지위향상부^{Division for the Advancement of Women}의 지원을 받았었다.

2) 위원회 간의 상호협력

이들 위원회들은 '인권조약기구연례의장회의^{Annual Meeting of Chairpersons of the Human Rights Treaty Bodies}'와 '위원회간회의^{Inter-Committee Meeting}'를 통해 상호협력을 한다. 우선 위원회 의장들은 인권조약기구연례의장회의를 통해 이행감시기구들 전반의 효과성을 제고하기 위한 논의를 비롯하여 그들의 작업에 대해 논의를 갖는다. 이 회의는 유엔총회가 1983년에 인권조약 이행감시기구의 의장들에게 조약기구의 작업을 개선하기 위한 방안을 논의하기 위해

회의를 가지도록 요청한 것이 기원이 되었다. 이러한 요청에 따라 제1차 회합이 1984년에 개최되었으며, 1995년 이래로 연례적으로 개최해오고 있다. 이 회의에서 다루어지는 이슈는 주로 인권조약의 가입국들이 제출하기로 되어 있는 국가보고서 national report 작성 절차의 간소화와 전반적 개선, 위원회 간 작업방식의 조화, 세계인권회의 후속조치, 재정적 문제 등이다. 인권조약의 당사국, 유엔 파트너, 비정부기구 NGO와의 비공식협의 역시 이 회의의 특징 중 하나이다.

위원회들은 인권조약기구연례의장회의와는 별도로 위원회별로 의장과 의장 이외의 2인의 참여하에 2002년에 처음으로 제네바에서 위원회 간의 작업방식의 조화를 주요 관심사로 하여 '위원회간회의 Inter-Committee Meeting'를 개최하면서 위원회 간의 또 다른 협력채널을 구성했다. 이 회의에 위원회의 참여수준이 증대되면서 위원회의 작업방식과 관련한 이슈에 대하여 연례의장회의보다 좀 더 세밀하게 권고를 하는 것이 가능해졌다.

3. 인권조약의 이행기제

국제인권조약의 이행감시기구인 위원회는 조약의 준수 compliance를 확보하기 위해 제도적인 장치들을 가지고 있는데 이들을 통상적으로 '이행기제 implementation mechanism'라고 부른다. 여기에서는 이러한 이행기제의 종류와 이행기제의 조약상 규정방식에 대해 살펴보고자 한다.

현장임무를 통해 작업을 수행하는 전문적인 기구인 고문방지소위원회 Subcommittee on Prevention of Torture and other Cruel, Inhumane or Degrading Treatment or Punishment, SPT를 제외하고 이들 위원회들은 다양한 방식의 이행기제들을 운용하고 있다.

1) 이행기제의 종류
주요한 이행제도로는 국가보고서 제도, 개인 진정 제도, 국가 간 진정 제도,

자발적 직권조사 제도, 조기경보와 긴급행동절차 제도, 일반논평(일반권고) 제도가 있다. 이들을 하나씩 살펴보면 다음과 같다.

(1) 국가보고서 제도

국가보고서^{state report} 제도는 가장 보편적으로 채용하고 있는 이행기제로서 체약국으로 하여금 조약상의 의무를 실현하기 위해 취한 조치의 진척상황을 담은 정기적인 국가보고서를 의무적으로 위원회에 제출하도록 하는 제도이다. 위원회는 당사국으로부터 제출된 보고서를 검토하고 해당 당사국 대표와 대화를 가진 후 이를 바탕으로 해당국의 협약의무 준수를 평가한 '최종검토의견서^{concluding observations}'를 발한다.

국가의 조약준수 상황, 성과의 인정, 특별한 관심사의 식별확인과 이러한 관심사를 국가가 어떻게 다루어야 할 것인가에 대한 권고^{recommendation} 등을 포함하는 이러한 최종검토의견서는 당사국에 송부되고 유엔의 경제사회이사회^{ECOSOC}를 통해 총회에 보내진다. 위원회가 제시한 권고사항의 이행을 감시하는 것이 중요한데 이를 위해 이행조치를 일정한 기간 내에 보고하도록 하거나 특별보고관^{special rapporteur}을 임명하여 이행을 점검하고 보고하도록 하는 제도를 두고 있다.

국가보고서 제도와 관련하여 다음과 같은 문제점들이 흔히 지적된다. 적지 않은 국가들이 정기적인 보고서는 물론 최초 보고서조차 제출하지 않는데 이를 강제할 수단이 제대로 구비되어 있지 않다. 국가보고서를 심사하는 위원회 위원들이 전일제 근무자가 아닌 관계로 보고서에 대한 심리가 적절하게 이루어지기 어렵고 개개 국가들이 모든 혹은 대다수의 인권조약에 가입한 경우 상당한 부분에 있어서 내용이 중첩될 수 있는 보고서의 작성이 큰 부담이 된다.[2] 국가의 보고서 작성 과정에 비정부기구^{NGO}를 포함한 시민사회가 참여할 수 있고 독자적인 보고서^{shadow report}를 제출할 수 있으며

---

2 이러한 문제점들을 들어 각종 인권조약 이행감시기구들의 단일화 등이 개혁의 한 방향으로 논의되어 오고 있다.

나아가 위원회에 직접 참석하여 발표를 하거나 질문에 답할 수도 있으나 실제에 있어서는 소수의 정부만이 작성과정에 공식적으로 비정부기구와 협의를 진행하고 있으며 비용문제 등으로 인해 비정부기구의 위원회 참여가 용이하지 않다.

(2) 개인 진정 제도

개인 진정individual complaint 제도는 인권보호를 위한 가장 강력한 이행기제로서 체약국의 관할하에 있으면서 조약에서 보장된 권리의 침해를 받은 개인이 국내 권리구제 절차를 모두 거쳤음에도 불구하고 구제를 받지 못한 경우 위원회에 직접 진정을 할 수 있도록 하는 이행기제이다.[3] 이때 통상적으로 비정부기구NGO 등에게도 진정의 자격이 주어진다.

진정을 접수한 위원회는 진정을 심의한 후에 해당 국가의 인권조약 위반 여부에 대한 결정을 하고 당사국에게 그 진정에 관한 위원회의 의견을 제시하며 이를 연차보고서에 공표한다. 이러한 연차보고서는 유엔의 경제사회이사회ECOSOC를 통해 총회에 제출된다. 개인진정 심사는 언제나 비공개회의로 진행된다. 위원회는 진정에 관한 위원회의 의견을 통해 진정인을 위한 배상과 재발방지 등의 적절한 조치와 심리의 대상이 되었던 국내법령에 대한 개정 등을 권고한다. 위원회는 특별한 경우 체약국에게 결과를 통보하기 이전에 과도조치interim measure를 취할 것을 요청함으로써 긴급행동urgent action을 취할 수도 있다.

이러한 개인진정이 발동하는 데는 다음과 같은 엄격한 조건이 존재한다. 1) 모든 가용한 국내적 구제조치local remedy를 밟아야만 한다. 2) 진정하는 사람은 조약 체결국의 관할권하에 있어야 한다. (3) 진정은 익명으로 이루어져서는 안 된다. 4) 진정인은 희생자 본인이거나 희생자의 대표인 혹은 드문 경우이기는 하지만 익명이 아닌 제3자여야 한다. 5) 국제기구의 또 다른 절

---

3 영어로 'communication'과 'complaint'이 '통보', '진정', '고발', '청원' 등의 우리말로 번역되어 사용되는데 이곳에서는 이들을 '진정'이라는 말로 통일하여 사용하고자 한다.

차나 해결에 맡겨져 있으면 안 된다.

개인진정 제도의 한계로는 이러한 제도가 인권의 침해가 중대하고 대규모적으로 이루어지고 있는 상황에서 조약의 준수를 확보하는 데는 적절한 기제가 아니라는 점이다. 또한 진정을 심사한 후 제시되는 위원회의 의견이 법적 구속력을 결하고 있어 진정에 대해 위원회가 제시하는 의견의 이행을 감시하는 것이 무엇보다 중요하다.[4]

(3) 국가 간 진정 제도

국가 간 진정inter-state complaint 제도는 조약의 일방 당사국이 타방 당사국의 인권침해의 문제를 위원회에 진정하고 위원회가 이를 검토할 수 있도록 하는 이행기제이다. 고문방지협약(선택조항), 강제실종방지협약(선택조항), 이주노동자와 가족권리 보호협약(선택조항), 경제적·사회적·문화적 권리에 관한 국제규약의 선택의정서, 아동권리협약 선택의정서가 이러한 이행기제를 규정하고 있다. 그러나 타 당사국의 인권 문제에 개입하지 않으려는 경향으로 인해 거의 활용되고 있지 않다. 예컨대 인종차별철폐협약의 경우 이러한 이행기제가 사용된 적이 전혀 없다.

(4) 자발적 직권조사 제도

자발적 직권조사voluntary inquiry 제도는 조약에서 규정한 권리가 조약 당사국에 의해 중대하거나 조직적으로 침해당하고 있다는 믿을 만한 정보가 있는 경우 진정이 없이도 위원회가 관련자의 면담이나 관련 국가의 방문을 통해 해당 당사국을 조사할 수 있도록 하는 이행기제이다. 당사국을 방문하여 조사하려면 당사국의 동의를 필요로 하는데 2006년에 발효된 고문방지협약 선택의정서의 경우는 고문방지와 관련하여 고문의혹이 있는 곳이라면 해당 국가의 승인 없이도 국제 고문감시단이 방문할 수 있도록 하는 내용을

---

4 이러한 문제를 부분적이나마 완화하기 위해 국가가 취한 이행조치에 대해 일정한 기간 내에 보고를 하게 하거나 특별보고관을 두어 이를 감시하도록 하고 이러한 결과를 연례 보고서에 포함하여 유엔총회에 제출하도록 하고 있다.

국제기구와 인권·난민·이주

담고 있다.

(5) 조기경보와 긴급행동 제도

조기경보와 긴급행동early warning and urgent action 제도는 인종차별철폐협약만이 채택하고 있는 이행기제이다. 이는 협약의 중대한 위반을 방지하거나 제한함으로써 협약의 위반에 좀 더 효과적으로 대응하기 위한 이행기제이다. 구체적으로 조기경보는 협약의 잠재적인 위반이 발생하거나 갈등으로 확대되는 것을 방지하는 것에 목적을 두고 있으며 긴급행동은 협약의 중대한 위반을 방지하거나 위반의 규모를 제한하기 위해 신속한 주의를 요하는 문제에 대응하는 것에 목적을 두고 있다.

(6) 일반논평(일반권고) 제도

일반논평general comment 이나 일반권고general recommendation 제도는 위원회들로 하여금 일반논평이나 일반권고의 형태로 각 인권협약의 내용이나 주제별 쟁점에 대해 유권적인 해석을 내리도록 함으로써 인권기준에 대한 이해와 해석에 기여하도록 하는 이행기제이다.[5] 즉 이 제도는 일반논평이나 일반권고를 통해 규약을 해석하고 실시하는 데 있어서 실제로 문제가 되고 있거나 문제의 소지가 있는 부분에 대해 유권적 해석을 내림으로써 적용에 있어서 통일성을 기하고자 하는 것을 의도한 제도이다. 이러한 일반논평이나 일반권고가 필요한 이유는 많은 조약들이 애매모호한 용어로 인해 여전히 해석의 여지가 있고 이러한 조약의 범위 역시 해석의 여지가 존재하기 때문이다.

국가마다 해석과 적용이 다른 문제(특히 당사국의 일반적인 조약 의무의 문제)에 대해 위원회가 권위 있는 지침을 제공함으로써 국제인권법의 주요한 생산자로서의 역할을 하게 된다는 점에서 이러한 일반논평이나 일반권고는 중요성을 갖는다. 동시에 이러한 방식으로 새로운 국제인권법을 만드는

---

5 일반적으로 '일반논평'이라고 칭하나 여성차별철폐위원회의 경우는 이를 '일반권고'라는 부른다.

것은 일반논평이나 일반권고 제도를 남용하는 것으로서 위원회에 주어진 권한 이외의 것이라는 비판을 받고도 있다.6 국제인권조약들은 위원회에게 구체적으로 그들의 조항의 범위와 의미에 대해 해석할 권한을 부여하고 있지 않다는 점에서 이러한 비판이 전혀 근거가 없다고만 볼 수는 없다.

이러한 일반논평이나 일반권고는 합의에 의해 채택되며 일반적으로 국가인권제도의 역할, 긴급 상황에서의 국가의 역할, 여성에 대한 폭력과 성평등 등과 같은 문제들을 다룬다. 여러 조약들 가운데 특히 인종차별철폐협약, 여성차별철폐협약, 시민적·정치적 권리에 관한 국제규약, 경제적·사회적·문화적 권리에 관한 국제규약을 관장하는 위원회가 이 제도를 적극적으로 활용하고 있다.7

2) 이행기제의 조약상 규정방식

모든 국제인권조약들이 위에서 살펴본 다양한 이행기제들을 일률적으로 다 채택하고 있는 것은 아니다. 조약에 따라서 어떤 이행기제를 채택하기도 하고 채택하지 않기도 한다. 채택을 하더라도 이를 동 조약의 일부 조항으로서 채택하기도 하고 선택의정서나 선택의정서의 일부 조항으로서 채택하기도 한다. 동 조약의 일부이든 선택의정서의 일부이든 이러한 이행기제는 반드시 채택하여야 하는 강제사항일 수도 있고 선택사항일 수도 있다. 또한 선택사항이라고 해도 선택적 수용opting-in을 허용하는 방식일 수도 있고 배제방식opting-out를 허용하는 방식일 수도 있다. 따라서 여기에서는 이러한 이행기제들의 조약상의 규정방식과 관련하여 주목하여야 할 부분에 대해 살펴보고자 한다.

조약이 특정 이행기제를 선택사항으로 할 때 이를 동 조약의 선택조항으로 규정할 수도 있고 선택의정서의 내용으로 규정할 수도 있다. 이때 어떤

---

6 박찬운, 『국제인권법』(서울: 한울아카데미, 1999), p.107.

7 Pia Drzewinski, *Report on NGO Participation in the Work of UN Human Rights Treaty Monitoring Bodies* (Geneva, June 2002).

방식으로 규정할 것인가의 문제에 직면하게 되는데 이 경우에 주권에 민감할 국가일수록 동 조약의 일부가 아닌 선택의정서의 형식을 선호할 것이며 그 결과 조약은 이행조건이 국가들에게 수용되기 어려운 것일수록 선택의정서 방식을 택할 가능성이 높다.[8]

조약이 특정 이행기제를 선택사항으로 할 때 선택적 수용방식opting-in과 선택적 배제방식opting-out 중에서 어떤 것을 택할 것인가 역시 문제가 된다. 선택적 수용방식이란 수용의사를 표시해야 수용되기 때문에 의사표시가 없을 경우 배제의사로 간주된다. 이에 반해 선택적 배제방식은 수용하지 않겠다는 의사표시가 있어야 배제되기 때문에 의사표시가 없을 경우 수용의사로 간주된다. 이러한 선택적 수용과 선택적 배제는 배제의 수월성과 관련이 있다고 볼 수 있다. 즉 선택조항이 선택적 수용방식을 택하고 있다면 배제의 수월성이 높아지는 반면, 선택적 배제의 방식을 택하고 있다면 배제의 수월성이 낮아진다고 볼 수 있다. 따라서 주권에 민감한 국가일수록 선택적 배제방식보다 선택적 수용방식을 선호할 가능성이 높다고 볼 수 있다.

선택의정서의 경우 시민적·정치적 권리에 관한 국제규약의 제1선택의정서처럼 하나의 선택사항(개인 진정 제도)만을 포함하고 있는 것이 있고 아동권리협약처럼 두 가지 이상의 선택사항(개인 진정 제도, 국가 간 진정 제도, 자발적 직권조사 제도)을 포함하고 있는 경우가 있다. 후자의 경우처럼 선택사항이 복수로 존재할 경우 하나 이상의 선택사항은 강제로 적용되는 사항으로 해야 하고 나머지가 있다면 이들을 선택적 수용방식이나 선택적 배제방식 중에서 택하여야 된다. 이때 어떤 사항을 선택의정서의 채택과 더불어 무조건 강제로 적용되는 사항으로 할 것인가의 문제가 생기게 된다. 이 경우 강제 적용사항은 다른 사항들에 비해 가장 우선적인 의미가 주어진 사항이라고 추측할 수 있을 것이다.

---

8 Jean Galbraith, "Treaty Options: Towards a Behavioral Understanding of Treaty Design," *Virginia Journal of International Law 53*(2013), pp.339-340.

4. 국제인권조약과 이행감시기구의 운영

위에서 살펴본 이행기제를 중심으로 주요 국제인권조약들과 이들의 이행 감시기구가 어떻게 작동하고 있는가를 살펴보고자 한다. 다음에 살펴볼 9개의 인권조약들은 체결되고 발효된 순서에 따라 열거되었다.

1) 인종차별협약과 인종차별철폐위원회

1963년에 인종차별철폐선언이 유엔총회에서 채택된 후 1965년에 '인종차별철폐협약International Convention on the Elimination of All Forms of Racial Discrimination: CERD'이 체결되고 1969년에 발효되었다. 동 조약 제8조에 근거하여 인종차별철폐위원회Committee on the Elimination of Racial Discrimination: CERD가 1969년에 설치되었다. 동 위원회는 체약국에 의해 선출된 18명의 위원으로 구성된다.

동 조약은 9개의 조약 중에서 가장 먼저 1960년대에 체결된 조약임에도 불구하고 강력한 이행기제를 두고 있음을 특징으로 한다. 구체적으로 국가보고서 제도, 국가 간 진정 제도, 개인 진정 제도를 규정하고 있으며 명시적인 규정을 두고는 있지 않지만 일반권고 제도를 운용해오고 있다. 국가보고서의 경우 가입 후 1년 이내에 첫 보고서를 제출하여야 하며, 매 2년마다 정기적으로 보고서를 제출하여야 한다. 이행기제들 가운데 국가보고서 제도와 국가 간 진정 제도는 조약에의 가입과 더불어 자동적으로 인정되는 것이지만 개인 진정 제도는 선택사항으로서 이 제도가 적용되기 위해서는 당사국이 이를 수용한다는 특별선언을 별도로 해야 하는 선택적 수용opting-in 방식을 채택하고 있다. 이는 개인 진정 제도를 동 조약의 일부로서 선택조항으로 하고 있는 고문방지협약, 이주노동자협약, 강제실종방지협약과 동일한 방식이다. 한국은 1978년에 이 조약을 비준했고 개인 진정 제도를 선택적으로 수용하는 선언을 했다.

동 위원회는 다른 위원회와는 다르게 이행기제의 하나로서 조기경보와 긴급행동절차 역시 채택하고 있다. 조기경보 절차를 발동할 수 있는 상황이란 국내 입법에 있어서 인종차별을 정의하고 금지하는 적절한 기준의 부재,

부적절한 이행기제, 개인들에 의한 인종적 선전과 인종적 불관용에의 호소가 패턴으로서 등장하는 경우 등을 포함한다. 긴급행동절차를 발동할 수 있는 상황이란 중대하거나 조직적인 인종차별이 존재하는 상황을 포함한다. 인종차별철폐위원회가 조기경보 절차나 긴급행동절차를 취하기로 결정하면 위원회는 관련 당사국에게 정보를 제공할 것을 요청할 수 있고 사무국에게 유관한 기구의 현지 직원으로부터 정보를 수집하도록 요청할 수 있으며 특별한 관심사를 다루는 결정을 채택하고 행동을 권고할 수 있다.9

2) 시민적·정치적 권리에 관한 국제규약과 인권위원회

'국제인권규약 B규약'이라고도 약칭되는 '시민적·정치적 권리에 관한 국제규약International Covenant on Civil and Political Rights'은 1966년에 체결되었고 1976년에 발효되었다. 다음에 살펴볼 경제적·사회적·문화적 권리에 관한 국제규약과 분리되어 채결된 이유는 이 두 종류의 인권 중 어느 것을 우선하여야 할 것인가를 둘러싸고 이견을 보였기 때문이다. 개인 진정 제도를 규정하고 있는 제1선택의정서First Optional Protocol to the International Covenant on Civil and Political Rights가 동 조약과 마찬가지로 1966년에 채택되고 1976년에 발효되었으며 사형폐지를 위한 제2선택의정서가 1989년에 채택되고 1991년에 발효되었다. 한국은 1990년에 동 조약과 제1선택의정서에 가입했으나 제2선택의정서는 가입하지 않은 상태이다.

동 조약은 이행감시기구로서 18명의 위원으로 구성된 인권위원회Human Rights Committee: HRC를 두고 있다. 위원회는 통상적으로 유엔의 인권이사회United Nations Human Right Council: UNHRC와 더불어 가장 중요한 인권관련 국제기구로 간주된다. 이 위원회는 국가간의 조약의 결과로서 설립된 기구로서 유엔의 기관으로 설립된 경제적·사회적·문화적 권리에 관한 국제규약의 이행을 돕

---

9 International Justice Resource Center, "Committee on the Elimination of Racial Discrimination," http://ijrcenter.org/un-treaty-bodies/committee-on-the-elimination-of-racial-discrimination/(검색일: 2014.4.11).

기 위한 위원회인 경제적·사회적·문화적 권리에 관한 위원회와 구별된다.

동 조약은 이행기제로서 국가보고서 제도, 국가 간 진정 제도를 규정하고 있으며 규정에는 없지만 일반논평 제도를 운용해오고 있다. 국가보고서의 경우 가입 후 1년 이내에 첫 보고서를 제출하여야 하며 매 4년마다 정기적으로 보고서를 제출하여야 한다. 이행기제 가운데 국가 간 진정 제도는 당사국이 이를 수용한다는 특별선언을 필요로 하는 선택적 수용^{opting-in} 방식을 채택하고 있다. 동 조약은 제1선택의정서를 통해 개인 진정 제도 역시 채택하고 있다. 자발적 직권조사 제도는 채택하고 있지 않다.

3) 경제적·사회적·문화적 권리에 관한 국제규약과 경제적·사회적·문화적 권리위원회

'국제인권규약 A규약'이라고도 불리는 '경제적·사회적·문화적 권리에 관한 국제규약^{International Covenant on Economic, Social and Cultural Rights}'은 1966년에 체결되어 1976년에 발효되었다. 처음에는 별도의 독립적인 이행감시기구를 두고 있지 않다가 1985년에서야 유엔 경제사회이사회^{ECOSOC}는 결의를 통해 자신의 보조기관으로서 4년 임기의 18명의 전문가로 구성된 경제적·사회적·문화적 권리위원회^{Committee on Economic, Social and Cultural Rights: CESCR}를 설치했다. 한국은 동 조약에 1990년에 가입했다. 신혜수 이화여자대학교 국제대학원 초빙교수가 유엔경제사회이사회에서 2010년에 4년 임기의 위원에 선출된 바 있으며 2014년 4월에 재선된 바 있다.

동 조약은 이행기제로서 국가보고서 제도만을 규정하고 있고 규정에는 없지만 일반논평 제도를 운용해오고 있었다. 국가보고서의 경우 가입 후 2년 이내에 첫 보고서를 제출하여야 하며, 매 5년마다 정기적으로 보고서를 제출하여야 한다. 2008년에 선택의정서^{Optional Protocol to the International Covenant on Economic, Social and Cultural Rights}가 유엔총회에서 채택되고 2013년에 발효함으로써 개인 진정 제도, 국가 간 진정 제도, 자발적 직권조사 제도가 새롭게 추가되었다. 이를 통해 주변적인 권리에 머물던 경제적·사회적·문화적 권리가 혁신적인 발전을 하게 되었으며 여타의 모든 인권과 동등한 기반 위에

서게 됐다. 한국은 동 선택의정서에 현재 가입하고 있지 않다.

선택의정서에 의해 새롭게 추가된 3가지 이행기제 중에서 개인 진정 제도는 자동적으로 당사국에 적용되는 것이나 국가 간 진정 제도는 의정서의 당사국이라도 자동적으로 적용되지 않고 수용한다는 특별선언을 필요로 하는 선택적 수용^{opting-in} 방식을 택하고 있다. 자발적 직권조사 제도 역시 선택적 수용방식을 택하고 있는데, 이는 자발적 직권조사 제도를 채택하고 있으면서 선택적 배제^{opting-out} 방식을 택하고 있는 여성차별철폐협약 선택의정서, 아동권리협약의 제3선택의정서, 고문방지협약, 장애인권리협약과 구분된다. 동 위원회는 이 제도에 의거하여 중대하거나 조직적인 조약의 위반에 관한 신뢰할만한 정보가 있을 경우 조사할 수 있다. 위원회는 협력을 구하기 위해 관련 국가를 접촉하여야만 하며 적절할 경우 국가방문을 포함한 조사를 하고 보고를 받기 위해 1~2명의 위원을 임명할 수 있다.

조약상의 권리가 점진적으로 실현되어야 한다는 조약 제2조를 둘러싸고 조약상의 권리의 법적 구속력 여부가 논란이 되었으나 위원회는 일반논평 ^{general comment}을 통해 법적 의무임을 명백히 하고 이러한 의무를 구체적으로 즉시 시행해야 할 의무와 중장기에 걸쳐 시행하여야 할 의무로 구분했다.[10]

4) 여성차별철폐협약과 여성차별철폐위원회

1979년에 '여성차별철폐협약^{Convention on the Elimination of All Forms of Discrimination against Women}'이 유엔총회에서 채택되고 1981년에 발효되었다. 한국은 1984년에 이 조약에 가입하였다. 동 조약의 제17조에 의거하여 1982년에 체약국에 의해 선출되는 4년 임기의 23명의 위원으로 구성되는 여성차별철폐위원회^{Committee on the Elimination of Discrimination against Women: CEDAW}가 이행감시기구로서 설치되었다. 신혜수 이화여자대학교 국제대학원 초빙교수가 2001~2008년에 동 위원회의 위원이었으며 2003~2004년에는 부의장에 선출된 바 있다.

---

10 서철원 외, 『국제인권시스템 현황에 관한 연구』(서울: 국가인권위원회, 2013), pp.53-54.

동 조약은 이행기제로서 국가보고서 제도(가입 후 1년 이내에 첫 보고서를 제출하여야 하며 매 4년마다 정기적으로 제출)만을 규정하고 규정에는 없지만 일반권고 general recommendation 제도를 운용하는 것에 그쳐 실효적인 조약의 준수를 확보하는 것이 어려웠다. 그러나 1999년에 채택되고 2000년에 발효된 선택의정서 Optional Protocol to the Convention on the Elimination of All Forms of Discrimination against Women에 의해 개인 진정 제도와 자발적 직권조사 제도가 추가되면서 이행기제가 강화되었다.

이에 따라 당사국에 의한 조약상의 권리침해를 주장하는 개인이나 집단이 위원회에 진정할 수 있고 위원회는 이를 심리해 권고사항과 함께 권리침해 주장에 대한 견해를 관련 당사자에게 전달할 수 있게 되었다. 또한 위원회는 협약에서 규정한 권리가 당사국에 의해 중대하거나 조직적으로 침해당하고 있다는 믿을 만한 정보가 있는 경우, 당사국의 동의를 전제로 당사국을 방문하여 조사할 수 있게 되었다. 그러나 개인 진정 제도와 자발적 직권조사 제도 중에서 개인 진정 제도는 자동적으로 적용되나 자발적 직권조사 제도의 경우 선택적 배제 opting-out가 가능하도록 되어 있다. 여성차별철폐협약은 국가 간 진정 제도를 두고 있지 않다는 특징을 지니고 있는데 이는 장애인협약과 동일하다. 한국은 이러한 선택의정서에 2006년에 가입을 하였으며, 이 때 자발적 직권조사에 대해 선택적 배제를 하지 않았다.

5) 고문방지협약과 고문방지위원회

유엔은 1975년에 '고문방지선언 Declaration on the Protection of All Persons from Being Subjected to Torture and Other Cruel, Inhuman or Degrading Treatment or Punishment'을 결의안을 통해 채택했다. 이후 이를 기초로 하여 '고문방지협약'이라고 불리는 '고문과 그 밖의 잔혹한·비인도적인 또는 굴욕적인 대우나 처벌의 방지에 관한 국제협약 Convention against Torture and other Cruel, Inhuman or Degrading Treatment or Punishment'이 1984년에 유엔에서 채택되고 1987년에 발효되었다. 한국은 1995년에 가입했다. 협약 제17조에 의해 1987년 설치된 고문방지위원회 Committee against Torture: CAT는 체약국에 의해 선출된 10명의 위원으로 구성

된 이행감시기구이다.

동 조약은 이행기제로서 국가보고서 제도, 국가 간 진정 제도, 개인 진정 제도, 자발적 직권조사 제도를 규정하고 규정에는 없지만 일반논평 제도를 운용해오고 있다. 국가보고서의 경우 가입 후 1년 이내에 첫 보고서를 제출하여야 하며 매 4년마다 정기적으로 보고서를 제출하여야 한다. 이러한 이행기제 중에서 국가 간 진정 제도와 개인 진정 제도는 이러한 제도들이 체약국에게 적용되려면 체약국이 위원회의 그러한 권한을 인정한다는 특별선언을 해야 한다는 선택적 수용방식을 채택하고 있다. 자발적 직권조사의 경우는 이와는 달리 선택적 배제방식을 채택하고 있다. 자발적 직권조사 제도는 어떤 당사국이 그 영토 내에서 고문을 조직적으로 행하고 있다는 정보가 입수된 경우, 위원회는 위원을 선임하여 자발적으로 조사에 착수할 수 있고 조사결과를 위원회의 의견 또는 제안과 함께 관계 체약국과 유엔총회에 송부할 수 있는 제도이다. 자발적인 조사를 할 경우 당사국의 협조를 얻어야 하며 조사는 비공개여야 한다.

고문방지와 관련하여 고문의혹이 있는 곳이라면 해당 국가의 승인 없이도 국제 고문감시단이 언제든 방문할 수 있도록 하는 내용을 담고 있는 고문방지협약 선택의정서 Optional Protocol to the Convention Against Torture and Other Cruel, Inhuman or Degrading Treatment or Punishment가 2002년에 유엔총회에서 채택되고 2006년에 발효되었다. 이 선택의정서는 고문방지협약을 보완하여 강제조항을 도입한 시행조약으로서의 의미를 갖는다. 당 선택의정서는 이행감시기구로서 고문방지위원회와 별도로 고문방지소위원회 Subcommittee on Prevention of Torture and other Cruel, Inhumane or Degrading Treatment or Punishment, SPT를 두고 있다.

선택의정서의 이행기제는 고문방지협약 자체가 규정하고 있는 자발적 직권조사의 한계를 넘어서 고문방지소위원회나 국가의 독립적인 인권기구가 구치소나 유치장 등 모든 구금시설에 대해 사전예고 없이 방문하고 구금환경 정보에 대해 무제한적으로 접근할 수 있도록 보장하는 것이다. 한국은 아직이 선택의정서에 가입하지 않았다.

6) 아동권리협약과 아동권리위원회

1989년에 유엔총회에서 '아동권리협약Convention on the Rights of the Child'이 채택되고 1990년에 발효되었다. 동 조약은 아동을 종래와 같은 보호의 대상만이 아닌 교육을 받을 권리와 사상 표현의 자유를 보장하는 등의 권리의 주체로서 인정했다. 동 조약에 의거하여 1991년에 18명의 독립적인 전문가로 구성된 아동권리위원회Committee on the Rights of the Child: CRC가 이행감시기구로서 설치되었다. 한국은 동 조약에 1991년에 가입했다. 이양희 성균관대 교수가 2003년 3월 아동권리위원회 위원으로 처음 선출된 후 2005년과 2008년에 각각 재선과 삼선이 되었고 2년 임기의 의장직에 두 번 선출된 바 있다.[11]

아동권리협약 채택 이후에도 아동에 대한 무력충돌 참여(아동징집)과 성착취 행위가 지속되자 유엔은 2000년 18세 미만 아동의 징집과 무력참여를 금지하는 내용의 제1선택의정서를 채택하였고 아동매매, 아동성매매 및 아동음란물에 대한 구체적인 규제와 강력한 처벌, 국제적 공조와 피해 아동보호를 목적으로 하는 제2선택의정서를 채택하여 아동의 권리 보장을 보다 강화했다. 한국은 이 두 선택의정서에 2004년에 가입했다.

동 조약은 이행기제로서 국가보고서 제도(가입 후 2년 이내에 첫 보고서를 제출하여야 하며 매 5년마다 정기적으로 보고서를 제출)만을 규정하고 규정에 없는 일반논평 제도를 운용함으로써 다른 조약과 비교하여 이행기제가 취약했다. 2011년 12월에 아동권리협약 제3선택의정서Third Optional Protocol to the Convention on the Rights of the Child가 유엔총회에서 채택되면서 개인 진정 제도, 국가 간 진정 제도, 자발적 직권조사 제도가 추가되면서 조약의 실효성을 더하게 되었다. 선택의정서는 10번째 국가가 비준한 후 3개월 후에 발효하도록 규정되어 있는데 코스타리카가 2014년 1월 14일에 10번째로 비준을 마쳐 최근인 2014년 4월 14일에 발효되었다.

---

11 이양희 교수는 2014년에 유엔 인권이사회(Human Rights Council)의 미얀마 인권 특별보고관(special rapporteur)으로 선출되었다.

개인 진정 제도와 관련하여 제3선택의정서는 아동권리협약상의 권리와 당 협약의 2개 선택의정서에 명시된 권리를 침해받은 피해 아동이나 아동집단 또는 그 대리인이 침해에 대한 진정을 제기할 수 있도록 하여 아동의 권리 주체성을 강화시켰다. 단 진정의 주체로서 비정부기구^{NGO}에 의한 집단진정은 허용되지 않는다. 국가 간 진정 제도와 관련하여 제3선택의정서는 체약국으로 하여금 위원회의 권한을 인정하는 선언을 특별히 하도록 하여 선택적 수용방식을 채택하고 있다. 자발적 직권조사와 관련하여 제3선택의정서는 아동권리협약과 제1선택의정서 및 제2선택의정서상의 권리에 대하여 당사국이 중대하거나 조직적인 위반을 했다는 신뢰할만한 정보를 얻은 경우 위원회는 당사국을 조사할 수 있도록 했으나 당사국으로 하여금 제3선택의정서의 서명할 때, 비준할 때, 혹은 기탁할 때 위원회의 권능을 인정하지 않는다는 것을 선언할 수 있도록 하는 선택적 배제방식을 택하고 있다. 이는 자발적 직권조사 제도를 채택하고 있으면서 선택적 수용방식을 택하고 있는 경제적·사회적·문화적 권리에 관한 국제규약의 선택의정서와 구별된다.

7) 이주노동자권리협약과 이주노동자위원회

세계화의 진전과 더불어 국경을 넘은 노동자의 수가 대폭적으로 증가하면서 이들과 이들의 가족의 인권을 보호하는 것이 당면한 과제의 하나가 되었다. 이에 따라 '이주노동자권리협약'으로 약칭되는 '이주노동자와 가족 권리 보호협약^{International Convention on the Protection of the Rights of All Migrant Workers and Members of their Families}'이 1990년에 체결되고 2003년에 발효되었다. 당 협약의 이행감시기구로서 10명의 위원으로 구성된 '이주노동자위원회^{Committee on Migrant Workers: CMW}'가 설치되었다. 2014년 4월 9일 현재 47개 국가만이 비준을 했으며 이들 국가 대부분은 노동자이 유출국이다. 한국을 비롯한 외국노동자 유입국 대부분은 이를 비준하고 있지 않다.

동 조약은 이행기제로서 국가보고서 제도, 국가 간 진정 제도, 개인 진정 제도를 규정하고 규정에는 없지만 일반논평 제도를 운용해오고 있다. 이들 가운데 국가보고서 제도는 자동적으로 인정이 되는 것이고 국가 간 진정 제도와 개인 진정 제도의 경우는 선택조항으로서 이와 관련한 위원회의 권한을 인정하려면 당사국의 특별선언이 있어야 한다는 선택적 수용방식을 택하고 있다. 국가보고서의 경우 가입 후 1년 이내에 첫 보고서를 제출하여야 하며 매 5년마다 정기적으로 보고서를 제출하여야 한다.

8) 장애인권리협약과 장애인권리위원회

신체적 장애, 정신적 장애, 지적 장애를 포함한 모든 장애가 있는 이들의 존엄성과 권리를 보장하기 위한 '장애인권리협약Convention on the Rights of Persons with Disabilities'이 2006년에 유엔총회에서 채택되고 2008년에 발효되었다. 협약의 이행감시기구로서 4년 임기의 12명의 위원으로 구성된 '장애인권리위원회Committee on the Rights of Persons with Disabilities: CRPD'가 설치되어 있다. 한국은 동 조약에 2008년에 가입했다. 김형식 한반도국제대학원 교수가 2011~ 2014년 동안 동 위원회 위원으로 활동한 바 있고 2014년에 재선되어 2015년~2018년 동안 활동하게 된다.

동 조약은 이행기제로서 국가보고서 제도만을 규정하고 규정에는 없지만 일반논평 제도를 운용해오고 있다. 국가보고서의 경우 가입 후 2년 이내에 첫 보고서를 제출하여야 하며 매 4년마다 정기적으로 보고서를 제출하여야 한다. 동 조약과는 별도로 개인 진정 제도와 자발적 직권조사 제도를 규정하고 있는 선택의정서Optional Protocol to the Convention on the Rights of Persons with Disabilities가 장애인권리협약 자체와 동일한 때에 채택되고 발효되었다. 이에 의거하여 위원회는 개인이나 집단으로부터 진정을 접수받아 검토하고 필요한 조사를 실시하고 이에 따른 제안과 권고를 할 수 있다. 또한 협약에 규정된 권리가 당사국에 의하여 중대하거나 조직적으로 침해된다고 믿을만한 정보가 있을 경우 진정이 없이도 위원회가 비공개로 이를 조사할 수 있는 권한을 가진다.

선택의정서가 채택한 개인 진정 제도와 자발적 직권조사 제도 중에서 개인 진정 제도는 선택의정서를 채택한 국가에게 자동적으로 인정되는 것임에 반해, 자발적 직권조사의 경우는 각 당사국은 장애인권리협약 선택의정서에 명시된 위원회의 조사권을 인정하지 않는다고 선언할 수 있도록 하여 선택적 배제를 가능하게 했다. 한국은 아직 선택의정서를 비준하지 않은 상태이다. 장애인권리협약과 동 협약의 선택의정서는 여성차별철폐협약과 마찬가지로 국가 간 진정 제도를 두지 않고 있다.

9) 강제실종방지협약과 강제실종방지위원회

1992년에 유엔총회는 '강제실종으로부터의 모든 사람의 보호에 관한 선언Declaration on the Protection of All Persons from Enforced Disappearance'을 채택하였고 이를 바탕으로 법적 구속력을 가진 '강제실종방지협약Convention on Enforced Disappearances'이 2006년에 채택되고 2010년에 발효되었다. 동 조약의 이행 감시기구로서 10명의 위원으로 구성된 '강제실종방지위원회Committee on Enforced Disappearance: CED'가 설치되었다. 한국은 아직 이 조약에 가입하지 않은 상태이다.

동 조약은 이행기제로서 국가보고서 제도, 국가 간 진정 제도, 개인 진정 제도, 자발적 직권조사 제도를 규정하고 규정에는 없지만 일반논평 제도를 운용해오고 있다. 국가보고서 제도의 경우 가입한 지 2년 이내에 보고서를 제출하여야 한다는 규정만을 두고 있다. 국가 간 진정 제도의 경우 긴급을 요하는 경우와 그렇지 않은 경우로 구분이 되는데 전자의 경우는 당사국의 특별선언 없이 가능하나 후자의 경우는 특별선언이 있어야 한다. 즉 후자의 경우 협약의 당사자는 위원회가 협약의 당사자 일방이 다른 당사자가 협약 상의 의무를 이행하지 않고 있다고 주장하는 진정을 접수하고 심의할 수 있는 권능을 수락하는 특별선언을 할 수 있다고 규정하고 있어 선택적 수용방식을 택하고 있다. 개인 진정 제도의 경우도 당사국이 수락한다는 특별선언을 요하는 선택적 수용방식을 택하고 있다. 이에 따라 위원회의 권한을 인정한 국가의 경우 실종자의 친척, 실종자의 법적 대표, 실종자의 변호사, 혹은 실종자에 의해 권한이 인정된 모든 사람, 정당한 이해관계를 가지고 있는 다른 모든 사람들은 시급한 사항으로서 실종자를 추적하여 찾아야 한다는 요청을 할 수 있다.

자발적 직권조사 제도의 경우는 특별한 선언 없이 모든 협약 당사국에게 적용되는 자발적인 직권조사 조항을 두고 있다. 이에 따라 위원회는 당사국이 이 협약의 조항을 심각하게 위반하고 있다고 알리는 신뢰할 만한 정보를 접수하면, 해당 당사국과 논의한 후 위원회 위원 1명 혹은 그 이상에게 당사국을 방문하고 지체 없이 보고할 것을 요청할 수 있다.

5. 이행기제별 비교와 평가

이제까지 국제인권조약별로 살펴본 이행기제를 바탕으로 하여 여기에서는 이행기제별로 인권조약을 종합적으로 살펴보고자 한다. 인종차별철폐협약이 조기경보와 긴급행동 제도를 강제적인 이행기제로서 채택했음에도 불구하고 2014년 4월 현재 177개 국가가 가입하고 있어 국가들 사이에 별 논란이 없음을 간접적으로 보여준다. 일반논평이나 일반권고 제도는 위에서 살펴본 국제인권조약상의 명시적인 규정에 근거를 두고 있지 않고 실제의 운용상 적용하고 있는 기제로서 다른 이행기제에 비해 국가들에게 조약 가입과 관련하여 큰 변수가 되지 않는다. 따라서 여기에서는 이행기제들 가운데 국가보고서 제도, 개인 진정 제도, 국가 간 진정 제도, 자발적 직권조사 제도를 중심으로 살펴보고자 한다.

이행기제 중에서 국가보고서 제도의 경우 9개 조약 모두가 동 조약에 포함시키고 있으면서 선택의 여지를 주지 않고 강제적으로 수용하도록 한 이행기제이다. 따라서 조약에 가입하는 한에 있어서 반드시 택하여야 하는 이행기제로서 조약의 이행을 위해 가장 보편적으로 인정되는 제도로서의 지위를 가진다는 것을 알 수 있다. 다양한 이행기제 가운데에서 국가보고서 제도가 다음에 살펴볼 개인 진정 제도와 더불어 가장 두드러지게 활용되고 있으나 개인 진정 제도의 경우 선택의정서나 선택조항을 수락하지 않은 국가에 대해서는 적용되지 않기 때문에 국가보고서에 대한 심의가 인권감시를

국제기구와 인권·난민·이주

위한 주요한 수단으로 간주되고 있다고 볼 수 있다

개인 진정 제도의 경우 모든 조약들이 동 조약의 선택조항이든 선택의정
서이든 이 제도를 두고 있다는 사실로부터 개인 진정 제도가 이행기제로서
의 보편성을 가지게 되었다는 것을 보여준다. 좀 더 구체적으로 9개 조약
중 4개 조약(인종차별철폐협약, 고문방지협약, 이주노동자협약, 강제실종방
지협약)이 동 조약에서 선택적 수용방식의 선택조항으로 규정하고 있으며
나머지 조약들(시민적·정치적 권리에 관한 국제규약, 경제적·사회적·문화
적 권리에 관한 국제규약, 여성차별철폐협약, 아동권리협약, 장애인권리협
약)은 개인 진정 제도를 선택의정서에 규정하고 있다. 선택의정서 가운데
시민적·정치적 권리에 관한 국제규약만이 개인 진정을 유일한 선택사항으
로 하고 있고 나머지는 모두 개인 진정 이외의 선택사항들도 두고 있음에도
불구하고 선택의정서에 가입하는 한 모두 일관되게 개인 진정만을 강제적용
사항으로 하고 있다. 따라서 선택의정서를 택할 경우 개인 진정 제도는 반
드시 수용하여야 할 사항인 것이다. 이는 개인 진정 제도가 여전히 선택사
항이기는 하지만 다른 선택사항들에 비해 중요도가 가장 높다는 것을 보여
주는 것이다. 개인 진정 제도가 4개의 조약에서 선택의정서가 아닌 동 조약
의 선택조항으로 되어 있다는 것은 국가들이 개인 진정 제도에 대한 배제의
정도가 일정한 정도 감소했다는 것을 보여주는 것으로 볼 수 있다. 다른
한편 4개의 조약 모두 선택적 수용방식을 택하고 있다는 것은 국가들에게
배제의 수월성을 주고 있다고 해석할 수 있다. 종합적으로 보아 국가들이
여전히 수용을 꺼리기는 하지만 배제의 정도가 감소되고 있음을 보여준다.

국가 간 진정 제도의 경우 2개 조약(여성차별철폐협약과 장애인권리협약)
은 이 제도를 채택하고 있지 않다. 나머지 7개 조약 중 5개 조약(인종차별철
폐협약, 시민적·정치적 권리에 관한 국제규약, 고문방지협약, 이주노동자협
약, 강제실종방지협약)이 이를 조약에 규정하고 있고 2개 조약(경제적·사
회적·문화적 권리에 관한 국제규약과 아동권리협약)은 선택의정서에 규정
하고 있는데 이들 모두 선택적 수용방식을 택하고 있다.[12] 이처럼 2개 조약
이 국가 간 진정 제도 자체를 아예 규정하고 있지 않고 규정하고 있다고

해도 모두 선택적 수용방식을 택하고 있어 국가들에게 배제의 수월성을 대폭적으로 부여하고 있음을 보여준다.

자발적 직권조사 제도의 경우 3개 조약(인종차별철폐협약, 시민적·정치적 권리에 관한 국제규약, 이주노동자협약)이 이를 택하고 있지 않다. 2개 조약(강제실종방지협약과 고문방지협약)만이 조약에 자발적 직권조사 제도를 규정하고 있는데, 이 가운데 강제실종방지협약은 강제조항으로 규정하고 있고 고문방지협약은 선택적 배제가 가능한 선택조항으로 규정하고 있다. 4개 조약(여성차별철폐협약, 장애인권리협약, 경제적·사회적·문화적 권리에 관한 국제규약, 아동권리협약)은 조약이 아닌 선택의정서에 규정하고 있으며 이들 중 선택적 수용방식을 채택하고 있는 경제적·사회적·문화적 권리에 관한 국제규약을 제외하고 나머지는 모두 선택적 배제방식을 채택하고 있다. 자발적 직권조서 제도의 특징은 선택사항으로 규정된 경우 대부분 선택적 배제방식을 택하고 있다는 점이다. 이는 배제의 수월성을 낮춰 국가들의 수용을 유도하고자 하는 의미가 내포되어 있다고 볼 수 있다. 2000년대 이후에 체결된 조약과 선택의정서가 예외 없이 모두 자발적 직권조사 제도를 규정하고 있는 것으로 보아 국가보고서 제도와 개인 진정 제도에 이어 중요한 이행기제로서 정착되어 가고 있다고 볼 수 있다.

총체적으로 보아 조약에 기반을 둔 인권보호체제의 이행기제가 강화되고 있다. 구체적으로 1980년대와 1990년대에 체결되면서 이행기제로서 국가보고서 제도가 거의 전부였던 국제인권조약들이 좀 더 강화된 이행기제들을 도입하게 되었다. 대표적인 조약이 사회적·경제적·문화적 권리에 관한 국제규약, 여성차별철폐협약, 고문방지협약, 아동권리협약이다. 이들 조약들 가운데 특히 사회적·경제적·문화적 권리에 관한 국제규약과 고문방지협약을 좀 더 살펴볼 필요가 있다.

프로그램적 규정이냐 법적 구속력이 있는 규정이냐를 둘러싸고 논란이 지속되어오고 있는 사회적·경제적·문화적 권리에 관한 국제규약이 앞서

---

12 단 강제실종방지협약의 경우 긴급을 요할 때는 특별선언 없이 국가 간 진정이 가능하다.

언급했듯이 2014년에 4월에 선택의정서가 발효됨으로써 개인 진정, 국가 간 진정, 자발적 직권조사라는 보다 강화된 이행기제가 도입되었다. 또한 고문방지협약의 경우 선택의정서가 2006년에 발효되면서 이제까지 자발적 직권조사가 가지고 있는 한계인 관련국의 직접 조사에 관련국이 동의가 필요하다는 한계를 넘어 국가의 동의 없이도 국경을 넘은 조사를 할 수 있는 이행기제가 도입되었다.

이러한 강화된 이행기제들이 여전히 선택사항으로 남아 있어 제도의 도입으로 그치는 것이 아닌가 하는 우려가 있지만 시간이 경과하면서 이러한 이행기제들이 점차적으로 국가들에 의해 수용되면서 정착되어 가는 것을 볼 수 있다. 이러한 예에 속하는 대표적인 조약들로서 여성차별철폐협약 선택의정서와 아동권리협약 제3선택의정서를 들 수 있다. 개인 진정과 자발적 직권조사 제도를 규정하고 있는 여성차별철폐협약의 선택의정서가 2000년에 발효되었지만 한국의 경우 2006년에야 가입한 사실에서 알 수 있듯이 국가들이 이러한 이행기제를 받아들이는 것이 쉬운 일이 아니다. 그럼에도 불구하고 2014년 4월 현재 이 선택의정서에 가입한 국가의 수가 104개국에 이르고 있다.[13] 개인 진정과 자발적 직권조사를 규정한 장애인권리협약의 선택의정서의 경우 2008년에 발효했음에도 불구하고 한국은 아직 가입하지 않은 상태이지만 2014년 4월 현재 80개 국가가 이 조약을 비준하여 가입을 했다.

조약에 따라서는 강화된 이행기제를 도입하는 선택조항이나 선택의정서가 국제사회의 충분한 합의 없이 양산되는 현상도 관찰된다. 대표적인 예로서 경제적·사회적·문화적 권리에 관한 국제규약의 선택의정서와 아동권리협약 제3선택의정서를 들 수 있다. 2013년에 발효한 경제적·사회적·문화적 권리에 관한 국제규약의 선택의정서와 2014년에 발효한 아동권리협약

---

13 여기에서 언급하고 있는 국제인권조약의 가입국 현황은 다음 자료를 참고했다: United Nations, United Nations Treaty Collection, https://treaties.un.org/Home.aspx?lang =en(검색일: 2014.4.11).

제3선택의정서의 경우 2014년 4월 현재 현재 가입한 국가의 수가 각각 13개국과 10개국이다. 이는 발효된 지 시간이 얼마 되지 않았다는 이유도 있지만 이들이 체결된 이후 발효되기까지 각각 약 5년과 약 3년의 시간이 지났다는 것을 고려하면 다수의 국가가 선택조항을 택할 의사가 없는 가운데 이러한 선택의정서가 채택되었음을 의미한다고 볼 수 있다.

III. 지역인권체제

1. 지역인권체제의 의미와 존재 의의

지역인권체제란 유사한 정치적, 경제적, 문화적 배경을 가진 국가들로 구성된 지역을 단위로 하는 인권보호체제를 의미한다. 처음에 인권의 보편성에 기반을 두고 인권 문제를 다루어나가는 유엔헌장에 기반을 둔 인권보호체제와 조약에 기반을 둔 인권보호체제가 지역인권체제로 인한 보편성의 훼손을 우려했지만 이들이 세계인권선언 등 보편적인 인권을 인정함에 따라 보편적인 인권의 보호를 위한 과도적 단계로서 수용하는 자세를 보이고 있다.

이러한 맥락에서 1993년에 개최된 세계인권회의World Conference on Human Rights는 인권을 증진하고 보호하는 데 있어서 지역인권체제의 근본적인 역할을 재확인하는 한편, 이들이 보편적인 인권기준들을 강화할 것을 강조한 바 있다.14 여기에서는 유럽 지역과 미주 지역 그리고 아프리카 지역을 중심으로 지역인권체제를 살펴보고자 한다.

---

14 William G. O'Neill and Annette Lyth, "The International Human Rights System, in Norwegian Centre for Human Rights," in Norwegian Centre for Human Rights (ed.), *Manual on Human Rights Monitoring: An Introduction for Human Rights Field Officers* (Oslo: Norwegian Centre for Human Rights, 2008), p.20.

2. 유럽인권체제(European Human Rights System)

유럽 지역에는 다수의 국제인권조약과 이들의 이행감시기구들이 존재하지만 그중에서 시민적·정치적 권리를 규정하고 있는 유럽인권협약과 그 이행감시기구인 유럽인권재판소 그리고 경제적·사회적·문화적 권리를 규정하고 있는 유럽인권협약추가의정서와 그 이행감시기구인 유럽사회권위원회를 중심으로 유럽 지역의 인권보호체제를 살펴보고자 한다.

1) 유럽인권재판소에 의한 시민적·정치적 권리의 보호

서유럽 국가들은 인권과 기본적 자유를 유지하고 이를 더욱 진전시키기 위해 1949년에 '유럽심의회CoE: Council of Europe'15를 설립했다. 이 기구의 회원국들에 의해 1950년에 '유럽인권협약'으로 약칭되는 '인권과 기본적 자유의 보호를 위한 유럽협약European Convention for the Protection of Human Rights and Fundamental Freedoms'이 체결되고 1953년에 발효되었다. 유럽심의회에서 다양한 인권조약들이 체결되었지만 가장 주요한 조약인 유럽인권협약을 중심으로 살펴보고자 한다.

유럽인권협약은 조약의 이행감시기구로서 '유럽인권위원회European Commission of Human Rights'와 '유럽인권재판소European Court of Human Rights'를 설치하여 인권보호 활동을 해왔으나, 1994년에 채택되고 1998년에 발효된 유럽인권협약 제11의정서Protocol No.11 to the Convention for the Protection of Human Rights and Fundamental Freedoms에 의해 유럽인권위원회의 기능이 유럽인권재판소로 흡수되어 통합되면서 유럽의 인권보호체제가 전면적으로 개편되었다. 따라서 여기에서는 폐지된 유럽인권위원회의 과거의 인권보호 활동에 대해서는 언급

---

15 'Council of Europe'을 직역하게 되면 '유럽이사회'이지만 유럽연합(EU)의 한 기관인 'European Council'의 번역어인 유럽이사회와 동일하여 이와 구별하기 위해 '유럽심의회' 또는 '유럽평의회'라고 흔히 부른다. 이 기구는 유럽에 있어서의 국제적인 인권보장을 목표로 1949년에 설립되었으며 설립 당시 서유럽 국가들에 한정되었으나 탈냉전 후 동유럽 국가들과 러시아까지 포함하는 전 유럽적인 기구가 되었다.

하지 않고자 한다.

유럽인권협약의 이행을 감시하는 역할을 하는 유럽인권재판소는 유럽심의회의 회원국 수와 동일한 수의 6년 임기의 재판관으로 구성되며 판결은 다수결 투표에 의해 이루어진다. 재판의 관할권은 모든 당사국들에게 강제적이며 재판의 결정은 최종적인 것으로서 조약당사국을 구속하며 결정의 집행은 인권심의회의의 '각료위원회 Committee of Ministers'에 의해 감독된다.[16]

유럽인권재판소는 이행기제 enforcement mechanism 로서 국가제소 제도와 개인제소 제도를 두고 있다. 이에 따르면 유럽인권협약 당사국 일방은 다른 당사국을 대상으로 제소할 수 있을 뿐 아니라 유럽인권협약의 당사국에 의해 협정에서 보장하는 권리를 침해당한 개인까지도 직접 유럽인권재판소에 인권침해를 제소할 수 있다. 유럽인권협약 당사국과 개인이 유럽인권재판소에 제소할 때 재판소는 당사국에 의한 재판소의 관할권을 인정하는 특별선언이 없이 자동적으로 관할권을 가진다.

유럽인권재판소 판결의 구속력 및 집행과 관련하여 협약은 재판소의 판결은 최종적인 효력을 가지며 협약의 당사국은 자신이 당사자인 모든 사건에서 재판소의 최종판결에 따를 것을 약속한다고 규정하고 있다. 재판소의 판결은 이처럼 법적 구속력이 있어 판결에 따라 국내법 수정을 요구하기도 한다. 재판소의 최종판결은 유럽심의회의 정책결정 기구로서 각 회원국의 장관이나 외교대표들로 구성되어 있으면서 재판소의 판결의 집행을 감독하는 각료위원회 Committee of Ministers 로 송부된다.

2004년에 제14의정서 Protocol No.14 to the Convention for the Protection of Human Rights and Fundamental Freedoms 가 유럽인권재판소의 효율성을 제고하기 위해 채택되어 판결의 이행감시를 강화하기 위한 방편으로 이러한 유럽심의회 각료위원회의 권한을 강화했다. 우선 각료위원회가 판결이행의 감시를 위하여 필요한 경우 판결의 해석을 재판소에 문의할 수 있도록 했으며 어떤 국가가

---

[16] 소재판부(Chamber)의 결정은 판결일로부터 3개월 이내에 당사자가 사건을 대재판부 (Grand Chamber)에 회부할 것을 요청하지 않는 한 최종적인 것이다.

판결을 이행하였는가의 여부에 관하여 유럽인권재판소에 권고적 의견을 문의할 수 있도록 하였다. 나아가 유럽인권재판소에 의해 해당 국가가 판결을 이행하지 않았다는 의견이 제시되면 각료위원회는 이 의견에 근거하여 추가적인 조치를 취할 수 있도록 했다.17 유럽인권재판소는 각료위원회의 요청이 있을 경우 권고적 의견을 낼 수 있다.

경제적·사회적·문화적 권리의 보호를 위한 이행기제의 하나로서 국가보고서 제도를 채택하고 있는 것과는 달리 시민적·정치적 권리를 보호하기 위한 이행기제로서 국가보고서 제도를 채택하고 있지 않다. 그러나 유럽인권협약은 유럽심의회의 사무총장으로 하여금 국가들에게 보고서를 제출할 것을 요청할 수 있도록 규정하고 있다.

2) 유럽사회권위원회에 의한 경제적·사회적·문화적 권리의 보호

경제적·사회적·문화적 권리와 관련하여서는 '유럽인권협약'과는 별도로 '유럽사회헌장European Social Chart'이 1961년에 채택되었고 '유럽인권협약추가의정서Additional Protocol to the European Social Charter'가 1988년에 채택되었다. 이후 1996년에 유럽사회헌장이 개정되고 1999년에 발효하여 이행능력enforcement capability이 강화되었다.

개정된 유럽사회헌장에 언급된 기본권은 주거, 보건, 교육·노동권·고용·육아휴가, 빈곤과 사회적 배척으로부터의 보호, 사람의 자유로운 이동과 비차별, 이주노동자 권리, 장애인에 대한 비차별 등이다. 당사국들은 헌장의 의무 모두를 떠맡지 않고 선택할 수 있게 되어 있다. 구체적으로 19개의 조항articles 중에서 10개 혹은 19개의 조항을 구성하고 있는 72개의 단락paragraphs 중에서 45개를 선택할 수 있다.

유럽사회헌장은 이행감시기구로서 '유럽사회권위원회European Committee of Social Rights: ECSR'를 두고 있다. 유럽사회권위원회는 유럽심의회의 각료위원회Committee of Ministers에서 선출된 임기 6년의 15명의 대표들로 구성된다. 유럽사

---

17 서철원 외(2013), pp.78-79.

회권위원회는 이행기제로서 다음과 같은 국가보고서 제도와 집단 진정^{col-}lective complaint 제도를 두고 있다.

(1) 국가보고서 제도

유럽사회헌장의 당사국은 유럽사회헌장의 이행상황에 관한 보고서를 매년 유럽심의회에 제출하여야 한다. 위원회는 제출된 보고서를 검토하여 해당 국가의 상황이 헌장에 부합하는지 여부에 대해 '결론^{conclusion}'이라고 불리는 결정을 내린다. 이러한 위원회의 결정은 1년을 단위로 발간되어 공표된다. 이에 대해 해당 당사국은 이의를 제기할 수 없다. 위원회의 결론이 공표된 이후 헌장의 당사국들 대표로 구성된 정부위원회^{Governmental Com-}mittee가 소집된다. 당사국이 개선조치를 취하지 않았거나 개선조치가 곧 취해질 가능성이 없을 경우 정부위원회는 유럽심의회의 각료위원회^{Committee} of Ministers로 하여금 당사국에 공식 권고를 보내어 개선조치를 촉구하게 된다.

(2) 집단 진정 제도

국가보고서 제도의 가장 큰 문제점은 인권침해 문제에 신속히 대응하는 것이 어렵고 대부분의 절차가 비공개적으로 이루어지며 결정의 기초가 되는 국가의 보고서 내용이 국가에 의해 자의적으로 사실이 왜곡될 수 있다는 점이다. 이 때문에 1995년에 '집단 진정 제도를 규정하는 유럽사회헌장 추가의정서^{Additional Protocol to the European Social Charter Providing for a System of Collective} Complaints'가 채택되고 1998년에 발효함으로써 유럽사회권위원회로 하여금 집단 진정을 다루는 것을 허용했다.

이러한 집단 진정 제도를 살펴보면 개인은 진정의 주체가 될 수 없고 유럽사회헌장의 당사국 대표로 구성된 '헌장정부위원회^{Governmental Committee of} the European Social Charter and the European Code of Social Security'와 협의지위를 가지고 있는 국제적인 노동조합과 사용자 단체, 유럽심의회와 협의지위를 가지고 있는 일부 국제비정부기구^{INGO}, 해당 국가의 대표적인 노동조합과 사용자 단체, 그리고 해당 국가가 진정을 허용한다는 선언을 한 대상으로서 대표적인 국내의 비정부기구가 진정을 제기할 수 있다.

이때 진정은 보편적 상황에 관한 것이어야지 개별적인 상황에 관한 것이어서는 안 된다. 위원회가 진정으로서의 요건이 충족되었다고 판단한 후 당사자의 주장을 서면으로 교환하는 서면절차가 시작되는데, 이때 국가와 관련 조직은 서면설명과 정보를 사회권위원회에게 제공하도록 요구된다. 필요한 경우에 공개심리를 가진다. 공개적인 공청회가 당사자 가운데 일방의 요청에 의해 개최될 수 있다.

위원회는 법적 구속력이 없는 결정을 내리고 이러한 결정은 당사국과 유럽심의회의 각료위원회로 보내지며 각료위원회는 당해 진정절차를 마감하는 결의문resolution을 채택한다. 이러한 결의문은 해당 국가에게 특정 행동을 취할 것을 요구하는 법적 구속력이 없는 권고를 포함할 수 있다.

3. 미주인권체제

1948년에 '범미연맹Pan American Union'이 '미주국가기구OAS'로 개칭이 되었고 '미주인권선언'이라고 약칭되는 '인간의 권리와 의무에 관한 미주인권선언American Declaration on the Rights and Duties of Man'이 채택되었다. 당 선언은 시민적·정치적 권리뿐 아니라 경제적·사회적·문화적 권리도 포함하며, 세계인권선언과 비교하여 채택시기가 앞섰을 뿐 아니라 세계인권선언과는 달리 인간의 권리뿐 아니라 의무도 규정하고 있는 특징을 지닌다. 그러나 미주인권선언의 법적 지위를 놓고 논란이 많았다. 왜냐하면 통상적으로 선언은 법적 구속력을 가지지 않는 것이 통례이기 때문이다. 미국을 포함한 적지 않은 미주국가기구의 회원국들은 여전히 이 선언의 법적 구속력을 인정하지 않고 있지만 미주인권위원회와 미주인권재판소가 이 선언을 미주국가기구 회원들에게 구속력이 있는 국제적이 의무의 원천으로 수용하고 있다.[18]

---

18 Christina M. Cerna, "International Law and the Protection of Human Rights in

1959년에 미주국가기구^{OAS} 외무장관회의는 미주국가기구의 인권 문제를 담당하는 보조기관으로서 '미주인권위원회^{Inter-American Commission on Human Rights}'를 설립하여 인권보장에 관한 연구 및 권고와 더불어 미주국가기구 이 사회가 의뢰하는 일을 하도록 했다. 그러나 이러한 권한만으로는 인권보장 이 충분하지 않아 1965년에 '미주인권위원회규정'을 개정하여 개인 진정 individual complaint을 다루도록 하는 등 권한을 확대했다.19 나아가 1967년에 는 미주국가기구의 설립협정인 '미주국가기구헌장^{Charter of the Organization of American States}'을 개정하여 미주인권위원회를 미주국가기구의 주요 기관 principal organ으로 지위를 격상시켰다.

1969년에 개최된 '미주인권전문회의^{Inter-American Specialized Conference on Human Rights}'가 '미주인권협약^{American Convention on Human Rights}'을 채택했고 1978년에 효력을 발생했다. 이로써 미주인권체제는 미주인권선언과 더불어 미주인권협약을 법원으로 하게 되었다. 미주인권협약은 인간의 권리와 의무 에 관한 미주선언의 영향을 반영하여 개인의 권리와 의무 간의 관계를 인정 하는 것을 특징으로 한다.

미주인권협약은 미주인권선언이 경제적·사회적·문화적 권리까지 포함 하고 있었던 것과는 달리 유럽인권협약처럼 시민적·정치적 권리만을 규정 했다. 미주인권선언이 추상적이고 애매하게 규정한 경제적·사회적·문화적 권리가 1989년에 채택되고 1997년에 발효한 '경제적·사회적·문화적 권리 에 관한 미주인권협약 추가의정서^{Protocol of San Salvador}'에 의해 구체화되었 다. 그러나 추가의정서는 이러한 권리를 '가용한 자원이 허용하는 범주 내에 서, 개개 국가의 발전의 정도를 고려하여, 점진적으로 실현할 권리'로서 규 정짓고 있다. 이러한 추가의정서의 발효와 더불어 미주인권체제는 유럽인권 체제처럼 두 종류의 인권을 각기 다른 조약을 통해 규정하게 되었다. 이는

---

the Inter-American System," *Houston Journal of International law* 19-3(Spring 1997), pp.741-743.

19 그러나 개인 진정이 모든 권리의 침해를 대상으로 하지 않고 제한된 몇 가지 권리에 국한되어 인정되었다.

국제기구와 인권·난민·이주

한 조약 내에 두 종류의 인권을 모두 담고 있는 아프리카인권체제와 구별되는 점이다.

미주인권협약은 협약의 이행을 보장하기 위해 기존의 '미주인권위원회'를 협약의 기구로 하고 '미주인권재판소Inter-American Court of Human Rights'를 신설했다. 미주 지역의 시민적·정치적 권리와 경제적·사회적·문화적 권리가 미주인권체제의 이행감시기구인 미주인권위원회와 미주인권재판소에 의해 어떻게 보호되고 있는가를 하나씩 살펴보고자 한다.

1) 시민적·정치적 권리의 보호

(1) 미주인권위원회

앞선 언급했듯이 미주인권위원회가 미주인권협약의 기구화가 되면서 미주국가기구의 인권 문제를 다루는 주요 기관으로서 지위와 미주인권협약의 이행감시기구로서의 지위를 동시에 가지게 되었다. 전자의 지위로부터 위원회는 미주국가기구헌장상의 인권조항과 미주인권선언에서 보장하는 인권이 침해되었다고 주장하는 개인의 진정을 미주국가기구헌장에 근거하여 다룰 수 있는 권한을 가진다. 다른 한편 후자의 지위로부터 위원회는 미주인권협약상의 권리침해를 주장하는 개인의 진정과 더불어 추가적으로 미주인권협약 당사국의 진정을 미주인권협약에 근거하여 다룰 수 있는 권한을 가진다.

미주인권위원회의 지위를 이렇게 구분하는 이유는 미국을 비롯한 일부 국가의 경우처럼 미주국가기구의 회원이지만 미주인권협약의 가입국이 아닌 경우들이 있기 때문이다. 이와 관련하여 미주인권위원회는 자체 규정을 통해 개인 진정의 대상이 된 미주국가기구 회원국이 미주인권협약의 가입국이 아닐 경우 위원회는 미주국가기구헌장에 근거하여 권한을 행사하고 미주인권협약의 가입국일 경우에는 미주인권협약에 근거하여 권한을 행사하도록 구분했다.[20] 이러한 미주인권위원회의 이중적인 지위에 대한 이해를 바

---

20 서철원 외(2013), pp.80-81.

탕으로 위원회의 이행기제를 살펴보고자 한다.

가) 개인 진정 제도

개인 진정 제도의 경우 미주인권위원회는 미주국가기구헌장상의 인권조항과 미주인권선언 그리고 미주인권협약에서 보장된 권리가 침해되었다고 주장하는 개인뿐만 아니라 집단과 미주국가기구 회원국이 법적으로 인정하는 비정부기구로부터의 진정을 다룰 수 있다. 이들로부터의 진정을 다룰 수 있는 미주인권위원회의 권한은 자동적으로 주어지는 것으로서 진정의 대상이 된 국가로부터의 이러한 권한을 수락한다는 특별한 선언을 요하지 않는다.

진정이 제기되면 미주인권위원회는 사실관계 확인을 위해 해당국에 정보를 요구할 수 있고 자체적인 조사를 수행할 수 있으며 당사국의 동의가 있을 경우 현장조사도 할 수 있다. 위원회는 공청회hearing를 개최할 수도 있다. 각 당사자는 다른 당사자의 대응response에 대해 논평할 것을 요청받는다.

미주인권위원회는 진정에 대한 심의의 결론을 포함하면서 통상적으로 해당 국가에 대한 권고를 제시하는 보고서를 비공개로 당사국에게 보내고 해당 국가에게 문제가 된 상황을 해결하고 미주인권위원회의 권고를 따르기 위한 일정한 기간을 준다. 이 기간이 만료되면 미주인권위원회는 두 가지 선택을 할 수 있다. 미주인권위원회는 두 번째 보고서를 준비해 해당 국가에게 보내면서 상황을 해결할 두 번째 기간을 주거나 최초 보고서를 당사국에게 보낸 후 3개월 이내에 사건을 미주인권재판소에 회부할 수 있다.

미주인권위원회가 개인 진정을 미주인권재판소에 회부하기 위해서는 일정한 조건이 충족되어야 한다. 개인 진정의 대상이 된 국가가 미주인권협약의 당사국이어야 하며 동시에 재판소의 관할권을 수락하는 특별선언을 한 국가여야 한다. 달리 말해 미주국가기구헌장에 근거하여 미주인권위원회에 제출된 개인 진정은 미주인권재판소에 부쳐질 수 없다. 미주인권위원회는 미주인권재판소의 사건 심리에 참가할 수 있으며 의견자문 등을 제공할 수 있다. 미주인권위원회가 개인 진정의 대상이 된 국가에게 사실관계를 확인하기 위해 정보를 요청했으나 정해진 기간 내에 제공하지 않을 경우 미주인권재판소로 하여금 더 이상의 사실조사 없이 제소자의 주장을 사실로 수용하도록 하는 것이 특징 가운데 하나이다. 그러나 구체적으로 어떤 절차와 과정을 거쳐 인권위원회가 개인의 진정 건을 재판소로 가져갈 수 있는가에 대해 명확한 규정을 두고 있지 않아 인권위원회의 재량에 맡겨져 있다.

나) 국가 간 진정 제도

미주인권위원회는 국가 간 진정 제도도 채택하고 있는데 이러한 진정이 가능하기 위해서는 진정을 하는 국가나 진정의 대상이 된 국가 모두 미주인권협약의 당사국이어야 할 뿐 아니라 이 두 당사국 모두 미주인권위원회의 이러한 권한을 수락하는 특별선언을 한 국가여야만 한다. 이는 국가 간 진정 제도가 미주국가기구에 의해 인정된 권한이 아니라 미주인권협약에 의해서만 인정한 권리이기 때문이다. 그러나 몇 개의 국가만이 이러한 진정을 수리하여 심리할 권한을 수락하고 있을 뿐이다.

인권위원회가 진정을 수리하여 심의를 한 후 우호적인 해결friendly settlement 을 시도하여 합의에 이르게 되면 보고서를 작성하여 당사국에게 송부하고 또한 미주국가기구의 사무총장에게 보내 발간하도록 한다. 만약에 우호적 해결에 이르지 못할 경우 위원회는 권고를 포함한 보고서를 작성하여 당사국들에게 보낸다. 당사국 일방이 이 보고서에 동의하지 않을 경우에 보고서가 송부된 이후 3개월 이내에 국가나 인권위원회가 그 진정 건을 인권재판소로 가져갈 수 있다. 당사국 모두 동의할 경우 인권위원회는 그 보고서를 최종보고서로 한다.

미주인권위원회는 보고서에서 제시한 권고의 집행을 위해 몇 가지 이행 기제를 발전시켜오고 있다. 구체적으로 미주인권위원회의 의사규칙Rules of Procedure 제46조에 의거하여 진정의 대상국에게 정보를 요청하고 위원회 권고의 이행을 평가하기 위한 공청회를 개최하는 것과 같은 과정을 개발하고 미주국가기구 총회의 지시에 따라 연례보고를 하고 후속정보를 제공하는 관행을 지속하고 있다.

다) 보고서 발간 등 기타 미주인권위원회의 이행기제

미주인권위원회는 개인 진정 제도와 국가 간 진정 제도 이외에 미주인권협약에 근거하여 다음과 같은 이행기제를 보유한다.

인권협약의 준수를 감시하고 이에 대해 특정 국가의 인권상황에 관한 특별보고서 country report를 발간할 수 있다.[21] 미주인권체제는 국가보고서 제도를 명시적으로 채택하고 있지 않는 대신에 미주인권위원회 자체가 국가의 인권상황에 대한 보고서를 작성하도록 하고 있다. 그러나 미주인권협약은 이에 대해 명백한 규정을 두고 있지 않아 이러한 보고서 발간 제도는 미주인권위원회가 고안해 낸 이행기제라고 볼 수 있다.[22]

위원회는 또한 개개 국가의 인권상황을 직접적으로 확인하기 위해 현장방문 on sight visit을 할 수 있다. 국가에 적절한 조치를 취하도록 권고할 수 있으며, 미주인권협약의 당사국인가에 관계없이 예방적 조치를 취하도록 요청할 수 있다. 미주인권협약의 당사국이면서 미주인권재판소의 관할권을 수락한 국가에 대해서만 긴급한 경우에 미주인권재판소에게 잠정조치를 취하도록 요구할 수 있다.

(2) 미주인권재판소

미주인권재판소는 국제사법재판소 ICJ와 마찬가지로 사법적 판결을 내리고 권고적 의견 advisory opinion을 제시하는 두 가지 과업 mandate을 수행한다. 사법적 판결과 관련하여 미주인권재판소는 미주인권위원회와는 달리 미주국가기구헌장상의 기관이 아니기 때문에 제소할 수 있는 권한은 미주인권협약의 당사국과 미주인권위원회에게만 주어진다. 미주인권재판소는 개인에게는 제소권을 주지 않으며 이 때문에 개인은 미주인권위원회를 통해서 간

---

21 미주인권체제는 국가보고서 제도를 이행기제로 규정하고 있지는 않지만 미주인권헌장 제43조는 미주인권위원회에게 국가들로부터 보고서를 요청할 수 있는 권한을 부여하고 있다.

22 Christina M. Cerna, "The Inter-American System for the Protection of Human Rights," *Florida Journal of International Law* 16(2004), pp.195-202.

접적으로 제소할 수 있을 뿐이다. 미주인권협약의 당사국이 제소할 경우 제소의 주체인 당사국은 물론 제소의 대상인 당사국 역시 재판소의 관할권을 인정하는 선언을 필요로 하며 미주인권위원회가 제소할 경우 제소의 대상 국가가 미주인권협약의 당사국이면서 재판소의 강제적 관할권을 수락한 국가여야 한다.

판결은 법적 구속력을 지니지만 이를 강제할 수단을 구비하고 있지 않다. 해당국이 판결을 따르지 않을 경우 미주인권재판소는 미주국가기구OAS의 총회에 사실을 보고하고 권고안을 제시하도록 되어 있으나 총회가 어떠한 강제적 조치를 취할 수 있는가에 대한 규정이 마련되어 있지 않다. 따라서 판결의 집행이 미주국가기구 총회에 의한 정치적인 압력에 의존하고 있을 뿐이다.[23]

미주인권재판소는 사법적 판결이외에 미주인권협약이나 미주에서 인권보호와 관련한 다른 국제협정을 해석하는 권고적 의견을 제시할 수 있다. 미주인권협약의 당사국, 모든 미주국가기구의 회원국들, 미주인권위원회를 포함한 미주국가기구의 기관organ들이 권고적 의견을 요청할 수 있다.

2) 경제적·사회적·문화적 권리의 보호

미주인권협약 추가의정서가 가용한 자원이 허용하는 범주 내에서, 개개 국가의 발전의 정도를 고려하여, 점진적으로 실현할 권리로 규정지은 경제적·사회적·문화적 권리는 별도의 독립된 이행감기기구를 두고 있지 않다. 이행기제로는 다음과 같은 정기적인 국가보고서 제도와 개인 진정 제도를 두고 있다. 그러나 시민적·정치적 권리와 비교하여 이러한 이행기제들은 실효적으로 작동하고 있지 않다.[24]

---

23 서철원 외(2013), p.87.
24 Juileta Rossi, "The Inter-American System for the Protection of Human Rights and Rights," http://www1.umn.edu/humanrts/edumat/IHRIP/circle/modules/module 30.htm(검색일: 2014.4.11).

(1) 국가보고서 제도

당사국이 작성한 국가보고서는 미주국가기구의 사무총장에게 제출되고 심사 후 총회에 제출되는 연례보고서를 통해 권고를 발할 수 있다. 당사국이 제출한 국가보고서는 사무총장에 의해 미주인권위원회에도 송부가 되며 미주인권위원회는 이를 수리하고 심사하여 권고를 발할 수 있다. 추가의정서는 이를 위해 제19조 7항에서 미주인권위원회가 당사국 일부나 전부에 있어서 이 의정서에 규정된 경제적·사회적·문화적 권리의 상황에 관하여 적절하다고 생각되는 진술과 권고를 할 수 있고 이를 총회에 제출되는 연례보고서나 특별보고서 중 보다 적절하다고 판단하는 보고서에 포함시킬 수 있다고 규정하고 있다.

(2) 개인 진정 제도

추가의정서는 국가보고서 제도와 더불어 개인 진정 제도를 규정하고 있다. 의정서가 보장하고 있는 권리 모두에 대한 것이 아니라 제한된 권리의 침해 경우에 한하여 인정하고 있다. 구체적으로 추가의정서 제8조 a항에 규정된 노동조합권과 제13조의 교육에 대한 권리가 침해된 경우 미주인권위원회에 개인 진정을 제기할 수 있으며 문제가 해결되지 않을 경우 미주인권위원회가 이 문제를 미주인권재판소로 가져갈 수 있다.[25]

4. 아프리카인권체제

1981년에 아프리카단결기구^{OAU}의 국가와 행정부 수반 회의에서 '아프리카인권헌장'이라고 약칭되는 '인간과 인민의 권리에 관한 아프리카헌장 African Charter on Human and Peoples' Rights'이 채택되어 1986년에 효력을 발생했다. 당 헌장은 시민적·정치적 권리뿐만 아니라 경제적·사회적·문화적 권

---

25 미주인권협약 추가의정서 제19조.

리를 포함하고 있다.

아프리카인권헌장은 다음과 같은 특징을 가지고 있다. 아프리카인권헌장의 정식 명칭인 '인간과 인민의 권리에 관한 아프리카헌장'에 '인간과 인민의 권리'라는 말이 들어가 있는 것에서 알 수 있듯이 인간 개개인의 권리뿐 아니라 소위 제3의 권리라고 하는 집단의 권리(예컨대 안전과 평화, 연대, 건강한 환경, 개발에 관한 권리 등)가 포함되어 있다. 권리의 불가분성과 상호 의존성을 강조하여 시민적·정치적 권리와 경제적·사회적·문화적 권리 그리고 개인의 권리와 공동체의 권리의 연계성을 강조한다. 아프리카인권헌장은 또한 권리와 의무를 동시에 강조한다.26 더불어 인권헌장이 보장하는 다수의 시민적·정치적 권리가 국내법에 의해 제한되는 것을 허용하는 소위 '환수조항claw-back clause'을 가지고 있다.

아프리카인권체제는 아프리카인권위원회와 아프리카인권재판소라는 두 기관에 의해 지지되고 있다. 아프리카의 인권체제를 시민적·정치적 권리의 보호와 사회적·경제적·문화적 권리의 보호로 구분하여 살펴보고자 한다.

1) 시민적·정치적 권리보호

(1) 아프리카인권위원회

아프리카인권헌장의 규정에 따라 아프리카단결기구 내에 '아프리카인권위원회'라고 약칭하는 '인간과 인민의 권리에 관한 아프리카위원회African Commission on Human and Peoples' Rights'가 아프리카인권헌장의 이행감시기구로서 1986년에 설치되었다. 이 위원회는 1년에 두 번 15일 동안 회합을 갖는 기구이다. 2004년 아프리카인권재판소가 설립되기 전까지 아프리카인권위원회만이 존재함으로써 실효적인 인권보호를 위한 제도적 장치가 제대로 갖추어지지 않았다. 아프리카인권위원회의 이행기제를 살펴보면 다음과 같다.

---

26 Think Africa Press, "Understanding The African Chart on Human and Peoples' Rights," http://thinkafricapress.com/interhnational-law-africa/african-charter-human -peoples-rights(검색일: 2014.4.11).

가) 개인 진정 제도

아프리카인권헌장은 다음에 살펴볼 국가에 의한 진정과는 달리 개인을 포함한 국가 이외의 행위자에 의한 진정을 명백히 규정하고 있지 않다. 단지 '기타 진정other communication'이라는 제목하의 헌장 제55조를 통해 애매하게 규정하고 있을 뿐이다. 당 조항은 아프리카인권위원회가 헌장 당사국 이외의 행위자에 의한 진정을 단순다수결simple majority로 결정할 경우 심의할 수 있다고 규정하고 있어 개인뿐만 아니라 집단 혹은 비정부기구NGO도 진정의 주체가 될 수 있다고 해석될 수 있다. 실제로 아프리카인권위원회는 이 부분과 관련하여 '개인과 조직individuals and organizations'이라는 표현을 사용하고 있다.27 헌장 제56조는 진정의 수리Admissibility of a Communication 조건을 7개 언급하고 있는데 여기에 진정의 대상국이 진정을 접수하여 심의할 수 있는 위원회의 권한을 수락하는 특별선언을 하여야 한다는 규정을 두고 있지 않아 아프리카인권헌장의 당사국 모두를 대상으로 할 수 있다고 해석되며 실제의 관행도 이를 따르고 있다.

진정의 요건이 충족되어 수리가 되면 아프리카인권위원회는 당사자들로 하여금 우호적인 해결friendly settlement을 하도록 하며 이를 위해 주선good office을 제공한다. 이들 사이에 우호적인 해결에 이르지 못할 경우 위원회가 헌장규정의 위반여부를 심의한다. 헌장위반이 있을 경우 준사법기관으로서의 위원회는(법적 구속력이 없는) 권고를 발한다. 이러한 권고는 위원회의 연례활동보고서에 포함되어 국가와 정부의 수반으로 구성된 아프리카연합 총회Assembly of Heads of State and Government에 보내진다. 총회는 이러한 보고서를 공개할 것인가를 결정할 수 있는 권한을 가지고 있으며 결정한 경우에 한해 보고서가 발간되도록 하고 있다.28 즉 인권위원회의 모든 결정과 활동은 총회가 결정을 내리기 전까지 공개되어서는 안 된다.

---

27 African Commission on Human and Peoples' Rights, "Communications Procedure," http://www.achpr.org/communications/procedure/(검색일: 2014.4.11).

28 아프리카인권헌장 제47조-54조와 제59조.

국제기구와 인권·난민·이주

그러나 국가들이 고위직 정부 인사를 위원회의 위원으로 임명함으로써 이들 국가로부터의 독립성을 확보하기 어려운 정치적인 기관인 총회에서 대개의 의사결정이 합의consensus로 이루어지기 때문에 진정의 대상이 되는 국가가 반대할 경우 보고서의 발간 자체가 불가능하게 된다. 이러한 보고서가 발간된다고 해도 위원회는 집행상황을 감시하고 준수를 확보할 수 있는 장치(즉 위원회의 결정의 이행을 감시하는 이행기제)를 명확하게 규정하고 있지 않아 문제가 된다.29

위원회는 이러한 제약을 다음과 같은 방식으로 보완하고자 하고 있다. 우선 위원회로부터 인권침해로 인해 조치를 권고받은 국가는 매 2년마다 제출하는 보고서에 이러한 권고의 이행여부에 대해 언급할 것을 요구받는다. 또한 2006년에 채택한 결의문resolution을 통해 위원회가 아프리카연합 집행이사회Executive Council에 제출하는 연례보고서에 권고의 이행상황에 대한 현황을 부속서로 첨부하여 아프리카연합의 주의를 촉구할 것과 권고를 받은 국가는 90일 이내에 권고에 따라 취해진 조치와 권고를 이행하는 데 있어 장애사항을 적시하여 보고하도록 요구하고 있다.30 마지막으로 사무국Secretariat은 아프리카연합에 의해 위원회의 보고서가 채택되자마자 권고의 대상이 된 국가에게 의무를 지킬 것을 요청하는 첫 번째 서한을 보내고 그이후 필요에 따라 자주 서한을 보내는 일을 한다.

그러나 이러한 보완에도 불구하고 위원회는 여전히 국가들로 하여금 위원회의 권고를 따르도록 강제할 이행기제를 가지고 있지 않아 많은 것이 국가의 선의에 의존하고 있어 이행enforcement의 문제를 가지고 있다.31 이러한 문제에 대한 대안이 전혀 없는 것은 아니다. 구체적으로 위원회는 재판

29 Think Africa Press, "Understanding The African Chart on Human and Peoples' Rights," http://thinkafricapress.com/international-law-africa/african-charter-human-peoples-rights(검색일: 2014.4.11).
30 서철원 외(2013), p.93.
31 African Commission on Human and Peoples' Rights, "Communications Procedure," http://www.achpr.org/communications/procedure/(검색일: 2014.4.11).

소설립의정서의 당사국이 개인의 진정 건에 대해 인권위원회가 내린 권고를 따르려고 하지 않을 경우 이것을 아프리카인권재판소로 가져갈 수 있다. 더불어 위원회가 진정을 심의하는 가운데 인권을 보호하기 위해 잠정적 조치를 권고했지만 관련 국가가 이를 준수하지 않을 경우에 인권재판소로 회부할 수 있고 위원회가 인권에 대한 중대하거나 대폭적인 위반을 포함한 상황에 주목하게 될 경우 이러한 상황을 먼저 검토할 필요 없이 인권재판소로 진정을 제출할 수 있다. 위원회는 필요하다고 생각하면 진정을 검토하는 동안 어느 때라도 진정 건을 인권재판소에 회부할 수 있다. 그러나 아프리카인권재판소의 설립을 가져온 재판소설립의정서는 위원회가 어떠한 절차와 과정을 거쳐 이러한 진정 건을 재판소에 가져갈 수 있는가에 대해 아무런 규정을 두고 있지 않으며 인권재판소의 판결 역시 다음에서 살펴보듯이 집행의 문제를 가지고 있다.

나) 국가 간 진정 제도

아프리카인권헌장의 당사국 일방이 다른 당사국이 헌장의 규정을 위반했다는 진정을 제기할 수 있다. 이때 진정의 주체가 피해국이 아니어도 가능하며 진정의 대상국은 진정을 다룰 수 있는 아프리카인권위원회의 권한을 수락하는 특별선언을 필요로 하지 않는다.

국가 간 진정 절차는 위에서 살펴본 개인 진정 절차와 차이가 존재한다. 헌장 제47조와 48조에 따르면 국가 간 진정의 경우 진정이 처음부터 위원회에 접수되어 심의되지 않으며 진정의 주체와 대상 국가 사이에 3개월의 기간 동안 양자협상이나 다른 평화적 절차를 통한 우호적 해결friendly settlement 절차를 밟은 후 해결에 이르지 못할 경우에 진정의 접수가 가능하게 되어 있다.32 그러나 이러한 규정에도 불구하고 헌장은 제49조에서 당사국 일방이 다른 당사국이 헌장 규정을 위반하였다고 생각하는 경우 이러한 절차를 밟지 않고 위원회에 직접 진정을 제기할 수 있다고 규정하고 있어 국가는

---

32 아프리카인권헌장 제47조와 48조.

두 가지 방식을 통해 위원회에 진정을 제기할 수 있도록 했다. 그러나 국가 간 진정이 이루어진 경우는 몇 건이 되지 않는다.[33]

심의를 통해 인권헌장상의 위반이 있다고 판단하면 위원회는 사실관계 및 조사결과와 더불어 권고를 포함한 보고서를 준비하여 해당 국가와 더불어 국가와 정부의 수반으로 구성된 아프리카연합의 총회 Assembly of Heads of State and Government에 송부하도록 되어 있다. 송부 이후의 절차와 위원회의 보고서 집행의 문제는 위에서 살펴본 개인 진정에 있어서의 문제와 동일하다.

다) 국가보고서 제도 등 기타 아프리카인권위원회의 이행기제

위에서 언급한 이행기제 이외에 위원회가 채택하고 있는 이행기제를 살펴보면 국가보고서 제도가 있어 매 2년마다 당사국이 제출하는 국가보고서를 접수하여 심의한다.[34] 유럽인권체제 및 미주인권체제와는 달리 아프리카인권체제만이 명시적으로 국가보고서 제도를 채택하고 있다. 또한 자발적 직권조사 제도를 두어 위원회는 심각한 인권침해에 대한 정보를 가지게 되면 자발적인 조사가 가능하다.[35] 이와 더불어 위원회는 아프리카인권헌장에 대한 유권해석을 내릴 수 있다.[36]

(2) 아프리카인권재판소

사법적인 해결을 꺼리는 아프리카의 전통에 의해 1986년 이래로 아프리카인권위원회만이 존재하던 상황에서 1998년에 '재판소설립의정서 Protocol to the African Charter on Human and Peoples' Rights on the Establishment of an African Court on Human and Peoples' Rights'가 채택되고 2004년에 발효하면서 동시에 '아프리카

---

33 Vincent Obisienunwo Orlu Nmehielle, *The African Human Rights System: Its Laws, Practice, and Institutions Martinus* (The Hague and New York: Nijhoff Publishers, 2001), p.203.

34 아프리카인권헌장 제62조.

35 아프리카인권헌장 제46조.

36 아프리카인권헌장 제45조 3항.

인권재판소'라고 약칭되는 '아프리카 인간과 인민 권리재판소African Court of Human and Peoples' Rights: ACHPR'가 설립되었다.

이와는 별도로 2003년에는 아프리카연합AU의 주요 사법기관으로서 AU 조약의 해석을 둘러싼 분쟁을 평결하기 위해 '아프리카사법재판소African Court of Justice: ACJ'의 설립을 위한 '아프리카연합사법재판소의정서Protocol of the Court of Justice of the African Union'가 채택되고 2009년에 발효되었다. 그런데 아프리카사법재판소가 실제로 설립되지 않은 가운데 2008년에 비용을 줄이고 관할권의 중첩을 막기 위해 이미 설립된 아프리카인권재판소와 아프리카사법재판소를 하나로 통합하여 '아프리카사법 · 인권재판소African Court of Justice and Human Rights: ACJHR'라는 새로운 재판소를 설립하자는 의정서가 채택되었다. 이 의정서의 발효요건이 충족되지 않아(발효를 위해 15개 국가의 비준이 필요한데 지금까지 오직 3개 국가만이 비준을 함), 신설 통합재판소는 아직 설립이 되지 않고 있다. 따라서 현재 존재하고 있는 아프리카인권재판소에 대해 살펴보면 다음과 같다.

아프리카인권재판소는 아프리카인권위원회의 기능을 보완하고 강화하는 의미를 가진다. 재판소설립의정서 채택 이전에 아프리카인권헌장에 적시된 인권의 보호는 전적으로 준사법적 기관으로서 법적 구속력을 가지고 있지 않은 아프리카인권위원회에 달려 있었다. 위에서 이미 살펴보았듯이 아프리카인권헌장 아래 아프리카인권위원회는 개인과 집단 그리고 국가로부터의 진정의 심의, 국가보고서의 검토, 헌장 당사국 · 아프리카단결기구 · 아프리카단결기구에 의해 인정된 기구의 요청에 따른 헌장의 해석, 중대한 인권침해에 대한 자발적 직권조사에 관한 권한을 가지는 데에 그쳤다. 이러한 아프리카인권헌장의 이행기제의 미약함은 아프리카인권헌장이 만들어졌을 당시 인권의식을 가지고 있는 국가가 소수에 불과했다는 사실에 기인한다고 볼 수 있다. 1990년대 후반에 접어들면서 몇몇 아프리카 국가들에 있어서의 민주주의의 진전과 아프리카인권위원회의 미약한 인권보호 기록이 좀 더 강한 인권보장의 필요성을 고조시켰으며 그 결과 아프리카인권재판소의 설립을 가져오게 되었던 것이다.

아프리카인권재판소는 이제까지 비록 몇 개에 지나지 않는 결정^{decision}과 하나의 판결을 내렸을 뿐이지만 2008년 이후 사건을 맡을 수 있는 조건을 가지고 있다. 재판소는 11명의 판사로 구성되며 이들은 모두 아프리카연합의 회원국 국적의 사람들이다. 재판의 절차는 '재판소규칙^{Rules of Court}'에 따르며 재판소의 결정은 당사자에게 구속력을 가진다. 재판소는 배상을 포함하여 특별한 구제책을 명령할 수 있는 권한을 가진다. 아프리카인권재판소의 권한을 사법적 판결과 권고적 의견의 제시로 나누어 살펴보면 다음과 같다.

아프리카인권재판소의 사법적 판결의 물적 관할 대상은 아프리카인권헌장, 아프리카인권재판소설립의정서, 그리고 관련 국가(들)에 의해 비준된 모든 인권장치와 관련하여 맡겨지는 모든 사건과 분쟁으로서 아주 광범위하게 인정되고 있다는 것을 특징으로 한다.[37] 아프리카인권재판소에 제소할 수 있는 주체 역시 아프리카인권위원회, 아프리카인권위원회에 진정을 한 당사국, 아프리카인권위원회에 진정의 대상이 된 당사국, 자신의 국민이 인권위반의 피해자가 된 당사국, 아프리카의 정부간기구, 아프리카인권위원회에 옵서버 지위를 가지고 있는 비정부기구, 그리고 개인에게까지 광범위하게 인정하고 있다.[38] 이들 가운데 개인과 아프리카인권위원회에 옵서버 지위를 가지고 있는 비정부기구의 제소는 재판소 관할권에 대한 제소 대상국의 수락선언을 전제로 하며 당사국, 인권위원회, 아프리카 정부간기구의 경우는 재판소 관할권에 대한 제소 대상국의 수락선언을 필요로 하지 않는다. 따라서 이러한 선언을 하지 않은 재판소설립의정서의 당사국에 의한 위반을 주장하는 제소의 주체들은 진정을 재판소에 회부할 권한을 가지고 있는 아프리카인권위원회에 진정을 하여야만 한다.

재판소설립의정서의 당사국은 자신이 당사자인 사건의 판결을 재판소가 규정한 기간 내에 준수하고 그 집행을 보장해야 한다고 규정함으로써 아프

---

37 아프리카인권재판소 설립의정서 제3조 1항.
38 아프리카인권재판소 설립의정서 제5조 및 제34조 6항과 재판소규칙 33.

리카인권재판소 판결의 구속력을 규정하고 있다.[39] 재판소의 판결은 당사국에게 통보될 뿐 아니라 아프리카연합[AU]의 회원국과 위원회[Commission]에게도 전달된다. 판결의 집행을 감시하기 위해 재판소의 판결은 총회[Assembly]를 대신하여 집행을 감시하는 집행이사회[Executive Council]에 통보되며 재판소는 총회의 매 정기회기에 재판소의 판결이 준수되고 있지 않은 사건이 구체적으로 언급된 전년도의 활동에 관한 보고서를 제출하여야 한다.[40]

재판소는 이러한 사법적 판결과 더불어 권고적 의견을 낼 수 있는 권한을 가진다. 구체적으로 아프리카연합의 회원국, 아프리카연합의 모든 기구들, 아프리카연합에 의해 인정된 모든 아프리카기구들의 요청에 의해 아프리카인권헌장 및 다른 유관한 인권장치[human rights instrument]와 관계가 있는 모든 법률적 문제에 대해 권고적 의견을 제시할 수 있다. 단 권고적 의견의 대상 문제가 아프리카인권위원회에 의해 검토되고 있는 문제와 연결되어 있지 않아야 한다.

2) 사회적·경제적·문화적 권리

아프리카인권헌장이 시민적·정치적 권리보호와 더불어 사회적·경제적·문화적 권리 규정하고 있지만 후자는 전자와는 달리 아프리카인권위원회의 개인 진정이나 국가 간 진정의 대상이 되지 않았다. 그러던 것이 2개의 비정부기구가 나이지리아의 오고니족을 대신하여, 석유회사가 나이지리아의 오고니족의 주거지에서 발견된 석유를 개발하면서 이 지역의 환경과 보건을 훼손했고 나이지리아 정부가 이에 방조하고 나아가 동조했다는 진정을 아프리카인권위원회에 제출하면서 사회적·경제적·문화적 권리가 진정의 대상이 될 수 있는가의 문제가 제기되었다.

아프리카인권위원회는 이 진정 건을 다루면서 아프리카인권헌장이 두 종류의 권리를 동시에 포함한 것은 이들 권리의 불가분성과 상호의존성을 의

---

39 재판소설립헌장 제30조.
40 재판소설립헌장 제29조와 31조.

미한다고 강조하고 2001년 10월에 아프리카헌장상의 사회적·경제적·문화적 권리도 진정의 대상이 된다는 결정을 내렸다. 이를 계기로 사회적·경제적·문화적 권리도 아프리카권위원회의 진정의 대상이 되었다.[41]

5. 소결: 지역인권체제의 이행기제의 비교

1) 인권협약의 권리와 이행감시기구의 구성

유럽인권체제의 경우 시민적·정치적 권리가 경제적·사회적·문화적 권리와는 별도의 조약으로 분리되어 있으면서 각기 다른 기관인 유럽인권재판소와 유럽사회권위원회가 이행감시기구로서의 역할을 한다. 시민적·정치적 권리는 사법기관인 유럽인권재판소가 관할하고 경제적·사회적·문화적 권리는 준사법기관인 유럽사회권위원회가 관할한다. 미주인권체제 역시 시민적·정치적 권리가 경제적·사회적·문화적 권리가 별도의 조약으로 구분되어 있으나 이행기구로서 미주인권위원회와 미주인권재판소를 공유하고 있다. 아프리카인권체제의 경우는 두 종류의 권리가 하나의 조약에 규정되어 있으면서 아프리카인권위원회와 아프리카재판소라는 두 가지 이행감시기구를 두고 있다.

2) 인권위원회의 이행기제

유럽은 유럽인권위원회가 유럽재판소에 통합되어 존재하지 않기 때문에 비교의 대상이 되지 않는다. 개인 진정 제도의 경우 미주인권위원회가 개인뿐 아니라 집단과 미주국가기구 회원국이 법적으로 인정한 비정부기구를 진정의 주체로 하고 있는 것과 비슷하게 아프리카인권위원회도 개인, 집단,

---

41 Danwood Mzikenge Chirwa, "Toward Revitalizing Economic, Social, and Cultural Rights in Africa: Social and Economic Rights Action Centre and the Center for Economic and Social Rights v. Nigeria," http://www.wcl.american.edu/hrbrief/10/1chirwa.pdf (검색일: 2014.4.11).

비정부기구를 주체로 인정하고 있다. 또한 진정의 대상이 되고 있는 국가가 인권위원회의 관할권을 인정하는 선언을 필요로 하지 않는다는 점에서도 동일하다.

국가 간 진정 제도를 비교하면 미주인권위원회의 경우 진정이 제출되려면 진정의 주체국과 진정의 대상국 모두 위원회의 진정을 다룰 수 있는 권한을 수락하여야만 가능하다. 이와는 달리 아프리카인권위원회의 경우는 진정 대상국의 수락을 전제로 하지 않으며 진정의 주체국의 경우 피해국이 아니어도 된다.

3) 인권재판소의 제소 주체

우선 개인의 제소권을 비교하면 유럽인권재판소의 경우 개인은 재판소의 관할권을 수락하는 당사국의 선언 없이 직접 유럽인권재판소에 제소할 수 있다. 아프리카인권재판소의 경우는 당사국에 의한 재판소 관할권의 수락을 전제로 개인의 제소권을 인정한다. 미주인권재판소는 제소할 수 있는 권한을 미주인권위원회와 미주인권협약의 당사국에게만 주고 개인에게는 주지 않는다.

국가의 제소권을 비교하면 유럽인권재판소와 아프리카인권재판소 모두 재판소의 관할권을 수락하는 선언 없이 인권협약의 당사국 일방의 다른 당사국에 대한 제소가 가능하다. 이와는 달리 미주인권재판소의 경우 인권협약의 당사국 일방이 다른 당사국을 제소하려면 두 국가 모두 재판소의 관할권을 인정하는 선언이 있어야 한다.

인권위원회를 두고 있는 미주인권체제와 아프리카인권체제의 경우 인권위원회도 제소의 주체가 된다. 미주인권재판소의 경우 인권협약의 당사국을 제소하려면 재판소의 관할권에 대한 당사국의 수락 선언이 전제된다. 이와는 달리 아프리카인권재판소의 경우 당사국에 의한 관할권 수락을 필요로 하지 않는다.

비정부기구의 제소권을 비교하면 유럽인권재판소와 미주인권재판소의 경우 비정부기구의 제소권을 인정하지 않는다. 이와는 대조적으로 아프리카인권재판소만 유일하게 아프리카인권위원회 옵서버 자격이 있는 비정부기구의 제소권을 인권재판소 관할권에 대한 당사국의 수락을 전제로 인정한다.

정부간기구IGO의 제소권을 비교하면 유럽인권재판소와 미주인권재판소의 경우 정부간기구의 제소권을 인정하지 않는다. 이와는 대조적으로 아프리카인권재판소만 유일하게 아프리카 정부간기구의 제소권을 인정하는데 이때 당사국의 재판소 관할권의 수락을 전제로 하지 않는다.

IV. 결론

지금까지 조약에 기반을 둔 인권체제와 지역인권체제를 이행감시기구와 그 이행기제에 중점을 두고 살펴보았다. 이 중에서 조약에 기반을 둔 인권체제는 인권의 보편성을 추구하는 체제로서 전 세계의 다양한 이질적인 국가들을 대상으로 하기 때문에 강력한 인권보호 장치를 갖는 것이 본질적으로 어렵다. 이 때문에 여전히 준사법적인 이행감시기구인 위원회 조직을 통해 인권보호를 하고 있고 국가보고서 제도 정도가 국가들이 강제적으로 수용하여야 할 이행기제로서 정착이 되었다. 개인 진정 제도는 여전히 국가들에게 선택하여야 할 이행기제로 남아 있지만 점차적으로 배제의 정도가 낮아지고 있다. 그 뒤를 이어 진정이 없이도 조사가 가능하도록 하는 자발적 직권조사 제도가 대다수 인권조약의 또 다른 주요한 이행기제로 진입하고 있다. 이러한 면에서 조약에 기반을 둔 인권보호체제는 강화되고 있다고 볼 수 있다.

이러한 조약에 기반을 둔 인권체제의 본질적인 문제 가운데 하나는 국가의 인권침해 행위에 대해 내린 위원회의 권고를 포함한 결정이 법적 구속력을 결하고 있다는 점이다. 따라서 이러한 결정의 이행을 감시하기 위한 후속적인 이행기제follow-up enforcement mechanism의 강화가 조약 자체의 이행을 감시하기 위한 이행기제 못지않게 중요하다.

　지역인권체제의 경우 국가들 간의 동질성을 일정한 정도 공유하고 있는 지역을 단위로 하고 있어 본질적으로 전 세계를 단위로 하는 인권체제보다는 국가들 간에 인권조약의 내용에 합의하는 것이 보다 용이하고 이로 인해 인권감시기구의 권고를 포함한 결정에 대한 이행이 보다 나을 수 있다. 이러한 지역인권체제들의 특징과 변화를 잘 이해하기 위해서는 미주인권체제와 아프리카인권체제를 전통적인 지역인권체제로 보고 유럽인권체제를 새로운 지역인권체제로 구분하여 분석하는 것이 필요하다고 생각된다. 왜냐하면 1990년대 후반에 유럽인권체제가 인권위원회를 없애고 인권재판소만을 두는 인권체제로의 대대적인 개혁을 했기 때문이다. 이러한 구분을 통해 지역인권체제의 지속성과 변화를 살펴볼 수 있다.

　전통적인 지역인권체제로서 미주 지역 인권체제와 아프리카 지역 인권체제는 인권위원회라는 준사법적인 기관과 인권재판소라는 사법적인 기관을 이원적으로 두고 있으면서 인권위원회를 통한 정치적 해결을 먼저 시도하고 나중에 인권재판소를 통한 사법적 해결을 추구하는 2단계 문제해결 방식을 가지고 있다. 더불어 인권위원회를 통한 문제해결 방식에 있어서도 먼저 당사자들 간에 우호적인 해결friendly settlement을 시도하도록 하고 해결이 어려울 경우 인권위원회가 개입하는 방식을 택하고 있다. 따라서 총체적으로 보아 3단계의 문제해결 단계를 두고 있다고 볼 수 있다. 이러한 단계적 문제해결 방식은 우호적인 관계를 유지할 필요성을 보다 더 가지고 있는 지역의 국가들 사이의 문제해결 방식으로 적합하다고 볼 수 있다.

　이러한 단계적 접근이 성공하기 위해서는 단계마다의 절차가 명백하고 투명하여야 하며 상향 단계로의 이전이 용이해야 한다. 이는 조정절차와 재판절차를 두고 있는 국내의 가사사건의 재판과정과 유사해야 한다고 생각된다. 그러나 미주인권체제와 아프리카인권체제의 경우 단계마다의 절차가 명백하게 조약 등을 통해 규정되어 있지 않고 준사법적 단계로부터 사법적 단계로의 이전이 용이하지 않다는 문제를 가지고 있다. 아프리카인권재판소의 경우는 당사국에 의한 재판소 관할권의 수락이 있어야만 개인이 제소할 수 있고 미주인권재판소의 경우는 아예 개인의 제소권을 인정하고 있지 않기 때문이다. 더불어 인권조약의 준수를 가져오기 위한 이행기제와 인원위원회와 인권재판소가 내린 권고나 판결의 준수를 가져오기 위한 후속적인 이행기제가 취약하다.

전통적 지역인권체제의 또 다른 특징은 사회적·경제적·문화적 권리의 보호와 시민적·정치적 권리의 보호를 위한 이행감시기구 및 그 이행기제가 분리되어 있지 않다는 점이다. 이 두 종류의 권리가 효율적으로 보호되기 위해서는 이러한 권리의 특성이 반영된 이행감시기구와 이행기제가 필요한데 구분이 되어 있지 않을 뿐 아니라 이들을 규정하는 법과 절차가 명백하고 투명하지 않다는 점이 문제의 하나로서 지적될 수 있다.

이러한 점에서 유럽 지역 인권체제의 변화는 주목할 만하다. 우선 절차적인 측면에서 준사법적인 기관인 유럽인권위원회가 유럽인권재판소로 흡수됨으로써 이전의 이중적인 인권구제 절차가 단순화되고 유럽심의회 각료위원회라는 정치적 성격의 기관의 개입이 없어지면서 사법적 해결을 통한 인권의 구제가 강화되었다. 특히 유럽인권재판소가 개인과 유럽인권협약의 당사국이 유럽재판소에 제소를 할 때 당사국에 의한 재판의 관할권을 인정하는 특별선언 없이 강제관할권을 자동적으로 가지도록 함으로써 개인의 인권의 구제절차가 수월하게 되었다. 또 다른 한편 규범적인 측면에서 유럽인권협약의 규정은 물론 유럽인권재판소의 판결은 일부 국가에게 국내법의 헌법이나 법률의 일부로 간주되며 그렇지 않은 국가의 경우 국내법을 유럽인권협약과 일치하도록 하는 조치를 취해야 한다. 2013년 영국 정부위원회는 범죄 유형에 관계없이 남은 형기가 6개월 이하이거나 형기가 1년 이하인 재소자에 한해 투표권을 허용하는 선거법 개정안을 제안했는데 이는 교도소 재소자에게 예외 없이 선거권을 부정한 영국 선거법이 자유로운 선거권을 규정한 유럽인권협약에 위반된다는 2005년 유럽연합인권재판소 판결에 따른 것인 것에서 알 수 있다.

유럽인권체제는 사회적·경제적·문화적 권리의 보호를 시민적·정치적 권리와 분리하여 다른 구제절차를 적용하고 있다. 구체적으로 준사법기관인 유럽사회권위원회가 국가가 제출하는 보고서를 심사하고 집단이 개별적인 현상으로서의 인권침해가 아닌 일반적인 인권침해에 대해 제출한 진정을 심사하여 결정을 내리도록 하고 이러한 결정의 이행을 정치적 기관인 유럽심의회 각료위원회에 맡기는 이행기제를 택하고 있다. 이와 관련하여 개인 및 다른 당사국을 유럽사회권위원회의 진정의 주체로 인정하지 않고 집단에게만 인정하고 있는 점, 법적 구속력을 결하고 있는 위원회의 결정의 이행을 정치적 기관인 유럽심의회 각료위원회가 감시를 한다고 하지만 관련 국가가 필요한 조치를 취하지 않을 경우 위원회가 이를 구제하기 위해 인권재판소에 제소할 수 있는 권한을 가지고 있지 않다는 점이 한계로서 지적될 수 있을 것이다.

시민적·정치적 권리의 보호와 관련하여 여전히 준사법적인 절차에만 머물고 있는 조약에 기반을 둔 인권체제, 사법적 해결을 선호하는 지역적 특성과 더불어 사법절차만을 가지고 있는 유럽인권체제, 그리고 우호적 해결을 선호하는 지역적 특성과 더불어 빈약한 준사법절차와 사법절차를 모두 가지고 있는 미주 지역과 아프리카 지역의 인권체제가 국제사회에 공존하고 있다. 이러한 구분과 공존은 역사성을 가지고 있는 것으로서 당분간 쉽게 변화하지 않고 지속될 것으로 보이는데 이들 인권보호 장치들이 인권보호의 실효성을 가져오기 위해 어떠한 실험을 지속할지 지켜봐야 할 것이다.

국제기구와 인도적 의제:
이주 및 난민 문제

이신화

I. 서론

이주^{migration}란 인류의 시작과 더불어 나타난 현상으로, 더 나은 환경과 더 많은 기회를 꿈꾸며 많은 사람들이 자신의 고향을 떠나 국내외로 이동해 왔다. 오늘날 전 세계 국내외 이주자의 수는 10억 명에 달하고 있는데, 이는 지구상 인구 7명당 1명꼴에 해당한다. 윌리엄 스윙^{William Swing} 국제이주기구^{IOM} 사무총장이 이주를 '21세기 메가트렌드'라고 지칭하였듯이, 현재 2억 3천만 명가량인 국제이주자의 수가 2015년에는 3억 명으로 증가할 것이라는 전망이다.[1] 이주의 원인은 매우 다양한데, 취업이나 더 높은 임금, 주거환경뿐 아니라 교육이나 가족과의 결합과 같은 삶의 질을 높이거나 행복추구를 위한 자발적 이주가 있는 반면, 내전이나 정치적 억압, 자연재해, 인신매매 등으로 인해 원치 않거나 강제적인 이주를 하는 경우도 점점 증가하고 있다.

한편 난민^{refugee} 문제란, 국제법상 "인종, 종교, 국적, 특정사회집단의 구

---

[1] William Lacy Swing, "Making Migration a Positive Force for Development in the Americas," 52 Lecture of the americas Organization of American States, Washington, DC, http://www.oas.org/en/ser/dia/lecture/docs/Remarks-William_Lacy-Sept2013 final.pdf(검색일: 2013.9.30).

성원 신분 또는 정치적 의견을 이유로 박해를 받을 우려가 있다는 충분한 근거가 있는 공포로 인하여, 자신의 국적국 밖에 있는 자로서, 국적국의 보호를 받을 수 없거나, 또는 그러한 공포로 인하여 국적국의 보호를 받는 것을 원하지 아니하는 자"를 일컫는다.[2] 유엔난민기구UNHCR에 따르면, 2013년 기준 1천40만 명의 사람들이 난민인데, 이들 '공식' 협약 난민들 이외에도 2천8백80만 명 이상의 국내유민/실향민들Internally Displaced Peoples: IDPs, 1천만 명 이상의 무국적자들stateless people, '기정사실prima facie' 난민으로 불리는 비호신청자들asylum seekers도 UNHCR의 지원하에 있는 사람들이다.[3] 전쟁과 박해, 기근 등을 피해 자신의 거주지를 떠나 각지를 떠돌고 다니고 있는 이들은 '떠날 수밖에 없는' 배출push 요인 때문에 고향을 등졌다는 점에서 더 나은 삶이라는 유인pull 요소로 인해 거주지를 떠난 이주민과는 구별된다.

본 연구는 세계 이주 문제와 난민 문제를 중심으로 유엔을 비롯한 국제기구들의 인도적 문제에 대한 활동을 평가하고 그 역할과 성과 및 한계점을 고찰하는 것을 목적으로 한다. 이를 위해 세계 이주의 역사적 변천과정 및 합법적 이민뿐 아니라 불법이주자문제와 인신매매실태를 포함한 현재의 이주문제의 특성을 살펴보고, 국제이주기구를 비롯한 유엔의 국제이주관련 활동을 평가할 것이다.

또한 본 연구는 세계 난민 및 유민문제들의 특성 및 난민 사태의 역사적 변천과정을 살펴봄으로써, 유엔난민기구를 비롯한 국제기구들이 난민보호를 위해 이룩한 성과, 현행 국제난민법의 한계, 난민 문제의 여러 쟁점들을 살펴보고자 한다. 특히 인도적 위기에 처한 '불쌍한 피해자'로서의 난민뿐 아니라 이들이 어떻게 국가 간 관계나 한 지역 내에 안보불안을 가져올 수 있는지를 논함으로써 난민의 인도적 문제뿐 아니라 안보적 맥락도 분석할

---

2 유엔난민기구(UNHCR), "난민," http://www.unhcr.or.kr/unhcr/html/001/00100100
   1002.html

3 UN High Commissioner for Refugees(UNHCR), "Figures at a Glance," http://www.
   unhcr.org/pages/49c3646c11.html

것이다. 또한 이주나 난민 문제의 해법을 찾아가는 과정에서 나타나는 국가 이기주의, 힘 있는 국가가 지향하는 규범과 국제규범 간의 상충, 국제기구의 재정부족과 행정문제 등을 살펴봄으로써 보다 효과적이고 정당한 이주정책, 난민 문제 해결책 등을 모색할 이론적·규범적·실용적 근거를 제공하고자 한다.

II. 세계 이주 문제와 국제기구

1. 국제이주 문제의 역사적 변천과정 및 현황

이주란 "국경을 넘거나 특정 국가 내 사람이나 집단이 이동하는 것을 일컫는다. 그 기간과 구성, 원인과 관계없이 어떤 형태의 인구이동이든 포괄하는 개념으로 이재민, 경제적 이주자, 가족재결합 등의 목적을 위해 이동하는 사람들을 포함한다."[4] 이주민이란 자발적 혹은 비자발적으로 외국에서 1년 이상 거주한 사람들과 가족구성원들을 지칭한다.[5] 인류역사만큼이나 오래된 이주현상은 항상 좀 더 나은 보금자리, 보다 나은 직업이나 교육에 대한 인간의 바람이 없어지지 않는 한 앞으로도 끊이지 않고 지속될 것으로 보인다.

국제이주기구에 따르면, 전 세계 2억 3천만 명 이상의 사람들이 본인의 출신국이 아닌 다른 나라에 살고 있고, 이 수치는 1~2년 안에 3억 명으로 늘어날 것으로 추산된다. 현재 전 세계에 퍼져 있는 이민자들은 전 세계 총 인구의 3.1~3.2%를 차지한다. 이들로 하나의 나라를 만들면 인구 수 세

---

4 Richard Perruchoud and Jilyanne Redpath-Cross, eds., *Glossary on Migration*, 2nd edition(한국어 번역본), 『이주용어사전』 "국제이주법," No.26, 제2판(서울: 국제이주기구, 2011).

5 상동.

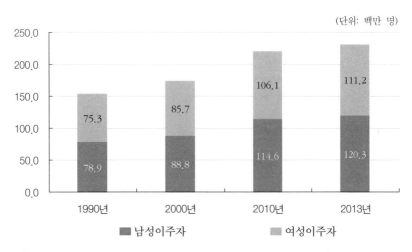

〈그림 1〉 전 세계 이주자 수 추이

(단위: 백만 명)

출처: International Organization for Migration(IOM), "Key Facts and Figures," *World Migration Report 2013: Migrant Well-Being and Development*, http://www.iom.int/files/live/sites/iom/files/What-We-Do/wmr2013/en/WMR2013_FactSheet_EN_final.pdf

계 5위에 달할 정도의 큰 규모인 점을 감안할 때 지구상 모든 국가가 국제이민과 긴밀하게 연계되어 있다 해도 과언이 아니다.[6] 전체 이민자들의 60%가 미국이나 서구유럽과 같은 선진국으로 이주하고 있는데, 국제이주의 역사는 반드시 잘사는 나라는 아니라 하더라도 출신국보다는 비교적 형편이 나은 국가를 향한 인구이동의 역사였다. 즉 과잉인구나 가난, 취업기회의 제한 등이 만연한 저개발 국가 사람들이 인구고령화나 인력수급 불균형 문제로 인해 이민자들의 유입을 필요로 하는 선진국들('북')로 향하는 경우도 많다. 하지만 개도국들('남') 간의 인구이동도 상당수를 차지하고 있다는 점에 주목할 필요가 있다. 오늘날 전체 이주자들 중 40%는 남에서 북으로, 33%는 남에서 남으로, 22%는 북에서 북으로, 그리고 나머지 5%는 북에서

---

6 "세계는 지금: 확대되는 반이민정서," 『세계일보』, 2010년 11월 15일, http://www.segye.com/content/html/2010/11/14/20101114001889.html

국제기구와 인권·난민·이주

남으로 이주하고 있다.[7]

국제이주기구의 〈2013년 세계이주보고서〉에 따르면, 미국은 지속적으로 최대 이민국으로 외국 태생의 수가 전체 인구의 42.8%를 차지한다. 특히 미국은 남에서 북으로 이주해오는 전형적인 국가로 멕시코에서 1,200여만 명, 중국에서 190여만 명, 그리고 필리핀과 인도 등에서 많은 이민자가 들어오고 있다. 이와 더불어 외국태생인구수가 많은 나라는 러시아(12.3%), 독일 (10.8%), 사우디아라비아(7.3%), 캐나다(7.2%), 프랑스(6.7%), 영국(6.5%), 스페인(6.4%), 인도(5.4%), 우크라이나(5.3%) 순이다. 이는 인구이동이 단순히 북에서 남으로만 이루어지는 것이 아니라 남남 간 활발히 이루어지는 것을 반증한다. 또한 북에서 남으로의 이주민이 크게 증가하는 추세인데, 이는 중국으로의 이주가 큰 폭으로 늘고 있는 것과 무관하지 않다. 북에서 남으로 이주한 사람들은 편안한 생활을 즐기고 있고, 남에서 북으로 이주한 사람들은 생활여건변화 및 취업의 어려움 등으로 힘들지만 본국에서의 생활보다는 대체적으로 삶의 수준이 나아졌다고 생각하는 것으로 나타났다.[8]

또한 총 65억 명에 달하는 세계 총 인구 수 대비 국제이주자 수는 그다지 큰 규모가 아닌 것으로 비쳐질 수도 있으나, 이민자들이 이주하는 국가들 수가 비교적 특정 국가들에 집중해 있다는 점도 주목할 필요가 있다. 예를 들어 OECD 국가들 중 스위스나 호주 내 이민자 수는 전체 인구의 25%에 달하는 반면, 핀란드나 헝가리 같은 경우는 3% 정도에 그친다.[9] 국제이주는 정착국의 국가안보, 정치, 경제, 문화, 사회, 인구통계, 언어, 종교 등 다방면에 걸쳐 긍정적·부정적 영향을 끼쳐왔다고 할 수 있겠다. 한편에서는 이주

---

7 이 이주비율은 제1세대 성인 이주자들을 기준으로 한 수치이다. Gallap World Poll, "Four Pathways of Migration 2009-2011," International Organization for Migration (IOM), *World Migration Report 2013: Migrant Well-Being and Development* (Geneva: IOM, 2013), http://www.iom.int/files/live/sites/iom/files/What-We-Do/wmr2013/en/WMR2013_FactSheet_EN_final.pdf

8 상동.

9 OECD, *International Migration: The Human Face of Globalisation* (2009), http://www.oecd.org/insights/43568873.pdf

민이 늘어나면서 외국인 혐오나 국가주의를 강조하며 이주민 유입을 반대하거나 사회갈등을 일으키는 극우집단주의가 늘고 있고, 다른 한편에서는 글로벌 불평등을 극복하고 다문화주의를 제고하기 위해서라도 국제이주를 더욱 활성화해야 한다는 목소리가 높다.[10]

이주의 원인은 경제적·정치적·인구학적 요인, 분쟁이나 다국가적 네트워크 등의 성격을 띤다. 또한 이러한 이주는 그 지속기간에 따라 단기적·장기적 이주, 범위에 따라 국내이주와 국제이주, 크기에 따라 소규모 이주와 대규모 이주, 주체에 따라 자발적·비자발적 이주 등으로 나뉜다. 자발적인 이주의 대표적인 예로 양질의 교육을 목적으로 하는 이주를 꼽을 수 있는데, 1970년대 중반 이후 4배 이상 늘어 270만 명에 달한다. 특히 교육의 국제화현상이 서구 선진국뿐 아니라 아시아 개발도상국들 사이로 크게 확산되고 영어교육에 대한 관심이 급증하면서 조기유학부터 박사과정에 이르기까지 유학생이 큰 폭으로 늘게 되었다.[11] 이러한 현상은 다양한 외국학생들을 수용함으로써 국가 간 교류가 촉진되고 다문화적 사회를 지향할 수 있다는 긍정적인 측면이 있다. 하지만 영어권 국가로의 유학생 편중현상이나 유학생들이 교육을 마친 후에도 수용국에 남아 있는 경향이 많아지면서 고숙련 이민자 수요충족이라는 긍정적인 면도 있지만, 내국민 고급인력들의 취업기회가 줄어들거나 경쟁이 심해질 수 있다.

또한 고급인력으로 성장한 외국인들 밑에서 일을 해야 하는 내국민들의 불만이 사회불만으로 이어질 수도 있고, 이주규모가 커지면 국가정체성이나 사회안정이 위협받을 수 있다는 우려가 생길 수 있다. 따라서 유입국은 적정 수준의 이주율 및 자국의 상황을 고려해 이주자 선별조건 및 이주규모를 정책적으로 통제하려는 경향을 보이고 있다.[12] 반면 유출국의 경우, 이민자들이 본국으로 자금을 송금하거나 해외 경력을 쌓는다는 긍정적 측면이 있

---

10 폴 콜리어 저, 김선영 역, 『엑소더스: 전 지구적 상생을 위한 이주 경제학』(서울: 21세기북스, 2014).

11 상동.

12 폴 콜리어(2014).

기도 하지만, 전문 인력이나 최상위 인재들이 국내취업을 기피하고 해외에서 근무하는 '두뇌유출'이 늘어나 국가경제에 악영향을 끼치는 것을 걱정하기도 한다.

근로이주의 경우, 대체로 수용국 정부들은 자국의 노동력 확보를 위해 이민자들을 받아들인다. 소위 말하는 광업, 농업, 건축업, 제조업과 같이 힘들고difficult, 더럽고dirty, 위험스러운dangerous 3D 업종을 기피하는 내국민들 대신 이러한 분야에서 일할 수 있는 인적 자원인 이민자들이 필요한 것이다. 하지만 일반적으로 이민자들은 내국민들보다 고용가능성이 적고, 월등한 자격을 갖추고 있지 않는 한 구직이 힘든 경우도 허다하고 인종이나 국적 등을 이유로 채용이 거절되는 등의 차별을 받기도 한다. 특히 경제둔화나 침체기가 장기화될 경우, 이민자들의 고용기회는 내국민들보다 더욱 줄어들 수밖에 없다. 이렇듯 국가별 삶의 질과 임금격차에 따라 이주자들이 상대적으로 정착국을 찾아가는 경제적 원인이 유인 요소pull factor가 되는 경우가 있는가 하면, 선진국의 저출산, 고령화로 노동력부족현상이 개도국의 노동력과잉과 맞물려 나타나는 인구이동과 같이 인구학적 요인도 있다. 해외 각지에 살고 있는 가족이나 친지와의 결합을 위해 이주하는 경우 이미 정착한 사람들은 이주를 촉진하는 촉매역할을 하는데, 이 경우에는 다국가적 네트워크를 형성하는 등 이주가 긍정적인 효과가 있다.

또한, 자연재해, 산업재해 등 환경적 요인으로도 이주가 발생하는데 이 경우는 국내이주가 국외로의 이주보다 더 빈번하고 규모도 크다. 취약한 정부구조, 부패, 양질의 교육이나 건강관련 인프라의 부족으로 더 나은 정착국을 찾아가는 정치적·국가 행정적 요인도 이주의 유인 및 추진 요소push factor로 복합적으로 작용하고 있다. 한편, 정부억압이나 내전, 인종, 종교 등에 따른 차별로 자유를 찾아 떠나는 이주는 주로 추진 요소를 가진 난민의 성격을 띤다.13

이에 더하여 불법이주자문제 및 체류국의 반발이 국제사회의 우려거리로

---

13 국제이주기구(IOM), "이주의 원인," http://iom.or.kr/?page_id=2356

급부상하고 있다. 불법이주자란 한 국가에서 다른 국가로 합법적이지 않은 방법으로 이주하여 체류국의 출입국관계법령을 위반하면서 살고 있는 사람들을 일컫는다. 이는 이주자체가 불법적인 경우뿐 아니라 합법적인 체류기간을 넘기고 계속하여 체류하는 것, 그리고 위장결혼도 불법이주자에 속한다.[14]

주로 저개발국에서 선진국으로 이주하는 경향을 보이는 불법체류자의 경우, 2013년 한해만해도 지중해를 거쳐 이탈리아로 밀입국한 이주자가 3만여 명으로 추산되어 2012년 대비 2배 이상이었다. 2011년 북아프리카를 휩쓴 '아랍의 봄'의 여파도 있는 것으로 보이며, 튀니지, 리비아나 시리아 출신의 이주자들은 난민의 성격도 강하다. 국제이주의 많은 장점에도 불구하고 이주문제가 점점 심각한 정치적·사회적 문제로 확대되는 이유는 불법이민이 증가하고, 값싼 노동력으로 인해 내국인들의 일자리가 감소하고, 이주자들이 문화적 이질감 등으로 정착국에서의 사회통합에 실패하거나, 마약거래나 다른 초국가적 범죄 전과자 유입 등으로 범죄증가나 내국인과의 갈등 경향이 커지고 있기 때문이다. 특히 이주국 내 경제난, 사회불안, 테러의 위협 등은 반이민정서를 증가시키고 있고, 이민자들로 하여금 자국으로 돌아가라는 반발도 커지고 있다.

예를 들어, 2008년 금융위기 이후 미국의 경우, 애리조나 정부에서 2010년 이민법을 개정하여 국경통제를 강화하고 불법이민자들을 퇴출하려는 여러 가지 방안을 마련함에 따라 사회 내 많은 논란이 일고 있다.[15] 또한, 오바마 대통령이 집권한 이래 200만 명가량의 불법이주자들이 추방되었는데, 미국 시민인 자식이 있는 부모들도 20만 5천 명 정도 강제 추방되었다고 알려졌다. 2013년 369,000명의 불법이주자들이 미국에서 강제 추방되었는

---

14 Tsuneo Akaha and Anna Vassilieva, *Crossing National Borders: Human Migration Issues in Northeast Asia* (Tokyo, New York, Paris: UN University Press, 2005).
15 "'이민자가 오히려 일자리 만든다' 논란: 부도위기 넘긴 미정부 새 화두," 『이코노미스트』, 2013년 10월 28일, http://magazine.joins.com/economist/article_view.asp?aid=299347

데, 이 수치는 지난 20년 전 대비 9배에 달하는 규모이다.[16] 이에 더해 중남 미로부터 보호자 없이 밀입국하는 미성년자들의 수가 급증하고 있어 그 수 가 2013년 10월 이래 지난 10개월 동안 6만 3천여 명에 달하는 등 사회문제 로 등장하였다. 2014년 12월 현재, 오바마 대통령은 불법이민자들에 대한 양트랙two track 정책을 구사하고 있다. 한편으로는 텍사스 주에 2,400명을 수용하는 불법이민자 시설을 개관하고, 다른 한편으로는 신규 불법이민자 방지를 위해 멕시코 접경 안보를 강화하고 있다.[17]

영국을 시작으로 유럽에서도 이민자 단속을 위한 법을 강화하기 시작하 였다. 1997년 1만 3천여 명이었던 영국 내 이민자는 동유럽 출신 이민자들 이 급증하면서 2010년 47만여 명으로 40배가량이 늘었다. 이에 대처하기 위해 데이비드 캐머런 총리는 영국인과 결혼하려는 외국인 영어능력시험이 나 학생이민과정 강화 등을 포함한 이민제한을 위한 법안을 추진하고 있고, 영국인 77%가 이러한 이민자축소정책이나 법안마련에 찬성하고 있다. 1988 년부터 2013년까지 소말리아, 에리트레아 등 아프리카로부터 지중해를 거 쳐 유럽으로 이주하려다 사망한 불법이주자수가 2만 명을 넘어서면서, 지중 해가 이주자의 '거대한 공동묘지'가 되고 있다는 지적과 더불어 대책안을 마 련하기 위해 유럽연합 정상회의를 개최하자는 목소리가 있으나 아직까지 구 체적 대안은 없는 실정이다.[18] 또한, 2011년 튀니지 민주혁명 이후 많은 튀 니지인들이 이탈리아로 넘어가는 등 아랍국가로부터 서구 유럽으로 이주하 는 사람들이 증가하는 것과 관련하여 반기문 사무총장은 불법이주자나 원치 않는 이주자들도 체류국에서 기본적인 인권을 보장받을 권리가 있다고 역설

---

16 U. S. Department of Homeland Security, "FY 2013 ICE Immigration Removals," September 30, 2013, https://www.ice.gov/removal-statistics/

17 "텍사스 불법이민자 수용소 6만 평 규모 美 역사상 최대,"『매일경제』, 2014년 12월 16일, http://news.mk.co.kr/newsRead.php?year=2014&no=1534053

18 프랑스 르몽드, 장 레오나르 투아디 이주문제 전문가 전 로마 부시장의 인터뷰, "지중 해 건너다 대부분 익사… 유럽 이주 시도 아프리카인들의 비극,"『경향신문』, 2013년 10월 7일, http://news.khan.co.kr/kh_news/khan_art_view.html?artid=20131007224 7305&code=970205

하였지만, 유엔 차원에서도 효과적인 방안이 마련되지는 못하고 있다.

불법이주 중 가장 심각한 유형 중 하나로 인신매매문제를 들 수 있는데, 사람을 물건처럼 사고파는 불법적 상행위인 인신매매는 인간의 기본권리를 유린하는 비인도적인 초국가적 범죄이다. '현대판 노예제'로도 불리는 인신매매의 규정은 2000년 채택된 유엔의 "인신매매를 방지, 억제, 처벌하는 프로토콜(특히 여성과 아동이 인신매매)Protocol to Prevent, Suppress and Punish Trafficking in Persons, especially Women and Children"에 따른다. 이 규정에 의하면, 인신매매는 성적착취, 강제노동 등을 목적으로 사기, 속임수, 강제, 납치와 같은 수단을 이용하여 인간을 사고파는 행위를 지칭한다.[19] 특히 여성이나 아동을 상대로 한 강제 성거래, 불법입양, 유괴, 예속, 비합리적 감금, 폭행, 불법노동, 강제매춘, 포르노, 감금된 상태에서 노동, 구걸, 노예제와 같은 결혼, 그리고 다른 범죄에 이용되기 위한 인신매매는 가장 반인륜적인 범죄행위로 간주된다.[20]

2013년 현재 전 세계적으로 인신매매의 피해자 수는 2,700만 명이고, 이들 중 여성이 77% 이상이고, 미성년자가 절반을 넘는다.[21] 인신매매는 수출국과 경유국 및 수용국이 커다란 연계를 맺고 초국가적으로 횡행되고 있다. 미국 국무부[22]에 따르면, 매년 60만~82만 명, 대부분이 매춘 등 성적 착취를 당하는 여성과 소녀들이 매매대상이 되고 있다. 아프가니스탄, 중국, 태국, 멕시코, 러시아, 헝가리, 베트남, 콜롬비아 등은 대표적인 인신매매 수출국이고, 오스트리아, 호주, 독일, 일본, 대만, 터키, 영국, 미국, 네덜란드가

---

19 유엔마약범죄국(UNODC), The Protocol to Prevent, Suppress and Punish Trafficking in Person, Article 3. Paragraph(a) 2000.11, http://www.unodc.org/unodc/en/trafficking_protocol_background.html

20 한용섭·이신화·박균열·조홍제, 『마약, 조직범죄, 해적 등 동남아의 초국가적 위협에 대한 지역적 협력방안』(서울: 대외경제정책연구원, 2010).

21 US Department of State(USDS), *Trafficking in Persons Report 2014* (Washington, DC: USDS, June 2014).

22 미국 국무부는 2004년 이래 매년 전 세계 인신매매의 발생건수를 연령 및 성별로 나누어 분석한 결과를 보고서로 발표하고 있다.

국제기구와 인권·난민·이주

수용국이다. 87%의 인신매매가 미국과 서구 유럽에서의 성적 착취이고, 미국 내에서만도 매년 5만 명 이상이 인신매매가 되는 것으로 보고되었다.[23]

  인신매매 및 성매매 근절 혹은 방지를 위한 관련법 개정과 피해자 보호를 위해 유엔을 비롯한 국제사회의 다양한 노력이 세계적, 지역적, 그리고 민간 차원에서도 있어왔다.[24] 하지만 국제사회의 제반 활동은 인신매매의 시작, 경유, 종착점이 되는 개별 주권국가들의 협력이 수반되지 않는 한 구속력 없는 상징적·수사적 노력에 머물 수밖에 없다. 더욱이 세계화와 정보화의 심화, 그리고 2008년 세계금융위기 등으로 인해 국가 간 및 국내 사회계층 간 빈부격차가 커지고 노동인구의 이동이 늘어나면서 인신매매의 규모나 빈도도 증가하고 있다. 인신매매는 마약밀매 및 무기거래와 더불어 국제범죄조직들의 주요 돈벌이인데, 특히 인신매매는 수익률이 아주 높아 연간 3.2

---

23 "영국 가정집서 '현대판 노예'사건… 여성 3명 30년간 감금한 60대 부부 체포,"『경향신문』, 2013년 11월 22일, http://news.khan.co.kr/kh_news/khan_art_view.html?artid=201311221720191&code=970205

24 유엔뿐 아니라 지역적 차원에서도 개별 국가와의 공조 및 국제법에 대한 임무 강화 등을 통해 인신매매의 효과적인 방지와 대응 및 엄중한 처벌노력을 기울여왔다. 예를 들어 동남아 국가들은 2000년 3월 필리핀에서 '여성과 아동의 인신매매에 관한 동아시아 지역 구상(Asian Regional Initiative Against Trafficking: ARIAT)'을 선언하였다. 이 회의에서 참가국들은 인신매매의 방지와 처벌 및 피해자들의 송환을 위해 정부와 국제기구뿐 아니라 NGO 및 언론과의 협력연대를 강화하는 구체적인 계획을 발표하였다. 2005년 11월 호주에서 개최된 아시아태평양포럼(Asian Pacific Forum: APF)에서도 한국, 태국, 인도네시아, 인도, 카타르, 아프가니스탄, 요르단 등 APF 회원국들이 인신매매범들의 처벌 및 피해자들의 보호를 위한 구조적인 체계강화에 관해 건설적인 논의와 실질적인 결과도출을 위한 여러 가지 합의를 하였다. Asia Pacific Forum, "Human Trafficking," 2005년 11월 20~23일, 호주, http://www.asiapacificforum.net/services/training/regional-workshops/trafficking; 또한, 비정부차원에서는 1994년 설립 이후 지역안보 및 평화 증진과 신뢰구축 및 협력방안을 논의해온 아시아태평양 안보협력이사회(Council for Security Cooperation in Asia-Pacific: CSCAP)의 노력을 꼽을 수 있다. CSCAP 연구그룹 주제로 2006년과 2012년 각각 인신매매 보고서를 발표하여 정부 다자간 안보보장 협의체인 아세안지역포럼(ASEAN Regional Forum)에서 인신매매 문제가 주요 의제가 될 수 있는 방안을 꾸준히 제시해왔다. Council for Security Cooperation in Asia-Pacific(CSCAP), "3rd Meeting of the CSCAP Study Group on Human Trafficking," http://www.cscap.org/uploads/docs/Human%20Trafficking/3HTMtgRpt.pdf

조 원 이상 벌어들일 수 있는 안정적 수입원이다.[25] 따라서 범죄조직 내에서는 위험을 감수하고라도 여러 루트를 통해 계속 불법적인 인신매매가 성행하고 있다. 이러한 수입원의 연계고리를 끊는 것이 인신매매를 방지하거나 근절하기 위한 급선무인데, 국가별 역량이나 의지에 큰 차이가 있어 국제적·지역적 연계망을 강화하고 국가별 협력체계를 마련하는 것은 매우 어려운 일이다. 또한 인터넷과 SNS 등의 발달로 인신매매 관련 정보를 획득하는 것이 용이해지고 있지만, 여전히 국가별, 사안별로 정보 접근성이나 정보공백의 격차가 크기 때문에 객관적이고 신뢰할 수 있는 종합적이고 체계적인 인신매매 대책을 마련하는 것은 쉽지 않다.[26]

한국도 "성(性) 수출국"이란 오명과 더불어 상업적 성착취를 위한 경유지이자 종착국이라는 비판을 받아왔다.[27] 하지만 해당국 정부의 단속정도 등 인신매매 척결노력에 따라 1등급(Tier 1), 2등급(Tier 2), 2등급 감시대상(Tier 2 Watch List), 그리고 3등급(Tier 3)으로 구분하는 미국 국무부의 '인신매매 실태[TIP] 연례 보고서'에 따르면, 한국은 12년 연속 척결노력에서 Tier 1을 유지하고 있다. 반면, 일본은 선진 주요 8개국[G8] 중 유일하게 Tier 1에 들지 못한 채 12년째 계속 Tier 2에 머물고 있다. 중국은 2013년까지 3등급이었으나 2014년 Tier 2 감시대상국으로 올라섰다. 정부가 인신매매에 대한 최소한의 기준을 준수하지 않을 뿐 아니라 상황개선을 위해 어떠한 노력도 기울이지 않는 Tier 3에 해당하는 국가들은 대부분의 아프리카 및 중동 국가들, 그리고 북한 등이다.[28]

---

25 국제이주기구 한국대표부, "카운터 트래피킹," http://iom.or.kr/?page_id=2360

26 UN Office on Drugs and Crime(UNODC), *Global Report on Trafficking in Persons* (New York: UNODC, 2013).

27 이신화, "지구촌 여성안보: 분쟁과 인신매매를 중심으로," 『사회변동과 여성주체의 도전』(서울: 굿인포메이션, 2007).

28 US Department of State, *ibid*.

2. 국제이주기구(IOM)의 역할 및 평가

1951년 설립된 IOM은 '인도적이고 질서있는 이주가 이주민과 사회 모두에 유익하다는 원칙'하에 국제협력을 공고히 하며 이주에 관한 이해증진, 이주관리, 이주를 통한 사회발전, 이주자의 인권보호를 위해 활동하고 있는 국제정부간기구이다.[29] 현재 155개국의 회원국을 가지고 있으며 세계 도처에 150여 개의 지역사무국 혹은 대표부를 두고 회원국 정부와 이주민들을 대상으로 여러 가지 정책제안과 서비스를 제공하고 있다. 특히 국제이주에 관한 일반적 이해를 제고하고 인간의 존엄성과 이주자들의 복지향상을 위한 다양한 활동을 수행해왔다. 1998년 67개국이 가입되어 있었던 것과 비교하면 회원국 수가 크게 증가한 것을 알 수 있으며, 활동예산도 1998년 미화 2억 4천2백2십만 불에서 2003년 10억 3천만 불로 늘었다. 같은 기간 동안 활동지역은 지구촌 119개 지역에서 480여 개 지역으로, 수행프로젝트는 686개에서 2,600여 개로, 활동 직원은 1,100명가량에서 8,400여 명으로 늘었다.[30]

IOM의 행정체계나 조직구조를 보면 세네갈, 케냐, 이집트, 남아프리카공화국, 코스타리카, 아르헨티나, 태국, 벨기에, 오스트리아 등 9개의 지역사무소를 가지고 있고, 미국 뉴욕과 에티오피아 아디스아바바에 특별연락사무소를 가지고 있으며, 회원국들에 대표부^{country offices}가 있다. 이렇듯 IOM의 구조는 매우 탈중앙화^{decentralized}되어 있어 각 회원국들의 요구에 따라 점점 증가하는 다양한 프로젝트들을 효과적으로 수행할 수 있는 역량을 갖추고 있다.[31]

---

29 International Organization for Migration(IOM), "About IOM," https://www.iom.int/cms/about-iom

30 IOM, "IOM-Facts and Figures(2014), https://www.iom.int/files/live/sites/iom/files/About-IOM/docs/facts_figures_en.pdf

31 IOM, "Organizational Structure," https://www.iom.int/cms/about-iom/organizational-chart

전 세계 이주 및 이동의 흐름을 파악하고 대처해가는 IOM의 활동영역은 크게 이주와 개발, 이주 촉진 및 이주자 통합지원, 이주규제, 강제이주 등 44가지로 나뉜다. 이들 영역에서의 정책토론 및 연구 활동에 더하여 국제이주법 촉진을 위한 노력을 경주해왔다. 특히 인도적이고 질서있는 이주를 목표로 삼고 있는 IOM의 주요 임무는 증가일로에 있는 이주관리문제의 효과적인 해결책을 모색하고, 다양한 이주 흐름에 대한 이해를 높이고, 이주를 통한 사회적, 경제적 발전을 도모하며, 이주민의 인권과 복지를 향상시키는 것을 포함한다.[32]

우선 이주와 개발의 경우, 이주가 가진 긍정적인 개발과 관련한 가능성을 이주민들뿐 아니라 이주가 이루어지는 사회에도 개발과 성장의 토대가 될 수 있도록 지원하는 것을 목표로 한다. 특히 이주자가 모국의 개발과정에도 효과적으로 기여할 수 있도록 모국정부와 관련 기관의 역량강화프로그램을 시행하고, 이주자가 많이 발생하는 지역이나 국가의 경제 및 사회 개발프로그램, 송금 관리 프로그램, 해외이주 고급 인력의 귀국 및 재통합지원 등을 수행한다. 둘째, 노동이주자, 학생, 난민 등을 포함한 다양한 이주가 증가하는 점을 감안하여, 이주과정을 용이하게 하여 이주를 촉진할 뿐 아니라 목적국에 잘 정착할 수 있도록 이주관련 문제점들에 대해 지속가능한 해결책을 제공한다. 이를 위해 정책과 기술자문, 언어교육, 출국 전 사전교육, 영사지원, 이주노동자 선발 등의 맞춤형 프로그램을 운영하고 있다.[33]

셋째, 밀입국, 인신매매와 같은 불법이주문제를 줄여 이주의 부정적 효과나 이미지를 최소화하기 위해 국가적·지역적·세계적 차원에서 이주를 총체적으로 규제하는 노력을 한다. 이를 위해 각국의 이주관련 정책, 행정절차, 법제의 수립과 집행을 지원하고 이주자들에게는 성별이나 연령을 고려한 보호 및 지원을 제공한다. 또한 이주관련 여행문서나 발행체계, 정보시스

---

32 International Organization for Migration(IOM), "About IOM," https://www.iom.int/cms/about-iom

33 국제이주기구 한국대표부, "IOM," http://iom.or.kr/?page_id=2352

국제기구와 인권·난민·이주

템 구축, 생체인식 등 국경관리기술을 개발하여 효과적인 이주규제를 시행한다. 넷째, 재난이나 전쟁, 범죄 등으로 인해 발생하는 강제이주의 대상, 즉 이재민, 난민, 인신매매 피해자 등에 대한 물질적 원조와 이동수단 제공, 교육제공 등을 통해 오갈 곳 없게 된 사람들, 범죄피해자들에 대한 피난처 제공, 건강검진과 치료, 사회통합을 위한 관련국들과의 협조체계구축과 교육프로그램 개발을 시행하고 있다. 이 밖에도 IOM은 이주보건, 이주환경 등과 관련한 전문성이 필요한 분야에 대한 정책과 전략 자문 및 실무 역량 강화에 대한 노력도 기울이고 있다.[34]

한편, IOM은 2000년 이래 채택된 여러 가지 인신매매 관련 유엔결의안들이 이행될 수 있도록 인신매매 피해자 지원, 인신매매 범죄의 유형 및 처벌 실태 조사 등 다양한 활동을 벌여왔다. 유엔의 결의안은 인신매매를 포함한 초국가적 범죄들에 대응하여 활동할 수 있는 규범적, 법적 틀을 제공하였는데, 대표적인 예로 2000년 유엔총회에서 발표된 결의안 25호는 모든 회원국들로 하여금 인신매매 방지, 억압 및 처벌을 위해 실질적이고 적극적인 노력을 하고 주변국들과의 협력 강화 및 자국의 영토나 영해를 통한 이주자의 밀입국을 철저히 통제하도록 촉구하였다.

특히 이 결의안을 통해 '여성과 아동 등을 대상으로 하는 인신매매의 방지, 억압 및 처벌을 위한 규약Protocol to prevent, Suppress and Punish Trafficking in Persons, Especially Women and Children'을 채택함으로써, 기존의 '초국가적 범죄를 방지하기 위한 유엔조약United Nations Convention against Transnational Organized Crime'을 보완하여, 극악무도한 범죄로서의 인신매매에 대한 국제적 경각심을 불러일으키는 계기를 마련하였다. 이러한 유엔의 결의안을 토대로 '인신매매 추방을 위한 유엔 글로벌이니셔티브UN Global Initiative to Fight Human Trafficking: UN. GIFT'라는 연구전문가들 모임을 주도하는 등 IOM은 '현대판 노예매매 slavery trafficking'의 근절을 위해 노력해왔다.

이렇듯 효과적인 이주와 이주관리 및 지원을 위한 IOM의 노력이 양적·

---

34 상동.

질적으로 확대 심화되고 있음에도 불구하고, 그 활동에는 제약과 한계가 있다. 무엇보다 목적국에서 불법체류자 혹은 난민지위나 거주신청을 거절당한 비호신청자들^{asylum seekers}에 대한 보호나 지원체계가 일시적이라는 점이 문제이다. 예를 들어 IOM은 국제조약이나 협약에 근거를 두고 있지 않은 정부간기관이다. 따라서 주로 비정규적 이주자들이나 난민지위를 거절당한 비호신청자들을 대상으로 하는 '자발적 귀환 지원프로그램^{Assisted Voluntary Return: AVR}'은 실질적·효과적으로 운영되기보다는 특정 사례나 정책보고서 차원에서 논의되는 경우가 종종 있다. 원치 않는 혹은 불법적인 국외이주자에 대한 추방^{deportation}이나 제거^{removal}에 대한 비판을 피해 주권국가들이 보다 모호하고 미묘한^{subtle} 방식으로 이주자들을 귀환시키는 사례가 증가하고 있어,[35] IOM의 이주지원이 지속가능하지 않다는 문제가 지적되고 있다. 더욱이 현장에서 활동하는 IOM 스태프들이 증언하듯, IOM이 표방하는 자발성^{voluntariness}이라는 용어가 현장에서 활용되는 데는 한계가 있다. 물론 IOM이 활동하는 대부분의 지역에서 AVR 프로그램이 운영되고 있지만, IOM이 추구하는 것은 귀환의 합법성을 촉진하고 광범위하고 전반적인 이주관리시스템을 운영하는 것이고 AVR은 이들 전체 광범위한 활동들 중 한 영역이다.

이렇듯 IOM의 이주관리체계에는 여러 가지 옵션이 있지만, 자발성을 근거로 한 AVR이 IOM의 정체성을 규명하는 가장 핵심적인 프로그램이다. 그러나 이주자가 거주하고 있는 국가에서 이들을 귀환시키려는 입장이나 정책을 펼 경우, IOM이 자발적 귀환을 원칙으로 이들 정부를 효과적으로 설득하거나 규제할 국제법적 근거가 없다.[36] 이러한 맥락에서 IOM은 이주관리

---

35 Matthew Gibney, "Precarious Residents: Migration Control, Membership and the Rights of Non-citizens," New York: United Nations Development Programme (UNDP), *Human Development Research Paper* 2009/10(2008).

36 Anne Koch, "The Politics and Discourse of Migrant Return: The role of UNHCR and IOM in the Governance of Return," *Journal of Ethnic and Migration Studies*, Vol.40, No.6(2014).

의 다양한 접근이나 방식들 중에서 마지막 수단last resort으로서 난민지위를 거절당한 비호신청자들의 추방을 이주관리의 포괄적 접근에 있어 필요한 요소로 간주하고 있다.37

앞서 언급한 바와 같이 지난 20년 동안 IOM은 회원 수, 예산, 회원국의 정규 기여금에 의한 재정지원예산 등이 꾸준히 증가했음에도 불구하고, 여전히 개별 프로젝트를 기준으로 한 기금project-based funding 의존도가 상당히 높은 실정이다. 2014년 7월 현재, 이주자 귀환과 관련한 프로젝트에 대한 기금이 IOM의 예산 중 가장 큰 비중을 차지하고 있으며, 이 기금은 대부분 유럽회원국가들에 의해 지원되고 있다.38 추방에 대한 대안을 찾기 위해 국가들은 IOM과의 협력을 모색하고 있다는 점을 감안할 때, '자발적 귀환'이라는 원칙은 IOM이 지속적으로 고수하면서 더욱 강화해야 할 것이다.39 그럼에도 불구하고, 국가들과 협력을 유지하고 이러한 원칙을 설득력 있게 추진해가기 위해 재정적 독립성이나 다양성을 확충할 필요가 있다.

III. 세계 난민 문제와 국제기구

1. 세계 난민 문제의 유형과 특성

유엔난민기구UNHCR에 따르면, 2013년 1월 기준 전 세계적으로 4천5백만 명가량이 자기 고향에서 쫓겨난 사람들이다. 이들 중 125개국에 산재해 있

---

37 IOM, "Return Migration"(Geneva: IOM, 2012), http://www.iom.int/jahia/Jahia/about-migration/managing-migration/managing-migration-return-migration

38 IOM, "Financial Report for the Year Ended December 31, 2011"(Geneva: IOM, 2012).

39 Anne Koch, 상동.

제4장 국제기구와 인도적 의제   213

는 3천5백83만여 명이 UNHCR의 보호지원대상이다. UNHCR의 보호대상자는 크게 난민(협약난민), 비호신청자, 국내실향민, 귀환민, 무국적자, 보호가 필요한 사람들로 나뉜다. 즉 전쟁과 박해, 기근 등을 피해 자신의 거주지를 떠나 비호신청자가 된 후 유엔난민법에 의해 협약난민 또는 공식난민으로 인정된 사람들은 1천41만 명가량이다. 이 밖에도 2천8백80만 명의 국내유민 혹은 자국 내 실향민internally displaced people, 3백10만 명의 귀환민, 3백50만 명의 무국적자들stateless people, 92만 8천 명 이상의 비호신청자, 그리고 기타 1백30만 명의 관심대상자들이 포함된다.[40]

이 수치는 2014년 6월 '세계 난민의 날' 발표된 세계난민동향 보고서에 의해 전년도 대비 600만 명 이상이 늘어나 총 5천1백20만 명으로 집계되었는데, 이는 제2차 세계대전 이후 난민 수가 처음으로 5천만 명을 넘어선 것이다. UNHCR 유엔난민최고대표 안토니오 구테레스Antonio Guterres에 따르면, 이와 같이 난민수가 급증한 것은 시리아, 코트디부아르 등에서의 내전 및 여러 곳에서 인도적 위기상황이나 분쟁이 늘어났기 때문이다.[41] UNHCR 보호대상자들 중 80%가 여성이나 아이들인데,[42] 이들은 '떠나야만 하는' 극한 상황에서 배출push 요인으로 인해 거주지를 떠난 사람들로 보다 나은 교육이나 일자리와 같은 유인pull 요소가 이주의 원인이 된 이주민과 구별된다.

UNHCR 설립의 법적 근거가 되는 1951년 유엔난민협약UN Convention을 토대로 난민은 "인종, 종교, 국적, 특정사회집단의 구성원 신분 또는 정치적 의견을 이유로 박해를 받을 우려가 있다는 합리적인 근거가 있는 공포로 인하여, 자신의 국적국 밖에 있는 자로서, 국적국의 보호를 받을 수 없거나,

---

40 UN High Commissioner for Refugees(UNHCR), "UNHCR Global Appeal 2014-2015: Populations of Concern to UNHCR," http://www.unhcr.org/528a0a0fe.html

41 "유엔난민기구 '전 세계 탈북 난민 1,166명,'" 『News 1 뉴스』, 2014년 6월 21일, http://news1.kr/articles/?1733955

42 UN High Commissioner for Refugees(UNHCR), "Who We Help," http://www.unhcr.org/pages/49c3646c11c.html

국제기구와 인권·난민·이주

또는 그러한 공포로 인하여 국적국의 보호를 받는 것을 원하지 아니하는 자"로 규정하고 있다. 비호신청자^{asylum seekers}는 난민지위를 신청하고 해당 국 정부와 UNHCR의 판정을 기다리고 있는 사람들이다. 국제법적 보호를 받기 위해서는 난민으로 판정받아야 하기 때문인데, 협약난민의 지위를 부여받으면 정착국에서 비호받을 권리를 갖게 될 뿐 아니라 경제적·사회적 권리, 의료혜택, 노동 및 교육의 권리, 더 나아가 시민권을 얻을 수 있다. 하지만, 그렇지 못한 경우 본국으로 송환될 공산이 크다. 1951년 난민법은 주로 이렇듯 개별적으로 난민신청을 한 경우가 아니면, 즉 사하라이남 아프리카 대량난민 사태의 경우에서 살펴볼 수 있듯이 전쟁이나 국가긴급 사태로 인해 대규모로 난민이 발생한 경우는 비호신청자 개개인을 일일이 면담하여 난민여부를 판정하는 것이 거의 불가능하기 때문에 이들 대부분에게 '사실상 난민^{prima facie}' 지위를 부여하기도 한다.[43]

이와 같이 난민의 지위와 처우개선 등을 규정하고 있는 유엔협약법은 처음에는 제2차 세계대전 전후 처리과정에서 박해와 전쟁의 피해자였던 유럽 난민들의 보호를 염두에 두고 만들어졌는데, 시간이 지나면서 이들 문제는 점차 해결된 반면 독립과 빈곤, 내부 불안 등으로 아프리카 난민 문제가 심각해지면서 난민보호대상의 시점과 지리적 영역을 확대한 난민의 지위에 관한 유엔의정서^{UN Protocol}가 1967년 만들어진다. 이 협약법과 의정서에 준거하여 유엔은 오늘날까지 보호와 지원의 대상인 난민을 가늠하고 있다. 그러나 정치난민이나 협약난민들의 문제(예: 팔레스타인 난민, 수단난민), 환경난민을 포함한 '비정치적' 난민(예: 탈북자, 방글라데시 홍수난민, 아이티 지진난민), 정치난민과 유사한 이유로 고향을 탈출했음에도 불구하고 국경을 넘지 못했기 때문에 공식난민이 되지 못한 국내유민 등 난민이나 유민 문제는 매우 복잡하게 얽혀 있고 다양한 원인에서 비롯된다. 그러므로 유엔이 규정한 법적 정의에 따라 범주를 만들고 보호대상을 결정하는 것이 문제시되고 있다.

---

43 상동.

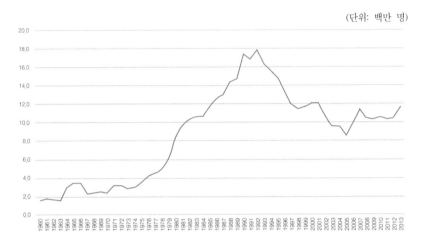

〈그림 2〉 연도별 전 세계 난민 추이(1960~2013년)

(단위: 백만 명)

출처: UN High Commissioner for Refugees(UNHCR), "UNHCR Statistical Online Population Database," http://www.unhcr.org/pages/4a013eb06.html
주: UNHCR의 1960~2013년까지 연간 업데이트된 난민들의 수치를 정리하여 그래프화한 것임

　국내유민, 혹은 국내실향민IDPs들에 대한 상황은 해당 정부의 사실부인 및 비협조 또는 유리된 사람들의 행방에 대한 정보부재로 인해 그 숫자를 정확히 파악하긴 힘들지만, 1997년 1천7백만 명에서 지속적으로 증가하여 앞서 언급한 대로 2013년 초 2천8백8십만여 명으로 추정된다. 이들은 UNHCR에 의해 '난민과 유사한 처지에 있는 사람들'로 간주되기는 하지만 공식난민이 아니며, 여전히 자국의 법적·행정적 영향권하에 있어 국제법적 보호를 받지 못하는 실정이다. 한편, 무국적자란 어떤 국가로부터도 자국민의 인정을 받지 못하여 개인의 삶과 인권에 심각한 악영향을 받고 있는 사람이다. 이들은 국가독립이나 승계과정에서 정체 주민들을 국민으로 포함하지 못한 상황이 발생해 누락되었거나 국적등록과정에서 소수민족차별의 일환으로 무국적자가 된 경우이다. 1954년 유엔은 무국적자의 지위에 관한 협약을 채택하였으나, 난민으로 인정하여 보호하는 데에는 한계가 있는 실정이다.

귀환민이란 자국을 강제로 떠났었지만 자발적으로 본국으로 귀환하여 인권을 보장받고 안전한 삶을 살 수 있게 된 사람들을 일컫는데, UNHCR이 추구하는 '영구적' 난민해결책이기도 하다.[44]

이에 더하여 환경파괴, 빈곤, 정부의 자연재해 대처역량이나 의지부족 등이 복잡하게 얽혀 거주지를 떠나야만 하는 상황에 처하게 된 사람들을 환경난민 혹은 환경유민으로 간주하여 보호와 지원을 촉구하는 학문적·정책적 노력이 1980년대 중반 이후 지속적으로 있어왔다.[45] 예를 들어 여러 아프리카 지역에서의 사막화 현상과 가뭄 및 기근, 중남미 지역에서의 엘니뇨와 가뭄의 여파로 고향을 떠나는 사람들이 늘고 있다. 특히 아프리카 난민의 경우, 정치적 이유뿐 아니라 생태적 배경으로 인한 문제가 많다는 연구결과도 있듯이 협약난민들 못지않게 이들 유민들도 인도적 지원과 법적 보호가 필요한 취약계층의 사람들이다.[46]

만약 이들이 보다 나은 삶을 떠난 상황이라면 유인 요소가 있는 것이므로 환경이주자라 할 수 있겠지만, 대부분의 경우 이들이 정착하게 되는 곳은 생태학적 혹은 사회적으로 인간답게 살기 어려운 변두리 지역이나 이미 인구밀도가 매우 높은 대도시지역 등이다. 유엔환경계획UNEP은 천재지변이나 여타 환경위기로 인해 탈출한 사람들은 협약난민들보다 훨씬 더 많은 규모인 1억 3천5백만 명으로 추산하고 있다. 이들을 환경난민으로 규정하고 난민 범주에 포함시켜야 한다는 국제사회의 지속적인 노력에도 불구하고, 이

---

44 상동.

45 Jodi L. Jacobson, "Environmental Refugees: A Yardstick of Habitability," *World-watch Paper* 86(Washington, DC: Worldwatch Institute, 1988); Shin-wha Lee, "In Limbo: Environmental Refugees in the Third World," Nils Petter Gleditsch et al., eds., *Conflict and the Environment* (Dordrecht, the Netherlands: Kluwer Academic Publisher, 1996); Norman Myers, "Environmental Refugees: A Growing Phenomenon of the 21st Century," *Philosophical Transactions of the Royal Society*, Vol.357, No.1420(April 2002); James Morrissey, "Rethinking the 'Debate on Environmental Refugees': From 'Maximalists and Minimalists' to 'Proponents and Critics," *Journal of Political Ecology*, Vol.19(2012).

46 최동주, "아프리카 난민 문제에 대한 소고,"『한국아프리카학회지』제18집(2003).

들에 대한 난민처우문제는 국제법상 논의차원에 머물러 있을뿐더러 '난민피로증refugee fatigue'에 시달리고 있는 많은 국가들에게 외면당하고 있는 실정이다.47

난민지위 판정여부는 원칙적으로 난민 체류국의 주권사항이기 때문에 UNHCR이 권고를 할 수는 있지만 그 국가의 결정이 전적으로 중요하다. 만약 전쟁이나 무정부상태와 같은 혼란으로 인해 체류국 정부가 난민지위 판정과 같은 법적·행정적 업무를 수행하기 힘든 경우 UNHCR이 난민결정 절차에 관여할 수 있지만, 이 역시 체류국의 요청이 있을 때만 가능하다. 설사 UNHCR이 어떤 개인이나 그룹에게 난민판정을 내려 국제법적 보호를 제공하려고 하더라도, 불법체류자로 간주되어 강제송환의 위협에 시달리는 재중 탈북자들의 경우에서 살펴보는 바와 같이 난민들의 운명은 체류국의 결정에 달려 있다.

난민 문제에 대한 일반적 가설은 내전이나 정치적 박해, 혹은 지역전쟁에 의해 난민이 발생한다는 것이다. 그러므로 난민과 분쟁에 관한 연구는 어떤 상황에서 언제 어떻게 난민이 발생하는가 하는 '일방통행적' 접근이나 설명에 치중해 있었다. 하지만, 환경이나 경제와 같은 비정치적 이유로 인해 난민이 발생할 수 있고, 민간인 난민들은 정부탄압이나 폭력분쟁의 '수동적 피해자'일 뿐 아니라 분쟁이나 환경파괴의 의도치않은 혹은 의도적 가해자가 될 수 있다는 점에도 주목할 필요가 있다. 더욱이 난민들 중 출신국에서 게릴라 그룹이나 정부군 등에 속해 있던 소위 '난민전사들refugee warriors'이 있는 경우, 대부분 인접국인 경우가 많은 피난처는 반정부활동이나 군사공격의 전진기지나 전략적 장소로 악용되기도 한다. 만약 체류국 정부가 이들의 활동을 묵인하거나 직간접적으로 지원할 경우, 난민 사태는 국가간 갈등이나 분쟁으로 비화되기도 한다.48

---

47 이신화, "대량 탈북사태에 대한 조기경보: 환경난민의 개념을 적용하여,"『국제정치논총』제38권 2호(2008).

48 Shin-wha Lee, "Emerging Threats to International Security: Environment, Refugees, and Conflict," *Journal of International and Area Studies*, Vol.8, No.1

요약하면, 난민 문제는 적어도 4가지 측면에서 단순한 인도적 위기상황이나 비극일 뿐 아니라, 체류국 내부 질서와 안정 및 지역적 안보와 국가관계에 있어 직접적 혹은 잠재적 위협이 될 수 있다. 첫째, 규모의 문제로 얼마나 많은 난민들이 특정한 한 국가로 밀려들어왔는가, 둘째, 긴급성의 문제로 얼마나 예기치 않고 급작스럽게 난민 사태가 발생하였는가, 셋째, 체류기간의 문제로 얼마나 오랫동안 이들이 체류국에 거주할 것인가, 넷째, 유형의 문제로 난민들은 민간인 피해자들인가, 정치망명자들인가, 호전적 난민전사들인가 등을 독자적, 그리고 종합적으로 숙고해야 한다. 특히 대규모의 난민들이 한 국가에 단기간 내에 몰려든다거나, 난민들이 장기간 수용국에 체류할 경우, 체류국 내에서나 출신국과 체류국 간에 새로운 분쟁의 불씨를 제공할 수 있기 때문에 난민 문제는 인도적 문제이자 안보이슈이다.[49]

[사례] 탈북자 문제

오늘날 북한이 직면한 가장 심각한 문제는 경제파탄과 식량위기이다. 식량부족은 1980년대 중반부터 북한 사회의 문제가 되었지만, 최악의 상황이었던 1995~96년에는 무려 2백~3백 50만 명이 굶주림이나 이와 관련된 문제로 사망한 것으로 추정된다.[50] 지난 15년간 국제사회의 구호지원에도 불구하고 상당수의 북한 주민들은 여전히 기근과 빈곤에 시달리고 있다. 이와 같은 식량난과 경제난은 탈북자 증가의 직접적 이유가 되어왔는데, 아사자가 속출하던 1990년대 중반 이후 북-중 국경지역을 통해 탈출한 북한 주민의 수가 수만 명에서 최대 30여만 명으로 추산되고 있다.[51] 하지만 탈북자

(2001).

49 이신화, "대량탈북과 대응방안,"「제23회 북한동포의 생명과 인권 학술대회 발표논문」, 국가위원회, 2003년 12월 5일.

50 Food and Agriculture Organization of the United Nations(FAO), "Democratic People's Republic of Korea," http://www.fao.org/countryprofiles/index/en/?iso3=prk

들의 중국행은 그 과정 자체가 극도로 위험하고 힘겨운 여정일뿐 아니라, 국경을 넘어섰다 하더라도 중국당국의 감시를 피해 국적을 숨기거나 깊은 산골같은 곳에 숨어지내야 하는 경우가 많다. 그리고 국제기구나 정부 차원의 조사와 NGO들이 주장하는 탈북자 수가 크게 다르기 때문에 그 규모를 정확히 집계하는 것은 매우 힘들다.

2000년대 들어서면서 탈북자들의 국제기구나 외국공관 진입을 통한 "기획망명"이 국내외 언론매체에 조명되어 대외적인 이목을 끌게 되면서 북한 정부의 국경지대 단속과 중국 정부의 탈북자 체포와 강제북송이 강화되었다. 이로 인해 중국으로 향하는 '새로운' 탈북자 수가 감소추세를 보이게 되었는데, 중국이나 한국의 친지나 브로커를 통하지 않고 중국으로 탈출하는 것이 힘들어졌고, 중국에서 직접적으로 한국행을 시도하는 것도 아주 어려워졌다. '미국의 소리VOA' 방송에 따르면 최근 북·중 국경감시가 더욱 강화되면서 탈북자들의 '도강 비용'도 김정일 정권하에서 1천 불 수준이었던 것이 2014년 8월 현재 9천 불로 치솟았다고 한다.[52] 1998년 947명이었던 국내 입국 탈북자 수는 매년 증가하여 2009년 2,914명으로 늘어났고, 2010년 2,402명, 2011년 2,706명을 기록하였으나, 김정은 정권이 출범한 이래 2012년 1,502명, 2013년 1,514명으로 대폭 감소하였다.[53] 러시아나 몽골로 탈출하여 한국으로 오는 것도 점점 어려워지면서, 탈북자들은 태국, 캄보디아, 라오스, 베트남 등 동남아 국가를 통해 한국으로의 입국을 시도해왔다.[54] 국내입국 탈북자 수는 2014년 1월 기준 대략 2만 7천 명 정도인데, 이들 중 상당수는 중국 등지를 수년간 떠돌다가 동남아 루트 등을 통해 입국한

51 최영관, "재외탈북자의 현황과 지위, 그리고 인권보호 과제,"「재외 탈북자의 인권현황과 과제」, 국가인권위원회, 2004년 6월 30일 발표논문.

52 "북, 김정은 시대들어 '탈북자 도강 비용' 크게 상승"(Voice of America),『News 1』, 2014년 8월 21일, http://news1.kr/articles/?1823626

53 통일부, "통계자료: 북한이탈주민 현황," 2014년 6월, http://www.unikorea.go.kr/content.do?cmsid=1518

54 Stephen Haggard and Marcus Noland, Engaging North Korea: The Role of Economic Statecraft, East-West Center, Policy Studies 59(2011).

것으로 보인다.

탈북자 사태는 매우 심각한 인도적 위기이다. 그 탈출원인은 차치하고라도 중국이나 제3국으로의 입국과정에서 난민으로 인정받지 못하여 강제송환의 위험을 감수하고, 중국에서는 노동착취나 매매혼과 같은 인권유린의 피해자가 되기 일쑤이다. 강제로 북송된 탈북자들의 경우 가혹한 형벌을 받는 것으로 알려져 있다.[55] 이러한 상황은 국제사회로 하여금 북한의 불법처형, 강제노동수용소 등 인권유린 실태에 눈을 돌리게 하였다. 북한의 열악하고 끔찍한 인권상황에 대한 우려와 비판이 높아지면서 국제인권법, 국제인도주의법, 국제난민법, 그리고 '보호책임Responsibility to Protect: R2P'과 같은 국제법이나 규범, 그리고 유엔과 같은 국제기구뿐 아니라 유럽연합이나 아세안지역포럼ARF과 같은 지역기구에서도 탈북자를 포함한 전반적인 북한인권 문제를 다루는 학문적·정책적 노력이 확대되었다.

2013년 5월 발족된 유엔 북한인권 조사위원회COI가 2014년 2월 발표한 보고서는 북한의 인권침해 상황을 '반인도적 범죄crime against humanity' 및 '정치적 대학살political genocide'로 정의하고, 북한 주민을 보호하고 인권유린 책임자 처벌들을 골자로 하는 R2P의 북한적용을 명시하고 있다.[56] 2014년 8

---

55 Blaine Harden, *Escape from Camp 14: One Man's Remarkable Odyssey from North Korea to Freedom in the West* (London: Penguin Group, 2012); United States Senate, "Subcommittee on East Asian and Pacific Affairs, Committee on Forenign Relations," *The Hidden Gulag: Putting Human Rights on the North Korea Policy Agenda* (North Charleston: CreateSpace Independent Publishing Platform, June 2012); David Hawk, *The Hidden Gulag: The Lives and Voices of Those Who Are Sent to the Mountains: Exposing Crimes Against Humanity* (Washington, DC: U.S. Committee for Human Rights in North Korea, 2012), 2nd edition; Stephen Haggard and Marcus Noland, eds., *The North Korean Refugee Crisis: Human Rights and International Response* (Washington, DC: US Committee for Human Rights in North Korea, 2006).

56 Commission of Inquiry on Human Rights in the Democratic People's Republic of Korea, The Report of the Commission of Inquiry on Human Rights in DPRK, http://www.ohchr.org/en/hrbodies/hrc/coidprk/pages/commissioninquiryonhri ndprk.aspx

월 하와이대학교 동서센터 East-West Center 연설에서 존 케리 John Kerry 미 국무
장관은 북한의 인권상황을 '전적으로 혐오스러운 잔인함 utter grotesque cruelty
'이라는 강력한 수식어를 사용하며 비난하였고, 2014년 2월 발표된 유엔 북
한인권 조사위원회 COI 의 보고서에 대한 지지를 표명하며 북한 정부는 정치
범 수용소를 당장 폐쇄해야 한다고 주장하였다. 57

한편 탈북자의 규모나 체류국에서의 거주기간이 늘어나고 탈북 네트워크
가 다양해지면서 인접국과 유관국들의 사회적, 경제적, 외교적 부담도 커지
게 되었다. 기획망명과 같이 언론의 지나친 관심을 받게 되는 탈북이나 집
단입국 등으로 인해 국가간 외교 갈등이 발생하기도 하였다. 일례로 2004년
7월 '조용한 외교'를 통한 탈북자 문제 해결을 강조해오던 당시 노무현 정부
는 베트남에 체류하던 탈북자의 수가 크게 늘면서 이 사실이 언론매체의
주목을 받게 되어 국제여론이 시끄러워지자, 468명의 탈북자를 전세기편으
로 한국으로 데려왔다. 당시 북한 정부는 베트남이 '납치'에 협조하였다고
맹비난을 퍼부었고, 그 이후 베트남 정부는 탈북자들을 불법입국죄로 기소
하여 추방하는 입장을 고수하게 되었다. 태국의 경우, 그동안 탈북자의 강제
송환을 반대하고 인도적인 관점에서 한국행을 용인하겠다는 입장을 취해왔
지만, 언론을 의식하듯 '공개하지 않으면 협조'한다는 상당히 소극적이고 조
심스러운 태도를 보이기 시작하였다. 58

그러므로 탈북자 해법을 찾기 위해서는 북한 정권의 미래, 남북관계의 역
학, 유관 국가들의 입장과 이해관계, 유엔과 지역기구 및 NGO의 역할 등이
종합적이고 유기적이고 심도있게 검토되어야 한다. 특히 북한 급변사태나
여타 다른 이유로 인해 대량탈북 사태가 발발할 경우, 휴전선을 통한 탈출이
나 해상을 통한 보트피플의 가능성보다는 중국이나 러시아로 탈북할 확률이

---

57 자유아시아방송(RFA), "케리, 북 정치범 수용소 당장 폐쇄해야," http://www.rfa.org/
   korean/in_focus/human_rights_defector/prisoncamp-08142014111123.html(검색
   일: 2014.8.14).
58 Bruce Klingner, "The Tortuous North Korean Refugee Triangle," *Asia Times*,
   September 22, 2004, http://www.atimes.com/atimes/Korea/FI22Dg01.html

훨씬 더 크기 때문에, 이는 자칫 한반도뿐 아니라 지역안보 문제로 비화될 가능성이 있다.

2. 유엔난민기구(UNHCR)의 역할과 평가

1) 난민구호 역사: 법적 근거와 UNHCR의 활동

난민보호는 세계인권선언 제14조에 명시되어 있는 '모든 사람은 박해를 피해, 타국에서 망명을 구할 권리가 있다'는 망명이라는 보편적인 인권을 토대로 한다. 난민들이란 출신국은 있어도 내전이나 국가붕괴 등으로 자국으로부터 보호를 받을 수 없게 되었거나 오히려 자국 정부로부터 박해를 받는 사람들을 말한다. 따라서 국제사회의 난민보호의 핵심은 이들을 박해받는 출신국으로 이들이 원하지 않는 한 되돌려 보내지 않는다는 '강제송환금지원칙'을 지키는 데 있다. 난민이란 불법체류자나 경제이주자들과는 달리 아무에게도 보호를 받지 못하는 경우에 처한 사람들로 이들을 난민으로 인정해주는 것은 생사여부의 문제이다.[59]

이러한 난민을 보호하기 위한 노력은 제1차 세계대전 발발 이후로 거슬러 올라간다. 당시 150만 명 정도의 러시아인들이 국적을 박탈하고 난민신세로 전락하여 동유럽을 떠돌고 있었는데, 당시 국제연맹은 노르웨이 난센을 난민구제판무관으로 임명하고 신분증명서인 '난센여권'을 만들어 이들에게 난민신분과 이동의 자유를 주었으며, 이를 계기로 국제사회의 난민보호는 시작되었다.[60] 제2차 세계대전 기간 동안 및 전쟁종식 후 1950년대까지 국제사회가 직면한 난민 문제는 주로 제2차 세계대전 동안 발생한 120만 명의 유럽난민 혹은 유랑민들을 어떻게 보호하고 정착시킬 것인가 하는 것이었

---

59 UN High Commissioner for Refugees(UNHCR), "About Us," http://www.unhcr.org/pages/49c3646c2.html

60 Gil Loescher, *The UNHCR and World Politics: A Perilous Path* (Oxford: Oxford University Press, 2001).

고, 1950년 설립된 UNHCR의 임무와 1951년 난민협약도 이들에 대한 구호와 법적 보호에 초점을 맞추고 있다. 1960년대에 들어서면서 유럽난민 문제는 크게 줄어든 반면, 아프리카 등 세계 다른 지역에서 난민의 수가 급증하게 되었고 난민협약으로만은 새로운 난민 문제에 효과적으로 대응할 수 없는 상황에 이르렀다. 이에 따라 1963년 유엔총회는 시간과 공간적 제한을 없앤 난민보호법 마련에 대한 논의를 시작하였고, 1967년 난민협약에 '보편성'을 더한 난민의정서를 채택하게 된다.[61]

냉전기 동안 UNHCR은 난민지위 인정에 대한 심사나 법적 보호라는 전통적인 역할을 넘어 증가하는 난민들에 대한 실제적 보호나 인도적 지원을 아우르는 능동적인 역할을 수행하고자 노력하였다. 1956년 소련에 맞선 혁명을 일으킨 헝가리와 1957년 프랑스를 상대로 독립투쟁을 하던 알제리에서 난민이 대규모로 발생하고 그 수습과정에서 UNHCR은 난민 문제 해결기구로서 자리매김하게 되었다. 난민인정에 있어 개별적 심사를 통한 방식만이 아니라 그룹으로 난민인정을 하는 UNHCR의 난민지위 인정절차도 본격화되기 시작하였다.[62]

탈냉전기 난민 문제가 다양한 양상을 띠고 그 규모도 더욱 커지면서 UNHCR은 새로운 영역으로 그 역할을 확장하여 앞서 언급한 바와 같이 전통적 의미의 협약난민뿐 아니라 난민과 유사한 처지에 있는 다양한 유형의 난민이나 유민에 관한 보호임무와 난민해결 방안을 모색하게 되었다. 난민해결책 중 가장 선호되는 것은 자발적 본국귀환으로 이는 난민발생국에서 탈출요인이 없어져 난민들이 스스로의 자발적인 의사에 의해 본국으로 돌아가 정상적인 생활을 되찾는 것으로 UNHCR이 가장 바람직하게 생각하는 방안이다. 하지만 자발성 여부를 어떻게 평가내리느냐 하는 문제와 귀환 후의 사회 재통합과 분쟁 후 재건문제 해결이 중요하다.

---

61 UN High Commissioner for Refugees(UNHCR), "History of UNHCR," http://www.unhcr.org/pages/49c3646cbc.html

62 유엔난민기구(UNHCR), "유엔난민기구(UNHCR)의 역할은 어떻게 발전했는가?"『난민보호: 유엔난민기구(UNHCR)의 역할』(서울: UNHCR 한국사무소, 2011).

이상과 같은 여러 조건이나 상황들을 고려하여 UNHCR은 그동안 가장 우선시되던 난민해결방식이었던 재정착 대신 자발적 본국귀환을 바람직한 대안으로 강조하기 시작하였다. 하지만 2000년대 초 섣부른 본국귀환으로 유고슬라비아와 아프가니스탄 난민들이 난관에 직면한 후 난민들의 존엄성과 안전을 보장하는 귀환 및 지속적인 재통합 문제가 UNHCR과 국제사회의 고민거리로 대두되었다. 난민 문제 해결이 국제사회의 어려운 과제로 대두되면서 난민발생의 원인을 사전에 제거하자는 난민발생 예방의 중요성이 강조되기 시작하였다. 사실 UNHCR은 냉전의 와중이던 1980년대 중반부터 이미 예방책에 관심을 기울여왔는데, 당시 UNHCR 고등판무관이던 쟝 피에르 호크Jean-Pierre Hocke는 UNHCR의 임무와 난민보호에 있어 난민 수용국들과의 긴밀한 공조뿐 아니라 난민 발생국에 존재하는 탈출의 근본원인에 주목해야 한다고 주장한 바 있다. 1990년대 이후 UNHCR은 난민의 발생을 예방하기 위한 조치들을 본격화하였다. 대표적으로 UNHCR이 취하는 예방조치는 주로 해당국에서 지속가능하고 안정적인 개발계획을 수립하고 실행하기 위해 세계은행, UNDP, UNICEF 등과 연계하여 포괄적 협력을 추구하는 것이다. 일반적으로 난민이나 국내실향민을 유발하는 요인으로는 박해, 전쟁, 실업, 환경문제, 국경의 재설정rewarding of borders, 강제이주정책, 기근, 빈곤, 정치적 소외political disempowerment 등을 꼽을 수 있다. 즉, 난민의 발생은 전반적인 사회적 실패에 따른 결과라 할 수 있기에 각 지역 단위의 구조적 문제를 해결해야 할 필요성이 대두된다.[63]

요약하면, 지난 60여 년 동안 UNHCR은 수천만 명의 난민들이나 난민과 유사한 처지에 처한 사람들에 대한 구호활동을 벌여왔다. 현재 125개국 출신 8,600명가량의 스태프들이 3천3백90만 명에 달하는 사람들을 위한 보호 지원사업을 벌여왔다.[64] 하지만 난민보호와 지원관련 많은 성과에도 불구

---

63 Alexander Betts, Gil Loescher and James Bilner (eds.), *The United Nations High Commissioner for Refugees(UNHCR): The Politics and Practice of Refugee Protection*, 2nd edition (London and New York: Routledge, 2012).

64 UN High Commissioner for Refugees(UNHCR), "About Us," http://www.unhcr.

하고 국제법적인 제약과 재정적 문제, 정치적 복잡성 등으로 인해 제약도 많은 실정이다.

2) UNHCR의 한계와 쟁점: 국제법적·재정적·정치적 맥락

'위임난민^{mandate refugees}'이란 1950년 12월 유엔총회 결의로 채택된 UNHCR 규정^{Statute of the Office of the United Nations High Commissioner for Refugees}에 의거해 지위를 획득한 사람들로, 난민협약상 난민지위를 인정받지 못하였지만 국제인도법상 '사실상의 난민'으로 간주된다. 위임난민들은 강제송환을 당하지 않도록 UNHCR에 의해 'UNHCR의 보호대상이 되는 사람들^{Persons of Concern to UNHCR}'로 분류되어 보호받게 되는데, 앞서 언급하였듯이, 이 범주에는 난민으로 인정받은 협약난민 이외에 비호신청자, 국내실향민, 귀환민, 무국적자 등이 포함된다. 하지만 이들은 난민지위를 획득했을 때만 부여되는 권한을 갖지는 못한다.

또한 국제난민법에 의거한 협약난민의 개념은 1951년 이래 바뀌지 않은 반면, UNHCR이 규정하는 난민의 범주는 국제정세나 난민 사태의 성격에 따라 그때그때 조금씩 다르게 규정지기도 한다. 예를 들어 UNHCR이 명기한 현지난민들^{refugees sur place}이란 국적국을 떠나 타국에 들어온 후 본국의 내부 상황이나 본인의 행동이나 정치적 소신 때문에 되돌아갈 수 없거나 돌아가기를 원하지 않는 사람들을 지칭하는데, 이들의 경우 탈출 이전에 국적국에서 이미 박해를 받았거나, 다시 돌아갈 경우 박해를 받을 가능성이 크다. 그러므로 협약난민이 아니더라도 UNHCR에 의해 난민보호판정을 받으면 위임난민이 될 수 있다는 점에 입각하여 이들은 보호를 받을 필요가 있다. 그러나 많은 경우, 이러한 결정은 상황에 따라 개별적^{case by case}으로 이루어진다는 한계가 있다.[65]

---

org/pages/49c3646c2.html

[65] 유엔난민기구(UNHCR), "영구적인 해결방안," 『난민보호: 유엔난민기구(UNHCR)의 역할』(서울: UNHCR 한국사무소, 2011).

국제기구와 인권·난민·이주

대규모의 난민들이 특정 한 국가로 몰려들 경우, UNHCR은 이들을 일일이 개별적으로 심사하여 난민판정 여부를 하는 것이 불가능하므로 난민이 아니라는 확증이 없으면 이들을 그룹난민으로 간주하여 사실상 난민지위를 주고 있다. 베트남 보트피플, 소말리아의 무정부상태, 르완다의 대량학살, 코소보 사태로 인한 알바니아계 대량난민 등에 이와 같은 접근법이 적용되었다.66 하지만 UNHCR의 난민판정은 법적 구속력이 없기 때문에 이를 받아들일지 여부는 유엔난민협약에 서명한 체약국 개별의사에 따르고 있어 그룹난민으로 인정받는다 해도 실질적이고 효과적인 난민보호가 이루어지는 것은 쉽지 않다. 난민판정을 기다리며 잠재적 난민지위에 있는 사람들, 즉 비호신청자들의 경우는 이미 난민으로 인정된 사람들과 유사하거나 더 비참한 상황으로부터 탈출하였다 해도, 난민으로 판정받기 전까지는 법적 보호를 받지 못하고 있는 실정이다. 한편 대량난민이 발생하거나 체류국 내 사정이 여의치 않은 경우는 협약난민이라 할지라도 체류국 정부가 이들에 대해 시민으로서 향유할 수 있는 자유나 권리를 제한하는 상황에 처할 수 있다. 이런 경우에는 UNHCR 및 국제사회의 보호와 지원이 절대적으로 필요하다.

법적·정치적·외교적·재정적 제약과 같은 여러 가지 문제에도 불구하고 국제사회의 보호와 지원대상을 협약난민으로만 국한시킬 수 없는 이유는 비정치적 난민들이나 국내유민들이 감수해야 할 고통의 심각성이 너무 크기 때문이다. UNHCR뿐 아니라 미국 난민 및 이주자위원회US Committee for Refugees and Immigrants, 유럽인도주의위원회European Commission Humanitarian Office: ECHO, 그리고 국제구호단체들은 난민과 유사한 처지의 사람들에 대한 지구촌 차원의 관심을 촉구해왔는데, 1990년대 중반 이래 UNHCR이 보호대상자를 위임난민으로 확대하여 지원활동을 하는 것도 이와 같은 맥락에서 이

---

66 "Global Refugee Crisis and the Mass Migration 'Revolving Door Pattern': When Refugee Producing Countries Become Refugee hosts," ATHA, http://www.atha.se/blog/global-refugee-crisis-and-mass-migration-%E2%80%98revolving-door-pattern%E2%80%99-when-refugee-producing(검색일: 2014.7.7).

루어졌다. 한 예로 유엔난민법에 근거한 UNHCR의 최초 임무에서 국내유민문제는 배제되어 있었으나, 2005년 12월 기관 간 상설위원회Inter-Agency Standing Committee: IASC가 승인한 '클러스터cluster-based 접근법'을 통해 국내유민의 보호와 거주지 감독, 그리고 이들을 수용하는 캠프의 조율 및 관리 등을 주도적으로 하고 있다.67 하지만 탈냉전기 들어서면서 더욱더 심각해진(공식)난민 사태를 풀어갈 인력, 재정, 시간 등이 부족한 상황에서 UNHCR을 포함한 국제기구들이 비정치적 난민이나 국내유랑민 문제를 새로이 추가하여 다루는 것은 현실적으로 극히 어려운 실정이다.

체류국 정부들이 난민을 받아들이는 절차가 점차 더 강화되고 난민에 대한 입장이 점점 인색해지거나 '동정심 쇠락compassion fatigue'으로 나타나는 것도 세계 난민 문제의 해법을 찾아가는 데 장애요소가 되고 있다. 일찍이 인도주의 관점에서 난민 문제에 접근해왔던 서방국가들에서 조차 점차 복잡해지는 난민이나 유민문제에 대해 까다로운 면접을 통해 '유럽요새화Fortress Europe'의 입장을 보이고 있다.68 이러한 난민기피증은 국가이기주의적 발상이나 행태로 인해 생기는 것으로 상당수 나라들로 확산되어온 '외교적 님비 Not In My Back Yard - "내 뒤뜰에는 안 된다"' 현상과 무관해보이지 않는다.69 따라서 '새로운 부류'의 난민들을 공식난민의 범주에 합류시키는 것으로 국제법을 수정하는 논의가 진행될 경우, 역으로 그동안 불변하였던 협약난민의 범주가 수축될 수도 있다는 우려가 제기되고 있다.

또한 비정치적 난민, 특히 환경난민은 그 정의와 유형이 너무 광범위하고 모호하여 이들을 국제법상 난민으로 포함시킬지에 대해서는 회의적인 시각

---

67 Tim Morris, "UNHCR, IDPs and Clusters," *Forced Migration Review* 25 (May 2006).

68 "Fortress Europe: How the EU Turns its Back on Refugees," *Spiegel Online International*, http://www.spiegel.de/international/europe/asylum-policy-and-treatment-of-refugees-in-the-european-union-a-926939.html(검색일: 2013.10.9).

69 Duncan Graham, "We don't Want Them, You Take Them," Asia Times Online, http://www.atimes.com/atimes/Southeast_Asia/NH03Ae01.html(검색일: 2012.8.3).

이 많다. 비록 UNHCR의 가장 중요한 원칙 중 하나가 '생명이나 자유가 위협받을 수 있는 곳으로의 추방이나 송환금지'이기는 하지만, 분명치 않고 선별적인 기준을 토대로 한 난민판정은 이미 산적해 있는 난민 문제들을 풀어나가는 국제사회의 제반 노력들마저 비효과적으로 만들 수 있다는 우려 때문이다. 더욱이 비정치적 난민들에게 난민지위를 부여할 경우 국제법상 선례가 되어 세계 각지의 수많은 비호신청자들이 난민지위를 요구하게 될 수도 있다.[70]

그럼에도 불구하고 경제적 혹은 다른 비정치적 이유로 인해 국적국을 탈출한 사람이라도 송환될 경우 본국에서 처벌의 우려가 있는 사람들을 난민으로 간주해야한다는 주장은 윤리적뿐 아니라 국제법적 근거도 있다. 이러한 근거에서 UNHCR은 재중 탈북자들을 이미 난민으로 간주하고 있다. 하지만 탈북자 보호여부는 중국의 주권사항이기 때문에 국제법적으로 어떠한 구속력이 없다는 한계가 있다. 특히, 김정은 정권 출범 이후 지난 3년간 탈북을 엄격히 통제함에 따라 북한 주민들의 국경탈출이 점점 힘들어지고 있지만, 이러한 방법이 근본적인 문제를 해결할 수 없다는 점에서 탈북러시는 앞으로도 계속 국제사회의 인도적 문제이자 외교적 마찰의 소지가 있는 정치안보적 문제일 수밖에 없을 것이다. 특히 대량탈북의 가능성을 북한의 급변사태 가능성뿐 아니라 남북 간 무력충돌, 혹은 북한 정권의 현상유지 상태 하에서의 여러 다양한 변수도 고려하여 전략적 대응방안을 마련할 필요가 있다.

70 이신화(2008).

IV. 결론

지난 70년 가까이 세계평화 수장역할을 자임해온 유엔은 오늘날 193개 회원국을 보유한 세계 최대 규모의 다자외교의 장이다. 개별 국가의 힘만으로는 해결이나 대응이 불가능한 수많은 글로벌 이슈들을 효과적으로 관리하기 위해 글로벌 거버넌스가 주목받고 있고, 학자들과 정책결정자들은 안보, 개발, 인권을 3축으로 하는 유엔의 노력에 대하여 여러 가지 평가를 해왔다.

본 연구는 이러한 유엔의 노력들 중 국제이주 및 세계 난민·유민 사태에 중점을 두고, 왜 이러한 문제들이 단순한 인권 문제가 아니고 개발, 안보와도 연계된 중요한 이슈인지에 대하여 논의하고, 국제기구들의 '인도적 역할'을 평가하고 그 성과와 한계점에 대하여, IOM과 UNHCR을 중심으로 고찰하였다.

IOM을 중심으로 한 국제사회의 국제이주관련 많은 노력과 활동의 증가에도 불구하고, '인도적이고 질서있는' 이주가 이루어지기 위해서는 국제기구의 노력과 규제도 중요하지만, 이주를 받아들이거나 거절하는 당사국, 즉 개별 주권국가의 의지와 정치적 판단이 더 실질적인 역할을 하고 있다는 현실적 한계를 벗어나기는 힘든 상황이다. 자발적 귀환을 강조하는 IOM도 포괄적인 이주관리체계 접근방식에 '추방'을(비록 마지막 수단으로이기는 하지만) 포함시킨 것이 이를 반증한다고 하겠다. 따라서 IOM은 개별 프로젝트별 기금으로 대부분 운영되고 있는 기관의 재정적 실정을 보다 다양하고 정규적인 기금확충을 통해 독자성 확보를 하고 유관 국가와 협력하는 노력을 기울일 필요가 있다. 또한 국제협약이나 국제법에 기반하지 않은 정부간 기관이라는 한계점이 IOM의 활동을 지속적, 체계적이기보다는 일시적, 임시적으로 만들고 있다는 사실을 감안하여 국제이주에 대한 국제사회의 합의가 담긴 법적 기틀을 마련하는 것도 중요하다.

반면 세계 난민 및 유민 문제의 경우는 국제난민법이 '족쇄'가 되어 협약난민이 아닌 보호대상자들이 국제법적 보호를 받지 못하고 있다는 점이다.

본 연구는 변화하는 국제정세와 더불어 변천하여 온 세계 난민 사태를 살펴봄으로써 난민과 관련한 제반 문제와 쟁점, 특히 인도적 위기상황의 피해자로서의 난민이나 유민으로서만이 아니라 이들이 국가 간 관계나 관련 지역에 안보불안을 초래하는 안보적 위협일 수도 있다는 점에 주목해야 한다. 하지만 UNHCR의 난민과 유민보호를 위한 지속적인 노력에도 불구하고, 1951년 이래 거의 변하지 않은 국제난민법의 현실적 제약 및 법적·제도적 한계, 국가이기주의와 국제규범과의 상충, UNHCR의 재정부족과 행정 문제 등이 복합적으로 작용하여 여전히 난민보호의 사각지대에 놓여 있는 수많은 사람들은 여전히 국제사회의 가장 심각한 인도적 문제 중 하나이다.

결론적으로, 국제기구가 세계 이주 문제나 난민·유민사태에 효과적으로 대응하기 위해 가장 중요한 것은 유관 국가들과의 긴밀한 협력공조이다. 또한 유엔은 최근 인도적 개입이나 R2P 등의 논의들을 포함하여 인권 문제를 안보리 차원에서 다루는 노력을 하고 있는데, 이 범주에 난민에 대한 논의도 포함해야 할 것이다. 그러나 무엇보다 중요한 것은 1648년 웨스트팔리아체제 이후 확립·공고화된 주권개념을 뛰어넘어 개개인의 인권을 존중하고, 국제사회가 전반적으로 합의할 수 있는 인류보편적인 규범을 준수하기 위해 국가지도자 및 대중들의 인식을 전환하는 것이다. 이를 위해 국가지도자들의 비전과 정치력을 통한 국가들 간의 국가이기주의 극복, 오피니언 리더들을 포함한 인식공동체들의 전략과 전문적 정책, 대중설득 교육 및 홍보 강화, 그리고 대중들의 신중한prudent 판단과 적절한 대정부 지지노력들이 총체적으로 이루어져야 할 것이다.

참·고·문·헌

〈국문 자료〉

국가인권위원회. 『북한정치범수용소 실태조사』. 북한인권실태조사 연구용역보고서
    (2009.12.15).
국립외교원·통일연구원 공동 학술회의 자료집. 『북한인권 문제에 대한 국제법과 정
    책』(2014.6.17).
김병로. 『북한 인권 문제와 국제협력』. 통일연구원, 1997.
김수암. "유엔 조사위원회 운영 사례와 북한인권." 『2013년 제3회 통일연구원 샤이
    오 인권포럼: 유엔 인권메커니즘과 북한인권 증진방안』. KNU 학술회의총서
    13-01. 통일연구원, 2013.
김수암·이금순·이규창·조정현·한동호. 『유엔 조사위원회(COI) 운영 사례 연구』.
    통일연구원, 2013.
나인균. 『인권위원회에서 인권이사회로: UN인권체계의 변화』. 성균관법학 제21권
    제1호. 2009.
라자브 나리얀. "유엔 인권메커니즘, 조사위원회, 그리고 북한의 인권침해 실태."
    『2013년 제3회 통일연구원 샤이오 인권포럼: 유엔 인권메커니즘과 북한인권

증진방안』. KNU 학술회의 총서 13-01. 통일연구원, 2013.

박병도. 『유엔 인권이사회의 보편적 정례검토제도: 한국의 실행과 평가를 중심으로』 법조협회 제58권 제8호, 통권 제635호. 2009.

박수길 편. 『21세기 유엔과 한국』. 도서출판 오름, 2002.

박재영. 『국제기구정치론』. 법문사, 2004.

박진아. "유엔인권이사회의 주요 제도와 북한." 『유엔 인권메커니즘과 북한인권』. 통일연구원, 2013.

박찬운. 『국제인권법』. 서울: 한울아카데미, 1999.

박흥순. "국제정의와 국제재판소: 반인도범죄에 대한 국제재판소의 대응." 『국제기구 저널』 제2집 1호. 2007.

_____. "인도적 위기와 보호책임." 『국제기구저널』 제5집 1호. 2010.

_____. "유엔안보리의 역할과 인권: 북한에 대한 시사점." 통일연구원, 2013.

박흥순·조한승·정우탁 엮음. 『유엔과 세계평화』. 도서출판 오름, 2013.

백범석. "새 정부가 풀어야 할 인권 문제에 관한 소고." 『아산정책연구원 ISSUE Brief』 48호. 2013.

_____. "유엔 북한인권 조사위원회 설립의 이해와 활동 전망." 『유엔 인권메커니즘 과 북한인권』. 통일연구원, 2013.

백범석·김유리. "유엔 북한인권 조사위원회 설립의 이해와 전망." 『아산정책연구원 ISSUE Brief』 50호. 2013.

북한인권사회연구센터 편. 『유엔 인권메커니즘과 북한인권』. 통일연구원, 2013.

북한인권정보센터. "인도적 위기와 보호책임." 『국제기구저널』 5집 1호. 2010.

_____. 『2012 북한인권백서』. 2012.

북한인권연구센터 편. 『북한인권이해의 새로운 지평』. 통일연구원, 2012.

서철원 외. 「국제인권시스템 현황에 관한 연구」. 2013년도 국가인원위원회 인권상황 실태조사 연구용역보고서(2013년 11월 20일).

오영달. "인권, 환경, 개발과 유엔의 역할." 『유엔과 세계평화』(유네스코 아태교육원 국제기구 총서 2). 도서출판 오름, 2013.

외교통상부. 『외교60년사: 1948~2008』. 2010.

_____. 『외교백서』. 2013.

우종길. "유엔인권이사회의 새로운 국제인권보호제도인 보편적 정기검토에 관한 소 고." 서울국제법연구원, 2009.

윤영관·황병무 외. 『국제기구와 한국외교』. 민음사, 1996.

이규창·조정현·한동호·박진아. 『보호책임(R2P) 이행에 관한 연구』. 통일연구원,

2012.

이금순. "북한인권 실태와 개선방안." 『외교』 제80호(2007.1).

이금순·한동호. "최근 국제사회의 북한인권 논의동향." 통일연구원, 2012.

이신화. "지구촌 여성안보: 분쟁과 인신매매를 중심으로." 『사회변동과 여성주체의 도전』. 서울: 굿인포메이션, 2007.

_____. "대량 탈북사태에 대한 조기경보: 환경난민의 개념을 적용하여." 『국제정치 논총』 제38권 2호. 2008.

_____. "다자외교시대 프롤로그." 화정평화재단/21세기 평화연구소 편. 『다자외교 강국으로 가는길』. 2009.

_____. "보호책임의 원칙과 이행: 발전적 적용의 가능성 및 동아시아의 관점." 『국 제기구저널』 5집 1호. 2010.

이원웅. "북한인권 개선을 위한 국제협력: 최근 현황과 과제." 『북한인권의 현황과 국제캠페인 전략』. 대한변호사협회 및 북한인권시민연합 주최 공동학술토론 회 발표문(2010.11.26).

이유진. "유엔인권레짐의 대북인권정책 분석과 한국의 역할." 통일부, 2010.

조동준. "신데렐라처럼 등장한 보호의무 개념과 개입(비교서평)." 『국제정치논총』 제51집 2호. 2011.

조정현. 『보호책임의 이론 및 실행 그리고 한반도에의 함의』. 통일연구원 정책연구 시리즈. 2011.

_____. "유엔 북한인권 조사위원회(COI) 보고서 분석 및 평가." 국립외교원 외교안 보연구소, No.2014-7. 2014.

조정현·김수암·손지웅·이경현·이금순·임수희·한동호. White Paper on Human Rights in North Korea 2013(북한인권백서 2013). 통일연구원, 2013.

조태익. 『인권이사회 특별절차』. 외교통상부, 2009.

조형석. "UN 인권체제의 변화: UN 인권이사회의 설립과 조약기구 통합을 중심으 로." 『국제법 동향과 실무』 제5권 제1, 2호. 2006.

조효제. 『인권을 찾아서: 신세대를 위한 세계인권선언』. 한울, 2011.

최동주. "아프리카 난민 문제에 대한 소고." 『한국아프리카학회지』 제18집. 2003.

최영관. "재외탈북자의 현황과 지위, 그리고 인권보호 과제." 「재외 탈북자의 인권현 황과 과제」. 국가인권위원회, 2004년 6월 30일 발표논문.

토마스 버겐탈 저. 양건·김재원 역. 『국제인권법』(증보판). 교육과학사, 1988.

통일연구원. 『북한인권백서』. 2014.

통일연구원 역. 『2013 유엔인권이사회 북한인권특별보고관 보고서(A/HRC/22/57)』

(2013.2.1).

폴 콜리어(Paul Collier) 저. 김선영 역.『엑소더스: 전 지구적 상생을 위한 이주 경제학』. 서울: 21세기북스, 2014.

한용섭·이신화·박균열·조홍제.『마약, 조직범죄, 해적 등 동남아의 초국가적 위협에 대한 지역적 협력방안』. 서울: 대외경제정책연구원, 2010.

한희원.『국제인권법원론』. 삼영사, 2012.

허만호. "북한인권캠페인: 의제화와 UN 메커니즘 활용."『북한인권의 현황과 국제캠페인 전략』. 대한변호사협회 및 북한인권시민연합 주최 공동학술토론회 발표문(2010.11.26).

현병철.『유엔 국가별 정례인권검토(UPR)에 대한 북한의 국가인권보고서 및 우리정부, NGO, INGO 관련 자료집』. 국가인권위원회 인권정책과, 2010.

홍기준. "UN과 NGO간 협력의 새로운 패러다임 모색."『아태연구』7. 2000년 12월.

황필규. "국제인권기준에 비추어 본 한국의 인권현실." 국내 인권현안과 국제인권법, 국제엠네스티 한국지부 법률가위원회 인권세미나 발표문(2008.3.22).

〈외국어 자료〉

Abebe, Allehone Mulugeta. "Of Shaming and Bargaining: African States and the Universal Periodic Review of the United Nations Human Rights Council." *Human Rights Law Review*, Vol.9. 2009.

Akaha, Tsuneo, and Anna Vassilieva. *Crossing National Borders: Human Migration Issues in Northeast Asia*. Tokyo, New York, Paris: UN University Press, 2005.

Alston, Phillip, & James Crawford (eds.). *The Future of Humna Rights Treaty Monitoring*. Cambridge: Cambridge University Press, 2000.

Belamy, Alex. "Conflict Prevention and the Responsibility to Protect." *Global Governance*, Vol.14, No.2. 2008.

Betts, Alexander, Gil Loescher, and James Bilner (eds.). *The United Nations*

High Commissioner for Refugees (UNHCR): The Politics and Practice of Refugee Protection. 2nd edition. London and New York: Routledge, 2012.

Cerna, Christina M. "International Law and the Protection of Human Rights in the Inter-American System." *Houston Journal of International law* 19-3 (Spring 1997).

_____. "The Inter-American System for the Protection of Human Rights." *Florida Journal of International Law* 16. 2004.

Christian Solidarity Worldwide(CSW). *North Korea: A Case to Answer, A call to Act.* CSW, London, 2007.

Claude, Richard P., & Burns H. Weston (eds.). *Human Rights in the World Community: Issues and Action.* PA, Univ. of Pennsylvania, 2006.

Cortright, David, & George A. Lopez. *Sanctions and Search for Security: Challenges to UN Action.* Boulder: Lynne Rienner, 2002.

Deng, Francis et al. *Sovereignty as Responsibility: Conflict Management in Africa.* Washington, DC: Brookings Institution Press, 1996.

Diehl, Paul F., ed. *The Politics of Global Governance: International Organization in an Interdependent World.* 3rd. ed. Boulder: Lynne Rienner, 2005.

Donnelly, Jack. *Universal Human Rights in Theory & Practice.* Ithaca: Cornell University Press, 1989.

Drzewinski, Pia. *Report on NGO Participation in the Work of UN Human Rights Treaty Monitoring Bodies.* Geneva, June 2002.

Gae, Felice D. "A Voice Not an Echo: Universal Periodic Review and the UN Treaty Body System." *Human Rights Law Review,* Vol.7. 2007.

Foot, Rosemary et al. (eds.). *US Hegemony and International Organizations.* New York: Oxford University Press, 2003.

Forsythe, David F. *Human Rights in International Relations.* 2nd ed. London: Cambridge University Press, 2006.

Galbraith, Jean. "Treaty Options: Towards a Behavioral Understanding of Treaty Design." *Virginia Journal of International Law* 53. 2013.

General Assembly. "In larger freedom: towards development, security and human rights for all Addendum Human Rights Council Explanatory."

UN Doc. A/59/2005/Add.1.23 May 2005.

Gibney, Matthew. "Precarious Residents: Migration Control, Membership and the Rights of Non-citizens." *Human Development Research Paper.* New York: United Nations Development Programme(UNDP), 2009/10. 2008.

Haggard, Stephen, and Marcus Noland (eds.). *The North Korean Refugee Crisis: Human Rights and International Response.* Washington, DC: US Committee for Human Rights in North Korea, 2006.

Haggard, Stephan, and Marcus Noland. "Engaging North Korea: The Role of Economic Statecraft." *Policy Studies* 59. East-West Center, 2011.

Harden, Blaine. *Escape from Camp 14: One Man's Remarkable Odyssey from North Korea to Freedom in the West.* London: Penguin Group, 2012.

Jacobson, Harold K. *Networks of Interdependence: International Organizations and the Global Political System.* New York: Alfred A. Knopf, 1979.

Hawk, David. *The Hidden Gulag: The Lives and Voices of Those Who Are Sent to the Mountains: Exposing Crimes Against Humanity.* 2nd ed. Washington, DC: U.S. Committee for Human Rights in North Korea, 2012.

Held, David, & Anthony Macgrew (eds.). *Governing Globalization: Power, Authority and Global Governance.* Cambridge: Polity Press, 2003.

Holzgrefe, J. L., & Robert O. Keohane (eds.). *Humanitarian Intervention: Ethical, Legal and Political Dilemmas.* Cambridge: Cambridge Univ. Press, 2003.

Human Rights Project at the Urban Justice Center. *A Practical Guide to the United Nation's Universal Periodic Review.* Human Rights Project at the Urban Justice Center, 2010.

"Implementing the Responsibility to Protect, Report of the UN Secretary General" (UN Doc. A/63/677) (12 January, 2009).

International Organization for Migration (IOM). *World Migration Report 2013: Migrant Well-Being and Development.* Geneva: IOM, 2013.

Joyner, Christopher C. *International Law in the 21st Century: Rules for Global Governance.* New York: Rowman & Littlefield, 2005.

Julie A. Mertus. *The United Nations and Human Rights.* 2nd ed. New York: Routledge, 2009.

Karns, Margaret P., & A. Mingst, Karen A. Mingst (eds.). *The United States and Multilateral Institutions.* MA, Unwin Hyman, Inc, 1990.

Karns, Margaret P., & A. Mingst, Karen A. Mingst. *The United Nations in the 21st Century.* 3rd ed. New York: Westview, 2007.

Karns, Margaret P., & Karen A. Mingst. *International Organizations: The Politics and Processes of Global Governance.* Boulder: Lynne Rienner, 2004.

Koch, Anne. "The Politics and Discourse of Migrant Return: The role of UNHCR and IOM in the Governance of Return." *Journal of Ethnic and Migration Studies,* Vol.40, No.6. 2014.

Lauren, Paul Gorden. *The Evolution of International Human Rights: Visions Seen.* Pennsylvania State University Press, 2003.

Lee, Shin-wha. "Emerging Threats to International Security: Environment, Refugees, and Conflict." *Journal of International and Area Studies,* Vol.8, No.1. 2001.

Loescher, Gil. *The UNHCR and World Politics: A Perilous Path.* Oxford: Oxford University Press, 2001.

Luck, Edward, ed. *UN Security Council: Practices and Promises.* Routledge: New Yok, NY, 2006.

Malone, David. *The UN Security Council.* Boulder: Lynne Rienner, 2004.

Maogoto, Jackson N. *War Crimes and Realpolitik: International Justice from World I to the 21st Century.* Boulder: Lynne Rienner, 2004.

Morris, Tim. "UNHCR, IDPs and Clusters." *Forced Migration Review* 25. May 2006.

Mulddon, James P., Jr. et al. *Multilateral Diplomacy and the United Nations Today.* 2nd. ed. Cambridge, MA: Westview Press, 2005.

Newman, Edward, & Joanne van Selm (eds.). *Refugees and Forced Displacement: International Security, Human Vulnerability, and the State.* Tokyo: UN University Press, 2003.

Nmehielle, Vincent Obisienunwo Orlu. *The African Human Rights System: Its Laws, Practice, and Institutions Martinus.* The Hague and New York: Nijhoff Publishers, 2001.

Oberleitner, Gerd. *Global Human Rights Institutions.* Cambridge: Polity Press, 2007.

O'Neill, William G., and Annette Lyth. "The International Human Rights System." In Norwegian Centre for Human Rights (ed.). *Manual on Human Rights Monitoring: An Introduction for Human Rights Field Officers.* Oslo: Norwegian Centre for Human Rights, 2008.

Patrick, Stewart, and Shepard Forman (eds.). *Multilateralism and American Foreign Policy.* Boulder: Lynne Rienner, 2002.

Pease, Kelly-Kate S. *International Organizations: Perspectives on Governance in the Twenty-First Century.* New York: Longman, 2010.

Perruchoud, Richard, and Jilyanne Redpath-Cross (eds.). *Glossary on Migration.* 2nd ed. (한국어 번역본) "국제이주법." 『이주용어사전』 No.26 제2판. 서울: 국제이주기구, 2011.

Ratner, Steven R., & Jason S. Abrams. *Accountability for Human Rights Atrocities in International Law: Beyond the Nuremberg Legacy.* 2nd ed. New York: Oxford University Press, 2001.

Redondo, Elvira Dominguez. "The Universal Periodic Review of the UN Human Rights Council: An Assessment of the First Session." *Chinese Journal of International Law,* Vol.7. 2008.

Smith, Rohna K. M. *International Human Rights.* 3rd ed. Oxford: Oxford University Press, 2007.

Smith, Courtney B. *Politics and Process at the United Nations.* Boulder: Lynne Lienner, 2006.

Thakur, Ramesh. *The United Nations, Peace and Security: From Collective Security to the Responsibility to Protect.* Cambridge: Cambridge University Press, 2006.

The Responsibility to Protect. *Report of the International Commission on Intervention and State Sovereignty.* Ottawa: International Development Research Center for ICISS, 2000.

UN Doc. E/CN.4/RES/2004/13. 15 April 2004.

_____. A/HRC/WG.6/6/PPK/1. 27 August 2009.

_____. A/HRC/WG.6/6/L.12. 9 December 2009.

_____. A/HRC/22/57. 1 February 2013.

UN High Commissioner for Refugees (UNHCR). "UNHCR Statistical Online Population Database," http://www.unhcr.org/pages/4a013eb06.html

UN High-Level Panel. "A More Secure World: Our Shared Responsibility"(UN Doc. A/59/565) (December 2004).

UN Human Rights Council. "Institution-building of the United Nations Human Rights Council." UN Doc. A/HRC/RES/5/1. 18 June 2007.

_____. Resolution 5/1. "Institution-building of the United Nations Human Rights Council." UN Doc. A/HRC/21. August 2007.

_____. "Follow-up to Human Rights Council resolution 5/1." UN Doc. Decision 6/102. 27 September 2007.

_____. "General guidelines for the preparation of information under the Universal Periodic Review." A/HRC/DEC/6/102. 27 September 2007.

_____. "Report of the Working Group on the Universal Periodic Review: Republic of Korea." UN Doc. A/HRC/8/40. 29 May 2008.

_____. "Outcome of the Universal Periodic Review: Republic of Korea." UN Doc. A/HRC/DEC/8/123. 12 June 2008.

_____. "Draft report of the Working Group on the Uni- versal Periodic Review: Democratic People's Republic of Korea." UN Doc. A/HRC/WG.6/6/L.12. 23 December 2009.

_____. "Report of the Working Group on the Universal Periodic Review, Democratic People's Republic of Korea." UN Doc. A/HRC/13/13. 4 January 2010.

_____. "Outcome of the Universal Periodic Review: Democratic People's Republic of Korea." UN Doc. A/HRC/DEC/13/112. 14 April 2010.

_____. "Report of the Working Group on the Universal Periodic Review— Republic of Korea." UN Doc. A/HRC/22/10. 12 December 2012.

_____. "Outcome of the Universal Periodic Review: Republic of Korea." UN Doc. A/HRC/DEC/22/108. 15 April 2013.

_____. "Communications report of Special Procedures." UN Doc. A/HRC/23/51. 22 May 2013.

UN Office on Drugs and Crime (UNODC). *Global Report on Trafficking in Persons.* New York: UNODC, 2013.

UNA-USA. *A Global Agenda: The Issues Before the United Nations* (UNA-USA, Annual series).

United Nations Economic Council for Europe (UNECE). "Economic Roots of

Trafficking in the UNECE Region." Regional Preparatory Meeting for the 10 year Review of Implementation of the Beijing Platform for Action, Geneva, Switzerland(December 2004).

United States Senate. "Subcommittee on East Asian and Pacific Affairs, Committee on Foreign Relations." *The Hidden Gulag: Putting Human Rights on the North Korea Policy Agenda*. North Charleston: Create Space Independent Publishing Platform, June 2012.

US Department of State (USDS). *Trafficking in Persons Report 2014.* Washington, DC: USDS, June 2014.

Weiss, Thomas G., & Cindy Collins. *Humanitarian Challenge and Intervention*. Boulder: Westview Press, 1996.

Weiss, Thomas G., & Sam Daws (eds.). *The Oxford Handbook on the United Nations*. Oxford: Oxford Univ. Press, 2007.

Weiss, Thomas G. et al. *The United Nations and Changing World Politics.* 6th ed. Boulder: Westview Press, 2010.

White, Nigel D. *The United Nations System*. Boulder: Lynne Rienner, 2002.

Willets, Peter. *Non-Governmental Organizations in World Politics: The Construction of Global Governance*. New York: Routledge, 2011.

Williams, Paul D., & Alex J. Bellamy. "Libya, the Responsibility to Protect, and the Use of Military Force." *Global Governance*, Vol.18, No.3. 2012.

Ziring, Lawrence, Robert Riggs, & Jack C. Plano. *The United Nations: International Organizations and World Politics.* 4th ed. Wadworth: Belmont, CA, 2005.

2005 World Summit Outcome (UN Doc. A/RES/60/1) (24 October, 2005).

<인터넷 및 언론 자료>

국가별정례인권검토(UPR). www.upr-info.org(검색일: 2014.2.6).

국가인권위원회. www.humanrights.go.kr/(검색일: 2014.2.6).

국제이주기구 한국대표부(http://www.iom.or.kr/).

민주사회를위한변호사모임·참여연대·인권운동사랑방 등 37개 민간단체. "UPR 정부보고서에 대한 입장과 민간단체 의견수렴 과정에 대한 유감." 보도자료 (2008.3.18).

보편적 정례검토. www.ohchr.org/EN/HRBodies/UPR/Pages/UPRMain.aspx(검색일: 2014.2.6).

연합뉴스. "중국, 북한 인권 문제 국제형사재판소 제소에 반대." 2014년 2월 18일, http://www.yonhapnews.co.kr/international/2014/02/18/0619000000A KR2014021818 1500083.HTML(검색일: 2014.5.13).

외교통상부. www.mofat.go.kr/(검색일: 2014.2.6).

유엔 공식 홈페이지. www.un.org(검색일: 2014.2.6).

유엔난민기구(UNHCR). "유엔난민기구(UNHCR)의 역할은 어떻게 발전했는가?" 『난민보호: 유엔난민기구(UNHCR)의 역할』. 서울: UNHCR 한국사무소(http:// www.unhcr.or.kr/unhcr/main/index.jsp). 2011.

유엔 인권이사회. www2.ohchr.org/englich/bodies/hrcouncil/(검색일: 2014.2.6).

통일부. "통계자료: 북한이탈주민 현황." 2014년 6월(http://www.unikorea.go.kr/ content.do?cmsid=151).

African Commission on Human and Peoples' Rights. "Communications Procedure," http://www.achpr.org/communications/procedure/(검색일: 2014.4.11).

Commission of Inquiry on Human Rights in the Democratic People's Republic of Korea, The Report of the Commission of Inquiry on Human Rights in DPRK(http://www.ohchr.org/en/hrbodies/hrc/coidprk/pages/commi ssioninquiryonhrindprk.aspx).

Council for Security Cooperation in Asia-Pacific (CSCAP), "3rd Meeting of the CSCAP Study Group on Human Trafficking"(http://www.cscap.org/up loads/docs/Human%20Trafficking/3HTMtgRpt.pdf).

Danwood Mzikenge Chirwa. "Toward Revitalizing Economic, Social, and Cultural Rights in Africa: Social and Economic Rights Action Centre and the

Center for Economic and Social Rights v. Nigeria." http://www.wcl.
american.edu/hrbrief/10/1chirwa.pdf(검색일: 2014.4.11).

Food and Agriculture Organization of the United Nations (FAO). *Democratic
People's Republic of Korea* (http://www.fao.org/countryprofiles/index/
en/?iso3=prk).

Graham, Duncan, "We don't Want Them, You Take Them," Asia Times Online,
http://www.atimes.com/atimes/Southeast_Asia/NH03Ae01.html(검색일:
2012.8.3).

International Justice Resource Center. "Committee on the Elimination of Racial
Discrimination." http://ijrcenter.org/un-treaty-bodies/committee-on-the-
elimination-of-racial-discrimination/(검색일: 2014.4.11).

Klingner, Bruce, "The Tortuous North Korean Refugee Triangle." *Asia Times*,
September 22, 2004(http://www.atimes.com/atimes/Korea/FI22Dg01.
html).

OECD. *International Migration: The Human Face of Globalisation.* 2009(http://
www.oecd.org/insights/43568873.pdf).

Rossi, Juileta. "The Inter-American System for the Protection of Human Rights
and Rights." http://www1.umn.edu/humanrts/edumat/IHRIP/circle/mo
dules/module30.htm(검색일: 2014.4.11).

Think Africa Press. "Understanding The African Chart on Human and Peoples'
Rights," http://thinkafricapress.com/international-law-africa/african-charter-
human-peoples-rights(검색일: 2014.4.11).

United Nations. "Treaty Collection," https://treaties.un.org/Home.aspx?lang=en
(검색일: 2014.4.11).

부·록

국제연합헌장 전문

우리 연합국 국민들은

우리 일생중에 두 번이나 말할 수 없는 슬픔을 인류에 가져온 전쟁의 불행에서 다음 세대를 구하고, 기본적 인권, 인간의 존엄 및 가치, 남녀 및 대소 각국의 평등권에 대한 신념을 재확인하며, 정의와 조약 및 기타 국제법의 연원으로부터 발생하는 의무에 대한 존중이 계속 유지될 수 있는 조건을 확립하며, 더 많은 자유속에서 사회적 진보와 생활수준의 향상을 촉진할 것을 결의하였다.

그리고 이러한 목적을 위하여

관용을 실천하고 선량한 이웃으로서 상호간 평화롭게 같이 생활하며, 국제평화와 안전을 유지하기 위하여 우리들의 힘을 합하며, 공동이익을 위한 경우 이외에는 무력을 사용하지 아니한다는 것을, 원칙의 수락과 방법의 설정에 의하여, 보장하고, 모든 국민의 경제적 및 사회적 발전을 촉진하기 위하여 국제기관을 이용한다는 것을 결의하면서, 이러한 목적을 달성하기 위하여 우리의 노력을 결집할 것을 결정하였다.

따라서, 우리 각자의 정부는, 샌프란시스코에 모인, 유효하고 타당한 것으로 인정된 전권위임장을 제시한 대표를 통하여, 이 국제연합헌장에 동의하고, 국제연합이라는 국제기구를 이에 설립한다.

제1장
목적과 원칙

제1조

국제연합의 목적은 다음과 같다.

1. 국제평화와 안전을 유지하고, 이를 위하여 평화에 대한 위협의 방지·제거 그리고 침략행위 또는 기타 평화의 파괴를 진압하기 위한 유효한 집단적 조치를 취하고 평화의 파괴로 이를 우려가 있는 국제적 분쟁이나 사태의 조정·해결을 평화적 수단에 의하여 또한 정의와 국제법의 원칙에 따라 실현한다.
2. 사람들의 평등권 및 자결의 원칙의 존중에 기초하여 국가간의 우호관계를 발전시키며, 세계평화를 강화하기 위한 기타 적절한 조치를 취한다.
3. 경제적·사회적·문화적 또는 인도적 성격의 국제문제를 해결하고 또한 인종·성별·언어 또는 종교에 따른 차별없이 모든 사람의 인권 및 기본적 자유에 대한 존중을 촉진하고 장려함에 있어 국제적 협력을 달성한다.
4. 이러한 공동의 목적을 달성함에 있어서 각국의 활동을 조화시키는 중심이 된다.

제2조

이 기구 및 그 회원국은 제1조에 명시한 목적을 추구함에 있어서 다음의 원칙에 따라 행동한다.

1. 기구는 모든 회원국의 주권평등 원칙에 기초한다.
2. 모든 회원국은 회원국의 지위에서 발생하는 권리와 이익을 그들 모두에 보장하기 위하여, 이 헌장에 따라 부과되는 의무를 성실히 이행한다.
3. 모든 회원국은 그들의 국제분쟁을 국제평화와 안전 그리고 정의를 위태롭게 하지 아니하는 방식으로 평화적 수단에 의하여 해결한다.
4. 모든 회원국은 그 국제관계에 있어서 다른 국가의 영토보전이나 정치적

독립에 대하여 또는 국제연합의 목적과 양립하지 아니하는 어떠한 기타 방식으로도 무력의 위협이나 무력행사를 삼간다.

5. 모든 회원국은 국제연합이 이 헌장에 따라 취하는 어떠한 조치에 있어서도 모든 원조를 다하며, 국제연합이 방지조치 또는 강제조치를 취하는 대상이 되는 어떠한 국가에 대하여도 원조를 삼간다.

6. 기구는 국제연합의 회원국이 아닌 국가가, 국제평화와 안전을 유지하는데 필요한 한, 이러한 원칙에 따라 행동하도록 확보한다.

7. 이 헌장의 어떠한 규정도 본질상 어떤 국가의 국내 관할권안에 있는 사항에 간섭할 권한을 국제연합에 부여하지 아니하며, 또는 그러한 사항을 이 헌장에 의한 해결에 맡기도록 회원국에 요구하지 아니한다. 다만, 이 원칙은 제7장에 의한 강제조치의 적용을 해하지 아니한다.

제2장
회원국의 지위

제3조

국제연합의 원회원국은, 샌프란시스코에서 국제기구에 관한 연합국 회의에 참가한 국가 또는 1942년 1월 1일의 연합국 선언에 서명한 국가로서, 이 헌장에 서명하고 제110조에 따라 이를 비준한 국가이다.

제4조

1. 국제연합의 회원국 지위는 이 헌장에 규정된 의무를 수락하고, 이러한 의무를 이행할 능력과 의사가 있다고 기구가 판단하는 그밖의 평화애호국 모두에 개방된다.

2. 그러한 국가의 국제연합회원국으로의 승인은 안전보장이사회의 권고에 따라 총회의 결정에 의하여 이루어진다.

제5조

안전보장이사회에 의하여 취하여지는 방지조치 또는 강제조치의 대상이 되는 국제연합회원국에 대하여는 총회가 안전보장이사회의 권고에 따라 회원국으로서의 권리와 특권의 행사를 정지시킬 수 있다.

이러한 권리와 특권의 행사는 안전보장이사회에 의하여 회복될 수 있다.

제6조

이 헌장에 규정된 원칙을 끈질기게 위반하는 국제연합회원국은 총회가 안전보장이사회의 권고에 따라 기구로부터 제명할 수 있다.

제3장
기 관

제7조

1. 국제연합의 주요기관으로서 총회·안전보장이사회·경제사회이사회·신탁통치이사회·국제사법재판소 및 사무국을 설치한다.
2. 필요하다고 인정되는 보조기관은 이 헌장에 따라 설치될 수 있다.

제8조

국제연합은 남녀가 어떠한 능력으로서든 그리고 평등의 조건으로 그 주요기관 및 보조기관에 참가할 자격이 있음에 대하여 어떠한 제한도 두어서는 아니된다.

제4장
총 회

구 성
제9조
1. 총회는 모든 국제연합회원국으로 구성된다.
2. 각 회원국은 총회에 5인 이하의 대표를 가진다.

임무 및 권한
제10조

총회는 이 헌장의 범위안에 있거나 또는 이 헌장에 규정된 어떠한 기관의 권한 및 임무에 관한 어떠한 문제 또는 어떠한 사항도 토의할 수 있으며, 그리고 제12조에 규정된 경우를 제외하고는, 그러한 문제 또는 사항에 관하여 국제연합회원국 또는 안전보장이사회 또는 이 양자에 대하여 권고할 수 있다.

제11조
1. 총회는 국제평화와 안전의 유지에 있어서의 협력의 일반원칙을, 군비축소 및 군비규제를 규율하는 원칙을 포함하여 심의하고, 그러한 원칙과 관련하여 회원국이나 안전보장이사회 또는 이 양자에 대하여 권고할 수 있다.
2. 총회는 국제연합회원국이나 안전보장이사회 또는 제35조 제2항에 따라 국제연합회원국이 아닌 국가에 의하여 총회에 회부된 국제평화와 안전의 유지에 관한 어떠한 문제도 토의할 수 있으며, 제12조에 규정된 경우를 제외하고는 그러한 문제와 관련하여 1 또는 그 이상의 관계국이나 안전보장이사회 또는 이 양자에 대하여 권고할 수 있다. 그러한 문제로서 조치를 필요로 하는 것은 토의의 전 또는 후에 총회에 의하여 안전보장이사회에 회부된다.
3. 총회는 국제평화와 안전을 위태롭게 할 우려가 있는 사태에 대하여 안전보장이사회의 주의를 환기할 수 있다.
4. 이 조에 규정된 총회의 권한은 제10조의 일반적 범위를 제한하지 아니한다.

제12조

1. 안전보장이사회가 어떠한 분쟁 또는 사태와 관련하여 이 헌장에서 부여된 임무를 수행하고 있는 동안에는 총회는 이 분쟁 또는 사태에 관하여 안전보장이사회가 요청하지 아니하는 한 어떠한 권고도 하지 아니한다.

2. 사무총장은 안전보장이사회가 다루고 있는 국제평화와 안전의 유지에 관한 어떠한 사항도 안전보장이사회의 동의를 얻어 매 회기중 총회에 통고하며, 또한 사무총장은, 안전보장이사회가 그러한 사항을 다루는 것을 중지한 경우, 즉시 총회 또는 총회가 회기중이 아닐 경우에는 국제연합회원국에 마찬가지로 통고한다.

제13조

1. 총회는 다음의 목적을 위하여 연구를 발의하고 권고한다.

   가. 정치적 분야에 있어서 국제협력을 촉진하고, 국제법의 점진적 발달 및 그 법전화를 장려하는 것.

   나. 경제·사회·문화·교육 및 보건분야에 있어서 국제협력을 촉진하며 그리고 인종·성별·언어 또는 종교에 관한 차별없이 모든 사람을 위하여 인권 및 기본적 자유를 실현하는데 있어 원조하는 것.

2. 전기 제1항 나호에 규정된 사항에 관한 총회의 추가적 책임, 임무 및 권한은 제9장과 제10장에 규정된다.

제14조

제12조 규정에 따를 것을 조건으로 총회는 그 원인에 관계없이 일반적 복지 또는 국가간의 우호관계를 해할 우려가 있다고 인정되는 어떠한 사태도 이의 평화적 조정을 위한 조치를 권고할 수 있다. 이 사태는 국제연합의 목적 및 원칙을 정한 이 헌장규정의 위반으로부터 발생하는 사태를 포함한다.

제15조

1. 총회는 안전보장이사회로부터 연례보고와 특별보고를 받아 심의한다. 이 보고는 안전보장이사회가 국제평화와 안전을 유지하기 위하여 결정하거

나 또는 취한 조치의 설명을 포함한다.
2. 총회는 국제연합의 다른 기관으로부터 보고를 받아 심의한다.

제16조
총회는 제12장과 제13장에 의하여 부과된 국제신탁통치제도에 관한 임무를 수행한다. 이 임무는 전략지역으로 지정되지 아니한 지역에 관한 신탁통치 협정의 승인을 포함한다.

제17조
1. 총회는 기구의 예산을 심의하고 승인한다.
2. 기구의 경비는 총회에서 배정한 바에 따라 회원국이 부담한다.
3. 총회는 제57조에 규정된 전문기구와의 어떠한 재정약정 및 예산약정도 심의하고 승인하며, 당해 전문기구에 권고할 목적으로 그러한 전문기구의 행정적 예산을 검사한다.

표 결
제18조
1. 총회의 각 구성국은 1개의 투표권을 가진다.
2. 중요문제에 관한 총회의 결정은 출석하여 투표하는 구성국의 3분의 2의 다수로 한다. 이러한 문제는 국제평화와 안전의 유지에 관한 권고, 안전보장이사회의 비상임이사국의 선출, 경제사회이사회의 이사국의 선출, 제86조 제1항 다호에 의한 신탁통치이사회의 이사국의 선출, 신회원국의 국제연합 가입의 승인, 회원국으로서의 권리 및 특권의 정치, 회원국의 제명, 신탁통치제도의 운영에 관한 문제 및 예산문제를 포함한다.
3. 기타 문제에 관한 결정은 3분의 2의 다수로 결정될 문제의 추가적 부문의 결정을 포함하여 출석하여 투표하는 구성국의 과반수로 한다.

제19조
기구에 대한 재정적 분담금의 지불을 연체한 국제연합회원국은 그 연체금액

이 그때까지의 만 2년간 그 나라가 지불하였어야 할 분담금의 금액과 같거나 또는 초과하는 경우 총회에서 투표권을 가지지 못한다. 그럼에도 총회는 지불의 불이행이 그 회원국이 제어할 수 없는 사정에 의한 것임이 인정되는 경우 그 회원국의 투표를 허용할 수 있다.

절 차
제20조
총회는 연례정기회기 및 필요한 경우에는 특별회기로서 모인다. 특별회기는 안전보장이사회의 요청 또는 국제연합회원국의 과반수의 요청에 따라 사무총장이 소집한다.

제21조
총회는 그 자체의 의사규칙을 채택한다. 총회는 매회기마다 의장을 선출한다.

제22조
총회는 그 임무의 수행에 필요하다고 인정되는 보조기관을 설치할 수 있다.

제5장
안전보장이사회

구 성
제23조

1. 안전보장이사회는 15개 국제연합회원국으로 구성된다. 중화민국, 불란서, 소비에트사회주의공화국연방, 영국 및 미합중국은 안전보장이사회의 상임이사국이다. 총회는 먼저 국제평화와 안전의 유지 및 기구의 기타 목적에 대한 국제연합회원국의 공헌과 또한 공평한 지리적 배분을 특별히 고려하여 그외 10개의 국제연합회원국을 안전보장이사회의 비상임이사국으

로 선출한다.

2. 안전보장이사회의 비상임이사국은 2년의 임기로 선출된다. 안전보장이사회의 이사국이 11개국에서 15개국으로 증가된 후 최초의 비상임이사국 선출에서는, 추가된 4개이사국중 2개이사국은 1년의 임기로 선출된다. 퇴임이사국은 연이어 재선될 자격을 가지지 아니한다.

3. 안전보장이사회의 각 이사국은 1인의 대표를 가진다.

임무와 권한

제24조

1. 국제연합의 신속하고 효과적인 조치를 확보하기 위하여, 국제연합 회원국은 국제평화와 안전의 유지를 위한 일차적 책임을 안전보장이사회에 부여하며, 또한 안전보장이사회가 그 책임하에 의무를 이행함에 있어 회원국을 대신하여 활동하는 것에 동의한다.

2. 이러한 의무를 이행함에 있어 안전보장이사회는 국제연합의 목적과 원칙에 따라 활동한다.

   이러한 의무를 이행하기 위하여 안전보장이사회에 부여된 특정한 권한은 제6장, 제7장, 제8장 및 제12장에 규정된다.

3. 안전보장이사회는 연례보고 및 필요한 경우 특별보고를 총회에 심의하도록 제출한다.

제25조

국제연합회원국은 안전보장이사회의 결정을 이 헌장에 따라 수락하고 이행할 것을 동의한다.

제26조

세계의 인적 및 경제적 자원을 군비를 위하여 최소한으로 전용함으로써 국제평화와 안전의 확립 및 유지를 촉진하기 위하여, 안전보장이사회는 군비규제체제의 확립을 위하여 국제연합회원국에 제출되는 계획을 제47조에 규정된 군사참모위원회의 원조를 받아 작성할 책임을 진다.

표 결

제27조

1. 안전보장이사회의 각 이사국은 1개의 투표권을 가진다.

2. 절차사항에 관한 안전보장이사회의 결정은 9개이사국의 찬성투표로써 한다.

3. 그외 모든 사항에 관한 안전보장이사회의 결정은 상임이사국의 동의 투표를 포함한 9개이사국의 찬성투표로써 한다. 다만, 제6장 및 제52조 제3항에 의한 결정에 있어서는 분쟁당사국은 투표를 기권한다.

절 차

제28조

1. 안전보장이사회는 계속적으로 임무를 수행할 수 있도록 조직된다. 이를 위하여 안전보장이사회의 각 이사국은 기구의 소재지에 항상 대표를 둔다.

2. 안전보장이사회는 정기회의를 개최한다. 이 회의에 각 이사국은 희망하는 경우, 각료 또는 특별히 지명된 다른 대표에 의하여 대표될 수 있다.

3. 안전보장이사회는 그 사업을 가장 쉽게 할 수 있다고 판단되는 기구의 소재지외의 장소에서 회의를 개최할 수 있다.

제29조

안전보장이사회는 그 임무의 수행에 필요하다고 인정되는 보조기관을 설치할 수 있다.

제30조

안전보장이사회는 의장선출방식을 포함한 그 자체의 의사규칙을 채택한다.

제31조

안전보장이사회의 이사국이 아닌 어떠한 국제연합회원국도 안전보장이사회가 그 회원국의 이해에 특히 영향이 있다고 인정하는 때에는 언제든지 안전보장이사회에 회부된 어떠한 문제의 토의에도 투표권없이 참가할 수 있다.

제32조

안전보장이사회의 이사국이 아닌 국제연합회원국 또는 국제연합회원국이 아닌 어떠한 국가도 안전보장이사회에서 심의중인 분쟁의 당사자인 경우에는 이 분쟁에 관한 토의에 투표권없이 참가하도록 초청된다. 안전보장이사회는 국제연합회원국이 아닌 국가의 참가에 공정하다고 인정되는 조건을 정한다.

제6장
분쟁의 평화적 해결

제33조

1. 어떠한 분쟁도 그의 계속이 국제평화와 안전의 유지를 위태롭게 할 우려가 있는 것일 경우, 그 분쟁의 당사자는 우선 교섭·심사·중개·조정·중재재판·사법적 해결·지역적 기관 또는 지역적 약정의 이용 또는 당사자가 선택하는 다른 평화적 수단에 의한 해결을 구한다.
2. 안전보장이사회는 필요하다고 인정하는 경우 당사자에 대하여 그 분쟁을 그러한 수단에 의하여 해결하도록 요청한다.

제34조

안전보장이사회는 어떠한 분쟁에 관하여도, 또는 국제적 마찰이 되거나 분쟁을 발생하게 할 우려가 있는 어떠한 사태에 관하여도, 그 분쟁 또는 사태의 계속이 국제평화와 안전의 유지를 위태롭게 할 우려가 있는지 여부를 결정하기 위하여 조사할 수 있다.

제35조

1. 국제연합회원국은 어떠한 분쟁에 관하여도, 또는 제34조에 규정된 성격의 어떠한 사태에 관하여도, 안전보장이사회 또는 총회의 주의를 환기할 수 있다.
2. 국제연합회원국이 아닌 국가는 자국이 당사자인 어떠한 분쟁에 관하여도,

이 헌장에 규정된 평화적 해결의 의무를 그 분쟁에 관하여 미리 수락하는 경우에는 안전보장이사회 또는 총회의 주의를 환기할 수 있다.

3. 이 조에 의하여 주의가 환기된 사항에 관한 총회의 절차는 제11조 및 제12조의 규정에 따른다.

제36조

1. 안전보장이사회는 제33조에 규정된 성격의 분쟁 또는 유사한 성격의 사태의 어떠한 단계에 있어서도 적절한 조정절차 또는 조정방법을 권고할 수 있다.

2. 안전보장이사회는 당사자가 이미 채택한 분쟁해결절차를 고려하여야 한다.

3. 안전보장이사회는, 이 조에 의하여 권고를 함에 있어서, 일반적으로 법률적 분쟁이 국제사법재판소규정의 규정에 따라 당사자에 의하여 동 재판소에 회부되어야 한다는 점도 또한 고려하여야 한다.

제37조

1. 제33조에 규정된 성격의 분쟁당사자는, 동조에 규정된 수단에 의하여 분쟁을 해결하지 못하는 경우, 이를 안전보장이사회에 회부한다.

2. 안전보장이사회는 분쟁의 계속이 국제평화와 안전의 유지를 위태롭게 할 우려가 실제로 있다고 인정하는 경우 제36조에 의하여 조치를 취할 것인지 또는 적절하다고 인정되는 해결조건을 권고할 것인지를 결정한다.

제38조

제33조 내지 제37조의 규정을 해하지 아니하고, 안전보장이사회는 어떠한 분쟁에 관하여도 분쟁의 모든 당사자가 요청하는 경우 그 분쟁의 평화적 해결을 위하여 그 당사자에게 권고할 수 있다.

국제기구와 인권·난민·이주

제7장
평화에 대한 위협, 평화의 파괴 및 침략행위에 관한 조치

제39조

안전보장이사회는 평화에 대한 위협, 평화의 파괴 또는 침략행위의 존재를 결정하고, 국제평화와 안전을 유지하거나 이를 회복하기 위하여 권고하거나, 또는 제41조 및 제42조에 따라 어떠한 조치를 취할 것인지를 결정한다.

제40조

사태의 악화를 방지하기 위하여 안전보장이사회는 제39조에 규정된 권고를 하거나 조치를 결정하기 전에 필요하거나 바람직하다고 인정되는 잠정조치에 따르도록 관계당사자에게 요청할 수 있다. 이 잠정조치는 관계당사자의 권리, 청구권 또는 지위를 해하지 아니한다. 안전보장이사회는 그러한 잠정조치의 불이행을 적절히 고려한다.

제41조

안전보장이사회는 그의 결정을 집행하기 위하여 병력의 사용을 수반하지 아니하는 어떠한 조치를 취하여야 할 것인지를 결정할 수 있으며, 또한 국제연합회원국에 대하여 그러한 조치를 적용하도록 요청할 수 있다. 이 조치는 경제관계 및 철도·항해·항공·우편·전신·무선통신 및 다른 교통통신수단의 전부 또는 일부의 중단과 외교관계의 단절을 포함할 수 있다.

제42조

안전보장이사회는 제41조에 규정된 조치가 불충분할 것으로 인정하거나 또는 불충분한 것으로 판명되었다고 인정하는 경우에는, 국제평화와 안전의 유지 또는 회복에 필요한 공군·해군 또는 육군에 의한 조치를 취할 수 있다. 그러한 조치는 국제연합회원국의 공군·해군 또는 육군에 의한 시위·봉쇄 및 다른 작전을 포함할 수 있다.

제43조

1. 국제평화와 안전의 유지에 공헌하기 위하여 모든 국제연합회원국은 안전
   보장이사회의 요청에 의하여 그리고 1 또는 그 이상의 특별협정에 따라,
   국제평화와 안전의 유지 목적상 필요한 병력·원조 및 통과권을 포함한
   편의를 안전보장이사회에 이용하게 할 것을 약속한다.
2. 그러한 협정은 병력의 수 및 종류, 그 준비정도 및 일반적 배치와 제공될
   편의 및 원조의 성격을 규율한다.
3. 그 협정은 안전보장이사회의 발의에 의하여 가능한 한 신속히 교섭되어야
   한다. 이 협정은 안전보장이사회와 회원국간에 또는 안전보장이사회와 회
   원국집단간에 체결되며, 서명국 각자의 헌법상의 절차에 따라 동 서명국
   에 의하여 비준되어야 한다.

제44조

안전보장이사회는 무력을 사용하기로 결정한 경우 이사회에서 대표되지 아
니하는 회원국에게 제43조에 따라 부과된 의무의 이행으로서 병력의 제공을
요청하기 전에 그 회원국이 희망한다면 그 회원국 병력중 파견부대의 사용에
관한 안전보장이사회의 결정에 참여하도록 그 회원국을 초청한다.

제45조

국제연합이 긴급한 군사조치를 취할 수 있도록 하기 위하여, 회원국은 합동
의 국제적 강제조치를 위하여 자국의 공군파견부대를 즉시 이용할 수 있도록
유지한다. 이러한 파견부대의 전력과 준비정도 및 합동조치를 위한 계획은 제
43조에 규정된 1 또는 그 이상의 특별협정에 규정된 범위안에서 군사참모위원
회의 도움을 얻어 안전보장이사회가 결정한다.

제46조

병력사용계획은 군사참모위원회의 도움을 얻어 안전보장이사회가 작성한다.

제47조

1. 국제평화와 안전의 유지를 위한 안전보장이사회의 군사적 필요, 안전보장이사회의 재량에 맡기어진 병력의 사용 및 지휘, 군비규제 그리고 가능한 군비축소에 관한 모든 문제에 관하여 안전보장이사회에 조언하고 도움을 주기 위하여 군사참모위원회를 설치한다.

2. 군사참모위원회는 안전보장이사회 상임이사국의 참모총장 또는 그의 대표로 구성된다. 이 위원회에 상임위원으로서 대표되지 아니하는 국제연합 회원국은 위원회의 책임의 효과적인 수행을 위하여 위원회의 사업에 동 회원국의 참여가 필요한 경우에는 위원회에 의하여 그와 제휴하도록 초청된다.

3. 군사참모위원회는 안전보장이사회하에 안전보장이사회의 재량에 맡기어진 병력의 전략적 지도에 대하여 책임을 진다. 그러한 병력의 지휘에 관한 문제는 추후에 해결한다.

4. 군사참모위원회는 안전보장이사회의 허가를 얻어 그리고 적절한 지역기구와 협의한 후 지역소위원회를 설치할 수 있다.

제48조

1. 국제평화와 안전의 유지를 위한 안전보장이사회의 결정을 이행하는 데 필요한 조치는 안전보장이사회가 정하는 바에 따라 국제연합회원국의 전부 또는 일부에 의하여 취하여진다.

2. 그러한 결정은 국제연합회원국에 의하여 직접적으로 또한 국제연합회원국이 그 구성국인 적절한 국제기관에 있어서의 이들 회원국의 조치를 통하여 이행된다.

제49조

국제연합회원국은 안전보장이사회가 결정한 조치를 이행함에 있어 상호원조를 제공하는 데에 참여한다.

제50조

안전보장이사회가 어느 국가에 대하여 방지조치 또는 강제조치를 취하는 경우, 국제연합회원국인지 아닌지를 불문하고 어떠한 다른 국가도 자국이 이 조치의 이행으로부터 발생하는 특별한 경제문제에 직면한 것으로 인정하는 경우, 동 문제의 해결에 관하여 안전보장이사회와 협의할 권리를 가진다.

제51조

이 헌장의 어떠한 규정도 국제연합회원국에 대하여 무력공격이 발생한 경우, 안전보장이사회가 국제평화와 안전을 유지하기 위하여 필요한 조치를 취할 때까지 개별적 또는 집단적 자위의 고유한 권리를 침해하지 아니한다. 자위권을 행사함에 있어 회원국이 취한 조치는 즉시 안전보장이사회에 보고된다.

또한 이 조치는, 안전보장이사회가 국제평화와 안전의 유지 또는 회복을 위하여 필요하다고 인정하는 조치를 언제든지 취한다는, 이 헌장에 의한 안전보장이사회의 권한과 책임에 어떠한 영향도 미치지 아니한다.

제8장
지역적 약정

제52조

1. 이 헌장의 어떠한 규정도, 국제평화와 안전의 유지에 관한 사항으로서 지역적 조치에 적합한 사항을 처리하기 위하여 지역적 약정 또는 지역적 기관이 존재하는 것을 배제하지 아니한다. 다만, 이 약정 또는 기관 및 그 활동이 국제연합의 목적과 원칙에 일치하는 것을 조건으로 한다.
2. 그러한 약정을 체결하거나 그러한 기관을 구성하는 국제연합회원국은 지역적 분쟁을 안전보장이사회에 회부하기 전에 이 지역적 약정 또는 지역적 기관에 의하여 그 분쟁의 평화적 해결을 성취하기 위하여 모든 노력을 다한다.
3. 안전보장이사회는 관계국의 발의에 의하거나 안전보장이사회의 회부에

의하여 그러한 지역적 약정 또는 지역적 기관에 의한 지역적 분쟁의 평화
적 해결의 발달을 장려한다.

4. 이 조는 제34조 및 제35조의 적용을 결코 해하지 아니한다.

제53조

1. 안전보장이사회는 그 권위하에 취하여지는 강제조치를 위하여 적절한 경
우에는 그러한 지역적 약정 또는 지역적 기관을 이용한다. 다만, 안전보장
이사회의 허가없이는 어떠한 강제조치도 지역적 약정 또는 지역적 기관에
의하여 취하여져서는 아니된다. 그러나 이 조 제2항에 규정된 어떠한 적
국에 대한 조치이든지 제107조에 따라 규정된 것 또는 적국에 의한 침략
정책의 재현에 대비한 지역적 약정에 규정된 것은, 관계정부의 요청에 따
라 기구가 그 적국에 의한 새로운 침략을 방지할 책임을 질 때까지는 예외
로 한다.

2. 이 조 제1항에서 사용된 적국이라는 용어는 제2차 세계대전중에 이 헌장
서명국의 적국이었던 어떠한 국가에도 적용된다.

제54조

안전보장이사회는 국제평화와 안전의 유지를 위하여 지역적 약정 또는 지역
적 기관에 의하여 착수되었거나 또는 계획되고 있는 활동에 대하여 항상 충분
히 통보받는다.

제9장
경제적 및 사회적 국제협력

제55조

사람의 평등권 및 자결원칙의 존중에 기초한 국가간의 평화롭고 우호적인
관계에 필요한 안정과 복지의 조건을 창조하기 위하여, 국제연합은 다음을 촉
진한다.

가. 보다 높은 생활수준, 완전고용 그리고 경제적 및 사회적 진보와 발전의 조건

나. 경제·사회·보건 및 관련국제문제의 해결 그리고 문화 및 교육상의 국제협력

다. 인종·성별·언어 또는 종교에 관한 차별이 없는 모든 사람을 위한 인권 및 기본적 자유의 보편적 존중과 준수

제56조

모든 회원국은 제55조에 규정된 목적의 달성을 위하여 기구와 협력하여 공동의 조치 및 개별적 조치를 취할 것을 약속한다.

제57조

1. 정부간 협정에 의하여 설치되고 경제·사회·문화·교육·보건분야 및 관련분야에 있어서 기본적 문서에 정한대로 광범위한 국제적 책임을 지는 각종 전문기구는 제63조의 규정에 따라 국제연합과 제휴관계를 설정한다.
2. 이와 같이 국제연합과 제휴관계를 설정한 기구는 이하 전문기구라 한다.

제58조

기구는 전문기구의 정책과 활동을 조정하기 위하여 권고한다.

제59조

기구는 적절한 경우 제55조에 규정된 목적의 달성에 필요한 새로운 전문기구를 창설하기 위하여 관계국간의 교섭을 발의한다.

제60조

이 장에서 규정된 기구의 임무를 수행할 책임은 총회와 총회의 권위하에 경제사회이사회에 부과된다. 경제사회이사회는 이 목적을 위하여 제10장에 규정된 권한을 가진다.

제10장
경제사회이사회

구 성
제61조

1. 경제사회이사회는 총회에 의하여 선출된 54개 국제연합회원국으로 구성된다.

2. 제3항의 규정에 따를 것을 조건으로, 경제사회이사회의 18개 이사국은 3년의 임기로 매년 선출된다. 퇴임이사국은 연이어 재선될 자격이 있다.

3. 경제사회이사회의 이사국이 27개국에서 54개국으로 증가된 후 최초의 선거에서는, 그 해 말에 임기가 종료되는 9개 이사국을 대신하여 선출되는 이사국에 더하여, 27개 이사국이 추가로 선출된다.
   총회가 정한 약정에 따라, 이러한 추가의 27개 이사국중 그렇게 선출된 9개 이사국의 임기는 1년의 말에 종료되고, 다른 9개 이사국의 임기는 2년의 말에 종료된다.

4. 경제사회이사회의 각 이사국은 1인의 대표를 가진다.

임무와 권한
제62조

1. 경제사회이사회는 경제·사회·문화·교육·보건 및 관련국제사항에 관한 연구 및 보고를 하거나 또는 발의할 수 있으며, 아울러 그러한 사항에 관하여 총회, 국제연합회원국 및 관계전문기구에 권고할 수 있다.

2. 이사회는 모든 사람을 위한 인권 및 기본적 자유의 존중과 준수를 촉진하기 위하여 권고할 수 있다.

3. 이사회는 그 권한에 속하는 사항에 관하여 총회에 제출하기 위한 협약안을 작성할 수 있다.

4. 이사회는 국제연합이 정한 규칙에 따라 그 권한에 속하는 사항에 관하여 국제회의를 소집할 수 있다.

제63조

1. 경제사회이사회는 제57조에 규정된 어떠한 기구와도, 동 기구가 국제연합
   과 제휴관계를 설정하는 조건을 규정하는 협정을 체결할 수 있다. 그러한
   협정은 총회의 승인을 받아야 한다.
2. 이사회는 전문기구와의 협의, 전문기구에 대한 권고 및 총회와 국제연합
   회원국에 대한 권고를 통하여 전문기구의 활동을 조정할 수 있다.

제64조

1. 경제사회이사회는 전문기구로부터 정기보고를 받기 위한 적절한 조치를
   취할 수 있다. 이사회는, 이사회의 권고와 이사회의 권한에 속하는 사항에
   관한 총회의 권고를 실시하기 위하여 취하여진 조치에 관하여 보고를 받
   기 위하여, 국제연합회원국 및 전문기구와 약정을 체결할 수 있다.
2. 이사회는 이러한 보고에 관한 의견을 총회에 통보할 수 있다.

제65조

경제사회이사회는 안전보장이사회에 정보를 제공할 수 있으며, 안전보장이
사회의 요청이 있을 때에는 이를 원조한다.

제66조

1. 경제사회이사회는 총회의 권고의 이행과 관련하여 그 권한에 속하는 임무
   를 수행한다.
2. 이사회는 국제연합회원국의 요청이 있을 때와 전문기구의 요청이 있을
   때에는 총회의 승인을 얻어 용역을 제공할 수 있다.
3. 이사회는 이 헌장의 다른 곳에 규정되거나 총회에 의하여 이사회에 부과
   된 다른 임무를 수행한다.

표 결
제67조

1. 경제사회이사회의 각 이사국은 1개의 투표권을 가진다.

2. 경제사회이사회의 결정은 출석하여 투표하는 이사국의 과반수에 의한다.

절 차

제68조

경제사회이사회는 경제적 및 사회적 분야의 위원회, 인권의 신장을 위한 위원회 및 이사회의 임무수행에 필요한 다른 위원회를 설치한다.

제69조

경제사회이사회는 어떠한 국제연합회원국에 대하여도, 그 회원국과 특히 관계가 있는 사항에 관한 심의에 투표권없이 참가하도록 초청한다.

제70조

경제사회이사회는 전문기구의 대표가 이사회의 심의 및 이사회가 설치한 위원회의 심의에 투표권없이 참가하기 위한 약정과 이사회의 대표가 전문기구의 심의에 참가하기 위한 약정을 체결할 수 있다.

제71조

경제사회이사회는 그 권한내에 있는 사항과 관련이 있는 비정부간 기구와의 협의를 위하여 적절한 약정을 체결할 수 있다. 그러한 약정은 국제기구와 체결할 수 있으며 적절한 경우에는 관련 국제연합회원국과의 협의후에 국내기구와도 체결할 수 있다.

제72조

1. 경제사회이사회는 의장의 선정방법을 포함한 그 자체의 의사규칙을 채택한다.
2. 경제사회이사회는 그 규칙에 따라 필요한 때에 회합하며, 동 규칙은 이사국 과반수의 요청에 의한 회의소집의 규정을 포함한다.

제11장
비자치지역에 관한 선언

제73조

주민이 아직 완전한 자치를 행할 수 있는 상태에 이르지 못한 지역의 시정(施政)의 책임을 지거나 또는 그 책임을 맡는 국제연합회원국은, 그 지역 주민의 이익이 가장 중요하다는 원칙을 승인하고, 그 지역주민의 복지를 이 헌장에 의하여 확립된 국제평화와 안전의 체제안에서 최고도로 증진시킬 의무와 이를 위하여 다음을 행할 의무를 신성한 신탁으로서 수락한다.

가. 관계주민의 문화를 적절히 존중함과 아울러 그들의 정치적·경제적·사회적 및 교육적 발전, 공정한 대우, 그리고 학대로부터의 보호를 확보한다.

나. 각지역 및 그 주민의 특수사정과 그들의 서로 다른 발전단계에 따라 자치를 발달시키고, 주민의 정치적 소망을 적절히 고려하며, 또한 주민의 자유로운 정치제도의 점진적 발달을 위하여 지원한다.

다. 국제평화와 안전을 증진한다.

라. 이 조에 규정된 사회적·경제적 및 과학적 목적을 실제적으로 달성하기 위하여 건설적인 발전조치를 촉진하고 연구를 장려하며 상호간 및 적절한 경우에는 전문적 국제단체와 협력한다.

마. 제12장과 제13장이 적용되는 지역외의 위의 회원국이 각각 책임을 지는 지역에서의 경제적·사회적 및 교육적 조건에 관한 기술적 성격의 통계 및 다른 정보를, 안전보장과 헌법상의 고려에 따라 필요한 제한을 조건으로 하여, 정보용으로 사무총장에 정기적으로 송부한다.

제74조

국제연합회원국은 이 장이 적용되는 지역에 관한 정책이, 그 본국지역에 관한 정책과 마찬가지로 세계의 다른 지역의 이익과 복지가 적절히 고려되는 가운데에, 사회적·경제적 및 상업적 사항에 관하여 선린주의의 일반원칙에 기초하여야 한다는 점에 또한 동의한다.

제12장
국제신탁통치제도

제75조

국제연합은 금후의 개별적 협정에 의하여 이 제도하에 두게 될 수 있는 지역의 시정 및 감독을 위하여 그 권위하에 국제신탁통치제도를 확립한다. 이 지역은 이하 신탁통치지역이라 한다.

제76조

신탁통치제도의 기본적 목적은 이 헌장 제1조에 규정된 국제연합의 목적에 따라 다음과 같다.

    가. 국제평화와 안전을 증진하는 것.
    나. 신탁통치지역 주민의 정치적 · 경제적 · 사회적 및 교육적 발전을 촉진하고, 각 지역 및 그 주민의 특수사정과 관계주민이 자유롭게 표명한 소망에 적합하도록, 그리고 각 신탁통치협정의 조항이 규정하는 바에 따라 자치 또는 독립을 향한 주민의 점진적 발달을 촉진하는 것.
    다. 인종 · 성별 · 언어 또는 종교에 관한 차별없이 모든 사람을 위한 인권과 기본적 자유에 대한 존중을 장려하고, 전세계 사람들의 상호의존의 인식을 장려하는 것.
    라. 위의 목적의 달성에 영향을 미치지 아니하고 제80조의 규정에 따를 것을 조건으로, 모든 국제연합회원국 및 그 국민을 위하여 사회적 · 경제적 및 상업적 사항에 대한 평등한 대우 그리고 또한 그 국민을 위한 사법상의 평등한 대우를 확보하는 것.

제77조

1. 신탁통치제도는 신탁통치협정에 의하여 이 제도하에 두게 될 수 있는 다음과 같은 범주의 지역에 적용된다.

    가. 현재 위임통치하에 있는 지역

    나. 제2차 세계대전의 결과로서 적국으로부터 분리될 수 있는 지역

    다. 시정에 책임을 지는 국가가 자발적으로 그 제도하에 두는 지역

2. 위의 범주안의 어떠한 지역을 어떠한 조건으로 신탁통치제도하에 두게 될 것인가에 관하여는 금후의 협정에서 정한다.

제78조

국제연합회원국간의 관계는 주권평등원칙의 존중에 기초하므로 신탁통치제도는 국제연합회원국이 된 지역에 대하여는 적용하지 아니한다.

제79조

신탁통치제도하에 두게 되는 각 지역에 관한 신탁통치의 조항은, 어떤 변경 또는 개정을 포함하여 직접 관계국에 의하여 합의되며, 제83조 및 제85조에 규정된 바에 따라 승인된다. 이 직접 관계국은 국제연합회원국의 위임통치하에 있는 지역의 경우, 수임국을 포함한다.

제80조

1. 제77조, 제79조 및 제81조에 의하여 체결되고, 각 지역을 신탁통치제도하에 두는 개별적인 신탁통치협정에서 합의되는 경우를 제외하고 그리고 그러한 협정이 체결될 때까지, 이 헌장의 어떠한 규정도 어느 국가 또는 국민의 어떠한 권리, 또는 국제연합회원국이 각기 당사국으로 되는 기존의 국제문서의 조항도 어떠한 방법으로도 변경하는 것으로 직접 또는 간접으로 해석되지 아니한다.

2. 이 조 제1항은 제77조에 규정한 바에 따라 위임통치지역 및 기타지역을 신탁통치제도하에 두기 위한 협정의 교섭 및 체결의 지체 또는 연기를 위한 근거를 부여하는 것으로 해석되지 아니한다.

제81조

신탁통치협정은 각 경우에 있어 신탁통치지역을 시정하는 조건을 포함하며, 신탁통치지역의 시정을 행할 당국을 지정한다. 그러한 당국은 이하 시정권자라 하며 1 또는 그 이상의 국가, 또는 기구 자체일 수 있다.

제82조

어떠한 신탁통치협정에 있어서도 제43조에 의하여 체결되는 특별 협정을 해하지 아니하고 협정이 적용되는 신탁통치지역의 일부 또는 전부를 포함하는 1 또는 그 이상의 전략지역을 지정할 수 있다.

제83조

1. 전략지역에 관한 국제연합의 모든 임무는 신탁통치협정의 조항과 그 변경 또는 개정의 승인을 포함하여 안전보장이사회가 행한다.
2. 제76조에 규정된 기본목적은 각 전략지역의 주민에 적용된다.
3. 안전보장이사회는, 신탁통치협정의 규정에 따를 것을 조건으로 또한 안전보장에 대한 고려에 영향을 미치지 아니하고, 전략지역에서의 정치적, 경제적, 사회적 및 교육적 사항에 관한 신탁통치제도하의 국제연합의 임무를 수행하기 위하여 신탁통치이사회의 원조를 이용한다.

제84조

신탁통치지역이 국제평화와 안전유지에 있어 그 역할을 하는 것을 보장하는 것이 시정권자의 의무이다. 이 목적을 위하여, 시정권자는 이점에 관하여 시정권자가 안전보장이사회에 대하여 부담하는 의무를 이행함에 있어서 또한 지역적 방위 및 신탁통치지역안에서의 법과 질서의 유지를 위하여 신탁통치지역의 의용군, 편의 및 원조를 이용할 수 있다.

제85조

1. 전략지역으로 지정되지 아니한 모든 지역에 대한 신탁통치협정과 관련하여 국제연합의 임무는, 신탁통치협정의 조항과 그 변경 또는 개정의 승인

을 포함하여, 총회가 수행한다.

2. 총회의 권위하에 운영되는 신탁통치이사회는 이러한 임무의 수행에 있어 총회를 원조한다.

제13장
신탁통치이사회

구 성

제86조

1. 신탁통치이사회는 다음의 국제연합회원국으로 구성한다.
    가. 신탁통치지역을 시정하는 회원국
    나. 신탁통치지역을 시정하지 아니하나 제23조에 국명이 언급된 회원국
    다. 총회에 의하여 3년의 임기로 선출된 다른 회원국. 그 수는 신탁통치
        이사회의 이사국의 총수를 신탁통치지역을 시정하는 국제연합회원국
        과 시정하지 아니하는 회원국간에 균분하도록 확보하는 데 필요한 수
        로 한다.

2. 신탁통치이사회의 각 이사국은 이사회에서 자국을 대표하도록 특별한 자
    격을 가지는 1인을 지명한다.

임무와 권한

제87조

총회와, 그 권위하의 신탁통치이사회는 그 임무를 수행함에 있어 다음을 할
수 있다.

가. 시정권자가 제출하는 보고서를 심의하는 것
나. 청원의 수리 및 시정권자와 협의하여 이를 심사하는 것
다. 시정권자와 합의한 때에 각 신탁통치지역을 정기적으로 방문하는 것
라. 신탁통치협정의 조항에 따라 이러한 조치 및 다른 조치를 취하는 것

제88조

신탁통치이사회는 각 신탁통치지역 주민의 정치적·경제적·사회적 및 교육적 발전에 질문서를 작성하며, 또한 총회의 권능안에 있는 각 신탁통치지역의 시정권자는 그러한 질문서에 기초하여 총회에 연례보고를 행한다.

표 결

제89조

1. 신탁통치이사회의 각 이사국은 1개의 투표권을 가진다.
2. 신탁통치이사회의 결정은 출석하여 투표하는 이사국의 과반수로 한다.

절 차

제90조

1. 신탁통치이사회는 의장 선출방식을 포함한 그 자체의 의사규칙을 채택한다.
2. 신탁통치이사회는 그 규칙에 따라 필요한 경우 회합하며, 그 규칙은 이사국 과반수의 요청에 의한 회의의 소집에 관한 규정을 포함한다.

제91조

신탁통치이사회는 적절한 경우 경제사회이사회 그리고 전문기구가 각각 관련된 사항에 관하여 전문기구의 원조를 이용한다.

제14장
국제사법재판소

제92조

국제사법재판소는 국제연합의 주요한 사법기관이다. 재판소는 부속된 규정에 따라 임무를 수행한다. 이 규정은 상설국제사법재판소 규정에 기초하며, 이 헌장의 불가분의 일부를 이룬다.

제93조

1. 모든 국제연합회원국은 국제사법재판소 규정의 당연 당사국이다.
2. 국제연합회원국이 아닌 국가는 안전보장이사회의 권고에 의하여 총회가 각 경우에 결정하는 조건으로 국제사법재판소 규정의 당사국이 될 수 있다.

제94조

1. 국제연합의 각 회원국은 자국이 당사자가 되는 어떤 사건에 있어서도 국제사법재판소의 결정에 따를 것을 약속한다.
2. 사건의 당사자가 재판소가 내린 판결에 따라 자국이 부담하는 의무를 이행하지 아니하는 경우에는 타방의 당사자는 안전보장이사회에 제소할 수 있다. 안전보장이사회는 필요하다고 인정하는 경우 판결을 집행하기 위하여 권고하거나 취하여야 할 조치를 결정할 수 있다.

제95조

이 헌장의 어떠한 규정도 국제연합회원국이 그들간의 분쟁의 해결을 이미 존재하거나 장래에 체결될 협정에 의하여 다른 법원에 의뢰하는 것을 방해하지 아니한다.

제96조

1. 총회 또는 안전보장이사회는 어떠한 법적 문제에 관하여도 권고적 의견을 줄 것을 국제사법재판소에 요청할 수 있다.
2. 총회에 의하여 그러한 권한이 부여될 수 있는 국제연합의 다른 기관 및 전문기구도 언제든지 그 활동범위안에서 발생하는 법적 문제에 관하여 재판소의 권고적 의견을 또한 요청할 수 있다.

국제기구와 인권·난민·이주

제15장
사무국

제97조
사무국은 1인의 사무총장과 기구가 필요로 하는 직원으로 구성한다. 사무총장은 안전보장이사회의 권고로 총회가 임명한다. 사무총장은 기구의 수석행정직원이다.

제98조
사무총장은 총회, 안전보장이사회, 경제사회이사회 및 신탁통치이사회의 모든 회의에 사무총장의 자격으로 활동하며, 이러한 기관에 의하여 그에게 위임된 다른 임무를 수행한다. 사무총장은 기구의 사업에 관하여 총회에 연례보고를 한다.

제99조
사무총장은 국제평화와 안전의 유지를 위협한다고 그 자신이 인정하는 어떠한 사항에도 안전보장이사회의 주의를 환기할 수 있다.

제100조
1. 사무총장과 직원은 그들의 임무수행에 있어서 어떠한 정부 또는 기구외의 어떠한 다른 당국으로부터도 지시를 구하거나 받지 아니한다. 사무총장과 직원은 기구에 대하여만 책임을 지는 국제공무원으로서의 지위를 손상할 우려가 있는 어떠한 행동도 삼간다.
2. 각 국제연합회원국은 사무총장 및 직원의 책임의 전적으로 국제적인 성격을 존중할 것과 그들의 책임수행에 있어서 그들에게 영향력을 행사하려 하지 아니할 것을 약속한다.

제101조
1. 직원은 총회가 정한 규칙에 따라 사무총장에 의하여 임명된다.

2. 경제사회이사회·신탁통치이사회 그리고 필요한 경우에는 국제연합의 다른 기관에 적절한 직원이 상임으로 배속된다. 이 직원은 사무국의 일부를 구성한다.
3. 직원의 고용과 근무조건의 결정에 있어서 가장 중요한 고려사항은 최고수준의 능률, 능력 및 성실성을 확보할 필요성이다. 가능한 한 광범위한 지리적 기초에 근거하여 직원을 채용하는 것의 중요성에 관하여 적절히 고려한다.

제16장
잡 칙

제102조
1. 이 헌장이 발효한 후 국제연합회원국이 체결하는 모든 조약과 모든 국제협정은 가능한 한 신속히 사무국에 등록되고 사무국에 의하여 공표된다.
2. 이 조 제1항의 규정에 따라 등록되지 아니한 조약 또는 국제협정의 당사국은 국제연합의 어떠한 기관에 대하여도 그 조약 또는 협정을 원용할 수 없다.

제103조
국제연합회원국의 헌장상의 의무와 다른 국제협정상의 의무가 상충되는 경우에는 이 헌장상의 의무가 우선한다.

제104조
기구는 그 임무의 수행과 그 목적의 달성을 위하여 필요한 법적 능력을 각 회원국의 영역안에서 향유한다.

제105조
1. 기구는 그 목적의 달성에 필요한 특권 및 면제를 각 회원국의 영역안에서

향유한다.

2. 국제연합회원국의 대표 및 기구의 직원은 기구와 관련된 그들의 임무를 독립적으로 수행하기 위하여 필요한 특권과 면제를 마찬가지로 향유한다.

3. 총회는 이 조 제1항 및 제2항의 적용세칙을 결정하기 위하여 권고하거나 이 목적을 위하여 국제연합회원국에게 협약을 제안할 수 있다.

제17장
과도적 안전보장조치

제106조

안전보장이사회가 제42조상의 책임의 수행을 개시할 수 있다고 인정하는 제43조에 규정된 특별협정이 발효할 때까지, 1943년 10월 30일에 모스크바에서 서명된 4개국 선언의 당사국 및 불란서는 그 선언 제5항의 규정에 따라 국제평화와 안전의 유지를 위하여 필요한 공동조치를 기구를 대신하여 취하기 위하여 상호간 및 필요한 경우 다른 국제연합회원국과 협의한다.

제107조

이 헌장의 어떠한 규정도 제2차 세계대전중 이 헌장 서명국의 적이었던 국가에 관한 조치로서, 그러한 조치에 대하여 책임을 지는 정부가 그 전쟁의 결과로서 취하였거나 허가한 것을 무효로 하거나 배제하지 아니한다.

제18장
개 정

제108조

이 헌장의 개정은 총회 구성국의 3분의 2의 투표에 의하여 채택되고, 안전보장이사회의 모든 상임이사국을 포함한 국제연합회원국의 3분의 2에 의하여 각자의 헌법상 절차에 따라 비준되었을 때, 모든 국제연합회원국에 대하여 발효한다.

제109조

1. 이 헌장을 재심의하기 위한 국제연합회원국 전체회의는 총회 구성국의 3분의 2의 투표와 안전보장이사회의 9개 이사국의 투표에 의하여 결정되는 일자 및 장소에서 개최될 수 있다. 각 국제연합회원국은 이 회의에서 1개의 투표권을 가진다.

2. 이 회의의 3분의 2의 투표에 의하여 권고된 이 헌장의 어떠한 변경도, 안전보장이사회의 모든 상임이사국을 포함한 국제연합회원국의 3분의 2에 의하여 그들 각자의 헌법상 절차에 따라 비준되었을 때 발효한다.

3. 그러한 회의가 이 헌장의 발효후 총회의 제10차 연례회기까지 개최되지 아니하는 경우에는 그러한 회의를 소집하는 제안이 총회의 동 회기의 의제에 포함되어야 하며, 회의는 총회 구성국의 과반수의 투표와 안전보장이사회의 7개 이사국의 투표에 의하여 결정되는 경우에 개최된다.

제19장
비준 및 서명

제110조

1. 이 헌장은 서명국에 의하여 그들 각자의 헌법상 절차에 따라 비준된다.

2. 비준서는 미합중국 정부에 기탁되며, 동 정부는 모든 서명국과 기구의 사무총장이 임명된 경우에는 사무총장에게 각 기탁을 통고한다.

3. 이 헌장은 중화민국·불란서·소비에트사회주의공화국연방·영국과 미합중국 및 다른 서명국의 과반수가 비준서를 기탁한 때에 발효한다. 비준서 기탁 의정서는 발효시 미합중국 정부가 작성하여 그 등본을 모든 서명국에 송부한다.

4. 이 헌장이 발효한 후에 이를 비준하는 이 헌장의 서명국은 각자의 비준서

기탁일에 국제연합의 원회원국이 된다.

제111조

중국어·불어·러시아어·영어 및 스페인어본이 동등하게 정본인 이 헌장은 미합중국 정부의 문서보관소에 기탁된다. 이 헌장의 인증등본은 동 정부가 다른 서명국 정부에 송부한다.

이상의 증거로서, 연합국 정부의 대표들은 헌장에 서명하였다.

일천구백사십오년 유월 이십육일 샌프란시스코시에서 작성하였다.

【부록 2】 세계인권선언

세계인권선언 전문

인류 가족 모든 구성원의 고유한 존엄성과 평등하고 양도할 수 없는 권리를 인정하는 것이 세계의 자유, 정의, 평화의 기초가 됨을 인정하며, 인권에 대한 무시와 경멸은 인류의 양심을 짓밟는 야만적 행위를 결과하였으며, 인류가 언론의 자유, 신념의 자유, 공포와 궁핍으로부터의 자유를 향유하는 세계의 도래가 일반인의 지고한 열망으로 천명되었으며, 사람들이 폭정과 억압에 대항하는 마지막 수단으로서 반란에 호소하도록 강요받지 않으려면, 인권이 법에 의한 지배에 의하여 보호되어야 함이 필수적이며, 국가간의 친선관계의 발전을 촉진시키는 것이 긴요하며, 국제연합의 여러 국민들은 그 헌장에서 기본적 인권과, 인간의 존엄과 가치, 남녀의 동등한 권리에 대한 신념을 재확인하였으며, 더욱 폭넓은 자유 속에서 사회적 진보와 생활수준의 개선을 촉진할 것을 다짐하였으며, 회원국들은 국제연합과 협력하여 인권과 기본적 자유에 대한 보편적 존중과 준수의 증진을 달성할 것을 서약하였으며, 이들 권리와 자유에 대한 공통의 이해가 이러한 서약의 이행을 위하여 가장 중요하므로,

따라서 이제 국제연합 총회는 모든 개인과 사회의 각 기관은 세계인권선언을 항상 마음속에 간직한 채, 교육과 학업을 통하여 이러한 권리와 자유에 대한 존중을 신장시키기 위하여 노력하고, 점진적인 국내적 및 국제적 조치를 통하여 회원국 국민 및 회원국 관할하의 영토의 국민들 양자 모두에게 권리와 자유의 보편적이고 효과적인 인정과 준수를 보장하기 위하여 힘쓰도록, 모든 국민들과 국가에 대한 공통의 기준으로서 본 세계인권선언을 선포한다.

제1조

모든 사람은 태어날 때부터 자유롭고, 존엄성과 권리에 있어서 평등하다. 사람은 이성과 양심을 부여받았으며 서로에게 형제의 정신으로 대하여야 한다.

제2조

모든 사람은 인종, 피부색, 성, 언어, 종교, 정치적 또는 그 밖의 견해, 민족적 또는 사회적 출신, 재산, 출생, 기타의 지위 등에 따른 어떠한 종류의 구별도 없이, 이 선언에 제시된 모든 권리와 자유를 누릴 자격이 있다.

나아가 개인이 속한 나라나 영역이 독립국이든 신탁통치지역이든, 비자치지역이든 또는 그 밖의 다른 주권상의 제한을 받고 있는 지역이든, 그 나라나 영역의 정치적, 사법적, 국제적 지위를 근거로 차별이 행하여져서는 아니된다.

제3조

모든 사람은 생명권과 신체의 자유와 안전을 누릴 권리가 있다.

제4조

어느 누구도 노예나 예속상태에 놓여지지 아니한다. 모든 형태의 노예제도 및 노예매매는 금지된다.

제5조

어느 누구도 고문이나, 잔혹하거나, 비인도적이거나, 모욕적인 취급 또는 형벌을 받지 아니한다.

제6조

모든 사람은 어디에서나 법 앞에 인간으로서 인정받을 권리를 가진다.

제7조

모든 사람은 법 앞에 평등하고, 어떠한 차별도 없이 법의 평등한 보호를 받을 권리를 가진다. 모든 사람은 이 선언을 위반하는 어떠한 차별에 대하여도, 또한 어떠한 차별의 선동에 대하여도 평등한 보호를 받을 권리를 가진다.

제8조

모든 사람은 헌법 또는 법률이 부여하는 기본권을 침해하는 행위에 대하여 담당 국가법원에 의하여 효과적인 구제를 받을 권리를 가진다.

제9조

어느 누구도 자의적인 체포, 구금 또는 추방을 당하지 아니한다.

제10조

모든 사람은 자신의 권리와 의무, 그리고 자신에 대한 형사상의 혐의를 결정함에 있어서, 독립적이고 편견 없는 법정에서 공정하고도 공개적인 심문을 전적으로 평등하게 받을 권리를 가진다.

제11조

1. 형사범죄로 소추당한 모든 사람은 자신의 변호를 위하여 필요한 모든 장치를 갖춘 공개된 재판에서 법률에 따라 유죄로 입증될 때까지 무죄로 추정받을 권리를 가진다.
2. 어느 누구도 행위시의 국내법 또는 국제법상으로 범죄를 구성하지 아니하는 작위 또는 부작위를 이유로 유죄로 되지 아니한다. 또한 범죄가 행하여진 때에 적용될 수 있는 형벌보다 무거운 형벌이 부과되지 아니한다.

제12조

어느 누구도 자신의 사생활, 가정, 주거 또는 통신에 대하여 자의적인 간섭을 받지 않으며, 자신의 명예와 신용에 대하여 공격을 받지 아니한다. 모든 사람은 그러한 간섭과 공격에 대하여 법률의 보호를 받을 권리를 가진다.

제13조

1. 모든 사람은 각국의 영역 내에서 이전과 거주의 자유에 관한 권리를 가

진다.

2. 모든 사람은 자국을 포함한 어떤 나라로부터도 출국할 권리가 있으며, 또한 자국으로 돌아올 권리를 가진다.

제14조

1. 모든 사람은 박해를 피하여 타국에서 피난처를 구하고 비호를 향유할 권리를 가진다.

2. 이 권리는 비정치적인 범죄 또는 국제연합의 목적과 원칙에 반하는 행위만으로 인하여 제기된 소추의 경우에는 활용될 수 없다.

제15조

1. 모든 사람은 국적을 가질 권리를 가진다.

2. 어느 누구도 자의적으로 자신의 국적을 박탈당하거나 그의 국적을 바꿀 권리를 부인당하지 아니한다.

제16조

1. 성년에 이른 남녀는 인종, 국적 또는 종교에 따른 어떠한 제한도 받지 않고 혼인하여 가정을 이룰 권리를 가진다. 이들은 혼인 기간 중 및 그 해소시 혼인에 관하여 동등한 권리를 가진다.

2. 결혼은 양당사자의 자유롭고도 완전한 합의에 의하여만 성립된다.

3. 가정은 사회의 자연적이며 기초적인 구성 단위이며, 사회와 국가의 보호를 받을 권리를 가진다.

제17조

1. 모든 사람은 단독으로는 물론 타인과 공동으로 자신의 재산을 소유할 권리를 가진다.

2. 어느 누구도 자신의 재산을 자의적으로 박탈당하지 아니한다.

제18조

모든 사람은 사상, 양심 및 종교의 자유에 대한 권리를 가진다. 이러한 권리는 자신의 종교 또는 신념을 바꿀 자유와 선교, 행사, 예배, 의식에 있어서 단독으로 또는 다른 사람과 공동으로, 공적으로 또는 사적으로 자신의 종교나 신념을 표명하는 자유를 포함한다.

제19조

모든 사람은 의견과 표현의 자유에 관한 권리를 가진다. 이 권리는 간섭받지 않고 의견을 가질 자유와 모든 매체를 통하여 국경에 관계없이 정보와 사상을 추구하고, 접수하고, 전달하는 자유를 포함한다.

제20조

1. 모든 사람은 평화적 집회와 결사의 자유에 관한 권리를 가진다.
2. 어느 누구도 어떤 결사에 소속될 것을 강요받지 아니한다.

제21조

1. 모든 사람은 직접 또는 자유롭게 선출된 대표를 통하여 자국의 통치에 참여할 권리를 가진다.
2. 모든 사람은 자국의 공무에 취임할 동등한 권리를 가진다.
3. 국민의 의사는 정부의 권위의 기초가 된다. 이 의사는 보통 및 평등 선거권에 의거하며, 또한 비밀투표 또는 이와 동등한 자유로운 투표 절차에 따라 실시되는 정기적이고 진정한 선거를 통하여 표현된다.

제22조

모든 사람은 사회의 일원으로서 사회보장제도에 관한 권리를 가지며, 국가적 노력과 국제적 협력을 통하여 그리고 각국의 조직과 자원에 따라 자신의 존엄성과 인격의 자유로운 발전을 위하여 불가결한 경제적, 사회적 및 문화적 권리의 실현에 관한 권리를 가진다.

제23조

1. 모든 사람은 근로의 권리, 자유로운 직업 선택권, 공정하고 유리한 근로조
   건에 관한 권리 및 실업으로부터 보호받을 권리를 가진다.
2. 모든 사람은 어떠한 차별도 받지 않고 동등한 노동에 대하여 동등한 보수
   를 받을 권리를 가진다.
3. 모든 근로자는 자신과 가족에게 인간적 존엄에 합당한 생활을 보장하여
   주며, 필요할 경우 다른 사회적 보호의 수단에 의하여 보완되는, 정당하고
   유리한 보수를 받을 권리를 가진다.
4. 모든 사람은 자신의 이익을 보호하기 위하여 노동조합을 결성하고, 가입
   할 권리를 가진다.

제24조

모든 사람은 근로시간의 합리적 제한과 정기적인 유급휴일을 포함한 휴식과
여가에 관한 권리를 가진다.

제25조

1. 모든 사람은 식량, 의복, 주택, 의료, 필수적인 사회역무를 포함하여 자신
   과 가족의 건강과 안녕에 적합한 생활수준을 누릴 권리를 가지며, 실업,
   질병, 불구, 배우자와의 사별, 노령, 그 밖의 자신이 통제할 수 없는 상황
   에서의 다른 생계 결핍의 경우 사회보장을 누릴 권리를 가진다.
2. 모자는 특별한 보살핌과 도움을 받을 권리를 가진다. 모든 어린이는 부모
   의 혼인 여부에 관계없이 동등한 사회적 보호를 향유한다.

제26조

1. 모든 사람은 교육을 받을 권리를 가진다. 교육은 최소한 초등기초단계에
   서는 무상이어야 한다. 초등교육은 의무적이어야 한다. 기술교육과 직업
   교육은 일반적으로 이용할 수 있어야 하며, 고등교육도 능력에 따라 모든
   사람에게 평등하게 개방되어야 한다.
2. 교육은 인격의 완전한 발전과 인권 및 기본적 자유에 대한 존중의 강화를

목표로 하여야 한다. 교육은 모든 국가들과 인종적 또는 종교적 집단간에 있어서 이해, 관용 및 친선을 증진시키고 평화를 유지하기 위한 국제연합의 활동을 촉진시켜야 한다.

3. 부모는 자녀에게 제공되는 교육의 종류를 선택함에 있어서 우선권을 가진다.

제27조

1. 모든 사람은 공동체의 문화생활에 자유롭게 참여하고, 예술을 감상하며, 과학의 진보와 그 혜택을 향유할 권리를 가진다.
2. 모든 사람은 자신이 창조한 모든 과학적, 문학적, 예술적 창작물에서 생기는 정신적, 물질적 이익을 보호받을 권리를 가진다.

제28조

모든 사람은 이 선언에 제시된 권리와 자유가 완전히 실현될 수 있는 사회적 및 국제적 질서에 대한 권리를 가진다.

제29조

1. 모든 사람은 그 안에서만 자신의 인격을 자유롭고 완전하게 발전시킬 수 있는 공동체에 대하여 의무를 부담한다.
2. 모든 사람은 자신의 권리와 자유를 행사함에 있어서, 타인의 권리와 자유에 대한 적절한 인정과 존중을 보장하고, 민주사회에서의 도덕심, 공공질서, 일반의 복지를 위하여 정당한 필요를 충족시키기 위한 목적에서만 법률에 규정된 제한을 받는다.
3. 이러한 권리와 자유는 어떤 경우에도 국제연합의 목적과 원칙에 반하여 행사될 수 없다.

제30조

이 선언의 그 어떠한 조항도 특정 국가, 집단 또는 개인이 이 선언에 규정된 어떠한 권리와 자유를 파괴할 목적의 활동에 종사하거나, 또는 그와 같은 행위를 행할 어떠한 권리도 가지는 것으로 해석되지 아니한다.

국제기구와 인권·난민·이주

【부록 3】 시민적 및 정치적 권리에 관한 국제규약(B규약)

이 규약의 당사국은,

국제연합헌장에 선언된 원칙에 따라 인류사회의 모든 구성원의 고유의 존엄성 및 평등하고 양도할 수 없는 권리를 인정하는 것이 세계의 자유 정의 및 평화의 기초가 됨을 고려하고,

이러한 권리는 인간의 고유한 존엄성으로부터 유래함을 인정하며,

세계인권선언에 따라 시민적 정치적 자유 및 공포와 결핍으로부터의 자유를 향유하는 자유 인간의 이상은 모든 사람이 자신의 경제적 사회적 및 문화적 권리뿐만 아니라 시민적 및 정치적 권리를 향유할 수 있는 여건이 조성되는 경우에만 성취될 수 있음을 인정하며, 인권과 자유에 대한 보편적 존중과 준수를 촉진시킬 국제연합헌장상의 국가의 의무를 고려하며, 타 개인과 자기가 속한 사회에 대한 의무를 지고 있는 개인은 이 규약에서 인정된 권리의 증진과 준수를 위하여 노력하여야 할 책임이 있음을 인식하여 다음의 조문들에 합의한다.

제1부

제1조

1. 모든 사람은 자결권을 가진다. 이 권리에 기초하여 모든 사람은 그들의 정치적 지위를 자유로이 결정하고 또한 그들의 경제적 사회적 및 문화적 발전을 자유로이 추구한다.
2. 모든 사람은 호혜의 원칙에 입각한 국제적 경제협력으로부터 발생하는

의무 및 국제법 상의 의무에 위반하지 아니하는 한 그들 자신의 목적을 위하여 그들의 천연의 부와 자원을 자유로이 처분할 수 있다 어떠한 경우에도 사람은 그들의 생존수단을 박탈당하지 아니한다.

3. 비자치지역 및 신탁통치지역의 행정책임을 맡고 있는 국가들을 포함하여 이 규약의 당사국은 국제연합헌장의 규정에 따라 자결권의 실현을 촉진하고 동 권리를 존중하여야 한다.

제2부

제2조

1. 이 규약의 각 당사국은 자국의 영토내에 있으며 그 관할권하에 있는 모든 개인에 대하여 인종 피부색 성 언어 종교 정치적 또는 기타의 의견 민족적 또는 사회적 출신 재산 출생 또는 기타의 신분 등에 의한 어떠한 종류의 차별도 없이 이 규약에서 인정되는 권리들을 존중하고 확보할 것을 약속한다.

2. 이 규약의 각 당사국은 현행의 입법조치 또는 기타 조치에 의하여 아직 규정되어 있지 아니한 경우 이 규약에서 인정되는 권리들을 실현하기 위하여 필요한 입법조치 또는 기타 조치를 취하기 위하여 자국의 헌법상의 절차 및 이 규약의 규정에 따라 필요한 조치를 취할 것을 약속한다.

3. 이 규약의 각 당사국은 다음의 조치를 취할 것을 약속한다.

   (a) 이 규약에서 인정되는 권리 또는 자유를 침해당한 사람에 대하여 그러한 침해가 공무집행중인 자에 의하여 자행된 것이라 할지라도 효과적인 구제조치를 받도록 확보할 것.

   (b) 그러한 구제조치를 청구하는 개인에 대하여 권한 있는 사법 행정 또는 입법 당국 또는 당해 국가의 법률제도가 정하는 기타 권한 있는 당국에 의하여 그 권리가 결정될 것을 확보하고 또한 사법적 구제조치의 가능성을 발전시킬 것.

   (c) 그러한 구제조치가 허용되는 경우 권한 있는 당국이 이를 집행할 것

을 확보할 것.

제3조

이 규약의 당사국은 이 규약에서 규정된 모든 시민적 및 정치적 권리를 향유함에 있어서 남녀에게 동등한 권리를 확보할 것을 약속한다.

제4조

1. 국민의 생존을 위협하는 공공의 비상사태의 경우에 있어서 그러한 비상사태의 존재가 공식으로 선포되어 있을 때에는 이 규약의 당사국은 당해 사태의 긴급성에 의하여 엄격히 요구되는 한도내에서 이 규약상의 의무를 위반하는 조치를 취할 수 있다 다만 그러한 조치는 당해국의 국제법상의 여타 의무에 저촉되어서는 아니되며 또한 인종 피부색, 성, 언어, 종교 또는 사회적 출신만을 이유로 하는 차별을 포함하여서는 아니된다.

2. 전항의 규정은 제6조, 제7조, 제8조(제1항 및 제2항), 제22조, 제15조, 제16조 및 제18조에 대한 위반을 허용하지 아니한다.

3. 의무를 위반하는 조치를 취할 권리를 행사하는 이 규약의 당사국은 위반하는 규정 및 위반하게 된 이유를 국제연합사무총장을 통하여 이 규약의 타 당사국들에게 즉시 통지한다. 또한 당사국은 그러한 위반이 종료되는 날에 동일한 경로를 통하여 그 내용을 통지한다.

제5조

1. 이 규약의 어떠한 규정도 국가 집단 또는 개인이 이 규약에서 인정되는 권리 및 자유를 파괴하거나 또는 이 규약에서 규정된 제한의 범위를 넘어 제한하는 것을 목적으로 하는 활동에 종사하거나 또는 그와 같은 것을 목적으로 하는 행위를 행할 권리를 가지는 것으로 해석되지 아니한다.

2. 이 규약의 어떠한 당사국에서 법률 협정 규칙 또는 관습에 의하여 인정되거나 또는 현존하고 있는 기본적 인권에 대하여는 이 규약이 그러한 권리를 인정하지 아니하거나 또는 그 인정의 범위가 보다 협소하다는 것을 구실로 동 권리를 제한하거나 또는 훼손하여서는 아니된다.

제3부

제6조

1. 모든 인간은 고유한 생명권을 가진다. 이 권리는 법률에 의하여 보호된다. 어느 누구도 자의적으로 자신의 생명을 박탈당하지 아니한다.

2. 사형을 폐지하지 아니하고 있는 국가에 있어서 사형은 범죄 당시의 현행법에 따라서 또한 이 규약의 규정과 집단살해죄의 방지 및 처벌에 관한 협약에 저촉되지 아니하는 법률에 의하여 가장 중한 범죄에 대해서만 선고될 수 있다. 이 형벌은 권한있는 법원이 내린 최종 판결에 의하여서만 집행될 수 있다.

3. 생명의 박탈이 집단살해죄를 구성하는 경우에는 이 조의 어떠한 규정도 이 규약의 당사국이 집단살해죄의 방지 및 처벌에 관한 협약의 규정에 따라 지고 있는 의무를 어떠한 방법으로도 위반하는 것을 허용하는 것은 아니라고 이해한다.

4. 사형을 선고받은 사람은 누구나 사면 또는 감형을 청구할 권리를 가진다 사형선고에 대한 일반사면 특별사면 또는 감형은 모든 경우에 부여될 수 있다.

5. 사형선고는 18세미만의 자가 범한 범죄에 대하여 과하여져서는 아니되며 또한 임산부에 대하여 집행되어서는 아니된다.

6. 이 규약의 어떠한 규정도 이 규약의 당사국에 의하여 사형의 폐지를 지연시키거나 또는 방해하기 위하여 원용되어서는 아니된다.

제7조

어느 누구도 고문 또는 잔혹한 비인도적인 또는 굴욕적인 취급 또는 형벌을 받지 아니한다. 특히 누구든지 자신의 자유로운 동의없이 의학적 또는 과학적 실험을 받지 아니한다.

제8조

1. 어느 누구도 노예상태에 놓여지지 아니한다. 모든 형태의 노예제도 및 노

예매매는 금지된다.

2. 어느 누구도 예속상태에 놓여지지 아니한다.

3. (a) 어느 누구도 강제노동을 하도록 요구되지 아니한다.

   (b) 제3항의 규정은 범죄에 대한 형벌로 중노동을 수반한 구 (a)" 금형을 부과할 수 있는 국가에서 권한있는 법원에 의하여 그러한 형의 선고에 따른 중노동을 시키는 것을 금지하는 것으로 해석되지 아니한다.

   (c) 이 항의 적용상 "강제노동"이라는 용어는 다음 사항을 포함하지 아니한다.

   (i) "(b)"에서 언급되지 아니한 작업 또는 역무로서 법원의 합법적 명령에 의하여 억류되어 있는 자 또는 그러한 억류로부터 조건부 석방 중에 있는 자에게 통상적으로 요구되는 것

   (ii) 군사적 성격의 역무 및 양심적 병역거부가 인정되고 있는 국가에 있어서는 양심적 병역 거부자에게 법률에 의하여 요구되는 국민적 역무

   (iii) 공동사회의 존립 또는 복지를 위협하는 긴급사태 또는 재난 시에 요구되는 역무

   (iv) 시민으로서 통상적인 의무를 구성하는 작업 또는 역무

제9조

1. 모든 사람은 신체의 자유와 안전에 대한 권리를 가진다. 누구든지 자의적으로 체포되거나 또는 억류되지 아니한다. 어느 누구도 법률로 정한 이유 및 절차에 따르지 아니하고는 그 자유를 박탈당하지 아니한다.

2. 체포된 사람은 누구든지 체포시에 체포이유를 통고받으며 또한 그에 대한 피의 사실을 신속히 통고받는다.

3. 형사상의 죄의 혐의로 체포되거나 또는 억류된 사람은 법관 또는 법률에 의하여 사법권을 행사할 권한을 부여받은 기타 관헌에게 신속히 회부되어야 하며 또한 그는 합리적인 기간내에 재판을 받거나 또는 석방될 권리를 가진다. 재판에 회부되는 사람을 억류하는 것이 일반적인 원칙이 되어서는 아니되며 석방은 재판 기타 사법적 절차의 모든 단계에서 출두 및 필요

한 경우 판결의 집행을 위하여 출두할 것이라는 보증을 조건으로 이루어 질 수 있다.

4. 체포 또는 억류에 의하여 자유를 박탈당한 사람은 누구든지 법원이 그의 억류의 합법성을 지체없이 결정하고 그의 억류가 합법적이 아닌 경우에는 그의 석방을 명령할 수 있도록 하기 위하여 법원에 절차를 취할 권리를 가진다.

5. 불법적인 체포 또는 억류의 희생이 된 사람은 누구든지 보상을 받을 권리를 가진다.

제10조

1. 자유를 박탈당한 모든 사람은 인도적으로 또한 인간의 고유한 존엄성을 존중하여 취급된다.

2. (a) 피고인은 예외적인 사정이 있는 경우를 제외하고는 기결수와 격리되며 또한 유죄의 판결을 받고 있지 아니한 자로서의 지위에 상응하는 별도의 취급을 받는다.

  (b) 미성년 피고인은 성인과 격리되며 또한 가능한 한 신속히 재판에 회부된다.

3. 교도소 수감제도는 재소자들의 교정과 사회복귀를 기본적인 목적으로 하는 처우를 포함한다. 미성년 범죄자는 성인과 격리되며 또한 그들의 연령 및 법적 지위에 상응하는 대우가 부여된다.

제11조

어느 누구도 계약상 의무의 이행불능만을 이유로 구금되지 아니한다.

제12조

1. 합법적으로 어느 국가의 영역내에 있는 모든 사람은 그 영역내에서 이동의 자유 및 거주의 자유에 관한 권리를 가진다.

2. 모든 사람은 자국을 포함하여 어떠한 나라로부터도 자유로이 퇴거할 수 있다.

3. 상기 권리는 법률에 의하여 규정되고 국가안보, 공공질서, 공중보건 또는 도덕 또는 타인의 권리와 자유를 보호하기 위하여 필요하고 또한 이 규약에서 인정되는 기타 권리와 양립되는 것을 제외하고는 어떠한 제한도 받지 아니한다.

4. 어느 누구도 자국에 돌아올 권리를 자의적으로 박탈당하지 아니한다.

제13조

합법적으로 이 규약의 당사국의 영역내에 있는 외국인은 법률에 따라 이루어진 결정에 의하여서만 그 영역으로부터 추방될 수 있으며 또한 국가안보상 불가피하게 달리 요구되는 경우를 제외하고는 자기의 추방에 반대하는 이유를 제시할 수 있고 또한 권한있는 당국 또는 동 당국에 의하여 특별히 지명된 자에 의하여 자기의 사안이 심사되는 것이 인정되며, 또한 이를 위하여 그 당국 또는 사람앞에서 다른 사람이 그를 대리하는 것이 인정된다.

제14조

1. 모든 사람은 재판에 있어서 평등하다 모든 사람은 그에 대한 형사상의 죄의 결정 또는 민사상의 권리 및 의무의 다툼에 관한 결정을 위하여 법률에 의하여 설치된 권한있는 독립적이고 공평한 법원에 의한 공정한 공개심리를 받을 권리를 가진다. 보도기관 및 공중에 대 하여서는 민주 사회에 있어서 도덕 공공질서 또는 국가안보를 이유로 하거나 또는 당사자들의 사생활의 이익을 위하여 필요한 경우 또는 공개가 사법상 이익을 해할 특별한 사정이 있는 경우 법원의 견해로 엄격히 필요하다고 판단되는 한도에서 재판의 전부 또는 일부를 공개하지 않을 수 있다. 다만 형사소송, 기타 소송에서 선고되는 판결은 미성년자의 이익을 위하여 필요한 경우 또는 당해 절차가 혼인관계의 분쟁이나 아동의 후견문제에 관한 경우를 제외하고는 공개된다.

2. 모든 형사피의자는 법률에 따라 유죄가 입증될 때까지 무죄로 추정받을 권리를 가진다.

3. 모든 사람은 그에 대한 형사상의 죄를 결정함에 있어서 적어도 다음과

같은 보장을 완전 평등하게 받을 권리를 가진다.

(a) 그에 대한 죄의 성질 및 이유에 관하여 그가 이해하는 언어로 신속하고 상세하게 통고받을 것.

(b) 변호의 준비를 위하여 충분한 시간과 편의를 가질 것과 본인이 선임한 변호인과 연락을 취할 것.

(c) 부당하게 지체됨이 없이 재판을 받을 것.

(d) 본인의 출석하에 재판을 받으며 또한 직접 또는 본인이 선임하는 자의 법적 조력을 통하여 변호할 것. 만약 법적 조력을 받지 못하는 경우 변호인의 조력을 받을 권리에 대하여 통지를 받을 것. 사법상의 이익을 위하여 필요한 경우 및 충분한 지불수단을 가지고 있지 못하는 경우 본인이 그 비용을 부담하지 아니하고 법적 조력이 그에게 주어지도록 할 것.

(e) 자기에게 불리한 증인을 신문하거나 또는 신문받도록 할 것과 자기에게 불리한 증인과 동일한 조건으로 자기를 위한 증인을 출석시키도록 하고 또한 신문받도록 할 것.

(f) 법정에서 사용되는 언어를 이해하지 못하거나 또는 말할 수 없는 경우에는 무료로 통역의 조력을 받을 것.

(g) 자기에게 불리한 진술 또는 유죄의 자백을 강요당하지 아니할 것.

4. 미성년자의 경우에는 그 절차가 그들의 연령을 고려하고 또한 그들의 갱생을 촉진하고자 하는 요망을 고려한 것이어야 한다.

5. 유죄판결을 받은 모든 사람은 법률에 따라 그 판결 및 형벌에 대하여 상급법원에서 재심을 받을 권리를 가진다.

6. 어떤 사람이 확정판결에 의하여 유죄판결을 받았거나 그 후 새로운 사실 또는 새로 발견된 사실에 의하여 오심이 있었음을 결정적으로 입증함으로써 그에 대한 유죄판결이 파기되었거나 또는 사면을 받았을 경우에는 유죄판결의 결과 형벌을 받은 자는 법률에 따라 보상을 받는다. 다만 그 알지 못한 사실이 적시에 밝혀지지 않은 것이 전체적으로 또는 부분적으로 그에게 책임이 있었다는 것이 증명된 경우에는 그러하지 아니한다.

7. 어느 누구도 각국의 법률 및 형사절차에 따라 이미 확정적으로 유죄 또는

무죄선고를 받은 행위에 관하여서는 다시 재판 또는 처벌을 받지 아니한다.

제15조

1. 어느 누구도 행위시의 국내법 또는 국제법에 의하여 범죄를 구성하지 아니하는 작위 또는 부작위를 이유로 유죄로 되지 아니한다. 또한 어느 누구도 범죄가 행하여진 때에 적용될 수 있는 형벌보다도 중한 형벌을 받지 아니한다. 범죄인은 범죄가 행하여진 후에 보다 가벼운 형을 부과하도록 하는 규정이 법률에 정해진 경우에는 그 혜택을 받는다.
2. 이 조의 어떠한 규정도 국제사회에 의하여 인정된 법의 일반원칙에 따라 그 행위시에 범죄를 구성하는 작위 또는 부작위를 이유로 당해인을 재판하고 처벌하는 것을 방해하지 아니한다.

제16조

모든 사람은 어디에서나 법 앞에 인간으로서 인정받을 권리를 가진다.

제17조

1. 어느 누구도 그의 사생활 가정 주거 또는 통신에 대하여 자의적이거나 불법적인 간섭을 받거나 또는 그의 명예와 신용에 대한 불법적인 비난을 받지 아니한다.
2. 모든 사람은 그러한 간섭 또는 비난에 대하여 법의 보호를 받을 권리를 가진다.

제18조

1. 모든 사람은 사상 양심 및 종교의 자유에 대한 권리를 가진다. 이러한 권리는 스스로 선택하는 종교나 신념을 가지거나 받아들일 자유와 단독으로 또는 다른 사람과 공동으로 공적 또는 사적으로 예배, 의식, 행사 및 선교에 의하여 그의 종교나 신념을 표명하는 자유를 포함한다.
2. 어느 누구도 스스로 선택하는 종교나 신념을 가지거나 받아들일 자유를 침해하게 될 강제를 받지 아니한다.

3. 자신의 종교나 신념을 표명하는 자유는 법률에 규정되고 공공의 안전 질
서 공중보건 도덕 또는 타인의 기본적 권리 및 자유를 보호하기 위하여
필요한 경우에만 제한받을 수 있다.
4. 이 규약의 당사국은 부모 또는 경우에 따라 법정 후견인이 그들의 신념에
따라 자녀의 종교적 도덕적 교육을 확보할 자유를 존중할 것을 약속한다.

제19조
1. 모든 사람은 간섭받지 아니하고 의견을 가질 권리를 가진다.
2. 모든 사람은 표현의 자유에 대한 권리를 가진다. 이 권리는 구두, 서면
또는 인쇄, 예술의 형태 또는 스스로 선택하는 기타의 방법을 통하여 국경
에 관계없이 모든 종류의 정보와 사상을 추구하고 접수하며 전달하는 자
유를 포함한다.
3. 이 조 제2항에 규정된 권리의 행사에는 특별한 의무와 책임이 따른다.
따라서 그러한 권리의 행사는 일정한 제한을 받을 수 있다. 다만 그 제한
은 법률에 의하여 규정되고 또한 다음 사항을 위하여 필요한 경우에만
한정된다.
(a) 타인의 권리 또는 신용의 존중
(b) 국가안보 또는 공공질서 또는 공중보건 또는 도덕의 보호

제20조
1. 전쟁을 위한 어떠한 선전도 법률에 의하여 금지된다.
2. 차별, 적의 또는 폭력의 선동이 될 민족적 인종적 또는 종교적 증오의
고취는 법률에 의하여 금지된다.

제21조
평화적인 집회의 권리가 인정된다. 이 권리의 행사에 대하여는 법률에 따라
부과되고 또한 국가안보 또는 공공의 안전 공공질서, 공중보건 또는 도덕의 보
호 또는 타인의 권리 및 자유의 보호를 위하여 민주사회에서 필요한 것 이외의
어떠한 제한도 과하여져서는 아니된다.

제22조

1. 모든 사람은 자기의 이익을 보호하기 위하여 노동조합을 결성하고 이에 가입하는 권리를 포함하여 다른 사람과의 결사의 자유에 대한 권리를 갖는다.

2. 이 권리의 행사에 대하여는 법률에 의하여 규정되고 국가안보 또는 공공의 안전 공공질서 공중보건, 또는 도덕의 보호 또는 타인의 권리 및 자유의 보호를 위하여 민주사회에서 필요한 것 이외의 어떠한 제한도 과하여져서는 아니된다. 이 조는 군대와 경찰의 구성원이이 권리를 행사하는 데 대하여 합법적인 제한을 부과하는 것을 방해하지 아니한다.

3. 이 조의 어떠한 규정도 결사의 자유 및 단결권의 보호에 관한 1948년의 국제노동기구협약의 당사국이 동 협약에 규정하는 보장을 저해하려는 입법조치를 취하도록 하거나 또는 이를 저해하려는 방법으로 법률을 적용할 것을 허용하는 것은 아니다.

제23조

1. 가정은 사회의 자연적이며 기초적인 단위이고 사회와 국가의 보호를 받을 권리를 가진다.

2. 혼인적령의 남녀가 혼인을 하고 가정을 구성할 권리가 인정된다.

3. 혼인은 양당사자의 자유롭고 완전한 합의 없이는 성립되지 아니한다.

4. 이 규약의 당사국은 혼인 기간중 및 혼인 해소시에 혼인에 대한 배우자의 권리 및 책임의 평등을 확보하기 위하여 적절한 조치를 취한다. 혼인해소의 경우에는 자녀에 대한 필요 한 보호를 위한 조치를 취한다.

제24조

1. 모든 어린이는 인종 피부색 성 언어 종교 민족적 또는 사회적 출신 재산 또는 출생에 관하여 어떠한 차별도 받지 아니하고 자신의 가족 사회 및 국가에 대하여 미성년자로서의 지위로 인하여 요구되는 보호조치를 받을 권리를 가진다.

2. 모든 어린이는 출생후 즉시 등록되고 성명을 가진다.

3. 모든 어린이는 국적을 취득할 권리를 가진다.

제25조

모든 시민은 제2조에 규정하는 어떠한 차별이나 또는 불합리한 제한도 받지 아니하고 다음의 권리 및 기회를 가진다.

    (a) 직접 또는 자유로이 선출한 대표자를 통하여 정치에 참여하는 것.

    (b) 보통 평등 선거권에 따라 비밀투표에 의하여 행하여지고 선거인의 의사의 자유로운 표명을 보장하는 진정한 정기적 선거에서 투표하거나 피선되는 것.

    (c) 일반적인 평등 조건하에 자국의 공무에 취임하는 것.

제26조

모든 사람은 법 앞에 평등하고 어떠한 차별도 없이 법의 평등한 보호를 받을 권리를 가진다. 이를 위하여 법률은 모든 차별을 금지하고 인종, 피부색, 성, 언어, 종교, 정치적 또는 기타의 의견, 민족적 또는 사회적 출신, 재산, 출생 또는 기타의 신분 등의 어떠한 이유에 의한 차별에 대하여도 평등하고 효과적인 보호를 모든 사람에게 보장한다.

제27조

종족적, 종교적 또는 언어적 소수민족이 존재하는 국가에 있어서는 그러한 소수민족에 속하는 사람들에게 그 집단의 다른 구성원들과 함께 그들 자신의 문화를 향유하고 그들 자신의 종교를 표명하고 실행하거나 또는 그들 자신의 언어를 사용할 권리가 부인되지 아니한다.

제4부

제28조

1. 인권이사회(이하 이 규약에서 이사회라 한다)를 설치한다. 이사회는 18인

의 위원으로 구성되며 이하에 규정된 임무를 행한다.

2. 이사회는 고매한 인격을 가지고 인권분야에서 능력이 인정된 이 규약의
   당사국의 국민들로 구성하고 법률적 경험을 가진 약간명의 인사의 참여가
   유익할 것이라는 점을 고려한다.

3. 이사회의 위원은 개인적 자격으로 선출되고 직무를 수행한다.

제29조

1. 이사회의 위원은 제28조에 규정된 자격을 가지고 이 규약의 당사국에 의
   하여 선거를 위하여 지명된 자의 명단 중에서 비밀투표에 의하여 선출된다.

2. 이 규약의 각 당사국은 2인이하의 자를 지명할 수 있다. 이러한 자는 지명
   하는 국가의 국민이어야 한다.

3. 동일인이 재지명받을 수 있다.

제30조

1. 최초의 선거는 이 규약의 발효일로부터 6개월 이내에 실시된다.

2. 국제연합사무총장은 제34조에 따라 선언된 결원의 보충선거를 제외하고
   는 이사회의 구성을 위한 각 선거일의 최소 4개월 전에 이 규약당사국이
   3개월 이내에 위원회의 위원후보 지명을 제출하도록 하기 위하여 당사국
   에 서면 초청장을 발송한다.

3. 국제연합사무총장은 이와 같이 지명된 후보들을 지명국 이름의 명시와
   함께 알파벳 순으로 명단을 작성하여 늦어도 선거일 1개월 전에 동 명단
   을 이 규약당사국에게 송부한다.

4. 이사회 위원의 선거는 국제연합사무총장이 국제연합 본부에서 소집한 이
   규약당사국회합에서 실시된다. 이 회합은 이 규약당사국의 3분의 2를 정
   족수로 하고 출석하여 투표하는 당사국 대표의 최대다수표 및 절대다수표
   를 획득하는 후보가 위원으로 선출된다.

제31조

1. 이사회는 동일국가의 국민을 2인이상 포함할 수 없다.

2. 이사회의 선거에 있어서는 위원의 공평한 지리적 안배와 상이한 문명형태 및 주요한 법률체계가 대표되도록 고려한다.

제32조

1. 이사회의 위원은 4년 임기로 선출된다. 모든 위원은 재지명된 경우에 재선될 수 있다. 다만 최초의 선거에서 선출된 위원 중 9인의 임기는 2년 후에 종료된다. 이들 9인 위원의 명단은 최초 선거 후 즉시 제30조 제4항에 언급된 회합의 의장에 의하여 추첨으로 선정된다.
2. 임기 만료시의 선거는 이 규약 제4부의 전기 조문들의 규정에 따라 실시된다.

제33조

1. 이사회의 어느 한 위원이 그의 임무를 수행할 수 없는 것이 일시적 성격의 결석이 아닌 다른 이유로 인한 것이라고 다른 위원 전원이 생각할 경우 이사회의 의장은 국제연합사무총장에게 이를 통보하며 사무총장은 이때 동 위원의 궐석을 선언한다.
2. 이사회의 위원이 사망 또는 사임한 경우 의장은 국제연합사무총장에게 이를 즉시 통보 하여야 하며 사무총장은 사망일 또는 사임의 효력발생일로부터 그 좌석의 궐석을 선언한다.

제34조

1. 제33조에 의해 궐석이 선언되고 교체될 궐석위원의 잔여임기가 궐석 선언일로부터 6개월 이내에 종료되지 아니할 때에는 국제연합사무총장은 이 규약의 각 당사국에게 이를 통보하며 각 당사국은 궐석을 충원하기 위하여 제29조에 따라서 2개월 이내에 후보자의 지명서를 제출할 수 있다.
2. 국제연합사무총장은 이와 같이 지명된 후보들의 명단을 알파벳순으로 작성 이를 이 규약의 당사국에게 송부한다. 보궐선거는 이 규약 제4부의 관계규정에 따라 실시된다.
3. 제33조에 따라 선언되는 궐석을 충원하기 위하여 선출되는 위원은 동조의

규정에 따라 궐석위원의 잔여임기 동안 재직한다.

제35조

이사회의 위원들은 국제연합총회가 이사회의 책임의 중요성을 고려하여 결정하게 될 조건에 따라 국제연합의 재원에서 동 총회의 승인을 얻어 보수를 받는다.

제36조

국제연합사무총장은 이 규정상 이사회의 효과적인 기능수행을 위하여 필요한 직원과 편의를 제공한다.

제37조

1. 국제연합사무총장은 이사회의 최초 회의를 국제연합본부에서 소집한다.
2. 최초회의 이후에는 이사회는 이사회의 절차규칙이 정하는 시기에 회합한다.
3. 이사회는 통상 국제연합본부나 제네바 소재 국제연합사무소에서 회합을 가진다.

제38조

이사회의 각 위원은 취임에 앞서 이사회의 공개석상에서 자기의 직무를 공평하고 양심적으로 수행할 것을 엄숙히 선언한다.

제39조

1. 이사회는 임기 2년의 임원을 선출한다. 임원은 재선될 수 있다.
2. 이사회는 자체의 절차규칙을 제정하며 이 규칙은 특히 다음 사항을 규정한다.
   (a) 의사정족수는 위원 12인으로 한다.
   (b) 이사회의 의결은 출석위원 과반수의 투표로 한다.

제40조

1. 이 규약의 당사국은 규약에서 인정된 권리를 실현하기 위하여 취한 조치와 그러한 권리를 향유함에 있어서 성취된 진전사항에 관한 보고서를 다음과 같이 제출할 것을 약속한다.

   (a) 관계당사국에 대하여는 이 규약의 발효 후 1년 이내

   (b) 그 이후에는 이사회가 요청하는 때

2. 모든 보고서는 국제연합사무총장에게 제출되며 사무총장은 이를 이사회가 심의할 수 있도록 이사회에 송부한다. 동 보고서에는 이 규약의 이행에 영향을 미치는 요소와 장애가 있을 경우 이를 기재한다.

3. 국제연합사무총장은 이사회와의 협의 후 해당전문기구에 그 전문기구의 권한의 분야에 속하는 보고서 관련부분의 사본을 송부한다.

4. 이사회는 이 규약의 당사국에 의하여 제출된 보고서를 검토한다. 이사회는 이사회 자체의 보고서와 이사회가 적당하다고 간주하는 일반적 의견을 당사국에게 송부한다. 이사회는 또한 이 규약의 당사국으로부터 접수한 보고서 사본과 함께 동 일반적 의견을 경제사회이사회에 제출할 수 있다.

5. 이 규약의 당사국은 본조 제4항에 따라 표명된 의견에 대한 견해를 이사회에 제출할 수 있다.

제41조

이 규약의 당사국은 타 당사국이 이 규약상의 의무를 이행하지 아니하고 있다고 주장하는 일 당사국의 통보를 접수, 심리하는 이사회의 권한을 인정한다는 것을 이 조에 의하여 언제든지 선언할 수 있다. 이 조의 통보는 이 규약의 당사국 중 자국에 대한 이사회의 그러한 권한의 인정을 선언한 당사국에 의하여 제출될 경우에만 접수, 심리될 수 있다. 이사회는 그러한 선언을 행하지 아니한 당사국에 관한 통보는 접수하지 아니한다. 이 조에 따라 접수된 통보는 다음의 절차에 따라 처리된다.

   (a) 이 규약의 당사국은 타 당사국이 이 규약의 규정을 이행하고 있지 아니하다고 생각할 경우에는 서면통보에 의하여 이 문제에 관하여 그 당사국의 주의를 환기시킬 수 있다. 통보를 접수한 국가는 통보를 접

수한 후 3개월 이내에 당해문제를 해명하는 설명서 또는 기타 진술을 서면으로 통보한 국가에 송부한다. 그러한 해명서에는 가능하고 적절한 범위내에서 동 국가가 당해문제와 관련하여 이미 취하였든가 현재 취하고 있든가 또는 취할 국내 절차와 구제수단에 관한 언급이 포함된다.

(b) 통보를 접수한 국가가 최초의 통보를 접수한 후 6개월 이내에 당해문제가 관련당사국쌍방에게 만족스럽게 조정되지 아니할 경우에는 양당사국 중 일방에 의한 이사회와 타 당사국에 대한 통고로 당해문제를 이사회에 회부할 권리를 가진다.

(c) 이사회는 이사회에 회부된 문제의 처리에 있어서 일반적으로 승인된 국제법의 원칙에 따라 모든 가능한 국내적 구제절차가 원용되고 완료되었음을 확인한 다음에만 그 문제를 처리한다. 다만 구제수단의 적용이 부당하게 지연되고 있을 경우에는 그러하지 아니한다.

(d) 이사회가 이 조에 의한 통보를 심사할 경우에는 비공개 토의를 가진다.

(e) "(c)"의 규정에 따를 것을 조건으로 이사회는 이 규약에서 인정된 인권과 기본적 자유에 대한 존중의 기초위에서 문제를 우호적으로 해결하기 위하여 관계당사국에게 주선을 제공한다.

(f) 이사회는 회부 받은 어떠한 문제에 관하여도 "(b)"에 언급된 관계당사국들에게 모든 관련정보를 제출할 것을 요청할 수 있다.

(g) "(b)"에서 언급된 관계당사국은 당해문제가 이사회에서 심의되고 있는 동안 자국의 대표를 참석시키고 구두 또는 서면으로 의견을 제출할 권리를 가진다.

(h) 이사회는 "(b)"에 의한 통보의 접수일로부터 12개월 이내에 보고서를 제출한다.
　　(i) "(e)"의 규정에 따라 해결에 도달한 경우에는 이사회는 보고서를 사실과 도달된 해결에 관한 간략한 설명에만 국한시킨다.
　　(ii) "(e)"의 규정에 따라 해결에 도달하지 못한 경우에는 이사회는 보고서를 사실에 관한 간략한 설명에만 국한시키고 관계당사국

이 제출한 서면 의견과 구두 의견의 기록을 동 보고서에 첨부시킨다. 모든 경우에 보고서는 관계당사국에 통보된다. 이 조의 제2규정은 이 규약의 10개 당사국이 이 조 제1항에 따른 선언을 하였을 때 발효된다. 당사국은 동 선언문을 국제연합사무총장에게 기탁하며 사무총장은 선언문의 사본을 타 당사국에 송부한다. 이와 같은 선언은 사무총장에 대한 통고에 의하여 언제든지 철회될 수 있다. 이 철회는 이 조에 의하여 이미 송부된 통보에 따른 어떠한 문제의 심의도 방해하지 아니한다. 어떠한 당사국에 의한 추후의 통보는 사무총장이 선언 철회의 통고를 접수한 후에는 관계당사국이 새로운 선언을 하지 아니하는 한 접수되지 아니한다.

제42조

1. (a) 제41조에 따라 이사회에 회부된 문제가 관계당사국들에 만족스럽게 타결되지 못하는 경우에는 이사회는 관계당사국의 사전 동의를 얻어 특별조정위원회(이하 조정위원회라 한다)를 임명할 수 있다. 조정위원회는 이 규약의 존중에 기초하여 당해문제를 우호적으로 해결하기 위하여 관계당사국에게 주선을 제공한다.

   (b) 조정위원회는 관계당사국에게 모두 수락될 수 있는 5인의 위원으로 구성된다. 관계당사국이 3개월 이내에 조정위원회의 전부 또는 일부의 구성에 관하여 합의에 이르지 못하는 경우에는 합의를 보지 못하는 조정위원회의 위원은 비밀투표에 의하여 인권이사회 위원 중에서 인권이사회 위원 3분의 2의 다수결 투표로 선출된다.

2. 조정위원회의 위원은 개인자격으로 직무를 수행한다. 동 위원은 관계당사국 이 규약의 비당사국 또는 제41조에 의한 선언을 행하지 아니한 당사국의 국민이어서는 아니된다.

3. 조정위원회는 자체의 의장을 선출하고 또한 자체의 절차규칙을 채택한다.

4. 조정위원회의 회의는 통상 국제연합본부 또는 제네바 소재 국제연합사무소에서 개최된다. 그러나 동 회의는 조정위원회가 국제연합사무총장 및

관계당사국과 협의하여 결정하는 기타 편리한 장소에서도 개최될 수 있다.

5. 제36조에 따라 설치된 사무국은 이 조에서 임명된 조정위원회에 대하여도 역무를 제공한다.

6. 이사회가 접수하여 정리한 정보는 조정위원회가 이용할 수 있으며 조정위원회는 관계당사국에게 기타 관련자료의 제출을 요구할 수 있다.

7. 조정위원회는 문제를 충분히 검토한 후, 또는 당해문제를 접수한 후 어떠한 경우에도 12개월 이내에 관계당사국에 통보하기 위하여 인권이사회의 위원장에게 보고서를 제출한다.

   (a) 조정위원회가 12개월 이내에 당해문제에 대한 심의를 종료할 수 없을 경우 조정위원 회는 보고서를 당해문제의 심의현황에 관한 간략한 설명에 국한시킨다.

   (b) 조정위원회가 이 규약에서 인정된 인권의 존중에 기초하여 당해문제에 대한 우호적인해결에 도달한 경우 조정위원회는 보고서를 사실과 도달한 해결에 관한 간략한 설명에 국한시킨다.

   (c) 조정위원회가 "(b)"의 규정에 의한 해결에 도달하지 못한 경우 조정위원회의 보고서는 관계당국간의 쟁점에 관계되는 모든 사실문제에 대한 자체의 조사결과 및 문제의 우호적인해결 가능성에 관한 견해를 기술한다. 동 보고서는 또한 관계당사국이 제출한 서면 의견 및 구두 의견의 기록을 포함한다.

   (d) "(c)"에 의하여 조정위원회의 보고서가 제출되는 경우 관계당사국은 동 보고서의 접수로부터 3개월 이내에 인권이사회의 위원장에게 조정위원회의 보고서 내용의 수락여부를 통고한다.

8. 이 조의 규정은 제41조에 의한 이사회의 책임을 침해하지 아니한다.

9. 관계당사국은 국제연합사무총장이 제출하는 견적에 따라 조정위원회의 모든 경비를 균등히 분담한다.

10. 국제연합사무총장은 필요한 경우 이 조 제9항에 의하여 관계당사국이 분담금을 납입하기 전에 조정위원회의 위원의 경비를 지급할 수 있는 권한을 가진다.

제43조

이사회의 위원과 제42조에 의하여 임명되는 특별조정위원회의 위원은 국제연합의 특권 및 면제에 관한 협약의 관계 조항에 규정된 바에 따라 국제연합을 위한 직무를 행하는 전문가로서의 편의 특권 및 면제를 향유한다.

제44조

이 규약의 이행에 관한 규정은 국제연합과 그 전문기구의 설립헌장 및 협약에 의하여 또는 헌장 및 협약 하에서의 인권분야에 규정된 절차의 적용을 방해하지 아니하고 이 규약 당사국이 당사국간에 발효 중인 일반적인 또는 특별한 국제협정에 따라 분쟁의 해결을 위하여 다른 절차를 이용하는 것을 방해하지 아니한다.

제45조

이사회는 그 활동에 관한 연례보고서를 경제사회이사회를 통하여 국제연합 총회에 제출한다.

제5부

제46조

이 규약의 어떠한 규정도 이 규약에서 취급되는 문제에 관하여 국제연합의 여러 기관과 전문기구의 책임을 각각 명시하고 있는 국제연합헌장 및 전문기구 헌장의 규정을 침해하는 것으로 해석되지 아니한다.

제47조

이 규약의 어떠한 규정도 모든 사람이 그들의 천연적 부와 자원을 충분히 자유로이 향유하고 이용할 수 있는 고유의 권리를 침해하는 것으로 해석되지 아니한다.

제6부

제48조

1. 이 규약은 국제연합의 모든 회원국 전문기구의 모든 회원국 국제사법재판소 규정의 모든 당사국 또한 국제연합총회가 이 규약에 가입하도록 초청한 기타 모든 국가들의 서명을 위하여 개방된다.
2. 이 규약은 비준되어야 한다. 비준서는 국제연합사무총장에게 기탁된다.
3. 이 규약은 이 조 제1항에서 언급된 모든 국가들의 가입을 위하여 개방된다.
4. 가입은 가입서를 국제연합사무총장에게 기탁함으로써 이루어진다.
5. 국제연합사무총장은 이 규약에 서명 또는 가입한 모든 국가들에게 각 비준서 또는 가입서의 기탁을 통보한다.

제49조

1. 이 규약은 35번째의 비준서 또는 가입서가 국제연합사무총장에게 기탁되는 날로부터 3개월 후에 발효된다.
2. 35번째의 비준서 또는 가입서의 기탁 후에 이 규약을 비준하거나 또는 이 조약에 가입하는 국가에 대하여는 이 규약은 그 국가의 비준서 또는 가입서가 기탁된 날로부터 3개월 후에 발효한다.

제50조

이 규약의 규정은 어떠한 제한이나 예외 없이 연방국가의 모든 지역에 적용된다.

제51조

1. 이 규약의 당사국은 개정안을 제안하고 이를 국제연합사무총장에게 제출할 수 있다. 사무총장은 개정안을 접수하는대로 각 당사국에게 동 제안을 심의하고 표결에 회부하기 위한 당사국회의 개최에 찬성하는지에 관한 의견을 사무총장에게 통보하여 줄 것을 요청하는 것과 함께, 개정안을 이 규약의 각 당사국에게 송부한다. 당사국 중 최소 3분의 1이 당사국회의

개최에 찬성하는 경우 사무총장은 국제연합의 주관하에 동 회의를 소집한
다. 동 회의에 출석하고 표결한 당사국의 과반수에 의하여 채택된 개정안
은 그 승인을 위하여 국제연합 총회에 제출된다.

2. 개정안은 국제연합총회의 승인을 얻고 각기 자국의 헌법상 절차에 따라
이 규약당사국 의 3분의 2의 다수가 수락하는 때 발효한다.

3. 개정안은 발효시 이를 수락한 당사국을 구속하고 여타 당사국은 계속하여
이 규약의 규정 및 이미 수락한 그 이전의 모든 개정에 의하여 구속된다.

제52조

제48조 제5항에 의한 통보에 관계없이 국제연합사무총장은 동조 제1항에서
언급된 모든 국가에 다음을 통보한다.

    (a) 제48조에 의한 서명 비준 및 가입

    (b) 제49조에 의한 이 규약의 발효일자 및 제51조에 의한 모든 개정의
        발효일자

제53조

1. 이 규약은 중국어, 영어, 불어, 러시아어 및 서반아어본이 동등히 정본이
며 국제연합 문서보존소에 기탁된다.

2. 국제연합사무총장은 제48조에서 언급된 모든 국가들에게 이 규약의 인증
등본을 송부한다. 이상의 증거로 하기서명자들은 각자의 정부에 의하여
정당히 권한을 위임받아 일천구백육십육년 십이월 십구일 뉴욕에서 서명
을 위하여 개방된 이 규약에 서명하였다.

[출처] http://www.mofa.go.kr/trade/humanrights/file/90.pdf

국제기구와 인권·난민·이주

【부록 4】 시민적 및 정치적 권리에 관한
국제규약 선택의정서 (C규약)

이 의정서의 당사국은 시민적 및 정치적 권리에 관한 규약(이하 "규약"이라 칭한다)의 목적 및 그 제규정의 이행을 더욱 잘 달성하기 위하여 규약 제4부에서 설치된 인권이사회(이하 "이사회"라 칭한다)가 규약에 규정된 권리에 대한 침해의 희생자임을 주장하는 개인으로부터 의 통보를 이 의정서의 규정에 따라 접수하고 심리하도록 하는 것이 적절함을 고려하여 다음과 같이 합의하였다.

제1조

이 의정서의 당사국이 된 규약당사국은 그 관할권에 속하는 자로서 동국에 의한 규약에 규정된 권리에 대한 침해의 희생자임을 주장하는 개인으로부터의 통보를 접수하고 심리하는 이사회의 권한을 인정한다. 이사회는 이 의정서의 당사국이 아닌 규약당사국에 관한 어떠한 통보도 접수하지 않는다.

제2조

제1조에 따를 것을 조건으로 규약에 열거된 어떤 권리가 침해되었다고 주장하는 개인들은 모든 이용 가능한 국내적 구제조치를 완료하였을 경우, 이사회에 심리를 위한 서면통보를 제출할 수 있다.

제3조

이사회는 이 의정서에 따른 통보가 익명이거나 통보제출권의 남용, 또는 규약규정과 양립할 수 없는 것으로 간주될 경우에는 그러한 통보를 허용할 수 없는 것으로 간주한다.

제4조

1. 제3조에 따를 것을 조건으로 이사회는 이 의정서에 따라 제출된 통보에 대하여 규약 규정을 위반하고 있는 것으로 주장되는 당사국의 주의를 환기한다.

2. 이 당사국은 6개월이내에 그 문제 및 취하여진 구제조치가 있는 경우 이를 설명하는 서면 설명서 또는 진술서를 이사회에 제출한다.

제5조

1. 이사회는 개인 및 관련당사국으로부터 입수된 모든 서면정보를 참고하여 이 의정서에 따라 접수된 통보를 심리한다.

2. 이사회는 다음 사항을 확인한 경우가 아니면 개인으로부터의 어떠한 통보도 심리하지 않는다.

   (a) 동일 문제가 다른 국제적조사 또는 해결절차에 따라 심사되고 있지 않을 것.

   (d) 개인이 모든 이용가능한 국내적 구제조치를 완료하였을 것. 다만 이 규칙은 구제조치의 적용이 불합리하게 지연되는 경우에는 적용되지 않는다.

3. 이사회는 이 의정서에 따라 통보를 심사할 때에는 비공개 회의를 갖는다.

4. 이사회는 관련당사국과 개인에게 이사회의 견해를 송부한다.

제6조

이사회는 규약 제45조에 의한 연례보고서에 이 의정서에 따른 활동의 개요를 포함한다.

제7조

이 의정서의 규정은 1960년 12월 14일 국제연합총회에 의하여 채택된 식민지와 그 인민에 대한 독립부여 선언에 관한 결의 1514(XV)의 목적이 달성될 때까지 국제연합헌장과 국제연합 및 그 전문기관 하에서 체결된 여타 국제협약과 문서에 의하여 이들에게 부여된 청원권을 어떤 경우에도 제한하지 않는다.

제8조

1. 이 의정서는 규약에 서명한 모든 국가들의 서명을 위하여 개방된다.
2. 이 의정서는 규약을 비준하였거나 이에 가입한 국가들에 의하여 비준되어야 한다. 비준서는 국제연합사무총장에게 기탁된다.
3. 이 의정서는 규약을 비준하였거나 이에 가입한 모든 국가들의 가입을 위하여 개방된다.
4. 가입은 가입서를 국제연합사무총장에게 기탁함으로써 발효한다.
5. 국제연합사무총장은 이 의정서에 서명 또는 가입한 모든 국가들에게 각 비준서 또는 가입서의 기탁을 통보한다.

제9조

1. 규약의 효력발생을 조건으로 이 의정서는 10번째 비준서 또는 가입서가 국제연합사무총장에게 기탁된 날로부터 3개월 후에 발효한다.
2. 10번째 비준서 또는 가입서 기탁 후에 이 의정서를 비준하거나 또는 이에 가입하는 국가에 대하여 이 의정서는 그 국가의 비준서 또는 가입서가 기탁된 날로부터 3개월 후에 발효한다.

제10조

이 의정서의 규정은 어떠한 제한이나 예외없이 연방국가의 모든 지역에 적용된다.

제11조

1. 이 의정서 당사국은 개정안을 제안하고 이를 국제연합사무총장에게 제출할 수 있다. 사무총장은 개정안을 접수하는 대로 각 당사국에게 동 제안을 심의하고 표결에 회부하기 위한 당사국회의 개최에 찬성하는지에 관한 의견을 사무총장에게 통보하여 줄 것을 요청하는 것과 함께 개정안을 이 규약의 각 당사국에게 송부한다. 당사국 중 최소한 3분의 1이 당사 국회의 개최에 찬성하는 경우에 사무총장은 국제연합의 주관하에 이 회의를 소집한다. 이 회의에 출석하여 표결하는 당사국의 과반수에 의하여 채택

된 개정안은 그 승인을 위하여 국제연합총회에 제출된다.

2. 개정안은 국제연합총회의 승인을 얻고 각기 자국의 헌법상절차에 따라 이 의정서 당사국의 3분의 2 다수가 수락하는 때 발효한다.

3. 개정안은 발효시 이를 수락한 당사국을 구속하고 여타 당사국은 계속하여 이 의정서의 규정 및 이미 수락한 그 이전의 모든 개정에 의하여 구속된다.

제12조

1. 당사국은 언제든지 국제연합사무총장에 대한 서면통보에 의하여 이 의정서를 폐기할 수 있다. 폐기는 사무총장이 통보를 접수한 날로부터 3개월 후에 효력을 발생한다.

2. 폐기는 동 폐기가 발효하기 전에는 제2조에 의해 제출된 통보에 대하여 이 의정서의 규정이 계속적으로 적용하는 것을 침해하지 않는다.

제13조

제8조 제5항에 의한 통보에 관계없이 국제연합사무총장은 규약 제48조 제1항에서 언급된 모든 국가에 다음을 통보한다.

    (a) 제8조에 따른 서명 비준 및 가입

    (b) 제9조에 따른 이 의정서의 발효일자 및 제11조에 의한 모든 개정의 발효일자

    (c) 제12조에 따른 폐기

제14조

1. 이 의정서는 중국어, 영어, 불어, 러시아어 및 서반아어본이 동등히 정본이며 국제연합 문서보존소에 기탁된다.

2. 국제연합사무총장은 규약 제48조에서 언급된 모든 국가들에게 이 의정서의 인증등본을 송부한다.

[출처] 국가법령정보센터

【부록 5】 경제적·사회적 및 문화적 권리에 관한 국제규약(A규약)

이 규약의 당사국은, 국제연합헌장에 선언된 원칙에 따라 인류사회의 모든 구성원의 고유의 존엄성 및 평등하고 양도할 수 없는 권리를 인정하는 것이 세계의 자유, 정의 및 평화의 기초가 됨을 고려하고, 이러한 권리는 인간의 고유한 존엄성으로부터 유래함을 인정하며, 세계인권선언에 따라 공포와 결핍으로부터의 자유를 향유하는 자유 인간의 이상은 모든 사람이 자신의 시민적, 정치적 권리 뿐만 아니라 경제적, 사회적 및 문화적 권리를 향유할 수 있는 여건이 조성되는 경우에만 성취될 수 있음을 인정하며, 인권과 자유에 대한 보편적 존중과 준수를 촉진시킬 국제연합헌장상의 국가의 의무를 고려하며, 타 개인과 자기가 속한 사회에 대한 의무를 지고 있는 개인은, 이 규약에서 인정된 권리의 증진과 준수를 위하여 노력하여야할 책임이 있음을 인식하여, 다음 조문들에 합의한다.

제1부

제1조

1. 모든 인민은 자결권을 가진다. 이 권리에 기초하여 모든 인민은 그들의 정치적 지위를 자유로이 결정하고, 또한 그들의 경제적, 사회적 및 문화적 발전을 자유로이 추구한다.
2. 모든 인민은, 호혜의 원칙에 입각한 국제경제협력으로부터 발생하는 의무 및 국제법상의 의무에 위반하지 아니하는 한, 그들 자신의 목적을 위하여 그들의 천연의 부와 자원을 자유로이 처분할 수 있다. 어떠한 경우에도 인민은 그들의 생존수단을 박탈당하지 아니한다.

3. 비자치지역 및 신탁통치지역의 행정책임을 맡고 있는 국가들을 포함하여
   이 규약의 당사국은 국제연합헌장의 규정에 따라 자결권의 실현을 촉진하
   고 동 권리를 존중하여야 한다.

제2부

제2조

1. 이 규약의 각 당사국은 특히 입법조치의 채택을 포함한 모든 적절한 수단
   에 의하여 이 규약에서 인정된 권리의 완전한 실현을 점진적으로 달성하
   기 위하여, 개별적으로 또한 특히 경제적, 기술적인 국제지원과 국제협력
   을 통하여, 자국의 가용 자원이 허용하는 최대한도까지 조치를 취할 것을
   약속한다.
2. 이 규약의 당사국은 이 규약에서 선언된 권리들이 인종, 피부색, 성, 언어,
   종교, 정치적 또는 기타의 의견, 민족적 또는 사회적 출신, 재산, 출생 또
   는 기타의 신분등에 의한 어떠한 종류의 차별도 없이 행사되도록 보장할
   것을 약속한다.
3. 개발도상국은, 인권과 국가 경제를 충분히 고려하여 이 규약에서 인정된
   경제적 권리를 어느 정도까지 자국의 국민이 아닌 자에게 보장할 것인가
   를 결정할 수 있다.

제3조

이 규약의 당사국은 이 규약에 규정된 모든 경제적, 사회적 및 문화적 권리를
향유함에 있어서 남녀에게 동등한 권리를 확보할 것을 약속한다.

제4조

이 규약의 당사국은, 국가가 이 규약에 따라 부여하는 권리를 향유함에 있어
서, 그러한 권리의 본질과 양립할 수 있는 한도 내에서, 또한 오직 민주 사회에
서의 공공복리증진의 목적으로 반드시 법률에 의하여 정하여지는 제한에 의해

서만, 그러한 권리를 제한할 수 있음을 인정한다.

제5조

1. 이 규약의 어떠한 규정도 국가, 집단 또는 개인이 이 규약에서 인정되는 권리 및 자유를 파괴하거나, 또는 이 규약에서 규정된 제한의 범위를 넘어 제한하는 것을 목적으로 하는 활동에 종사하거나 또는 그와 같은 것을 목적으로 하는 행위를 행할 권리를 가지는 것으로 해석되지 아니한다.
2. 이 규약의 어떠한 당사국에서 법률, 협정, 규칙 또는 관습에 의하여 인정되거나 또는 현존하고 있는 기본적 인권에 대하여는, 이 규약이 그러한 권리를 인정하지 아니하거나 또는 그 인정의 범위가 보다 협소하다는 것을 구실로 동 권리를 제한하거나 또는 훼손하는 것이 허용되지 아니한다.

제3부

제6조

1. 이 규약의 당사국은, 모든 사람이 자유로이 선택하거나 수락하는 노동에 의하여 생계를 영위할 권리를 포함하는 근로의 권리를 인정하며, 동 권리를 보호하기 위하여 적절한 조치를 취한다.
2. 이 규약의 당사국이 근로권의 완전한 실현을 달성하기 위하여 취하는 제반조치에는 개인에게 기본적인 정치적, 경제적 자유를 보장하는 조건하에서 착실한 경제적, 사회적, 문화적 발전과 생산적인 완전고용을 달성하기 위한 기술 및 직업의 지도, 훈련계획, 정책 및 기술이 포함되어야 한다.

제7조

이 규약의 당사국은 특히 다음사항이 확보되는 공정하고 유리한 근로조건을 모든 사람이 향유할 권리를 가지는 것을 인정한다.

  (a) 모든 근로자에게 최소한 다음의 것을 제공하는 보수

    (i) 공정한 임금과 어떠한 종류의 차별도 없는 동등한 가치의 노동

에 대한 동등한 보수, 특히 여성에게 대하여는 동등한 노동에
대한 동등한 보수와 함께 남성이 향유하는 것보다 열등하지 아
니한 근로조건의 보장

(ii) 이 규약의 규정에 따른 근로자 자신과 그 가족의 품위 있는 생활

(b) 안전하고 건강한 근로조건

(c) 연공서열 및 능력이외의 다른 고려에 의하지 아니하고, 모든 사람이
자기의 직장에서 적절한 상위직으로 승진할 수 있는 동등한 기회

(d) 휴식, 여가 및 근로시간의 합리적 제한, 공휴일에 대한 보수와 정기적
인 유급휴일

제8조

1. 이 규약의 당사국은 다음의 권리를 확보할 것을 약속한다.

(a) 모든 사람은 그의 경제적, 사회적 이익을 증진하고 보호하기 위하여
관계단체의 규칙에만 따를 것을 조건으로 노동조합을 결성하고, 그가
선택한 노동조합에 가입하는 권리. 그러한 권리의 행사에 대하여는
법률로 정하여진 것 이외의 또한 국가안보 또는 공공질서를 위하여
또는 타인의 권리와 자유를 보호하기 위하여 민주 사회에서 필요한
것 이외의 어떠한 제한도 과할 수 없다.

(b) 노동조합이 전국적인 연합 또는 총연합을 설립하는 권리 및 총연합이
국제노동조합조직을 결성하거나 또는 가입하는 권리

(c) 노동조합은 법률로 정하여진 것 이외의 또한 국가안보, 공공질서를
위하거나 또는 타인의 권리와 자유를 보호하기 위하여 민주사회에서
필요한 제한이외의 어떠한 제한도 받지 아니하고 자유로이 활동할 권리

(d) 특정국가의 법률에 따라 행사될 것을 조건으로 파업을 할 수 있는
권리

2. 이 조는 군인, 경찰 구성원 또는 행정관리가 전기한 권리들을 행사하는
것에 대하여 합법적인 제한을 부과하는 것을 방해하지 아니한다.

3. 이 조의 어떠한 규정도 결사의 자유 및 단결권의 보호에 관한 1948년의
국제노동기구협약의 당사국이 동 협약에 규정된 보장을 저해하려는 입법

조치를 취하도록 하거나, 또는 이를 저해하려는 방법으로 법률을 적용할 것을 허용하지 아니한다.

제9조
이 규약의 당사국은 모든 사람이 사회보험을 포함한 사회보장에 대한 권리를 가지는 것을 인정한다.

제10조
이 규약의 당사국은 다음 사항을 인정한다.
1. 사회의 자연적이고 기초적인 단위인 가정에 대하여는, 특히 가정의 성립을 위하여 그리고 가정이 부양 어린이의 양육과 교육에 책임을 맡고 있는 동안에는 가능한 한 광범위한 보호와 지원이 부여된다. 혼인은 혼인의사를 가진 양 당사자의 자유로운 동의하에 성립된다.
2. 임산부에게는 분만전후의 적당한 기간 동안 특별한 보호가 부여된다. 동 기간중의 근로 임산부에게는 유급휴가 또는 적당한 사회보장의 혜택이 있는 휴가가 부여된다.
3. 가문 또는 기타 조건에 의한 어떠한 차별도 없이, 모든 어린이와 연소자를 위하여 특별한 보호와 원조의 조치가 취하여 진다. 어린이와 연소자는 경제적, 사회적 착취로부터 보호된다. 어린이와 연소자를 도덕 또는 건강에 유해하거나 또는 생명에 위험하거나 또는 정상적 발육을 저해할 우려가 있는 노동에 고용하는 것은 법률에 의하여 처벌할 수 있다. 당사국은 또한 연령제한을 정하여 그 연령에 달하지 않은 어린이에 대한 유급노동에의 고용이 법률로 금지되고 처벌될 수 있도록 한다.

제11조
1. 이 규약의 당사국은 모든 사람이 적당한 식량, 의복 및 주택을 포함하여 자기 자신과 가정을 위한 적당한 생활수준을 누릴 권리와 생활조건을 지속적으로 개선할 권리를 가지는 것을 인정한다. 당사국은 그러한 취지에서 자유로운 동의에 입각한 국제적 협력의 본질적인 중요성을 인정하고,

그 권리의 실현을 확보하기 위한 적당한 조치를 취한다.

2. 이 규약의 당사국은 기아로부터의 해방이라는 모든 사람의 기본적인 권리를 인정하고, 개별적으로 또는 국제협력을 통하여 아래 사항을 위하여 구체적 계획을 포함하는 필요한 조치를 취한다.

   (a) 과학·기술 지식을 충분히 활용하고, 영양에 관한 원칙에 대한 지식을 보급하고, 천연자원을 가장 효율적으로 개발하고 이용할 수 있도록 농지제도를 발전시키거나 개혁함으로써 식량의 생산, 보존 및 분배의 방법을 개선할 것.

   (b) 식량수입국 및 식량수출국 쌍방의 문제를 고려하여 필요에 따라 세계 식량공급의 공평한 분배를 확보할 것.

제12조

1. 이 규약의 당사국은 모든 사람이 도달 가능한 최고 수준의 신체적·정신적 건강을 향유할 권리를 가지는 것을 인정한다.

2. 이 규약당사국이 동 권리의 완전한 실현을 달성하기 위하여 취할 조치에는 다음 사항을 위하여 필요한 조치가 포함된다.

   (a) 사산율과 유아사망율의 감소 및 어린이의 건강한 발육

   (b) 환경 및 산업위생의 모든 부문의 개선

   (c) 전염병, 풍토병, 직업병 및 기타 질병의 예방, 치료 및 통제

   (d) 질병 발생시 모든 사람에게 의료와 간호를 확보할 여건의 조성

제13조

1. 이 규약의 당사국은 모든 사람이 교육에 대한 권리를 가지는 것을 인정한다. 당사국은 교육이 인격과 인격의 존엄성에 대한 의식이 완전히 발전되는 방향으로 나아가야 하며, 교육이 인권과 기본적 자유를 더욱 존중하여야 한다는 것에 동의한다. 당사국은 나아가서 교육에 의하여 모든 사람이 자유사회에 효율적으로 참여하며, 민족간에 있어서나 모든 인종적, 종족적 또는 종교적 집단간에 있어서 이해, 관용 및 친선을 증진시키고, 평화유지를 위한 국제연합의 활동을 증진시킬 수 있도록 하는 것에 동의한다.

2. 이 규약의 당사국은 동 권리의 완전한 실현을 달성하기 위하여 다음 사항을 인정한다.

(a) 초등교육은 모든 사람에게 무상 의무교육으로 실시된다.

(b) 기술 및 직업 중등교육을 포함하여 여러가지 형태의 중등 교육은, 모든 적당한 수단에 의하여, 특히 무상교육의 점진적 도입에 의하여 모든 사람이 일반적으로 이용할 수 있도록 하고, 또한 모든 사람에게 개방된다.

(c) 고등교육은, 모든 적당한 수단에 의하여, 특히 무상교육의 점진적 도입에 의하여, 능력에 기초하여 모든 사람에게 동등하게 개방된다.

(d) 기본교육은 초등교육을 받지 못하였거나 또는 초등교육의 전기간을 이수하지 못한 사람들을 위하여 가능한 한 장려되고 강화된다.

(e) 모든 단계에 있어서 학교제도의 발전이 적극적으로 추구되고, 적당한 연구·장학제도가 수립되며, 교직원의 물질적 처우는 계속적으로 개선된다.

3. 이 규약의 당사국은 부모 또는 경우에 따라서 법정후견인이 그들 자녀를 위하여 공공기관에 의하여 설립된 학교 이외의 학교로서 국가가 정하거나 승인하는 최소한도의 교육수준에 부합하는 학교를 선택하는 자유 및 그들의 신념에 따라 자녀의 종교적, 도덕적 교육을 확보할 수 있는 자유를 존중할 것을 약속한다.

4. 이 조의 어떠한 부분도 항상 이 조 제1항에 규정된 원칙을 준수하고, 그 교육기관에서의 교육이 국가가 결정하는 최소한의 기준에 일치한다는 요건 하에서, 개인과 단체가 교육기관을 설립, 운영할 수 있는 자유를 간섭하는 것으로 해석되지 아니한다.

제14조

이 규약의 당사국이 되는 때 그 본토나 자국 관할내에 있는 기타 영토에서 무상으로 초등의무교육을 확보할 수 없는 각 당사국은 계획상에 정해질 합리적인 연한이내에 모든 사람에 대한 무상의무교육 원칙을 점진적으로 시행하기 위한 세부실천계획을 2년 이내에 입안, 채택할 것을 약속한다.

제15조

1. 이 규약의 당사국은 모든 사람의 다음 권리를 인정한다.

   (a) 문화생활에 참여할 권리

   (b) 과학의 진보 및 응용으로부터 이익을 향유할 권리

   (c) 자기가 저작한 모든 과학적, 문학적 또는 예술적 창작품으로부터 생
       기는 정신적, 물질적 이익의 보호로부터 이익을 받을 권리

2. 이 규약의 당사국이 그러한 권리의 완전한 실현을 달성하기 위하여 취하
   는 조치에는 과학과 문화의 보존, 발전 및 보급에 필요한 제반조치가 포함
   된다.

3. 이 규약의 당사국은 과학적 연구와 창조적 활동에 필수불가결한 자유를
   존중할 것을 약속한다.

4. 이 규약의 당사국은 국제적 접촉의 장려와 발전 및 과학과 문화분야에서
   의 협력으로부터 이익이 초래됨을 인정한다.

제4부

제16조

1. 이 규약의 당사국은 규약에서 인정된 권리의 준수를 실현하기 위하여 취
   한 조치와 성취된 진전사항에 관한 보고서를 이 부의 규정에 따라 제출할
   것을 약속한다.

2. (a) 모든 보고서는 국제연합사무총장에게 제출된다. 사무총장은 이 규약
   의 규정에 따라, 경제사회이사회가 심의할 수 있도록 보고서 사본을 동
   이사회에 송부한다.

   (b) 국제연합사무총장은 이 규약의 당사국으로서 국제연합전문기구의 회
   원국인 국가가 제출한 보고서 또는 보고서 내용의 일부가 전문기구의 창
   설규정에 따라 동 전문기구의 책임에 속하는 문제와 관계가 있는 경우,
   동 보고서 사본 또는 그 내용 중의 관련 부분의 사본을 동 전문기구에
   송부한다.

제17조

1. 이 규약의 당사국은 경제사회이사회가 규약당사국 및 관련 전문기구와 협의한 후, 이 규약의 발효 후 1년 이내에 수립하는 계획에 따라, 자국의 보고서를 각 단계별로 제출한다.
2. 동 보고서는 이 규약상의 의무의 이행정도에 영향을 미치는 요소 및 장애를 지적할 수 있다.
3. 이 규약의 당사국이 이미 국제연합 또는 전문기구에 관련 정보를 제출한 경우에는, 동일한 정보를 다시 작성하지 않고 동 정보에 대한 정확한 언급으로서 족하다.

제18조

경제사회이사회는 인권과 기본적 자유의 분야에서의 국제연합헌장상의 책임에 따라, 전문기구가 동 기구의 활동영역에 속하는 이 규약 규정의 준수를 달성하기 위하여 성취된 진전사항을 이사회에 보고하는 것과 관련하여, 당해 전문기구와 협정을 체결할 수 있다. 그러한 보고서에는 전문기구의 권한있는 기관이 채택한 규정의 행에 관한 결정 및 권고의 상세를 포함할 수 있다.

제19조

경제사회이사회는 제16조 및 제17조에 따라 각국이 제출하는 인권에 관한 보고서 및 제18조에 따라 전문기구가 제출하는 인권에 관한 보고서중 국제연합인권위원회의 검토, 일반적 권고, 또는 정보를 위하여 적당한 보고서를 인권위원회에 송부할 수 있다.

제20조

이 규약의 당사국과 관련 전문기구는 제19조에 의한 일반적 권고에 대한 의견 또는 국제연합인권위원회의 보고서 또는 보고서에서 언급된 어떠한 문서에서도 그와 같은 일반적 권고에 대하여 언급하고 있는 부분에 관한 의견을 경제사회이사회에 제출할 수 있다.

제21조

경제사회이사회는 일반적 성격의 권고를 포함하는 보고서와 이 규약에서 인정된 권리의 일반적 준수를 달성하기 위하여 취한 조치 및 성취된 진전사항에 관하여 이 규약의 당사국 및 전문기구로부터 입수한 정보의 개요를 수시로 총회에 제출할 수 있다.

제22조

경제사회이사회는 이 규약의 제4부에서 언급된 보고서에서 생기는 문제로서, 국제연합의 타 기관, 그 보조기관 및 기술원조의 제공에 관여하는 전문기구가 각기 그 권한내에서 이 규약의 효과적, 점진적 실시에 기여할 수 있는 국제적 조치의 타당성을 결정하는데 도움이 될 수 있는 문제에 대하여 그들의 주의를 환기시킬 수 있다.

제23조

이 규약의 당사국은 이 규약에서 인정된 권리의 실현을 위한 국제적 조치에는 협약의 체결, 권고의 채택, 기술원조의 제공 및 관계정부와 협력하여 조직된 협의와 연구를 목적으로 하는 지역별 회의 및 기술적 회의의 개최와 같은 방안이 포함된다는 것에 동의한다.

제24조

이 규약의 어떠한 규정도 이 규약에서 취급되는 문제에 관하여 국제연합의 여러 기관과 전문기구의 책임을 각각 명시하고 있는 국제연합헌장 및 전문기구헌장의 규정을 침해하는 것으로 해석되지 아니한다.

제25조

이 규약의 어떠한 규정도 모든 사람이 그들의 천연적 부와 자원을 충분히, 자유로이 향유하고, 이용할 수 있는 고유의 권리를 침해하는 것으로 해석되지 아니한다.

제5부

제26조

1. 이 규약은 국제연합의 모든 회원국, 전문기구의 모든 회원국, 국제사법재 판소 규정의 모든 당사국 또한 국제연합총회가 이 규약에 가입하도록 초 청한 기타 모든 국가들의 서명을 위하여 개방된다.
2. 이 규약은 비준되어야 한다. 비준서는 국제연합사무총장에게 기탁된다.
3. 이 규약은 이 조 제1항에서 언급된 모든 국가들의 가입을 위하여 개방된다.
4. 가입은 가입서를 국제연합사무총장에게 기탁함으로써 이루어진다.
5. 국제연합사무총장은 이 규약에 서명 또는 가입한 모든 국가들에게 각 비 준서 또는 가입서의 기탁을 통보한다.

제27조

1. 이 규약은 35번째의 비준서 또는 가입서가 국제연합사무총장에게 기탁된 날로부터 3개월 후에 발효한다.
2. 35번째 비준서 또는 가입서의 기탁후에 이 규약을 비준하거나 또는 이 규약에 가입하는 국가에 대하여는, 이 규약은 그 국가의 비준서 또는 가 입서가 기탁된 날로부터 3개월 후에 발효한다.

제28조

이 규약의 규정은 어떠한 제한이나 예외없이 연방국가의 모든 지역에 적용된다.

제29조

1. 이 규약의 당사국은 개정안을 제안하고 이를 국제연합사무총장에게 제출 할 수 있다. 사무총장은 개정안을 접수하는 대로, 각 당사국에게 동 제안 을 심의하고 표결에 회부하기 위한 당사국회의 개최에 찬성하는지에 관한 의견을 사무총장에게 통보하여 줄 것을 요청하는 것과 함께, 개정안을 이 규약의 각 당사국에게 송부한다. 당사국 중 최소 3분의 1이 당사국회의 개최에 찬성하는 경우, 사무총장은 국제연합의 주관하에 동 회의를 소집

한다. 동 회의에 출석하고 표결한 당사국의 과반수에 의하여 채택된 개정안은 그 승인을 위하여 국제연합총회에 제출된다.

2. 개정안은 국제연합총회의 승인을 얻고, 각기 자국의 헌법절차에 따라 이 규약당사국의 3분의 2의 다수가 수락하는 때 발효한다.

3. 개정안은 발효 시 이를 수락한 당사국을 구속하며, 여타 당사국은 계속하여 이 규약의 규정 및 이미 수락한 그 이전의 모든 개정에 의하여 구속된다.

제30조

제26조 제5항에 의한 통보에 관계없이, 국제연합사무총장은 동 조 제1항에서 언급된 모든 국가에 다음을 통보한다.

(a) 제26조에 의한 서명, 비준 및 가입

(b) 제27조에 의한 이 규약의 발효일자 및 제29조에 의한 모든 개정의 발효일자

제31조

1. 이 규약은 중국어, 영어, 불어, 러시아어 및 서반아어본이 동등히 정본이며, 국제연합 문서보존소에 기탁된다.

2. 국제연합사무총장은 제26조에서 언급된 모든 국가들에게 이 규약의 인증등본을 송부한다.

이상의 증거로, 하기 서명자들은 각자의 정부에 의하여 정당히 권한을 위임받아 일천구백육십육년 십이월 십구일 뉴욕에서 서명을 위하여 개방된 이 규약에 서명하였다.

[출처] 국가법령정보센터, http://www.law.go.kr/trtyInfoP.do?mode=4&trtySeq=232&chrClsCd=010202

【부록 6】 난민의 지위에 관한 협약 (1951년 7월 28일)

전 문

체약국은, 국제연합헌장과 1948년 12월 10일 국제연합 총회에 의하여 승인된 세계인권선언이 인간은 차별없이 기본적인 권리와 자유를 향유한다는 원칙을 확인하였음을 고려하고,

국제연합이 기회가 있을 때마다 여러번 난민에 대한 깊은 관심을 표명하였고 난민에게 이러한 기본적인 권리와 자유의 가능한 한 광범위한 행사를 보장하려고 노력하였음을 고려하며,

난민의 지위에 관한 종전의 국제협정들을 개정하고 통합하며, 그러한 문서의 적용범위와 그 문서에 의하여 부여되는 보호를 새로운 협정에 의하여 확대시키는 것이 바람직함을 고려하며,

난민에 대한 비호의 부여는 특정국가에게 부당하게 과중한 부담이 될 수 있고, 또한 국제적 범위와 성격을 가진다고 국제연합이 인정하는 문제에 관한 만족할 만한 해결은 국제협력이 없이는 이루어질 수 없음을 고려하며,

모든 국가가 난민문제의 사회적, 인도적 성격을 인식하고, 이 문제가 국가간의 긴장의 요인이 되지 않도록 가능한 모든 조치를 취할 것을 희망하며,

국제연합 난민고등판무관이 난민보호를 규정하는 국제협약의 이행을 감독할 임무를 맡고 있음을 유의하고, 또한 이 문제를 다루기 위하여 취하여지는 조치

의 효과적인 조정은 각국과 고등판무관간의 협력에 달려 있음을 인정하며,

다음과 같이 합의하였다.

제1장 일반 규정

제1조 "난민"의 용어 정의

A. 이 협약의 목적상, "난민"의 용어는 다음과 같은 자에게 적용된다.

    (1) 1926년 5월 12일 및 1928년 6월 30일의 협정 또는 1933년 10월 28일 및 1938년 2월 10일의 협약, 1939년 9월 14일의 의정서 또는 국제난민기구 헌장에 의하여 난민으로 간주되고 있는 자.

    국제난민기구가 그 활동기간동안 취한 난민 부적격성에 대한 결정은 이 조 제2호의 요건을 충족하는 자에게 부여되는 난민의 지위를 방해하지 아니한다.

    (2) 1951년 1월 1일 이전에 발생한 사건의 결과로서, 또한 인종, 종교, 국적, 특정사회집단의 구성원 신분 또는 정치적 의견을 이유로 박해를 받을 우려가 있다는 충분한 근거가 있는 공포로 인하여, 자신의 국적국 밖에 있는 자로서, 국적국의 보호를 받을 수 없거나, 또는 그러한 공포로 인하여 국적국의 보호를 받는 것을 원하지 아니하는 자. 또는 그러한 사건의 결과로 인하여 종전의 상주국 밖에 있는 무국적자로서, 상주국에 돌아갈 수 없거나, 또는 그러한 공포로 인하여 상주국으로 돌아가는 것을 원하지 아니하는 자.

    2개 이상의 국적을 가진 자의 경우, "국적국"의 용어는 그가 국적을 가지고 있는 국가 각각을 의미하며, 또한 충분한 근거가 있는 공포에 기초한 정당한 이유없이 국적국중 어느 한 국가의 보호를 받고 있지 아니하였다면 당해인에게 국적국의 보호가 없는 것으로 인정되지 아니한다.

B. (1) 이 협약의 목적상, 제1조 제A항의 "1951년 1월 1일 이전에 발생한

사건"의 용어는, 다음중 어느 하나

(a) "1951년 1월 1일 이전에 유럽에서 발생한 사건". 또는

(b) "1951년 1월 1일 이전에 유럽이나 기타 지역에서 발생한 사건"을 의미하는 것으로 이해되며, 또한 각 체약국은 서명, 비준 또는 가입시에 이 협약상의 의무를 이행함에 있어서 상기 두가지 의미중 어느 규정을 적용할 것인지를 명백히 하는 선언을 한다.

(2) (a)규정을 채택한 체약국은 (b)규정의 적용을 채택하여 국제연합사무총장에게 통고함으로써 언제든지 그 의무를 확대할 수 있다.

C. 이 협약은 제A항의 조건을 충족하는 자가 다음과 같은 경우에 해당되는 경우 그 적용이 중지된다.

(1) 자발적으로 국적국의 보호를 다시 받고 있는 경우. 또는

(2) 국적을 상실한 후, 자발적으로 국적을 회복한 경우. 또는

(3) 새로운 국적을 취득하고, 또한 새로운 국적국의 보호를 받고 있는 경우. 또는

(4) 박해를 받을 우려가 있는 공포 때문에 거주하고 있는 국가를 떠나거나 또는 그 국가 밖에서 체류하고 있다가 자발적으로 그 국가에 재정착한 경우. 또는

(5) 난민으로 인정되게 된 관련사유가 소멸되었기 때문에, 더 이상 국적국의 보호를 받는 것을 거부할 수 없게 된 경우.

다만, 이 조항은 제A항 제1호에 해당되는 난민으로서 국적국의 보호를 거부하기 위하여 과거의 박해로부터 발생한 불가피한 사유에 호소하는 자에게는 적용되지 아니한다.

(6) 무국적자로서, 난민으로 인정되게 된 관련사유가 소멸되었기 때문에, 종전의 상주국으로 돌아갈 수 있는 경우.

다만, 이 조항은 동조 제A항 제1호에 해당하는 난민으로서 종전의 상주국으로 돌아가는 것을 거부하기 위하여 과거의 박해로부터 발생한 불가피한 사유에 호소하는 자에게는 적용되지 아니한다.

D. 이 협약은 국제연합 난민고등판무관 외에 국제연합의 다른 기구 또는 기관으로부터 보호 또는 원조를 현재 받고 있는 자에게는 적용되지 아니한다.

그러한 보호 또는 원조를 현재 받고 있는 자의 지위가 국제연합 총회에 의하여 채택된 관련 결의문에 따라 최종적으로 해결됨이 없이 그러한 보호 또는 원조의 부여가 어떠한 이유로 중지되는 경우, 그러한 자는 그 사실에 의하여 이 협약상의 이익을 부여받을 자격이 있다.

E. 이 협약은 당해인이 거주하고 있는 국가의 관할기관에 의하여 그 국가의 국적보유에 수반되는 권리와 의무를 가지는 것으로 인정된 자에게는 적용되지 아니한다.

F. 이 협약의 규정은 다음 각호에 해당된다고 인정된 상당한 이유가 있는 자에게는 적용하지 아니한다.

(a) 평화에 반하는 범죄, 전쟁범죄, 또는 인도에 반하는 범죄에 관하여 규정하고 있는 국제문서에서 정하여진 범죄를 저지른 자.

(b) 난민으로서 피난국에 입국하는 것이 허가되기 이전에 그 국가 밖에서 중대한 비정치적 범죄를 저지른 자.

(c) 국제연합의 목적과 원칙에 반하는 행위를 한 자.

제2조 일반적 의무

모든 난민은 자신이 체재하는 국가에 대하여 특히 그 국가의 법규를 준수할 의무 및 공공질서를 유지하기 위한 조치에 따를 의무를 진다.

제3조 무차별원칙

체약국은 난민에게 인종, 종교 또는 출신국에 의한 차별없이 이 협약의 규정을 적용한다.

제4조 종교

체약국은 그 영역 내의 난민에게 그의 종교를 신봉하는 자유 및 자녀의 종교교육에 관한 자유에 대하여 적어도 자국민에게 부여되는 것과 동등한 호의적 대우를 부여한다.

제5조 이 협약과는 관계없이 부여되는 권리

이 협약상의 어떠한 규정도 이 협약과는 별도로 체약국이 난민에게 인정하는 권리와 이익을 침해하는 것으로 간주되지 아니한다.

제6조 "동일한 사정하에서"의 용어

이 협약의 목적상, "동일한 사정하에서"의 용어는 성격상 난민이 충족시킬 수 없는 요건을 제외하고, 특정 개인이 그가 난민이 아니라고 할 경우에 당해권리를 향유하기 위하여 갖추어야 하는(체재 또는 거주의 기간과 조건에 관한 요건을 포함한다)요건이 충족되어야 함을 의미한다.

제7조 상호주의로부터의 면제
1. 체약국은 난민에게 이 협약이 보다 유리한 규정을 두고 있는 경우를 제외하고, 일반적으로 외국인에게 부여하는 것과 동등한 대우를 부여한다.
2. 모든 난민은 어떠한 체약국의 영역 내에서 3년간 거주한 후에 그 체약국의 영역내에서의 입법상의 상호주의로부터 면제를 받는다.
3. 각 체약국은 자국에 대하여 이 협약이 발효하는 날에 상호주의의 적용없이 난민에게 이미 인정되고 있는 권리와 이익을 계속해서 부여한다.
4. 체약국은 제2항과 제3항에 따라 주어진 권리와 이익 외의 권리와 이익을 상호주의의 적용없이 난민에게 부여할 가능성과, 제2항과 제3항에 규정된 조건을 충족시키지 못하고 있는 난민에게도 상호주의로부터의 면제를 적용할 가능성을 호의적으로 고려한다.
5. 제2항과 제3항의 규정은 모두 이 협약의 제13조, 제18조, 제19조, 제21조 및 제22조에서 규정하는 권리와 이익 및 이 협약에서 규정하고 있지 아니하는 권리와 이익에도 적용한다.

제8조 예외적 조치로부터의 면제

체약국은, 특정한 외국국민의 신체, 재산 또는 이익에 대하여 취하여질 수 있는 예외적 조치에 관하여, 형식상 당해 외국의 국민인 난민에 대하여 단순히 그 국가의 국적을 가졌다는 이유만으로 그 조치를 적용하여서는 아니된다. 자국의 법령상 이 조항에 언급된 일반원칙을 적용할 수 없는 체약국은 적당한 경우 그러한 난민에게 유리하게 예외적 조치로부터의 면제를 인정한다.

제9조 잠정조치

이 협약의 어떠한 규정도, 전시 또는 기타 중대하고 예외적인 상황에서, 특정 개인에 관하여 국가안보를 위하여 불가결하다고 보는 조치를 잠정적으로 취하는 것을 방해하지 아니한다. 다만, 그 잠정조치는, 특정 개인이 사실상 난민인가의 여부 또한 그에 관하여 그러한 조치를 계속 적용하는 것이 국가안보의 이익을 위하여 필요한 것인지의 여부를 체약국이 결정할 때까지에 한한다.

제10조 거주의 계속

1. 난민이 제2차 세계대전중에 강제로 퇴거되어 어느 체약국의 영역으로 이동되어서 그 영역 내에 거주하고 있는 경우, 그러한 강제된 체류기간은 그 영역내에서 합법적으로 거주한 것으로 간주된다.
2. 난민이 제2차 세계대전중에 어느 체약국의 영역으로부터 강제로 퇴거되었다가 이 협약의 발효일 이전에 거주목적으로 그 영역 내에 다시 귀환한 경우, 그러한 강제퇴거 전후의 거주기간은 계속적인 거주가 요건이 되는 어떠한 경우에 있어서도 계속된 하나의 기간으로 간주된다.

제11조 선원 난민

체약국은 자국을 기국으로 하는 선박에 승선하고 있는 선원으로서 정규적으로 근무하는 난민의 경우에, 자국의 영역 내에서 정착하는 것에 관하여 호의적으로 고려하고, 특히 타국에서의 정착을 용이하게 하기 위하여 여행증명서를 발급하거나 또는 자국의 영역에 일시적으로 입국을 허가하는 것에 관하여 호의적으로 고려한다.

국제기구와 인권·난민·이주

제2장 법적 지위

제12조 개인적 지위

1. 난민의 개인적 지위는 그의 주소지 국가의 법에 의하여, 또는 주소가 없는 경우에는 거소지 국가의 법에 의하여 규율된다.
2. 난민이 이전에 취득한 권리로서 개인적 지위에 수반되는 권리, 특히 혼인에 수반되는 권리는, 당해 권리가 그 체약국의 법에 정하여진 절차를 필요로 하는 경우 이에 따를 것을 조건으로 하여, 그 체약국에 의하여 존중된다. 다만 당해 권리는 난민의 자격을 얻지 못한 경우라도 그 체약국의 법에 의하여 인정된 것이어야 한다.

제13조 동산 및 부동산

체약국은 난민에게, 동산과 부동산의 소유권과 이에 관한 기타 권리의 취득 및 동산과 부동산에 관한 임대차 및 기타 계약에 관하여, 가능한 한 유리한 대우를, 그리고 어떠한 경우에 있어서도 동일한 사정하에서 일반적으로 외국인에게 부여하는 것보다 불리하지 아니한 대우를 부여한다.

제14조 저작권 및 산업재산권

난민은 발명, 의장 또는 모형, 상표, 상호와 같은 산업재산권과 문학적, 예술적 및 학술적 저작물에 대한 권리의 보호에 관하여, 그가 상주거소를 가지는 국가에서 그 국가의 국민에게 부여되는 것과 동일한 보호를 부여받는다. 기타 체약국의 영역에서도, 그가 상주거소를 가지는 국가의 국민에게 그 체약국의 영역에서 부여되는 것과 동일한 보호를 부여받는다.

제15조 결사의 권리

체약국은 합법적으로 그 국가의 영역 내에 체재하는 난민에게 비정치적이고 비영리적인 단체와 노동조합에 관한 사항에 관하여, 동일한 사정하에서 외국국민에게 부여한 것중 가장 유리한 대우를 부여한다.

제16조 재판을 받을 권리

1. 난민은 모든 체약국의 영역 내에서 자유로이 재판을 받을 권리를 가진다.
2. 난민은 상주거소를 가지는 체약국에서 법률구조 및 소송비용의 담보면제를 포함한 재판을 받을 권리에 관한 사항에 있어서 그 체약국의 국민에게 부여되는 것과 동일한 대우를 부여받는다.
3. 난민은 상주거소를 가지고 있는 체약국외의 다른 체약국에서 제2항에 규정된 사항에 관하여 상주거소를 가지는 체약국의 국민에게 인정되는 것과 동일한 대우를 부여받는다.

제3장 유급직업

제17조 임금이 지급되는 직업

1. 체약국은 합법적으로 자국영역 내에 체재하는 난민에게 임금이 지급되는 직업에 종사할 권리에 관하여 동일한 사정하에서 외국국민에게 부여하는 것중 가장 유리한 대우를 부여한다.
2. 어떠한 경우에 있어서도, 국내 노동시장을 보호하기 위하여 외국인 또는 외국인의 고용에 부과하는 제한적 조치는, 관련 체약국에 대하여 이 협약의 발효일에 이미 그 조치로부터 면제된 난민, 또는 다음의 조건중 어느 하나를 충족시키는 난민에게는 적용되지 아니한다.
   (a) 그 체약국에서 3년이상 거주하고 있는 자.
   (b) 그 난민이 거주하고 있는 체약국의 국적을 보유하고 있는 배우자가 있는 자. 난민이 그러한 배우자를 유기한 경우에는 이 규정상의 혜택을 받을 수 없다.
   (c) 그 난민이 거주하고 있는 체약국의 국적을 보유하고 있는 1명 또는 그 이상의 자녀가 있는 자.
3. 체약국은 임금이 지급되는 직업에 있어서 모든 난민의 권리를, 특히 노동인력 수급계획 또는 이주민 계획에 따라 그 영역 내에 입국한 난민의 권리를 자국민의 권리와 동일하게 할 것을 호의적으로 고려한다.

제18조 자영업

체약국은 합법적으로 그 영역 내에 있는 난민에게 자기의 뜻대로 농업, 공업, 수공업 및 상업분야에서 종사하는 권리 및 상업상, 산업상 회사를 설립할 권리에 관하여, 가능한 한 유리한 대우를 부여하고, 어떠한 경우에 있어서도 동일한 사정하에서 일반적으로 외국인에게 부여하는 것보다 불리하지 아니한 대우를 부여한다.

제19조 자유업

1. 각 체약국은 그 국가의 관할기관이 인정한 자격증을 가지고 있으면서 자유업에 종사하기를 원하는, 그 영역 내에 합법적으로 체재하는 난민에게, 가능한 한 유리한 대우를, 어떠한 경우에 있어서도 동일한 사정하에서 일반적으로 외국인에게 부여하는 것보다 불리하지 아니한 대우를 부여한다.
2. 체약국은 자국 영역 외에 국제관계에 책임이 있는 영역 내에서 그러한 난민의 정착을 보장하기 위하여 자국의 헌법과 법률에 따라 최선의 노력을 다한다.

제4장 복지

제20조 배 급

공급이 부족한 물자의 분배를 규제하는 것으로서 주민전체에 적용되는 배급제도가 있는 경우, 난민은 내국민과 동일한 대우를 부여받는다.

제21조 주 거

체약국은, 주거에 관한 사항이 법령의 규제를 받거나 또는 공공기관의 관리하에 있는 경우, 합법적으로 자국영역 내에 체재하는 난민에게 주거에 관하여 가능한 유리한 대우를, 어떠한 경우에 있어서도, 동일한 사정하에서 일반적으로 외국인에게 부여되는 것보다 불리하지 아니한 대우를 부여한다.

제22조 공공교육

1. 체약국은 난민에게 초등교육에 관하여 자국민에게 부여되는 것과 동일한 대우를 부여한다.
2. 체약국은 난민에게, 초등교육외의 교육에 관하여, 특히 수학의 기회, 외국 학교의 학업증명서, 학위수여증 및 학위의 인정, 수업료와 공납금의 면제 및 장학금의 수여에 관하여, 가능한 한 유리한 대우를 부여하고, 어떠한 경우에 있어서도, 동일한 사정하에서 일반적으로 외국인에게 부여하는 것 보다 불리하지 아니한 대우를 부여한다.

제23조 공적 구호

체약국은 합법적으로 자국영역 내에 체재하는 난민에게 공적 구호와 공적 원조에 관하여 자국민에게 부여되는 것과 동일한 대우를 부여한다.

제24조 노동법과 사회보장

1. 체약국은 합법적으로 자국영역 내에 체재하는 난민에게 다음과 같은 사항 에 관하여 자국민에게 부여하는 것과 동일한 대우를 부여한다.
   (a) 보수의 일부가 되는 가족수당을 포함한 보수, 노동시간, 초과근무시 조치, 임금이 지급되는 휴일근무, 가내근로의 제한, 최저고용연령, 견 습과 훈련, 여성과 연소자의 노동 및 노사의 단체교섭에 의한 이익에 관한 사항이 법령에 의하여 규율되고 또는 행정기관의 규제를 받는 경우.
   (b) 사회보장(산업재해, 직업병, 모성보호, 질병, 불구, 노령, 사망, 실업, 가족부양 및 국내법령에 의하여 사회보장제도의 대상이 되는 기타 사 고에 관한 법규정), 다만, 다음의 조치에 따를 것을 조건으로 한다.
      (i) 취득한 권리와 취득과정중에 있는 권리의 유지를 위한 적절한 조치가 있을 수 있다.
      (ii) 난민이 거주하고 있는 국가의 국내법령은 공공기금으로부터 전 액 지급되는 연금의 전부 또는 그 일부에 관하여, 또한 일반 연 금의 지급에 필요한 기여조건을 충족시키지 못하는 자에게 지급

되는 수당에 관하여 특별한 조치를 취할 수 있다.

2. 산업재해 또는 직업병으로 인한 난민의 사망에 대한 보상청구권은 수혜자 가 체약국의 영역 밖에 거주하고 있다는 사실에 의하여 영향을 받지 아니 한다.

3. 체약국은 사회보장에 관하여 이미 취득한 권리와 취득과정중에 있는 권리 의 유지에 관하여, 다른 체약국들간에 이미 체결한 협정 또는 장래 체결할 협정에 의한 이익과 동일한 이익을, 당해협정의 서명국의 국민에게 적용 되는 조건을 난민이 충족시키고 있는 한, 그 난민에게 부여한다.

4. 체약국은 상기한 체약국과 비체약국간의 언제든지 유효할 수 있는 유사한 협정에 의한 이익과 동일한 이익을 가능한 한 난민에게도 확대하여 부여 하는 것을 호의적으로 고려한다.

제5장 행정적 조치

제25조 행정적 원조

1. 난민이 그의 권리행사를 위하여 통상적으로 외국기관의 원조가 필요한 경우 그 기관의 원조를 구할 수 없는 때에는, 그 난민이 거주하고 있는 체약국은 자국의 기관 또는 국제기관에 의하여 그러한 원조가 난민에게도 제공되도록 조치를 취한다.

2. 제1항에서 말하는 자국의 기관 또는 국제기관은, 난민에게 외국인이 통상 적으로 본국의 기관으로부터 또는 이를 통하여 발급받는 것과 유사한 문 서 또는 증명서를 발급하거나, 또는 그 감독하에서 이들 문서 또는 증명서 가 발급되도록 한다.

3. 상기와 같이 발급되는 문서 또는 증명서는 외국인이 본국의 기관으로부터 또는 이를 통하여 발급받는 공문서를 대신하는 것이 되고, 또한 반증이 없는 한 공신력을 가진다.

4. 빈곤한 자에게 인정될 수 있는 예외적인 대우가 있는 것을 조건으로 하여, 이 조에 규정하는 사무에 대하여 수수료를 부과할 수 있다. 그러나 그러한

수수료는 적절하여야 하고 유사한 사무에 대하여 자국민에게 부과되는 수수료에 상응하는 것이어야 한다.

5. 이 조항의 규정은 제27조와 제28조의 적용을 방해하지 아니한다.

제26조 이동의 자유

각 체약국은 합법적으로 자국 영역 내에 체재하고 있는 난민에게, 동일한 사정하에서 일반적으로 외국인에게 적용되는 규제에 따를 것을 조건으로 하여, 그 영역 내에서 거주지를 선택하고 자유롭게 이동할 권리를 인정한다.

제27조 신분증명서

체약국은 그 영역 내에 있으면서 유효한 여행증명서를 가지고 있지 아니한 난민에게 신분증명서를 발급한다.

제28조 여행증명서

1. 체약국은 합법적으로 자국영역 내에 체재하고 있는 난민에게 국가안보 또는 공공질서를 위한 불가피한 사유가 없는 한, 그 영역 밖으로의 여행을 위한 여행증명서를 발급하고, 이 여행증명서에 관하여서는 이 협약의 부속서의 규정을 적용한다. 체약국은 그 영역 내에 있는 다른 난민에게도 이러한 여행증명서를 발급할 수 있고, 또한 특히 그 영역 내에 있는 난민으로서 그가 합법적으로 거주하고 있는 국가로부터 여행증명서를 발급받을 수 없는 자에게도 이러한 여행증명서의 발급에 관하여 호의적으로 고려한다.

2. 종전의 국제협정의 체약국이 그 협정이 정하는 바에 따라 난민에게 발급한 여행증명서는 그것이 이 조에 따라 발급되는 것으로서 이 협약의 체약국에 의하여 인정되고 동일하게 취급된다.

제29조 재정 공과금

1. 체약국은 난민에게 유사한 상황에서 자국민에게 부과하고 있거나 부과할 (명칭에 관계없이) 세금, 공과금 이외의 별도의 것이나 고율의 것을 부과

하지 아니한다.

2. 상기 조항은 외국인에게 신분증명서를 포함한 행정상 문서 발급에 대한 수수료에 관한 법규를 난민에게 적용하는 것을 방해하지 아니한다.

제30조 자산의 이전

1. 체약국은 자국의 법령에 따라 난민에게 그가 그 영역 내에 반입한 자산을 재정착을 목적으로 입국이 허가된 다른 국가로 이전하는 것을 허가한다.

2. 체약국은 난민이 입국이 허가된 다른 국가에서 그가 재정착하는데 필요한 자산의 이전허가 신청을 하는 경우 그 자산의 소재지에 관계없이 그 신청을 호의적으로 고려한다.

제31조 피난국에 불법으로 체재하고 있는 난민

1. 체약국은 이 협약 제1조와 같은 의미로 그들의 생명과 자유가 위협받는 영역에서 직접 탈출해 온 난민에게, 그들이 불법적으로 자국 영역 내에 입국하고 또는 체류하고 있다는 이유로 형벌을 과하여서는 아니된다. 다만 그 난민이 지체없이 국가기관에 출두하고 그들의 불법적인 입국 또는 체재에 대한 상당한 이유를 제시할 것을 조건으로 한다.

2. 체약국은 상기한 난민의 이주에 대하여 필요 이상의 제한을 가하지 아니하며, 또한 그러한 제한은 그 난민이 그 국가에서의 지위가 합법적으로 정하여지고 또는 그 난민이 다른 국가에의 입국허가를 얻을 때까지만 적용된다. 체약국은 그러한 난민에게 다른 국가에의 입국허가를 얻기 위하여 타당하다고 인정되는 기간과 이를 위하여 필요한 모든 편의를 부여한다.

제32조 추 방

1. 체약국은 국가안보 또는 공공질서를 이유로 하는 경우를 제외하고 합법적으로 자국영역 내에 체재하고 있는 난민을 추방하여서는 아니된다.

2. 이러한 난민의 추방은 적법절차에 따라 내려진 결정에 의하여서만 이루어져야 한다. 달리 국가안보를 위하여 불가피한 이유가 있는 경우를 제외하고, 그 난민은 자신이 추방될 이유가 없다는 결백함을 밝히는 증거를 제시

하고, 또한 관할기관 또는 관할기관이 특별히 지명한 자에게 이의를 신청하고 이 목적을 위하여 대리인을 내세우는 것이 인정된다.

3. 체약국은 이러한 난민에게 다른 국가에의 합법적인 입국허가를 얻을 수 있는 상당한 기간을 부여한다. 체약국은 그 기간동안 필요하다고 보는 국내조치를 취할 권한을 유보한다.

제33조 추방 및 송환의 금지

1. 체약국은 난민을 어떠한 방법으로도 인종, 종교, 국적, 특정사회집단의 구성원 신분 또는 정치적 의견을 이유로 그 생명 또는 자유가 위협받을 우려가 있는 영역의 국경으로 추방하거나 송환하여서는 아니된다.

2. 그러나 이 규정에 의한 이익은 그가 있는 국가의 안보에 위험하다고 인정되는 상당한 이유가 있고, 또는 특히 중대한 범죄를 저지른 것에 대한 최종적인 유죄판결이 내려지고 그 국가공동체에 대하여 위험한 존재가 되는 난민에 의하여는 요구될 수 없다.

제34조 귀 화

체약국은 난민의 자국에의 동화 및 귀화를 가능한 한 장려한다. 체약국은 특히 귀화절차를 신속히 행하기 위하여 또한 이러한 절차에 따른 수수료와 비용을 가능한 한 경감시키기 위하여 모든 노력을 다한다.

제6장 집행 및 경과규정

제35조 국가기관과 국제연합과의 협력

1. 체약국은 국제연합 난민고등판무관 사무소 또는 이를 승계하는 국제연합의 다른 기관의 임무수행에 있어서 이들 기관과 협력할 것을 약속하고, 특히 이들 기관이 이 협약의 규정 적용을 감독하는 임무를 원활히 수행할 수 있도록 편의를 제공한다.

2. 체약국은 고등판무관 사무소 또는 이를 승계하는 국제연합의 다른 기관이

국제연합의 관할기관에 보고를 할 수 있게 하기 위하여 요청에 따른 다음에 관한 정보 및 통계자료를 적당한 양식으로 제공할 것을 약속한다.
(a) 난민의 상태
(b) 이 협약의 이행 상황, 그리고
(c) 난민에 관한 현행 법령 및 장차 시행될 법령.

제36조 국내법에 관한 정보
체약국은 국제연합사무총장에게 이 협약의 적용을 확보하기 위하여 제정하는 국내법령을 통보한다.

제37조 종전의 협약과의 관계
1. 이 협약 제28조 제2항을 침해함이 없이, 이 협약은 체약국간에 1922년 7월 5일, 1924년 5월 31일, 1926년 5월 12일, 1928년 6월 30일 및 1935년 7월 30일의 협정과, 1933년 10월 28일 및 1938년 2월 10일의 협약, 1939년 9월 14일의 의정서 및 1946년 10월 15일의 협정을 대신한다.

제7장 최종조항

제38조 분쟁 해결
이 협약의 해석 또는 적용에 관한 체약국간의 어떠한 분쟁도 다른 방법에 의하여 해결될 수 없는 것은 분쟁당사국중 어느 일방당사국의 요청에 따라 국제사법재판소에 회부한다.

제39조 서명, 비준 및 가입
1. 이 협약은 1951년 7월 28일에 제네바에서 서명을 위하여 개방되고 이후 국제연합사무총장에게 기탁된다. 이 협약은 1951년 7월 28일에서 동년 8월 31일까지 국제연합 유럽사무국에서, 동년 9월 17일에서 1952년 12월 31일까지 국제연합 본부에서 서명을 위하여 다시 개방된다.

2. 이 협약은 국제연합의 모든 회원국과, 또한 난민 및 무국적자의 지위에 관한 전권대사 회의에 참석하도록 초청된 국가 또는 국제연합 총회에 의하여 서명하도록 초청받은 국가의 서명을 위하여 개방된다. 이 협약은 비준되고 비준서는 국제연합사무총장에게 기탁된다.

3. 이 협약은 이 조 제2항에서 언급된 국가들의 가입을 위하여 1951년 7월 28일부터 개방된다. 가입은 국제연합사무총장에게 가입서를 기탁함으로써 이루어진다.

제40조 적용영역 조항

1. 어떠한 국가도 서명, 비준 또는 가입시에 그 국가가 국제관계의 책임을 지고 있는 영역의 전부 또는 일부에 관하여 이 협약을 적용한다는 것을 선언할 수 있다. 그러한 선언은 이 협약이 관련국에 대하여 발효할 때 효력을 발생한다.

2. 그후에는 국제연합사무총장에게 언제든지 통고함으로써 그러한 적용을 행하고, 또한 그러한 적용은 국제연합사무총장이 통고를 받은 날로부터 90일 후 또는 관련국에 대하여 이 협약이 발효한 날의 양자중 늦은 날부터 효력을 발생한다.

3. 각 관련국은 서명, 비준 또는 가입시에 이 협약이 적용되지 아니하는 영역에 관하여, 이 협약의 적용을 확대하기 위하여 헌법상 이유로 필요한 경우에 그러한 영역의 정부의 동의를 조건으로 하여 필요한 조치를 취할 가능성을 검토한다.

제41조 연방조항

1. 체약국이 연방제국가이거나 또는 단일제국가가 아닌 경우에는, 다음 규정을 적용한다.

    (a) 연방의 입법기관의 입법권의 범위내에 속하는 이 협약의 규정에 관하여는, 연방정부의 의무는 연방제국가가 아닌 체약국의 의무와 동일하다.

    (b) 이 협약의 규정으로서 그 실시가 연방구성국, 주 또는 현의 입법권의 범위 내에 속하고, 연방의 헌법제도상 연방구성국, 주 또는 현이 입법

조치를 취할 의무가 없는 것에 관하여는, 연방정부는 연방구성국, 주 또는 현의 적절한 기관에 대하여 가능한 한 신속히 호의적인 권고로서 이 규정을 통보한다.

(c) 이 협약의 체약국인 연방제국가는 국제연합사무총장을 통하여 전달된 다른 체약국으로부터 요청이 있는 경우, 이 협약의 특정규정에 관한 연방 및 그 구성단위의 법과 관행에 관하여 설명하고, 또한 입법조치 또는 다른 조치에 의하여 그 규정이 어느 정도 효과적으로 이행되고 있는지를 증명한다.

제42조 유 보

1. 어떠한 국가도 서명, 비준 또는 가입시에 이 협약 제1조, 제3조, 제4조, 제16조 제1항, 제33조, 제36조부터 제46조를 제외한 조항에 대하여 유보를 할 수 있다.

2. 이조 제1항에 따라 유보를 한 어떠한 국가도 국제연합사무총장에게 통고함으로써 유보를 언제든지 철회할 수 있다.

제43조 발 효

1. 이 협약은 여섯번째 비준서 또는 가입서가 기탁된 날로부터 90일 후에 발효한다.

2. 이 협약은 여섯번째 비준서 또는 가입서가 기탁된 후 협약을 비준 또는 가입하는 국가에 대하여는, 그 비준서 또는 가입서가 기탁된 날로부터 90일 후에 발효한다.

제44조 폐 기

1. 어떠한 체약국도 국제연합사무총장에게 통고함으로써 이 협약을 언제든지 폐기할 수 있다.

2. 폐기는 국제연합사무총장이 통고를 받은 날로부터 1년 후에 관련 체약국에 대하여 효력을 발생한다.

3. 제40조에 따라 선언 또는 통고를 행한 국가는 그 후 언제든지 국제연합사

무총장에게 통고함으로써 상기한 영역에 이 협약의 적용을 중지한다는 선언을 할 수 있다. 그 선언은 국제연합사무총장이 통고 받은 날로부터 1년 후에 효력을 발생한다.

제45조 개 정

1. 어떠한 체약국도 국제연합사무총장에게 통고함으로써 언제든지 이 협약의 개정을 요청할 수 있다.
2. 국제연합 총회는 상기 요청에 관하여 조치가 필요한 경우 이를 권고한다.

제46조 국제연합사무총장에 의한 통보

1. 국제연합사무총장은 모든 국제연합 회원국과 제39조에 규정된 비회원국에 대하여 다음 사항을 통보한다.

   (a) 제1조 제B항에 의한 선언 및 통고
   (b) 제39조에 의한 서명, 비준 및 가입
   (c) 제40조에 의한 선언 및 통고
   (d) 제42조에 의한 유보 및 철회
   (e) 제43조에 의한 이 협약의 발효일
   (f) 제44조에 의한 폐기 및 통고
   (g) 제45조에 의한 개정의 요청

이상의 약속으로서 하기 서명자는 각자의 정부를 대표하여 적법한 위임을 받고 이 협약에 서명하였다.

1951년 7월 28일 제네바에서 영어와 불어로 된 원본 1통을 작성하고, 원본은 국제연합 문서 보존국에 기탁되고, 그 인증등본은 모든 국제연합 회원국과 제39조에 규정된 비회원국에게 송부된다.

[출처] 유엔난민기구 http://www.unhcr.or.kr/unhcr/html/001/001001003003.html

【부록 7】 난민의 지위에 관한 의정서 (1967년 1월 31일)

이 의정서의 당사국은,

1951년 7월 28일 제네바에서 채택된 난민의 지위에 관한 협약(이하 협약이라 함)이 1951년 1월 1일 이전에 발생한 사건의 결과로서 난민이 되었던 자에게만 적용된다는 점을 고려하고,

협약이 채택된 이후에 새로운 사태에 의하여 난민이 발생하였고 따라서 이러한 난민은 협약의 적용범위에 속하지 아니할 수 있다는 점을 고려하고,
1951년 1월 1일의 기준시점에 관계없이 협약의 정의에 해당되는 모든 난민이 동등한 지위를 향유하여야 한다는 것이 바람직하다는 점을 고려하여,

다음과 같이 합의하였다.

제1조 일반규정
1. 이 의정서의 당사국은 다음에 정의된 난민에 대하여 협약 제2조에서 제34조까지의 규정을 적용할 것을 약속한다.
2. 이 의정서의 목적상, '난민'의 용어는, 이 조 제3항의 적용에 관한 것을 제외하고, 협약 제1조 제A항 제2호에 규정된 '1951년 1월 1일 이전에 발생한 사건의 결과로서 또한 ……' 및 '그러한 사건의 결과로서……'라는 문언이 삭제되었다면 협약 제1조의 정의에 해당하는 모든 자를 의미한다.
3. 이 의정서는 이 의정서의 당사국에 의하여 어떠한 지역적 제한없이 적용된다. 다만, 협약의 체약국이 된 국가가 협약 제1조 제B항 제1호 (a)에 따른다고 한 선언은 협약의 제1조 제B항 제2호에 의하여 확대되지 아니

하는 한 이 의정서에 의하여서도 적용된다.

제2조 국가기관과 국제연합과의 협력

1. 이 의정서의 당사국은 국제연합 난민고등판무관 사무소 또는 이를 승계하는 국제연합의 다른 기관의 임무 수행에 있어서 이들 기관과 협력할 것을 약속하고, 또한 특히 이들 기관이 이 의정서의 규정의 적용을 감독하는 임무를 원활히 수행할 수 있도록 편의를 제공한다.
2. 이 의정서의 당사국은 고등판무관 사무소 또는 이를 승계하는 국제연합의 다른 기관이 국제연합의 관할기관에 보고할 수 있게 하기 위하여, 요청에 따른 다음 사항에 관한 정보 및 통계자료를 적당한 양식으로 제공할 것을 약속한다.
   (a) 난민의 상태
   (b) 이 의정서의 이행 상황
   (c) 난민에 관한 현행 법령 또는 장차 시행할 법령

제3조 국내법에 관한 정보

이 의정서의 당사국은 국제연합사무총장에게 이 의정서의 적용을 확보하기 위하여 제정하는 국내법령을 통보한다.

제4조 분쟁 해결

이 의정서의 해석 또는 적용에 관한 이 의정서의 당사국간의 어떠한 분쟁도 다른 방법에 의하여 해결될 수 없는 것은 분쟁당사국중 어느 일방당사국의 요청에 따라 국제사법재판소에 회부한다.

제5조 가 입

이 의정서는 협약의 모든 체약국 및 국제연합의 다른 회원국 또는 전문기관의 회원국 또는 국제연합 총회에 의하여 이 의정서에 가입하도록 초정받은 국가의 가입을 위하여 개방된다. 가입은 국제연합사무총장에게 가입서를 기탁함으로써 이루어진다.

국제기구와 인권·난민·이주

제6조 연방조항

당사국이 연방제국가이거나 또는 단일제국가가 아닌 경우에는, 다음 규정을 적용한다.

    (a) 이 의정서 제1조 제1항에 따라 적용될 협약의 규정으로서 연방의 입법기관의 입법권의 범위 내에 속하는 이 협약의 규정에 관하여는, 연방정부의 의무는 연방제국가가 아닌 당사국의 의무와 동일하다.

    (b) 이 의정서 제1조 제1항에 따라 적용될 협약의 규정으로서 그 실시가 연방구성국, 주 또는 현의 입법권에 속하고, 연방의 헌법제 도상 연방구성국, 주 또는 현이 입법조치를 취할 의무가 없는 것에 관하여는, 연방정부는 연방구성국, 주 또는 현의 적절한 기관에 대하여 가능한 한 신속히 호의적인 권고로서 이 규정을 통보한다.

    (c) 이 의정서의 당사국인 연방제국가는 국제연합사무총장을 통하여 전달된 다른 당사국으로부터 요청이 있는 경우, 이 의정서 제1조 제1항에 따라 적용되는 협약의 특정규정에 관한 연방 및 그 구성단위의 법과 관행에 관하여 설명하고, 또한 입법조치 또는 다른 조치에 의하여 그 규정이 어느 정도 효과적으로 이행되고 있는지를 증명한다.

제7조 유보 및 선언

1. 어떠한 국가도 가입시에 이 의정서 제4조에 관하여 또한 이 의정서 제1조에 따른 협약 제1조, 제3조, 제4조, 제16조 제1항 및 제33조를 제외한 규정에 대하여 유보를 할 수 있다. 다만, 협약 당사국이 이 조에 의하여 행한 유보는 이 협약의 적용을 받는 난민에 대하여는 적용되지 아니한다.

2. 협약 제42조에 따라 협약 당사국이 한 유보는 철회되지 아니하는 한 이 의정서에 의한 당사국의 의무에 대하여도 적용된다.

3. 이 조 제1항에 따라 유보를 한 어떠한 국가도 국제연합사무총장에게 통고함으로써 유보를 언제든지 철회할 수 있다.

4. 협약 체약국으로서 이 의정서에 가입한 국가는 협약 제40조 제1항 및 제2항에 의하여 행한 선언은, 관련당사국이 이 의정서의 가입시에 국제연합사무총장에게 달리 통고를 하지 아니하는 한, 이 의정서에 대하여서도 적

용되는 것으로 본다. 협약 제40조 제2항 및 제3항, 또한 제44조 제3항의 규정도 이 의정서에 준용한다.

제8조 발 효

1. 이 의정서는 여섯번째 가입서가 기탁되는 날에 발효한다.
2. 이 의정서는 여섯번째 가입서가 기탁된 후 의정서에 가입하는 국가에 대하여는, 그 가입서가 기탁된 날에 발효한다.

제9조 폐 기

1. 어떠한 당사국도 국제연합사무총장에게 통고함으로써 이 의정서를 언제든지 폐기할 수 있다.
2. 폐기는 국제연합사무총장이 통고를 받은 날로부터 1년 후에 관련 당사국에 대하여 효력을 발생한다.

제10조 국제연합사무총장에 의한 통보

국제연합사무총장은 제5조에 규정된 국가에 대하여 이 의정서의 발효일, 가입, 유보, 유보의 철회, 폐기 및 이 의정서에 관계된 선언과 통고를 통보한다.

제11조 국제연합 사무국의 문서보존국에의 기탁

이 의정서는 중국어, 영어, 불어, 러시아어 및 스페인어로 된 원본 1통으로 작성되고, 원본은 국제연합 총회의장 및 국제연합사무총장에 의하여 서명되었고 국제연합 사무국의 문서보존국에 기탁된다.

국제연합사무총장은 이 인증등본을 모든 국제연합 회원국 및 이들 회원국외에 상기 제5조에 규정된 국가에 송부한다.

부속서

제1항

1. 이 협약 제28조에 규정된 여행증명서는 부록에 첨부된 견본과 유사한 것으로 한다.
2. 증명서는 적어도 2개 언어로 작성되고, 그중 하나는 영어 또는 불어로 한다.

제2항

증명서를 발급하는 국가의 규칙에 따를 것을 조건으로 하여, 어린이는 부모 중 한사람의 여행증명서 또는 예외적인 경우에는 다른 성인 난민의 여행증명서에 포함될 수 있다.

제3항

증명서의 발급에 대하여 징수하는 수수료는 자국민의 여권발급에 드는 수수료의 최저액을 초과하여서는 아니된다.

제4항

특별한 경우 또는 예외적인 경우를 제외하고, 증명서는 가능한 한 다수의 국가에 대하여 유효한 것으로 발급된다.

제5항

증명서는 발급기관의 재량에 따라 1년 또는 2년의 유효기간을 가진다.

제6항

1. 증명서의 유효기간의 갱신 또는 연장은, 그 증명서의 소지인이 합법적으로 다른 국가의 영역 내에서 정착하지 아니하는 한, 또한 증명서의 발급기관이 있는 국가의 영역 내에서 합법적으로 거주하고 있는 한, 그 발급기관의 권한에 속한다.

2. 이 목적을 위하여 특히 권한을 위임받은 외교기관 또는 영사기관은, 6개월을 초과하지 아니하는 범위내에서 자국정부가 발급한 여행증명서의 유효기간을 연장할 수 있는 권한을 가진다.

3. 체약국은 이미 자국 영역 내에서는 합법적으로 거주하고 있지 아니하면서 현재 합법적으로 거주하고 있는 국가로부터 여행증명서를 발급받을 수 없는 난민에 대하여 여행증명서의 유효기간의 갱신, 연장, 또는 새로운 증명서의 발급에 대하여 호의적으로 고려한다.

제7항

체약국은 이 협약 제28조 규정에 따라 발급된 증명서의 효력을 인정한다.

제8항

난민이 가기를 원하는 국가의 관할기관은 그의 입국을 인정할 용의가 있고, 또한 사증이 필요하다면, 그가 소지한 증명서에 사증을 부여한다.

제9항

1. 체약국은 최종 목적지가 되는 국가의 사증을 받은 난민에게 통과사증을 발급할 것을 약속한다.

2. 통과사증의 발급은 외국인에게 사증의 발급을 거부할 수 있는 정당한 사유에 의하여 거부할 수 있다.

제10항

출국사증, 입국사증 또는 통과사증의 발급에 대한 수수료는 외국여권에 사증을 부여하는 경우의 수수료의 최저액을 초과하여서는 아니된다.

제11항

난민이 다른 체약국의 영역 내에서 합법적으로 거주를 정한 경우, 새로운 증명서를 발급하는 책임은 제28조의 규정에 따라 그 영역의 관할기관에 있고, 그 난민은 그 기관에 발급을 신청할 수 있다.

제12항

새로운 증명서를 발급하는 기관은 종전의 증명서를 회수하고, 증명서에 그것이 반송되도록 기재되어 있는 경우, 증명서를 발급해 준 국가에 이를 반송한다. 그러한 기재가 없는 경우에는 그 발급기관은 회수한 증명서를 무효로 한다.

제13항

1. 각 체약국은 이 협약 제28조에 따라 발급된 증명서의 소지인이 그 증명서의 유효기간동안 언제든지 자국의 영역에 재입국하는 것을 허가할 것을 약속한다.
2. 체약국은 전항의 규정에 따를 것을 조건으로 하여 증명서의 소지인에게 자국 영역의 출입국에 관하여 정하여진 절차에 따를 것을 요구할 수 있다.
3. 체약국은 예외적인 경우, 또는 난민의 체재가 일정기간 동안만 인정되는 경우, 증명서를 발급할 때, 그 난민이 체약국의 영역에 돌아올 수 있는 기간을 적어도 3개월에 미달하지 아니하는 기간으로 제한할 수 있는 권리를 가진다.

제14항

제13항의 규정만은 예외로, 이 부속서의 규정은 체약국의 영역에의 입국, 통과, 거주, 정착 및 출국에 관한 조건을 규율하는 법령에 어떠한 영향도 미치지 아니한다.

제15항

증명서의 발급 또는 이의 기재사항은 그 소지인의 지위, 특히 국적을 결정하거나 이에 영향을 미치지 아니한다.

제16항

증명서의 발급은 그 소지인에게 발급국의 외교기관 또는 영사기관에 의한 보호를 결코 부여하는 것이 아니며, 또한 이들 기관에 대하여 그를 보호할 권리를 부여하는 것도 아니다.

[출처] 유엔난민기구 http://www.unhcr.or.kr/unhcr/html/001/001001003003.html

【부록 8】 국제이주기구 헌장

(영문)

International Organization for Migration

Constitution

PREAMBLE

THE HIGH CONTRACTING PARTIES, RECALLING

the Resolution adopted on 5 December 1951 by the Migration Conference in Brussels,

RECOGNIZING

that the provision of migration services at an international level is often required to ensure the orderly flow of migration movements throughout the world and to facilitate, under the most favourable conditions, the settlement and integration of the migrants into the economic and social structure of the country of reception,

that similar migration services may also be required for temporary migration, return migration and intraregional migration,

that international migration also includes that of refugees, displaced persons and other individuals compelled to leave their homelands, and who are in need of international migration services,

국제기구와 인권·난민·이주

that there is a need to promote the cooperation of States and inter-national organizations with a view to facilitating the emigration of persons who desire to migrate to countries where they may achieve self dependence through their employment and live with their families in dignity and self-respect.

that migration may stimulate the creation of new economic oppor-tunities in receiving countries and that a relationship exists between migration and the economic, social and cultural conditions in developing countries,

that in the cooperation and other international activities for migration the needs of developing countries should be taken into account,

that there is a need to promote the cooperation of States and inter-national organizations, governmental and non-governmental, for research and consultation on migration issues, not only in regard to the migration process but also the specific situation and needs of the migrant as an individual human being,

that the movement of migrants should, to the extent possible, be carried out with normal transport services but that, on occasion, there is a need for additional or other facilities,

that there should be close cooperation and coordination among States, international organizations, governmental and non-governmental, on migration and refugee matters,

that there is a need for the international financing of activities related to international migration,

DO HEREBY ESTABLISH

The INTERNATIONAL ORGANIZATION FOR MIGRATION, hereinafter called the Organization, and ACCEPT THIS CONSTITUTION.

CHAPTER I — PURPOSES AND FUNCTIONS

Article 1

The purposes and functions of the Organization shall be:

to make arrangements for the organized transfer of migrants, for whom existing facilities are inadequate or who would not otherwise be able to move without special assistance, to countries offering opportunities for orderly migration;

to concern itself with the organized transfer of refugees, displaced persons and other individuals in need of international migration services for whom arrangements may be made between the Organization and the States concerned, including those States undertaking to receive them;

to provide, at the request of and in agreement with the States concerned, migration services such as recruitment, selection, processing, language training, orientation activities, medical examination, placement, activities facilitating reception and integration, advisory services on migration questions, and other assistance as is in accord with the aims of the Organization;

to provide similar services as requested by States, or in cooperation with other interested international organizations, for voluntary return migration, including voluntary repatriation;

to provide a forum to States as well as international and other organizations for the exchange of views and experiences, and the promotion of cooperation and coordination of efforts on international migration issues, including studies on such issues in order to develop practical solutions.

In carrying out its functions, the Organization shall cooperate closely with international organizations, governmental and non-governmental, concerned with migration, refugees and human resources in order, inter alia, to facilitate the coordination of international activities in these fields. Such cooperation shall be carried out in the mutual respect of the competences of the organizations concerned.

The Organization shall recognize the fact that control of standards of admission and the number of immigrants to be admitted are matters within the domestic jurisdiction of States, and, in carrying out its functions, shall conform to the laws, regulations and policies of the States concerned.

CHAPTER II — MEMBERSHIP

Article 2

The Members of the Organization shall be:

the States being Members of the Organization which have accepted this Constitution according to Article 29, or to which the terms of Article 30 apply;

other States with a demonstrated interest in the principle of free movement of persons which undertake to make a financial contribution at least to the administrative requirements of the Organization, the rate of which will be agreed to by the Council and by the State concerned, subject to a two-thirds majority vote of the Council and upon acceptance by the State of this Constitution in accordance with its constitutional processes.

Article 3

Any Member State may give notice of withdrawal from the Organization effective at the end of a financial year. Such notice must be in writing and must reach the Director General of the Organization at least four months before the end of the financial year. The financial obligations to the Organization of a Member State which has given notice of withdrawal shall include the entire financial year in which notice is given.

Article 4

A Member State which is in arrears in the payment of its financial contributions to the Organization shall have no right to vote if the amount of its arrears equals or exceeds the amount of the contributions due from it for the preceding two years. However, the loss of voting rights shall become effective one year after the Council has been informed that the member concerned is in arrears to an extent entailing the loss of voting rights, if at that time the Member State is still in arrears to the said extent. The Council may nevertheless, by a simple majority vote, maintain or restore the right to vote of such a Member State if it is satisfied that the failure to pay is due to conditions beyond the control of the Member State.

Any Member State may be suspended from membership by a two-thirds majority vote of the Council if it persistently violates the principles of this Constitution. The Council shall have the authority to restore such member-ship by a simple majority vote.

CHAPTER III — ORGANS

Article 5
There are established as the organs of the Organization:

the Council;
the Administration.

CHAPTER IV — COUNCIL

Article 6
The functions of the Council, in addition to those mentioned in other provisions of this Constitution, shall be:

to determine, examine and review the policies, programmes and activities of the Organization;

to review the reports and to approve and direct the activities of any subsidiary body;

to review the reports and to approve and direct the activities of the Director General;

to review and approve the programme, the Budget, the expenditure and the accounts of the Organization;

to take any other appropriate action to further the purposes of the Organization.

Article 7
1. The Council shall be composed of representatives of the Member States.

2. Each Member State shall have one representative and such alternates

and advisers as it may deem necessary.

3. Each Member State shall have one vote in the Council.

Article 8

The Council may admit, upon their application, nonmember States and international organizations, governmental or non-governmental, concerned with migration, refugees or human resources as observers at its meetings under conditions which may be prescribed in its rules of procedure. No such observers shall have the right to vote.

Article 9

The Council shall meet in regular session once a year.

The Council shall meet in special session at the request of:

one third of its members;

the Director General or the Chairman of the Council in urgent circumstances.

The Council shall elect, at the beginning of each regular session, a Chairman and other officers for a one-year term.

Article 10

The Council may set up such subsidiary bodies as may be required for the proper discharge of its functions.

Article 11

The Council shall adopt its own rules of procedure.

CHAPTER V — ADMINISTRATION

Article 12

The Administration shall comprise a Director General, a Deputy Director General and such staff as the Council may determine.

Article 13

The Director General and the Deputy Director General shall be elected by a two-thirds majority vote of the Council and may be re-elected for one additional term. Their term of office shall normally be five years but may, in exceptional cases, be less if a two-thirds majority of the Council so decides. They shall serve under contracts approved by the Council, which shall be signed on behalf of the Organization by the Chairman of the Council.

The Director General shall be responsible to the Council. The Director General shall discharge the administrative and executive functions of the Organization in accordance with this Constitution and the policies and decisions of the Council and the rules and regulations established by it. The Director General shall formulate proposals for appropriate action by the Council.

Article 14
The Director General shall appoint the staff of the Administration in accordance with the staff regulations adopted by the Council.

Article 15
In the performance of their duties, the Director General, the Deputy Director General and the staff shall neither seek nor receive instructions from any State or from any authority external to the Organization. They shall refrain from any action which might reflect adversely on their position as international officials.

Each Member State undertakes to respect the exclusively international character of the responsibilities of the Director General, the Deputy Director General and the staff and not to seek to influence them in the discharge of their responsibilities.

Efficiency, competence and integrity shall be the necessary considerations in the recruitment and employment of the staff which, except in special circumstances, shall be recruited among the nationals of the Member States of the Organization, taking into account the principle of equitable geographical distribution.

Article 16
The Director General shall be present, or be represented by the Deputy Director General or another designated official, at all sessions of the Council

and any subsidiary bodies. The Director General or the designated representative may participate in the discussions but shall have no vote.

Article 17
At the regular session of the Council following the end of each financial year, the Director General shall make to the Council a report on the work of the Organization, giving a full account of its activities during that year.

CHAPTER VI — HEADQUARTERS

Article 18
The Organization shall have its Headquarters in Geneva. The Council may, by a two-thirds majority vote, change its location.
The meetings of the Council shall be held in Geneva, unless two thirds of the members of the Council have agreed to meet elsewhere.

CHAPTER VII — FINANCE

Article 19
The Director General shall submit to the Council an annual budget covering the administrative and operational requirements and the anticipated resources of the Organization, such supplementary estimates as may be required and the annual or special accounting statements of the Organization.

Article 20
The requirements of the Organization shall be financed:
as to the Administrative part of the Budget, by cash contributions from Member States, which shall be due at the beginning of the financial year to which they relate and shall be paid promptly;
as to the Operational part of the Budget, by contributions in cash, in kind or in services from Member States, other States, international organizations, governmental or non-governmental, other legal entities or individuals, which shall be paid as early as possible and in full prior to the expiration

of the financial year to which they relate.

Member States shall contribute to the Administrative part of the Budget of the Organization at a rate agreed to by the Council and by the Member State concerned.

Contributions to the operational expenditure of the Organization shall be voluntary and any contributor to the Operational part of the Budget may stipulate with the Organization terms and conditions, consistent with the purposes and functions of the Organization, under which its contributions may be used.

All Headquarters administrative expenditure and all other administrative expenditure except that incurred in pursuance of the functions outlined in paragraph 1 (c) and (d) of Article 1 shall be attributed to the Administrative part of the Budget;

all operational expenditure and such administrative expenditure as is incurred in pursuance of the functions outlined in paragraph 1 (c) and (d) of Article 1 shall be attributed to the Operational part of the Budget.

The Council shall ensure that the management is conducted in an efficient and economical manner.

Article 21
The financial regulations shall be established by the Council.

CHAPTER VIII — LEGAL STATUS

Article 22
The Organization shall possess full juridical personality. It shall enjoy such legal capacity, as may be necessary for the exercise of its functions and the fulfilment of its purposes, and in particular the capacity, in accordance with the laws of the State:

to contract;
to acquire and dispose of immovable and movable property;
to receive and disburse private and public funds;
to institute legal proceedings.

Article 23

The Organization shall enjoy such privileges and immunities as are necessary for the exercise of its functions and the fulfilment of its purposes.

Representatives of Member States, the Director General, the Deputy Director General and the staff of the Administration shall likewise enjoy such privileges and immunities as are necessary for the independent exercise of their functions in connection with the Organization.

These privileges and immunities shall be defined in agreements between the Organization and the States concerned or through other measures taken by these States.

CHAPTER IX — MISCELLANEOUS PROVISIONS

Article 24

Except as otherwise expressly provided in this Constitution or rules made by the Council, all decisions of the Council and all subsidiary bodies shall be taken by a simple majority vote.

Majorities provided for in this Constitution or rules made by the Council shall refer to members present and voting.

No vote shall be valid unless a majority of the members of the Council or any subsidiary body concerned are present.

Article 25

Texts of proposed amendments to this Constitution shall be communicated by the Director General to Governments of Member States at least three months in advance of their consideration by the Council.

Amendments involving fundamental changes in the Constitution of the Organization or new obligations for the Member States shall come into force when adopted by two thirds of the members of the Council and accepted by two thirds of the Member States in accordance with their respective constitutional processes. Whether an amendment involves a fundamental change in the Constitution shall be decided by the Council by a two-thirds majority vote. Other amendments shall come into force when adopted by a two-thirds majority vote of the Council.

Article 26

Any dispute concerning the interpretation or application of this Constitution which is not settled by negotiation or by a two-thirds majority vote of the Council shall be referred to the International Court of Justice in conformity with the Statute of the Court, unless the Member States concerned agree on another mode of settlement within a reasonable period of time.

Article 27

Subject to approval by two thirds of the members of the Council, the Organization may take over from any other international organization or agency the purposes and activities of which lie within the purposes of the Organization such activities, resources and obligations as may be determined by international agreement or by mutually acceptable arrangements entered into between the competent authorities of the respective organizations.

Article 28

The Council may, by a three-quarters majority vote of its members, decide to dissolve the Organization.

Article 29

This Constitution shall come into force, for those Governments Members of the Intergovernmental Committee for European Migration which have accepted it in accordance with their respective constitutional processes, on the day of the first meeting of that Committee after:

at least two thirds of the Members of the Committee, and a number of Members whose contributions represent at least 75 percent of the Administrative part of the Budget, shall have communicated to the Director their acceptance of this Constitution.

Article 30

Those Governments Members of the Intergovernmental Committee for European Migration which have not by the date of coming into force of this Constitution communicated to the Director their acceptance of this Constitution may remain Members of the Committee for a period of one year

국제기구와 인권·난민·이주

from that date if they contribute to the administrative requirements of the Committee in accordance with paragraph 2 of Article 20, and they shall retain during that period the right to accept the Constitution.

Article 31
The English, French and Spanish texts of this Constitution shall be regarded as equally authentic.

1 The present text incorporates into the Constitution of 19 October 1953 of the Intergovernmental Committee for European Migration(former designation of the Organization), which entered into force on 30 November 1954, the amendments adopted on 20 May 1987 by the 55th Session of the Council (Resolution no. 724), which entered into force on 14 November 1989, and the amendments adopted on 24 November 1998 by the 76th Session of the Council(Resolution No. 997), which entered into force on 21 November 2013.

2 Articles 29 and 30 were implemented upon the entry into force on 30 November 1954 of the Constitution of 19 October 1953(at that time Articles 33 and 34) of the Intergovernmental Committee for European Migration(former designation of the Organization).

[출처] IOM, http://www.iom.int/cms/en/sites/iom/home.html

【부록 9】 유엔난민기구 헌장

(영문)

The UN Refugee Agency(UNHCR)
Convention relating to the Status of Refugees

PREAMBLE
THE HIGH CONTRACTING PARTIES, RECALLING

the Resolution adopted on 5 December 1951 by the Migration Conference in Brussels,

RECOGNIZING

that the provision of migration services at an international level is often required to ensure the orderly flow of migration movements throughout the world and to facilitate, under the most favourable conditions, the settlement and integration of the migrants into the economic and social structure of the country of reception,

that similar migration services may also be required for temporary migration, return migration and intraregional migration,

that international migration also includes that of refugees, displaced persons and other individuals compelled to leave their homelands, and who are in need of international migration services,

that there is a need to promote the cooperation of States and international organizations with a view to facilitating the emigration of persons who desire to migrate to countries where they may achieve self dependence through their employment and live with their families in dignity and self-respect.

that migration may stimulate the creation of new economic opportunities in receiving countries and that a relationship exists between migration and the economic, social and cultural conditions in developing countries,

that in the cooperation and other international activities for migration the needs of developing countries should be taken into account,

that there is a need to promote the cooperation of States and international organizations, governmental and non-governmental, for research and consultation on migration issues, not only in regard to the migration process but also the specific situation and needs of the migrant as an individual human being,

that the movement of migrants should, to the extent possible, be carried out with normal transport services but that, on occasion, there is a need for additional or other facilities,

that there should be close cooperation and coordination among States, international organizations, governmental and non-governmental, on migration and refugee matters,

that there is a need for the international financing of activities related to international migration,

DO HEREBY ESTABLISH

The INTERNATIONAL ORGANIZATION FOR MIGRATION, hereinafter called the Organization, and ACCEPT THIS CONSTITUTION.

CHAPTER I — PURPOSES AND FUNCTIONS

Article 1

The purposes and functions of the Organization shall be:

to make arrangements for the organized transfer of migrants, for whom existing facilities are inadequate or who would not otherwise be able to move without special assistance, to countries offering opportunities for orderly migration;

to concern itself with the organized transfer of refugees, displaced persons and other individuals in need of international migration services for whom arrangements may be made between the Organization and the States concerned, including those States undertaking to receive them;

to provide, at the request of and in agreement with the States concerned, migration services such as recruitment, selection, processing, language training, orientation activities, medical examination, placement, activities facilitating reception and integration, advisory services on migration questions, and other assistance as is in accord with the aims of the Organization;

to provide similar services as requested by States, or in cooperation with other interested international organizations, for voluntary return migration, including voluntary repatriation;

to provide a forum to States as well as international and other organizations for the exchange of views and experiences, and the promotion of cooperation and coordination of efforts on international migration issues, including studies on such issues in order to develop practical solutions.

In carrying out its functions, the Organization shall cooperate closely with international organizations, governmental and non-governmental, concerned with migration, refugees and human resources in order, inter alia, to facilitate the coordination of international activities in these fields. Such cooperation shall be carried out in the mutual respect of the competences of the organizations concerned.

The Organization shall recognize the fact that control of standards of admission and the number of immigrants to be admitted are matters within the domestic jurisdiction of States, and, in carrying out its functions, shall conform to the laws, regulations and policies of the States concerned.

국제기구와 인권·난민·이주

CHAPTER II — MEMBERSHIP

Article 2

The Members of the Organization shall be:

the States being Members of the Organization which have accepted this Constitution according to Article 29, or to which the terms of Article 30 apply;

other States with a demonstrated interest in the principle of free movement of persons which undertake to make a financial contribution at least to the administrative requirements of the Organization, the rate of which will be agreed to by the Council and by the State concerned, subject to a two-thirds majority vote of the Council and upon acceptance by the State of this Constitution in accordance with its constitutional processes.

Article 3

Any Member State may give notice of withdrawal from the Organization effective at the end of a financial year. Such notice must be in writing and must reach the Director General of the Organization at least four months before the end of the financial year. The financial obligations to the Organization of a Member State which has given notice of withdrawal shall include the entire financial year in which notice is given.

Article 4

A Member State which is in arrears in the payment of its financial contributions to the Organization shall have no right to vote if the amount of its arrears equals or exceeds the amount of the contributions due from it for the preceding two years. However, the loss of voting rights shall become effective one year after the Council has been informed that the member concerned is in arrears to an extent entailing the loss of voting rights, if at that time the Member State is still in arrears to the said extent. The Council may nevertheless, by a simple majority vote, maintain or restore the right to vote of such a Member State if it is satisfied that the failure to pay is due to conditions beyond the control of the Member State.

Any Member State may be suspended from membership by a two-thirds majority vote of the Council if it persistently violates the principles of this

Constitution. The Council shall have the authority to restore such membership by a simple majority vote.

CHAPTER III — ORGANS

Article 5
There are established as the organs of the Organization:
the Council;
the Administration.

CHAPTER IV — COUNCIL

Article 6
The functions of the Council, in addition to those mentioned in other provisions of this Constitution, shall be:

to determine, examine and review the policies, programmes and activities of the Organization;
to review the reports and to approve and direct the activities of any subsidiary body;
to review the reports and to approve and direct the activities of the Director General;
to review and approve the programme, the Budget, the expenditure and the accounts of the Organization;
to take any other appropriate action to further the purposes of the Organization.

Article 7
1. The Council shall be composed of representatives of the Member States.
2. Each Member State shall have one representative and such alternates and advisers as it may deem necessary.
3. Each Member State shall have one vote in the

Council.

Article 8

The Council may admit, upon their application, nonmember States and international organizations, governmental or non-governmental, concerned with migration, refugees or human resources as observers at its meetings under conditions which may be prescribed in its rules of procedure. No such observers shall have the right to vote.

Article 9

The Council shall meet in regular session once a year.

The Council shall meet in special session at the request of:

one third of its members;

the Director General or the Chairman of the Council in urgent circumstances.

The Council shall elect, at the beginning of each regular session, a Chairman and other officers for a one-year term.

Article 10

The Council may set up such subsidiary bodies as may be required for the proper discharge of its functions.

Article 11

The Council shall adopt its own rules of procedure.

CHAPTER V — ADMINISTRATION

Article 12

The Administration shall comprise a Director General, a Deputy Director General and such staff as the Council may determine.

Article 13

The Director General and the Deputy Director General shall be elected by a two-thirds majority vote of the Council and may be re-elected for one additional term. Their term of office shall normally be five years but may, in exceptional cases, be less if a two-thirds majority of the Council so decides. They shall serve under contracts approved by the Council, which shall be signed on behalf of the Organization by the Chairman of the Council.

The Director General shall be responsible to the Council. The Director General shall discharge the administrative and executive functions of the Organization in accordance with this Constitution and the policies and decisions of the Council and the rules and regulations established by it. The Director General shall formulate proposals for appropriate action by the Council.

Article 14

The Director General shall appoint the staff of the Administration in accordance with the staff regulations adopted by the Council.

Article 15

In the performance of their duties, the Director General, the Deputy Director General and the staff shall neither seek nor receive instructions from any State or from any authority external to the Organization. They shall refrain from any action which might reflect adversely on their position as international officials.

Each Member State undertakes to respect the exclusively international character of the responsibilities of the Director General, the Deputy Director General and the staff and not to seek to influence them in the discharge of their responsibilities.

Efficiency, competence and integrity shall be the necessary con-siderations in the recruitment and employment of the staff which, except in special circumstances, shall be recruited among the nationals of the Member States of the Organization, taking into account the principle of equitable geographical distribution.

Article 16

The Director General shall be present, or be represented by the Deputy Director General or another designated official, at all sessions of the Council and any subsidiary bodies. The Director General or the designated representative may participate in the discussions but shall have no vote.

Article 17

At the regular session of the Council following the end of each financial year, the Director General shall make to the Council a report on the work of the Organization, giving a full account of its activities during that year.

CHAPTER VI — HEADQUARTERS

Article 18

The Organization shall have its Headquarters in Geneva. The Council may, by a two-thirds majority vote, change its location.

The meetings of the Council shall be held in Geneva, unless two thirds of the members of the Council have agreed to meet elsewhere.

CHAPTER VII — FINANCE

Article 19

The Director General shall submit to the Council an annual budget covering the administrative and operational requirements and the anticipated resources of the Organization, such supplementary estimates as may be required and the annual or special accounting statements of the Organization.

Article 20

The requirements of the Organization shall be financed:

as to the Administrative part of the Budget, by cash contributions from Member States, which shall be due at the beginning of the financial year to which they relate and shall be paid promptly;

as to the Operational part of the Budget, by contributions in cash, in kind or in services from Member States, other States, international organizations, governmental or non-governmental, other legal entities or individuals, which shall be paid as early as possible and in full prior to the expiration of the financial year to which they relate.

Member States shall contribute to the Administrative part of the Budget of the Organization at a rate agreed to by the Council and by the Member State concerned.

Contributions to the operational expenditure of the Organization shall be voluntary and any contributor to the Operational part of the Budget may stipulate with the Organization terms and conditions, consistent with the purposes and functions of the Organization, under which its contributions may be used.

All Headquarters administrative expenditure and all other administrative expenditure except that incurred in pursuance of the functions outlined in paragraph 1 (c) and (d) of Article 1 shall be attributed to the Administrative part of the Budget;

all operational expenditure and such administrative expenditure as is incurred in pursuance of the functions outlined in paragraph 1 (c) and (d) of Article 1 shall be attributed to the Operational part of the Budget.

The Council shall ensure that the management is conducted in an efficient and economical manner.

Article 21

The financial regulations shall be established by the Council.

CHAPTER VIII — LEGAL STATUS

Article 22

The Organization shall possess full juridical personality. It shall enjoy such legal capacity, as may be necessary for the exercise of its functions and the fulfilment of its purposes, and in particular the capacity, in accordance with the laws of the State:

to contract;
to acquire and dispose of immovable and movable property;
to receive and disburse private and public funds;
to institute legal proceedings.

Article 23

The Organization shall enjoy such privileges and immunities as are necessary for the exercise of its functions and the fulfilment of its purposes.

Representatives of Member States, the Director General, the Deputy Director General and the staff of the Administration shall likewise enjoy such privileges and immunities as are necessary for the independent exercise of their functions in connection with the Organization.

These privileges and immunities shall be defined in agreements between the Organization and the States concerned or through other measures taken by these States.

CHAPTER IX — MISCELLANEOUS PROVISIONS

Article 24

Except as otherwise expressly provided in this Constitution or rules made by the Council, all decisions of the Council and all subsidiary bodies shall be taken by a simple majority vote.

Majorities provided for in this Constitution or rules made by the Council shall refer to members present and voting.

No vote shall be valid unless a majority of the members of the Council or any subsidiary body concerned are present.

Article 25

Texts of proposed amendments to this Constitution shall be communicated by the Director General to Governments of Member States at least three months in advance of their consideration by the Council.

Amendments involving fundamental changes in the Constitution of the Organization or new obligations for the Member States shall come into force when adopted by two thirds of the members of the Council and accepted by two thirds of the Member States in accordance with their respective constitutional processes. Whether an amendment involves a fundamental change in the Constitution shall be decided by the Council by a two-thirds majority vote. Other amendments shall come into force when adopted by a two-thirds majority vote of the Council.

Article 26

Any dispute concerning the interpretation or application of this Constitution which is not settled by negotiation or by a two-thirds majority vote of the Council shall be referred to the International Court of Justice in conformity with the Statute of the Court, unless the Member States concerned agree on another mode of settlement within a reasonable period of time.

Article 27

Subject to approval by two thirds of the members of the Council, the Organization may take over from any other international organization or agency the purposes and activities of which lie within the purposes of the Organization such activities, resources and obligations as may be determined by international agreement or by mutually acceptable arrangements entered into between the competent authorities of the respective organizations.

Article 28

The Council may, by a three-quarters majority vote of its members, decide to dissolve the Organization.

Article 29

This Constitution shall come into force, for those Governments Members of the Intergovernmental Committee for European Migration which have accepted it in accordance with their respective constitutional processes, on the day of the first meeting of that Committee after:

at least two thirds of the Members of the Committee, and a number of Members whose contributions represent at least 75 percent of the Administrative part of the Budget, shall have communicated to the Director their acceptance of this Constitution.

Article 30

Those Governments Members of the Intergovernmental Committee for European Migration which have not by the date of coming into force of this Constitution communicated to the Director their acceptance of this Constitution may remain Members of the Committee for a period of one year from that date if they contribute to the administrative requirements of the Committee in accordance with paragraph 2 of Article 20, and they shall retain during that period the right to accept the Constitution.

Article 31

The English, French and Spanish texts of this Constitution shall be regarded as equally authentic.

1. The present text incorporates into the Constitution of 19 October 1953 of the Intergovernmental Committee for European Migration(former designation of the Organization), which entered into force on 30 November 1954, the amendments adopted on 20 May 1987 by the 55th Session of the Council (Resolution no. 724), which entered into force on 14 November 1989, and the amendments adopted on 24 November 1998 by the 76th Session of the Council(Resolution No. 997), which entered into force on 21 November 2013.

2. Articles 29 and 30 were implemented upon the entry into force on 30 November 1954 of the Constitution of 19 October 1953(at that time Articles 33 and 34) of the Intergovernmental Committee for European Migration(former designation of the Organization).

[출처] UNHCR, http://www.unhcr.org/cgi-bin/texis/vtx/home

【부록 10】 유엔인권이사회 이사국
(47개국, 2015~2017)

- AFRICAN STATES(아프리카)

  Algeria(2016)

  Botswana(2017)

  Congo(2017)

  Côte d'Ivoire(2015)

  Ethiopia(2015)

  Gabon(2015)

  Ghana(2017)

  Kenya(2015)

  Morocco(2016)

  Namibia(2016)

  Nigeria(2017)

  Sierra Leone(2015)

  South Africa(2016)

- LATIN AMERICAN & CARIBBEAN STATES(라틴아메리카 & 캐리비언)

  Argentina(2015)

  Bolivia(Plurinational State of)(2017)

  Brazil(2015)

  Cuba(2016)

  El Salvador(2017)

  Mexico(2016)

  Paraguay(2017)

  Venezuela(Bolivarian Republic of)(2017)

국제기구와 인권·난민·이주

- ASIA-PACIFIC STATES(아시아태평양)

  Bangladesh(2017)

  China(2016)

  India(2017)

  Indonesia(2017)

  Japan(2015)

  Kazakhstan(2015)

  Maldives(2016)

  Pakistan(2015)

  Qatar(2017)

  Republic of Korea(2015)

  Saudi Arabia(2016)

  United Arab Emirates(2015)

  Viet Nam(2016)

- WESTERN EUROPE & OTHER STATES(서부유럽 및 기타지역)

  France(2016)

  Germany(2015)

  Ireland(2015)

  Netherlands(2017)

  Portugal(2017)

  United Kingdom of Great Britain and Northern
  Ireland(2016)

  United States of America(2015)

- EASTERN EUROPEAN STATES(동부유럽)

  Albania(2017)

  Estonia(2015)

  Latvia(2017)

Montenegro(2015)

Russian Federation(2016)

The former Yugoslav Republic of Macedonia(2016)

[출처] Office for the High Commissioner for Human Rights, http://www.ohchr.org/ EN/Pages/WelcomePage.aspx

국제기구와 인권·난민·이주

【부록 11】　조직도

1) 유엔체제

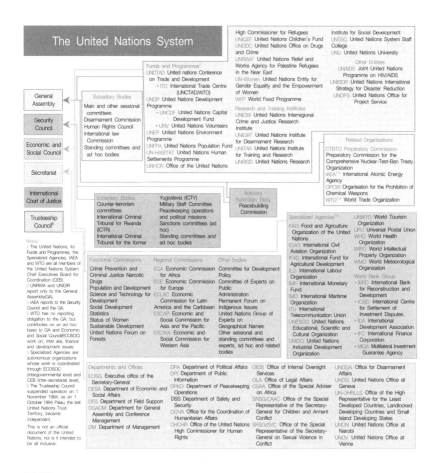

The United Nations System

General Assembly

Security Council

Economic and Social Council

Secretariat

International Court of Justice

Trusteeship Council[6]

Subsidiary Bodies
Main and other sessional committees
Disarmament Commission
Human Rights Council
International law Commission
Standing committees and ad hoc bodies

Funds and Programmes[1]
UNCTAD United nations Conference on Trade and Development
　• ITC International Trade Centre (UNCTAD/WTO)
UNDP United Nations Development Programme
　• UNCDF United Nations Capital Development Fund
　• UNV United Nations Volunteers
UNEP United Nations Environment Programme
UNFPA United Nations Population Fund
UN-HABITAT United Nations Human Settlements Programme
UNHCR Office of the United Nations High Commissioner for Refugees
UNICEF United Nations Children's Fund
UNODC United Nations Office on Drugs and Crime
UNRWA[2] United Nations Relief and Works Agency for Palestine Refugees in the Near East
UN-Women United Nations Entity for Gender Equality and the Empowerment of Women
WFP World Food Programme

Research and Training Institutes
UNICRI United Nations Interregional Crime and Justice Research Institute
UNIDIR[2] United Nations Institute for Disarmament Research
UNITAR United Nations Institute for Training and Research
UNRISD United Nations Research Institute for Social Development
UNSSC United Nations System Staff College
UNU United Nations University

Other Entities
UNAIDS Joint United Nations Programme on HIV/AIDS
UNISDR United Nations International Strategy for Disaster Reduction
UNOPS United Nations Office for Project Service

Related Organizations
CTBTO Preparatory Commission Preparatory Commission for the Comprehensive Nuclear-Test-Ban Treaty Organization
IAEA[1,3] International Atomic Energy Agency
OPCW Organisation for the Prohibition of Chemical Weapons
WTO[1,4] World Trade Organization

Subsidiary Bodies
Counter-terrorism committees
International Criminal Tribunal for Rwanda (ICTR)
International Criminal Tribunal for the former Yugoslavia (ICTY)
Military Staff Committee
Peacekeeping operations and political missions
Sanctions committees (ad hoc)
Standing committees and ad hoc bodies

Advisory Subsidiary Body
Peacebuilding Commission

Specialized Agencies[1,5]
FAO Food and Agriculture Organization of the United Nations
ICAO International Civil Aviation Organization
IFAD International Fund for Agricultural Development
ILO International Labour Organization
IMF International Monetary Fund
IMO International Maritime Organization
ITU International Telecommunication Union
UNESCO United Nations Educational, Scientific and Cultural Organization
UNIDO United Nations Industrial Development Organization
UNWTO World Tourism Organization
UPU Universal Postal Union
WHO World Health Organization
WIPO World Intellectual Property Organization
WMO World Meteorological Organization

World Bank Group
• IBRD International Bank for Reconstruction and Development
• ICSID International Centre for Settlement of Investment Disputes
• IDA International Development Association
• IFC International Finance Corporation
• MIGA Multilateral Investment Guarantee Agency

Functional Commissions
Crime Prevention and Criminal Justice Narcotic Drugs
Population and Development
Science and Technology for Development
Social Development
Statistics
Status of Women
Sustainable Development
United Nations Forum on Forests

Regional Commissions
ECA Economic Commission for Africa
ECE Economic Commission for Europe
ECLAC Economic Commission for Latin America and the Caribbean
ESCAP Economic and Social Commission for Asia and the Pacific
ESCWA Economic and Social Commission for Western Asia

Other bodies
Committee for Development Policy
Committee of Experts on Public Administration
Permanent Forum on Indigenous Issues
United Nations Group of Experts on Geographical Names
Other sessional and standing committees and experts, ad hoc and related bodies

Departments and Offices
EOSG Executive office of the Secretary-General
DESA Department of Economic and Social Affairs
DFS Department of Field Support
DGACM Department for General Assembly and Conference Management
DM Department of Management
DPA Department of Political Affairs
DPI Department of Public Information
DPKO Department of Peacekeeping Operations
DSS Department of Safety and Security
OCHA Office for the Coordination of Humanitarian Affairs
OHCHR Office of the United Nations High Commissioner for Human Rights
OIOS Office of Internal Oversight Services
OLA Office of Legal Affairs
OSAA Office of the Special Adviser on Africa
SRSG/CAAC Office of the Special Representative of the Secretary-General for Children and Armed Conflict
SRSG/SVC Office of the Special Representative of the Secretary-General on Sexual Violence in Conflict
UNODA Office for Disarmament Affairs
UNOG United Nations Office at Geneva
UN-OHRLLS Office of the High Representative for the Least Developed Countries, Landlocked Developing Countries and Small Island Developing States
UNON United Nations Office at Nairobi
UNOV United Nations Office at Vienna

Notes:
1 The United Nations, its Funds and Programmes, the Specialized Agencies, IAEA and WTO are all members of the United Nations System Chief Executives Board for Coordination (CEB).
2 UNRWA and UNIDIR report only to the General Assembly(GA).
3 IAEA reports to the Security Council and the GA.
4 WTO has no reporting obligation to the GA, but contributes on an ad hoc basis to GA and Economic and Social Council(ECOSOC) work on, inter alia, finance and development issues.
5 Specialized Agencies are autonomous organizations whose work is coordinated through ECOSOC (intergovernmental level) and CEB (inter-secretariat level).
6 The Trusteeship Council suspended operation on 1 November 1994, as an 1 October 1994 Palau, the last United Nations Trust Territory, became independent.

This is not an official document of the United Nations, nor is it intended to be all inclusive.

[출처] un.org

2) 유엔인권체제

Human Rights Architecture at the United Nations

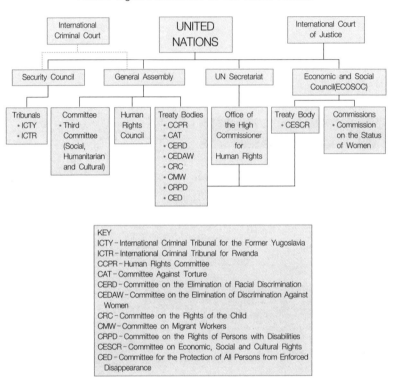

KEY
ICTY – International Criminal Tribunal for the Former Yugoslavia
ICTR – International Criminal Tribunal for Rwanda
CCPR – Human Rights Committee
CAT – Committee Against Torture
CERD – Committee on the Elimination of Racial Discrimination
CEDAW – Committee on the Elimination of Discrimination Against Women
CRC – Committee on the Rights of the Child
CMW – Committee on Migrant Workers
CRPD – Committee on the Rights of Persons with Disabilities
CESCR – Committee on Economic, Social and Cultural Rights
CED – Committee for the Protection of All Persons from Enforced Disappearance

[출처] Office for the High Commissioner for Human Rights, http://www.ohchr.org/EN/Pages/WelcomePage.aspx

• 유엔 조약기반 인권체제와 근거조약

Treaty Body	Parent treaty	Date entered into force
Human Rights Committee	International Covenant on Civil and Political Rights (CCPR)	1976
Committee on Economic, Social and Cultural Rights	International Convention on Economic, Social and Cultural Rights (CESCR)	1976
Committee on the Elimination of Racial Discrimination	Convention on the Elimination of All Forms of Racial Discrimination (CERD)	1969
Committee on the Elimination of Discrimination Against Women	Convention on the Elimination of Discrimination Against Women (CEDAW)	1981
Committee Against Torture	Convention Against Torture and Other Cruel, Inhuman, or Degrading Treatment or Punishment (CAT)	1987
Committee on the Rights of the Child	Convention on the Rights of the Child (CRC)	1990
Committee on the Migrant Workers	International Convention on the Protection of Rights of All Migrant Workers and Members of their Families (CMW)	2003
Committee on the Rights of Persons with Disabilities	Convention on the Rights of Persons with Disabilities (CRPD)	2008
Committee on Enforced Disappearances	Convention for the Protection of All Persons from Enforced Disappearance (CPED)	2010

[출처] UNOHCHR 웹사이트 내용 재정리, http://www.ohchr.org/EN/HRBodies/Pages/HumanRightsBodies.aspx

3) 유엔인권최고대표사무소

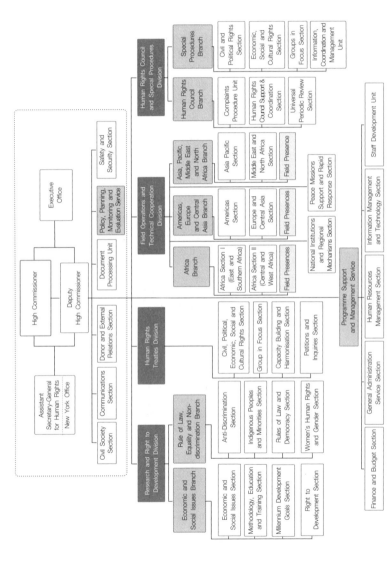

[출처] Office for the High Commissioner for Human Rights, http://www.ohchr.org/EN/Pages/WelcomePage.aspx

4) 국제이주기구

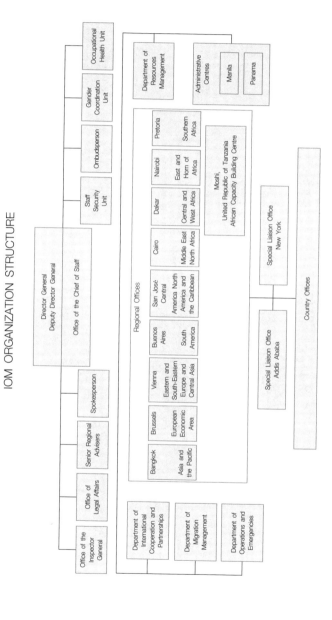

IOM ORGANIZATION STRUCTURE

[출처] IOM, http://www.iom.int/cms/en/sites/iom/home.html

5) 유엔난민기구

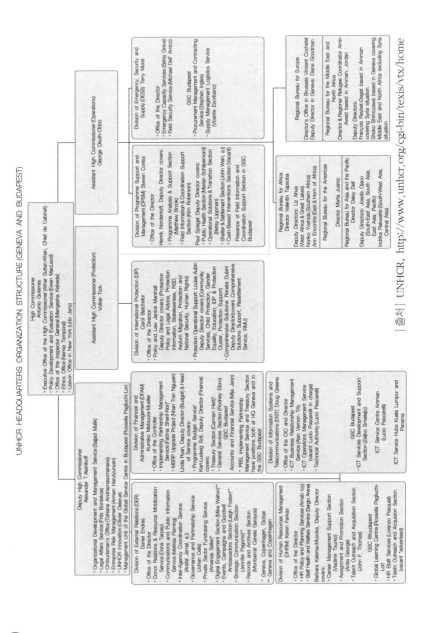

UNHCR HEADQUARTERS ORGANIZATION STRUCTURE (GENEVA AND BUDAPEST)

[출처] UNHCR, http://www.unhcr.org/cgi-bin/texis/vtx/home

색·인

색인

국제기구와 인권·난민·이주

필·자·소·개

(원고 게재순)

✛ 박흥순

　현 | 선문대학교 국제관계학과 교수

　전 ACUNS Fellow, 전 한국유엔체제학회장

　미국 University of South Carolina 국제정치학 박사

　연구분야: 국제정치학, 국제기구, 국제협력

✛ 서창록

　현 | 고려대학교 국제대학원 교수

　유엔인권이사회 자문위원회 위원

　미국 The Fletcher School, Tufts University 국제관계학 박사

　연구분야: 국제기구, 국제협력, 국제인권

✛ 박재영

　현 | 국립경상대학교 정치외교학과 교수
　미국 Northern Illinois University 정치학 박사
　연구분야: 국제기구, 국제정치, 국제환경, 국제개발

✛ 이신화

　현 | 고려대학교 정치외교학과 교수
　유엔 코피아난 사무총장 르완다 독립위 특별자문관
　미국 University of Maryland at College Park 국제정치학 박사
　연구분야: 국제기구, 비전통안보, 동아시아외교정책